Allitera Verlag

Zu Beginn des 20. Jahrhunderts war der Name des Graphikers und Sammlers Rolf von Hoerschelmann eng verbunden mit Schwabing und er selbst ein Teil jener Schwabinger Bohme mit Franziska Gräfin zu Reventlow, Stefan George, Alfred Kubin, Alexander von Bernus, Karl Wolfskehl, Joachim Ringelnatz, Otto Falckenberg und vielen anderen. Dieses Buch zeichnet anhand von Briefen und Dokumenten, die sich zum größten Teil in einem erstmals gesichteten Nachlaß Hoerschelmanns befanden, und seiner 1947 posthum erschienenen Aufsatzsammlung »Leben ohne Alltag« das wechselvolle Leben des »heimlichen Königs von Schwabylon« und »Berliner Austauschbohemiens« nach bis zu seiner inneren Emigration in Feldafing am Starnberger See als Chronist einer versunkenen Welt.

Eva-Maria Herbertz, 1947 in Nordrhein-Westfalen geboren, studierte Germanistik und Geschichte in München, war einige Jahre im Lehramt tätig und lebt seit 1982 in Feldafing am Starnberger See. Sie beschäftigt sich mit der Ortsgeschichte, recherchiert zu verschiedenen Künstlern, die dort gelebt und gearbeitet haben, schrieb darüber mehrere Zeitungsartikel, hielt Vorträge und führt Gruppen »Auf den Spuren von Künstlern in Feldafing«.

Eva-Maria Herbertz

»Der heimliche König von Schwabylon«

Der Graphiker und Sammler Rolf von Hoerschelmann in Selbstzeugnissen und Bilddokumenten

Allitera Verlag

Weitere Informationen über den Verlag und sein Programm unter:
www.allitera.de

Bibliographische Information der Deutschen Bibliothek

Die Deutsche Bibliothek verzeichnet diese Publikation in der Deutschen Nationalbibliographie; detaillierte bibliographische Daten sind im Internet über http://dnb.ddb.de abrufbar.

2. Auflage
September 2015
Allitera Verlag
Ein Verlag der Buch&media GmbH, München

Umschlaggestaltung: Kay Fretwurst, Freienbrink
Herstellung: buch bücher dd ag, birkach
Printed in Germany · ISBN 978-3-86520-137-9

Inhalt

Anhang

Vorwort

Er war der heimliche König von Schwabylon. So hat ihn auch Willi Geiger auf einer Zeichnung in einem Kreis von Schwabinger Künstlern dargestellt (...). Er durchschaute die Provinzen Schwabings mit souveräner Kennerschaft, wußte über alle und jeden Bescheid, kannte Lebenslauf und Verhältnisse seiner phantastischen Untertanen, konnte die geheimen Kanäle und Verschachtelungen entdecken, die zwischen Freund und Feind bestanden. Kurzum, Schwabing war sein inneres Reich.«[1]

Verliehen wurde der königliche Titel von René Prévot, einem gebürtigen Elsässer und Wahl-Schwabinger, posthum an Rolf von Hoerschelmann. Ein anderer Zeitgenosse und Freund, Ernst Penzoldt, meinte bedauernd: »Dikkens hätte ihn kennen müssen, den kleinen Herrn, denn ein ›Herr‹ war Rolf von Hoerschelmann. Vielleicht hätte ihn Dickens mit einem Pascha mit großem Turban verglichen, der ihn gut gekleidet hätte, so gut wie ein Kranz von Weinlaub um sein ›geselliges Gesicht‹, das so gerne lachte, ein dionysisches Lachen, das aber auch zornig sein konnte. Dickens hätte es sich nicht entgehen lassen zu beschreiben, wie Hoerschel – so hörte er sich am liebsten nennen – die Hände auf dem Rücken, den Hut in den Nacken gesetzt, immer adrett mit einer gewissen possierlich-chevaleresken Würde durch Schwabing wandelte. Von Adel wie, so scheint es, alle Balten und mit jenem, diesem Volke so eigentümlichen, an den Stimmwechsel erinnernden Organ und dessen Gabe, reizend zu erzählen, mit klugen, neugierigen Äuglein, voll Verständnis für alten Bordeaux, und mit einer Vorliebe für das Skurrile, war er durch und durch eine Künstlernatur, und in seiner Kunst, die er bis zuletzt ausübte, ein Spätromantiker. Dickens hätte ihn vielleicht in freundlichstem Sinne einen ›alten Knaben‹ genannt; denn er war ein großes Kind, ein echter Junggeselle und ein ›Original‹ von der besten Art, von der man immer wieder meint, sie stürbe aus und die doch immer wieder nachwächst zu unser aller Glück.«[2]

Eng verbunden ist Hoerschelmanns Name mit dem kulturellen Leben Schwabings nach der Jahrhundertwende bis zum Zweiten Weltkrieg, und von dem Schriftsteller Günter Böhmer wurde er als einer der letzten Veteranen jener legendären Epoche und als »ein Überlebender fast verschollener Generationen« bezeichnet.[3]

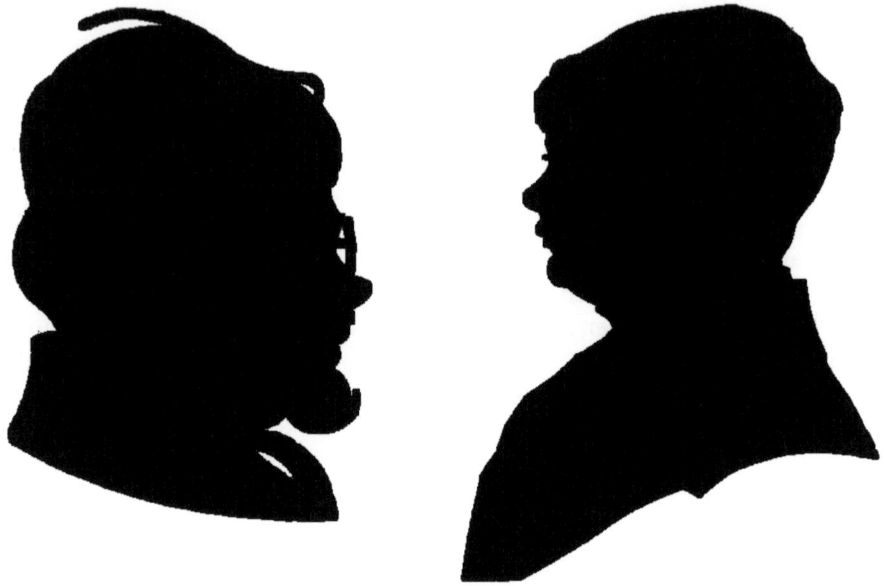

Rolf von Hoerschelmann: zwei Scherenschnitte, 1910 und 1940

Bereits zu Lebzeiten galt der Graphiker, Buchillustrator, Maler, Bibliophile und Sammler als Chronist der geistigen Welt Münchens und Schwabings. »Schon früh war er, hingerissen von der reichen, bunten Kulturlandschaft Wahnmochings, daraufgekommen, in ihr sozusagen mit der Botanisiertrommel umherzusuchen; seine Käfer und Schmetterlinge aber waren Dokumente Schwabinger Lebens. Jedes Heft, jede Skizze, jedes Foto, jede Zeitungsnotiz, deren er habhaft werden konnte, sammelte er und ordnete alles nach Themenkreisen in großen Mappen.«[4]

Teile dieser Sammlungen und künstlerische Arbeiten von Rolf von Hoerschelmann befinden sich heute im Besitz des Bayerischen Nationalmuseums, der Graphischen Sammlung, der Gemeinde Feldafing, des Stadtmuseums München und in Privatbesitz.

Die Zeit habe er vergeudet wie ein Bohemien und dennoch unendlich viel vorangebracht, in keine Kategorie wirklich hineingepaßt, von einem braven Bürger absolut nichts in sich gehabt. Eine »abgerundete Persönlichkeit« sei er gewesen, schrieb der Maler Max Unold. »Freude machen gehörte als Trieb zu Hoerschelmanns innerstem Wesen, deshalb legte er sich, wenn man so sagen darf, auch eine Kollektion von Menschen an, von Gleichinteressierten und Bekannten, von wirklichen Freunden. Er warb um sie, zu Haus und auf Reisen persönlich und brieflich, und die anziehende Kraft seines Naturells wirkte auf alle, mit denen er in Berührung kam; wer hätte auch seinem Temperament, seinem originellen Witz, seinem Frohsinn, seinem Enthusiasmus für alles Schöne und Große widerstehen können. Er selber aber bewies beispielhafte, ja rührende Anhänglichkeit. Mochte gelegentlich etwas wie Eifersucht und Ehrsucht mit hineinspielen in sein Verhältnis zu den alten Kumpanen wie zu den neu Hinzugewonnenen; er hatte das Recht, hohe Ansprüche in der Freundschaft zu stellen, denn die Beziehungen zu den ihm lieben und wertvollen Menschen sorgsam zu pflegen, wurde gerade er nie müde, weil ihn neben seinen vielen Vorzügen eine Eigenschaft auszeichnete, die selten geworden ist: er hatte ein treues Herz.«[5]

In München hätte es damals kaum jemanden gegeben, der Hoerschelmann nicht gekannt habe, behauptete dessen Jugendfreund Fred Ottow mit freundlicher Übertreibung. Mit Sicherheit sagen läßt sich, daß Hoerschelmann mit außerordentlich vielen Leuten bekannt war, enthielt doch sein Adreßbuch, das im Winter 1956 aus einem Papierkorb gerettet wurde, immerhin mehr als 500 Anschriften.[6]

»Leben ohne Alltag« ist der Titel seines posthum veröffentlichten Buchs mit 13 Aufsätzen beziehungsweise Vorträgen aus den Jahren 1937 bis 1945, für die er zu seiner anfänglichen Überraschung begeisterten Zuspruch erhielt. Unter »Leben ohne Alltag« verstand Rolf von Hoerschelmann, wie er in seinem Vorwort erklärt: »Freiheit von jedem Zwang und die Möglichkeit, eine Lieblingsbeschäftigung als Beruf auszuüben«, und dankbar will er »jeden Moment der Verwirklichung« seines Lebensideals erlebt haben.[7] Einiges über das bunte, wechselvolle Leben dieses Schwabinger Originals und eigenwilligen Lebenskünstlers erfährt man in den Aufsätzen beziehungsweise Kapiteln »Bücher und Dichter«, »Schwabing«, »Begegnungen«, »Allotria«, »Gedanken über die künstlerische Phantasie«, »Reisen«, »Vom Überdauern« und »Weltgeschichte privat«, und man bedauert, daß er kein Tagebuch geführt hat.

Bei der Sichtung der wenigen erhaltenen Korrespondenzen in Archiven stellte sich heraus, daß sie leider zum überwiegenden Teil aus den Briefen seiner Korrespondenzpartner bestehen. Biographisch verwertbares und aussagekräftiges, dokumentierendes Material offenbarte ein Nachlaß Hoerschelmanns, der seit 1947 im Nürnberger Verlag seines Freundes und Testamentvollstreckers Dr. Fritz Schmitt und dessen Erben aufgehoben worden war und erstmals von mir gesichtet werden durfte: Briefkonvolute von RvH an seine Mutter und Brüder aus den Jahren 1908 bis 1935, zahlreiche weitere Briefe von Alfred und Hedwig Kubin und dem Hamburger Kubin-Archivar Dr. Kurt Otte und Briefe Hoerschelmanns an diese intimen Freunde (zu der Korrespondenz im Kubin-Archiv im Lenbachhaus München), Briefwechsel mit dem Nürnberger Verlegerfreund Dr. Fritz Schmitt, mit Alexander und Imogen von Bernus, Briefe aus mehreren Jahren von Werner Bergengruen, Max Unold, Otto Falckenberg, Paul Huldschinsky, Dr. Erwin Rosenthal, dessen Frau Margherita und ihren Töchtern, von Dr. Arthur Rosin und dessen Frau Elvira, Dr. Felix Schlagintweit und Max Drummer, zahlreiche Einzelbriefe, auch namhafter Persönlichkeiten, zwei Taschenkalender Hoerschelmanns aus den Jahren 1945 und 1947, sein »Logbuch« von einer Schiffsreise, unveröffentlichte Manuskripte, Zeitungsartikel von ihm und über ihn, viele Fotos, Mappen mit Druckgraphik, Zeichnungen und Aquarellen, von RvH illustrierte Bücher, eine Autographensammlung und noch vieles mehr. Daraus ließ sich einigermaßen chronologisch das Leben des Deutschbalten Rolf Erik von Hoerschelmann, der 1903 nach München kam, bis zu seinem Tod in Feldafing am Starnberger See im Jahre 1947 nachzeichnen und darüber hinaus ein Bild des geistig-kulturellen Lebens im damaligen München und jenes legendären Schwabylon mit dem Treiben der Schwabinger Boheme zusammensetzen, in deren Mitte Hoerschelmann zu einem bekannten Sammler und Schwabing-Archivar wurde, bis er sich während des Zweiten Weltkriegs in die innere Emigration nach Feldafing am Starnberger See zurückzog, wo er als Chronist jener versunkenen Epoche sein Leben beschloß.

Sproß einer deutsch-baltischen Gelehrtenfamilie – von Dorpat nach München

Mit nicht geringem Stolz verweist der Bohemien Rolf Erik von Hoerschelmann darauf, daß er einer altehrwürdigen Gelehrtenfamilie entstammte. Schon sein Ururgroßvater war Professor für Weltweisheit und Geschichte und 1768 an das Akademische Gymnasium zu Reval berufen worden, sein Urgroßvater und Großvater waren Pastoren gewesen, und sein Vater, Professor Dr. Wilhelm von Hoerschelmann, war im Alter von 36 Jahren bereits Dekan der Historisch-Philologischen Fakultät der Universität Dorpat, heute Tartu, als Rolf Erik am 28. Februar beziehungsweise am 15. Februar nach dem damals in Estland noch geltenden Julianischen Kalender im Jahre 1885 geboren wurde. Auch seine Mutter Alexandrine stammte aus einer angesehenen Familie. Ihr Vater, Harald Julius von Bosse, war Architekt des kaiserlichen Hofes in St. Petersburg, Professor der dortigen Akademie der Künste, Kaiserlich Russischer Wirklicher Staatsrat gewesen und 1852 in den russischen, erblichen Adelsstand erhoben worden. Zu seinen Hauptwerken gehörten die Börse in Riga, die deutsch-reformatorische Kirche und die Villa des Großfürsten Michael in St. Petersburg sowie die griechisch-orthodoxe Kirche in Dresden.

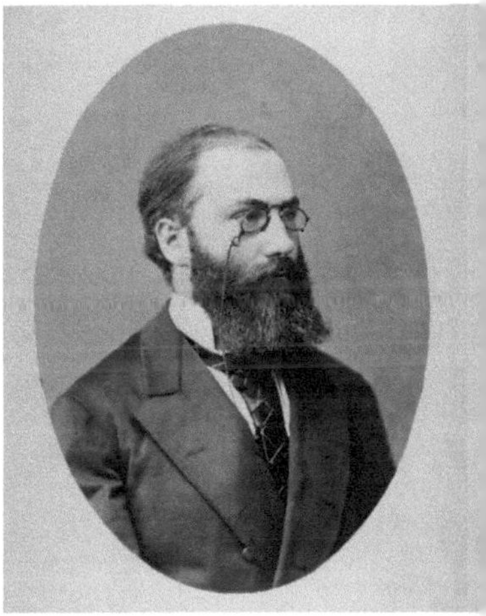

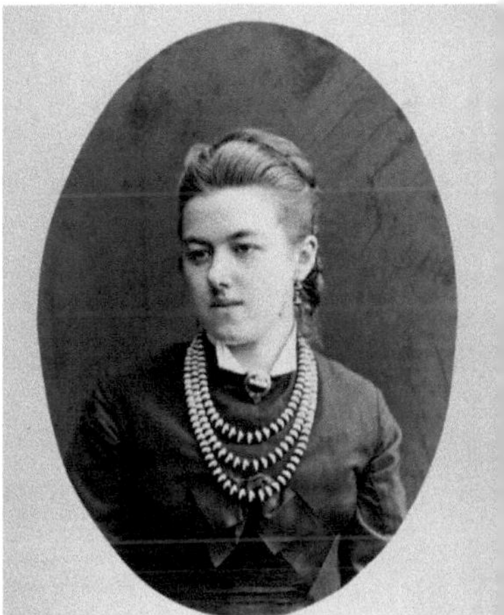

Die Eltern Wilhelm von Hoerschelmann und Alexandrine von Hoerschelmann

Mit zwei älteren Brüdern, Harald Wilhelm Tacitus, geboren 2. Januar 1879 (21. Dezember 1878) Werner Emil Eugen, geb. 25. November 1881 (13. November), und dem jüngeren Detlef Wilhelm, geb. 12. April 1888 (31. März), wuchs Rolf Erik in einem ansehnlichen Anwesen, Gartenstraße 11 und 13, heute Vanemuise-Straße, auf, ungefähr 200 Meter vom Hauptgebäude der Universität entfernt.

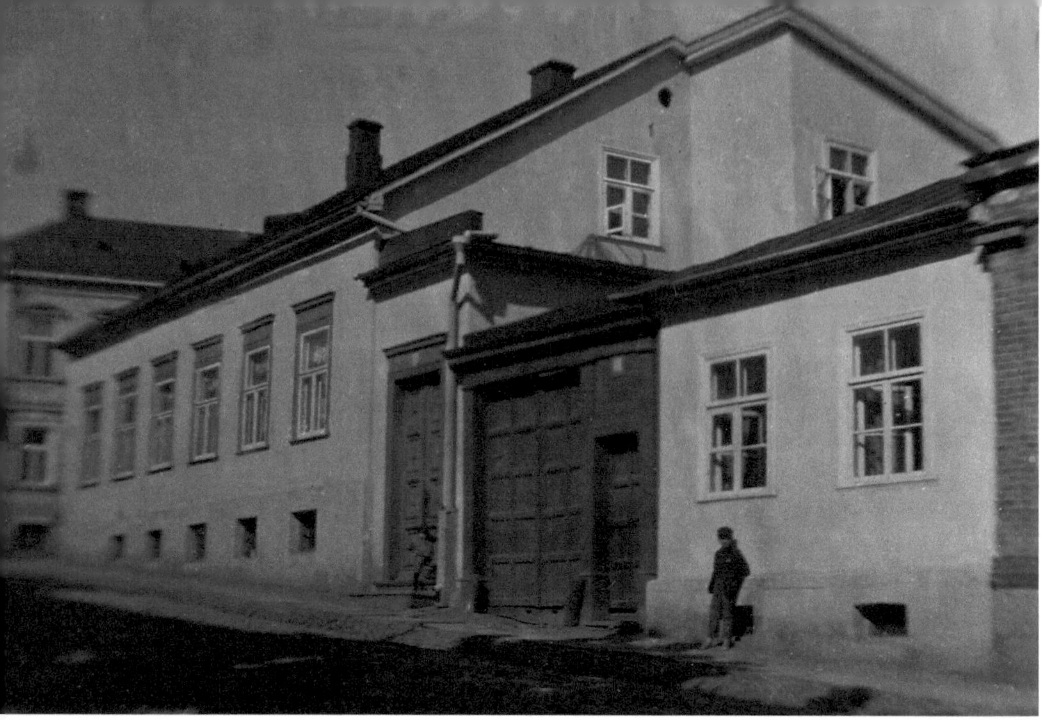

Elternhaus in Dorpat

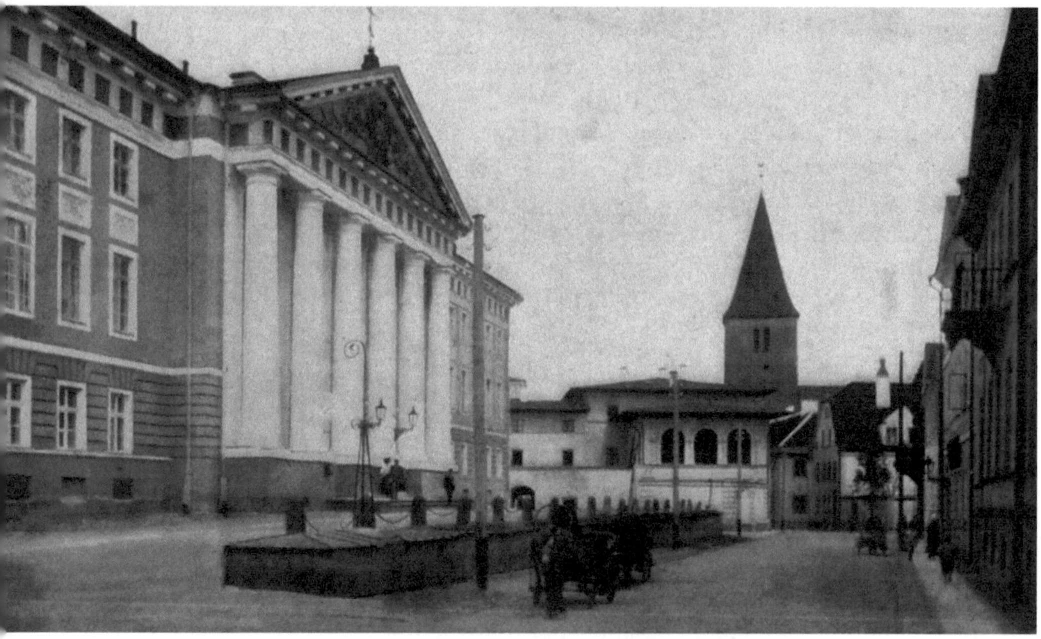

Universität Dorpat (in: Das Baltenbuch, hrsg. von Paul Rohrbach, 1916)

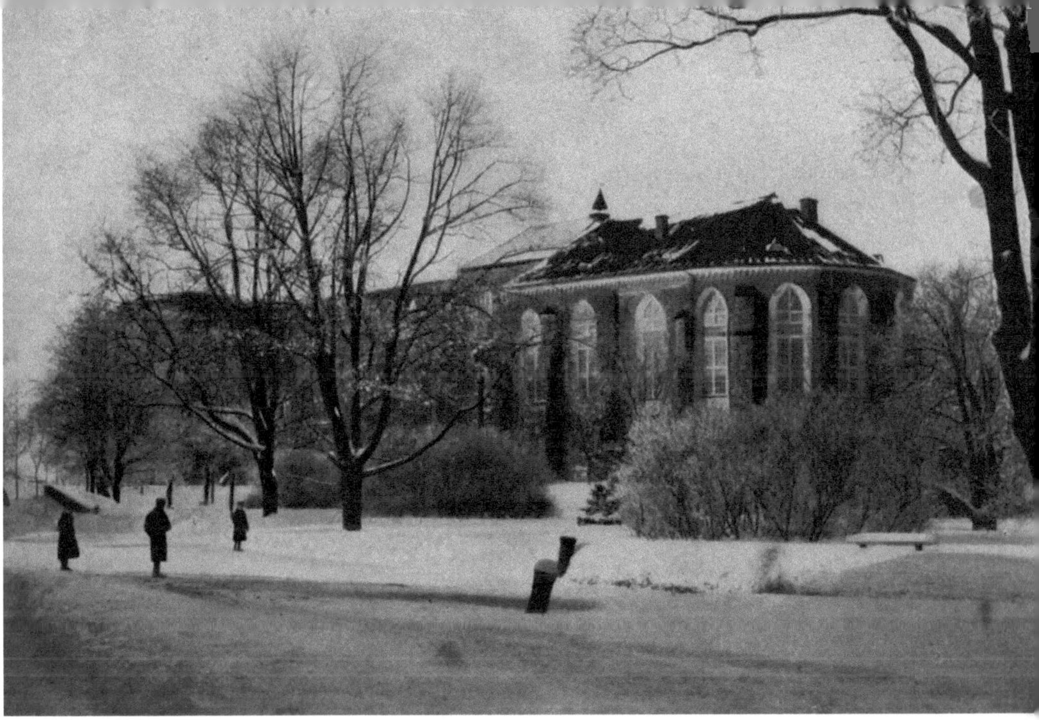

Universitätsbibliothek (in: Das Baltenbuch, hrsg. von Paul Rohrbach, 1916)

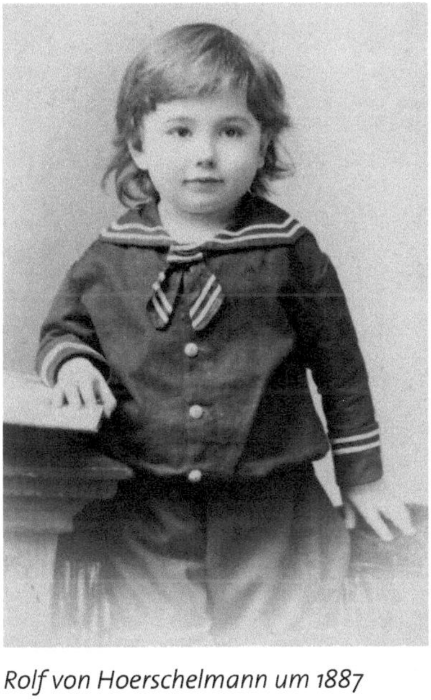

Rolf von Hoerschelmann um 1887

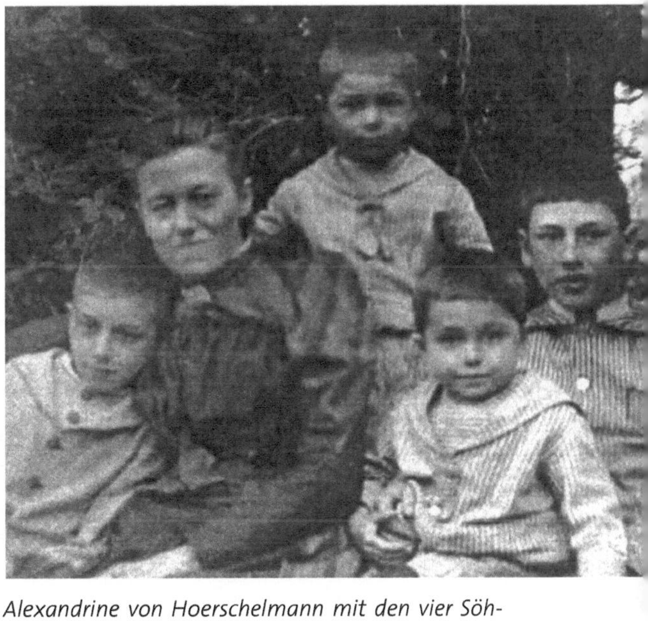

Alexandrine von Hoerschelmann mit den vier Söhnen um 1890 (RvH auf Haralds Schoß sitzend, im Hintergrund Detlef, links neben der Mutter Werner)

In einem Brief vom 1. März 1945 erinnert sich Fred Ottow an die Zeit in Dorpat und Hoerschelmanns Elternhaus, wo »man im Treppenhause mit dem komischen, wenn ich nicht irre, farbigen Oberlicht klingelte, um dann von der rothaarigen Lisa eingelassen zu werden. Von hier aus trugen wir dann gelegentlich, wenn Du nicht gerade mit schweren Kopfschmerzen im Bette lagst, die blauen Zeitschriftenmappen des ›Lesezirkels‹ zusammen in der Stadt herum (...)«

Diese Kopfschmerzen müssen den Knaben im Alter von 14 Jahren derartig geplagt haben, daß er auf ärztlichen Rat das Zeddelmannsche Privatgymnasium endgültig verließ und ihm sogar das Lesen verboten wurde. Wie RvH in »Kleine Rechenschaft über mich selbst«[8] schreibt, widmete er sich fortan »dem Zeichnen und anderen Liebhabereien«, was er als sehr angenehm empfunden habe, und erhielt Zeichenunterricht bei Susa Walter. Forscht man nach einer familiär vererbten künstlerischen Begabung, so kam sie wohl aus

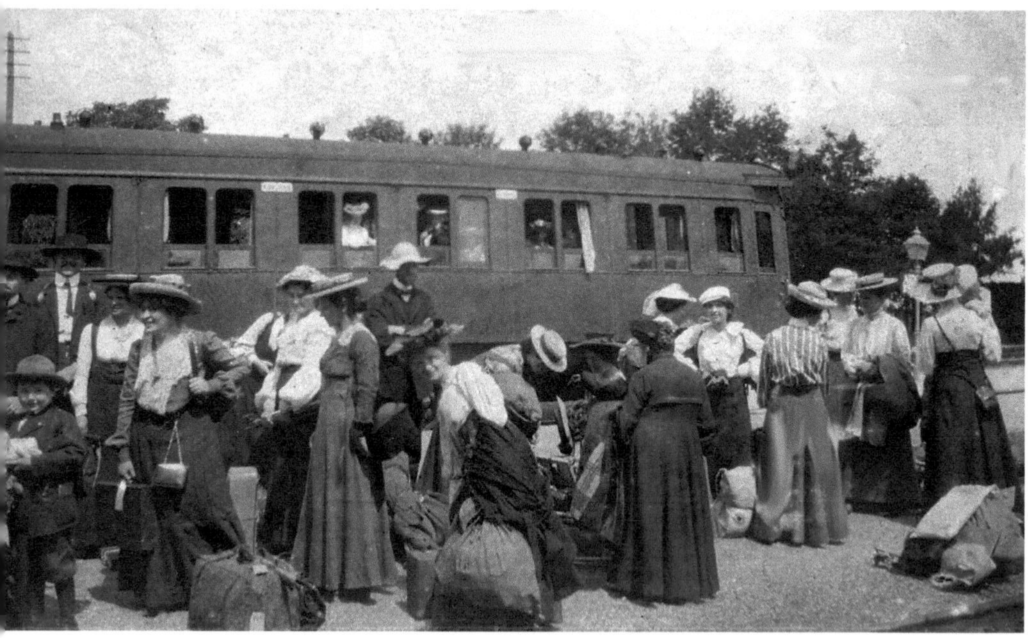

Rolf von Hoerschelmann links unten; Fotorückseite: »Sommer 1904. ›Die Maler von Peissenberg 1904‹ Umsteigen der ganzen Bande auf der Fahrt nach Peissenberg.«

der mütterlichen Linie. Alexandrines Großvater, Ernst Gotthilf Bosse (geboren in Riga am 4. August 1785, gestorben in Florenz am 27. November 1862), war Historien- und Porträtmaler gewesen, Hofmaler des Zaren Alexander I., Professor der Akademie in Florenz und Ehrenmitglied der päpstlichen Akademie von St. Lucas in Rom und der Akademie in Parma. In einem Brief an Alfred Kubin erwähnt Hoerschelmann einmal diesen Urgroßvater, der 1817 zu Fuß nach Italien gewandert sei.[9]

Möglicherweise traten im Zusammenhang mit jenen Kopfschmerzen während der Pubertät Wachstumsstörungen auf, denn die Fotos aus den folgenden Jahren zeigen ihn auffallend kleinwüchsig, und mit seinem runden Bubengesicht wirkt auch noch der 19jährige sehr kindlich.

Zeitzeugen Hoerschelmanns bezeichnen ihn als gnomenhaft, schreiben von seinem zwergenhaften Körperchen, und Erich Mühsam meinte 1911, die kindliche Aufmachung und das Kinderorgan hätten merkwürdig zu den gescheiten Sachen kontrastiert, die RvH gesagt habe. Über die Ursache seines zurückgebliebenen Wachstums äußert sich RvH selbst nicht. Wenig glaubhaft behauptet Fritz Knöller: »Lästerzungen hätten gemunkelt, Hoerschelmann wäre seiner Amme vom Schoß gefallen, und ein späterer operativer Eingriff hätte ihn um 13 cm verlängert.«[10] Etwas anders lautet die Version des Verlegers Reinhard Piper: »Er war, wie man erzählte, durch einen Unfall in der Kindheit im Wachstum zurückgeblieben. Wenn er auf einem Stuhl saß, ließ er seine Beinchen humoristisch pendeln wie ein kleiner Junge, der noch nicht an den Boden reicht. Nach Jahren kam jedoch sein Wachstum plötzlich in Schuß, und er wurde noch um einen Kopf größer. Aber auch dann noch blieb er der ›kleine Hoerschel‹.«[11] Hans Brandenburg, auch ein Zeitgenosse Hoerschelmanns, äußert sich ähnlich: »Dieser baltische Adelige war ein Zwerg, der für einen dicken, achtjährigen Knaben gelten konnte. Später hat er noch einen Schuß getan und es sogar zu Bartwuchs gebracht.«[12]

Dieses Phänomen bestätigen auch Fotos nach 1914, vor allem Gruppenaufnahmen, und in der 1946 ausgestellten Deutschen Kennkarte wird Hoerschelmanns Größe mit immerhin 155 Zentimeter angegeben. Da sein ältester Bruder Harald 1,91 Meter groß gewesen sei, hätten die beiden anläßlich der Beerdigung von Mutter Alexandrine im Jahre 1939 »einen ungewollt komischen Anblick« geboten: »Harald von Hoerschelmann, ein Riese, den ein altväterischer Schlot noch länger, und Bruder Rolf, der Gnom, den ein flaches Künstlerhütchen noch beträchtlich kleiner macht[e]!«[13]

In dem Kapitel »Reisen« in »Leben ohne Alltag« erzählt RvH, daß es in seiner Familie üblich war, die Sommermonate fern der Stadt zu verbringen: »In

Kindertagen waren es große Ereignisse, wenn die ganze Familie gemeinsam in die Sommerfrische fuhr; an den Strand des Finnischen Meerbusens oder gar nach Deutschland, zu den Großeltern und mit ihnen in einen deutschen Badeort. Diese Unternehmungen forderten wochenlange Vorbereitungen aus mehr als einem Grunde. Die Sommerfrische am Meer ging gewöhnlich so vor sich, dass ein leerstehendes Fischerhaus für den ganzen Sommer gemietet wurde. In dem aus rohen Holzbalken gezimmerten Hause, dessen Fugen mit Renntiermoos verstopft waren, befanden sich nur die allernotwendigsten Möbel: hölzerne Bettstellen, Tische und Stühle. Alles, was irgend zur Bequemlichkeit dienen sollte, musste mitgebracht werden. Aber auch Vorräte für Wochen und Monate, denn Läden gab es dort keine. Nun war die Reise selbst aber auch nicht ganz einfach – nach einer langen Bahnfahrt mit unendlich viel Gepäck, von der Matratze bis zum Fettnapf, mussten meist noch zwanzig bis dreißig Kilometer mit Pferdefuhrwerk zurückgelegt werden, dann waren, wenn das Glück gut war, die Auswanderer an ihrem Bestimmungsort angelangt. Für die Kinder begann die vollkommene Favorienseligkeit – für die Großen war es nicht ganz leicht, zwischen nackten Balkenwänden ohne Schränke und Kommoden, ohne Bücherbretter und Kleiderhaken die erwünschte Wohnlichkeit zu erzielen und noch überdies die nach langer, strapaziöser Reise hungrigen Mägen zu sättigen. Am ersten Tage schon musste die Hühnerzucht angelegt werden, denn ohne Federvieh und Eier war schlecht wirtschaften. Milch und Butter bekam man von den Bauern, Fleisch alle vierzehn Tage von einem aus der nächsten Kleinstadt mit dem Fuhrwerk herumkutschierenden Fleischer. Auch Fische, Beeren, Pilze und Krebse wurden angeboten, wenn das Wetter schön war. Kam aber eine Regenperiode, blieben alle Lieferanten aus, und man war völlig auf die eigene Findigkeit angewiesen. Die Pilzpartien, das Beerensammeln hatte also auch in jenen goldenen Friedenstagen schon allergrößte Bedeutung, und man hatte notgedrungen das Bestreben autark zu sein; man wusste aber noch nicht, es so zu bezeichnen. Eine große Rolle spielten immer die meist unvermutet hereinbrechenden Logierbesuche, die zwar für die Hausfrau die Sorgen vermehrten, andererseits aber Anlaß zu vielerlei Lustbarkeiten gaben. Sehr beliebt waren bei groß und klein die Rasenspiele mit Reifen, allerhand zu schleudernden Klötzen und Kugeln, dann natürlich Schießen, Fischen, Krebsen, Schwimmen und Segeln.

Gänzlich anders verliefen die Auslandsreisen, die nach wochenlangem Packen schon allein für die Fahrt mehrere Tage beanspruchten. Manchmal wurde die Reise per Schiff über den Peipussee begonnen und von Pleskau an die deutsche Grenze fortgesetzt. Der Übergang über die deutschrussische Grenze war immer recht aufregend, denn abgesehen davon, dass Russland allein den Passzwang kannte, waren alle Zollschikanen mit Recht gefürchtet, und es war keine Seltenheit, dass verdächtige Personen schluchzend und schimpfend abgeführt wurden. Man sah ja wirklich recht abenteuerliche Gestalten genug, von der hohen Aristokratie bis zu bettelarmen Auswanderern, internationale Geschäftsreisende, Militärs und pittoreske Juden, Tataren und Kaukasier. Das erste Reiseziel in Deutschland war stets die Residenzstadt Dresden, wo Wochen und Monate in der herrlichen Wohnung der Großeltern in der Johann-Georgen-Allee zugebracht wurden. Der Großvater, Sohn eines bekannten Malers, war Architekt, hatte in früheren Jahren großfürstliche Paläste in und um Petersburg gebaut und in Dresden die schöne russische Kirche. Er besaß prächtige Möbel und Kunstgegenstände, die uns mit Ehrfurcht erfüllten. (...) So waren die Reisen der Kindheit; später kamen die zahlreichen Sommeraufenthalte in den Bergen, die meiner schlechten Gesundheit halber stets in über tausend Meter Höhe veranstaltet wurden (...). Es ist ganz erstaunlich, was für Touren, die einen in die Höhen von beinahe dreitausend Metern führten, von da aus zwischen Mittag- und Abendbrot zu bewältigen waren, und mit Wehmut betrachte ich die Amateurphotographien, die es mir beweisen, wie leichtfüßig ich einst das Crespeina-Joch, die Tschierspitze oder die Rodella erklommen.«[14]

Wie Wilhelm Hausenstein es einmal formuliert hat, wuchs Rolf von Hoerschelmann »in wohlbehüteten Vorstellungen vom klassischen Altertum« auf.[15] Dieser Herkunft, die ihn geistig prägte und zum lebenslangen Liebhaber von Literatur und Kunst werden ließ, gedenkt er in »Leben ohne Alltag« voll Dankbarkeit: »In der Welt, die meine Heimat war, galten die Bücher viel; zum mindesten standen die gefüllten Bücherbretter in jedem Hause gleichwertig den anderen notwendigen Einrichtungs- und Gebrauchsgegenständen an ihrem Platze – und ich werde niemals die grenzenlose Überraschung vergessen, die mich befiel, als ich in Deutschland von einem gleichaltrigen Knaben erfahren musste, dass es bei ihm zu Hause keine Bibliothek gäbe. (...) Zum ersten Male kam mir das Glück zum Bewusstsein, einer Kulturwelt anzugehören, in der sich von Generation zu Generation das fortgeerbt hatte, was man mit dem Namen Bildung bezeichnet. Dieses Wort spielte in den baltischen Provinzen insofern keine besondere Rolle, als die Deutschen insgesamt die gebildete Schicht darstellten. In der Universitätsstadt Dorpat war das wohl noch selbstverständlicher als anderswo.«

Im Hause Hoerschelmann habe es vier Bibliotheken gegeben: die wissenschaftliche des Vaters, die eigentliche Familien- und Lesebibliothek mit den Klassikern, die mütterliche Bibliothek – »(…) viel Goldschnitt, viel Französisches von der moralischen Sorte« – und die Bibliothek der Söhne, überwacht von den Eltern, »dass sich kein Schund einschlich«. Gemeinsame Lektüre an den Abenden und vor allem an Festtagen sei selbstverständlich für die Knaben gewesen. »Große gesellschaftliche Ereignisse aber waren die Aufführungen des Puppentheaters, die, vom Vater inszeniert, einer zahlreichen Zuhörerschaft den ›Robinson Crusoe‹, den ›Freischütz‹ oder gar ›Die Räuber‹ vermittelten.«

Ihre Kenntnisse über zeitgenössische Bildnerei bezogen sie »aus Bruckmanns weit verbreiteter Zeitschrift ›Die Kunst für Alle‹«, und als die ersten Hefte der Münchner »Jugend« nach Dorpat gelangten, sahen sich die jungen Leute im Gegensatz zu den unmodernen Alten verpflichtet, »dem aufstrebenden Neuen seine begeisterte Zustimmung zu erklären, wenn die wilde, zuchtlose Ornamentik, die aberwitzig stilisierten Frauen im Jugendstil auch für reichlich übertrieben gehalten wurden. Aber die frech-fröhliche Illustrationskunst der jungen Meister (auch etliche Nummern des Simplicissimus, der im Geruche höchster Unsittlichkeit stand, waren schon gesichtet worden) regte zur größten Begeisterung, zum Ausschneiden und Einrahmen, zur Nachahmung an.«[16]

Am 5. November 1895 – Rolf von Hoerschelmann ist zehn Jahre alt – stirbt der Vater mit 46 Jahren und im Februar 1902 der jüngste Bruder Detlev, kurz vor seinem 14. Geburtstag. Alexandrine von Hoerschelmann zieht im Sommer desselben Jahres mit Sohn Rolf vermutlich zu ihrer seit 1894 verwitweten Mutter nach Dresden. Hier lernt der 17jährige einige Monate im kunstgewerblichen Atelier der Geschwister Kleinhempel, die als Mitarbeiter der Münchner Zeitschrift »Jugend« aufgeschlossen für moderne zeitgenössische Kunst waren.[17]

Im übrigen ist er ein eifriger Besucher des Kupferstichkabinetts, wo er Originaldrucke von Toulouse-Lautrec sieht: »Die Wirkung war ungeheuer! Zum ersten Mal stand ich dem Werk eines dämonischen Künstlers gegenüber, der nur durch die künstlerische Intensität wirkte, Werken, in denen weder durch fleißige Nachahmung Naturähnlichkeit angestrebt, noch durch Stilisierung der Natur Gewalt angetan war.« Daraus entwickelte sich eine lebenslange »Schwärmerei für Toulouse-Lautrec«.[18]

1903 übersiedeln Mutter und Sohn nach München, wo sie zunächst in der Türkenstraße 98, danach in der Adalbertstraße 42 und ab 1905 in der Parterrewohnung Gedonstraße 8 pl (Parterre links) wohnen: zwei Zimmer zur Gedonstraße und zwei Zimmer mit Bad zum Innenhof, verbunden durch einen zwanzig Meter langen Korridor. Im vierten Stockwerk desselben Hauses, das zwischen Leopoldstraße und Englischem Garten lag und heute nicht mehr existiert, wohnte von 1914 bis 1919 auch der Maler Hugo Troendle, der sein Atelier in der Leopoldstraße 79 hatte.

Der älteste Bruder Harald stand 1903 vor dem Abschluß seines Studiums Maschinen- und Schiffsbau an der Technischen Hochschule in Riga. Nach dem Diplom und einem Jahr Tätigkeit als Assistent und Lektor übersiedelte auch er 1905 nach München, da er das im Hinblick auf eine zu übernehmende Professur ihm zugesagte Stipendium infolge der damaligen politischen Unruhen in Rußland nicht erhalten hatte. Er vollendete ein Studium der theoretischen Physik an der Münchner Universität und promovierte 1911 mit einer Arbeit über elektrische Wellen. Bruder Werner studierte in Basel und Leipzig, promovierte 1907 in Philologie, arbeitete als Assistent am Museum für Völkerkunde in Berlin und unternahm im Auftrag der deutschen Regierung 1910 bis 1911 eine Forschungsreise nach Mexiko.

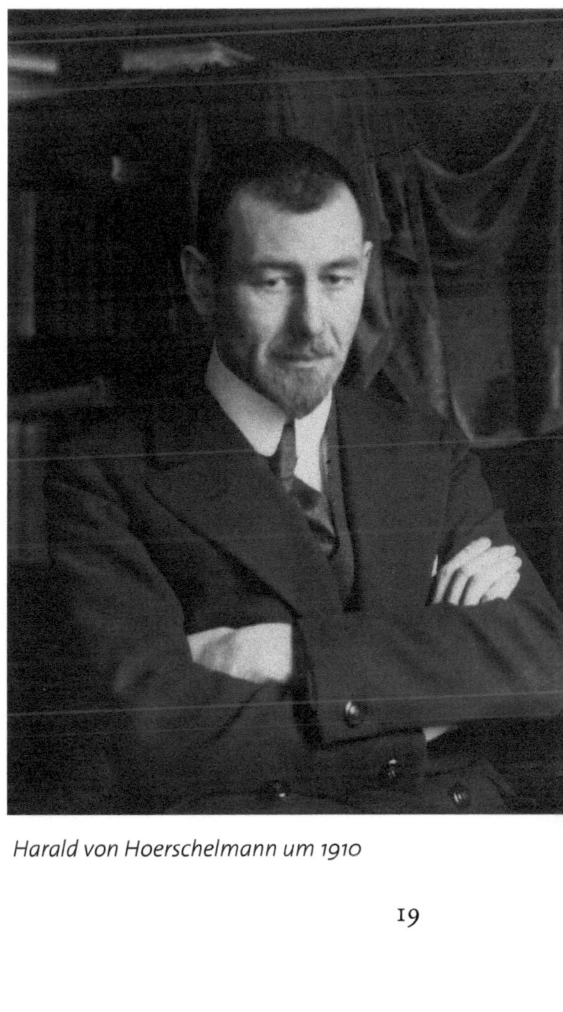

Harald von Hoerschelmann um 1910

Möglicherweise hatte Alexandrine von Hoerschelmann München als Wohnort gewählt wegen der Nähe zum Gebirge, von der sie sich eine positive Wirkung auf Rolfs Gesundheit versprach. Ein weiterer Grund könnte eine Schwägerin gewesen sein, die ältere, unverheiratete Schwester ihres Mannes und Schriftstellerin Emilie von Hoerschelmann, welche in Solln bei München ein geräumiges Haus bewohnte. (Seit 1964 gibt es eine Hoerschelmannstraße in der Parkstadt Solln.) Vielleicht trifft aber auch zu, womit Heinz Mattiesen die Anwesenheit so vieler Balten in München, zum Beispiel Graf Keyserling, Korfiz Holm beim »Simplicissimus«, Karl Mantels bei den »Elf Scharfrichtern« und der Musiker Oscar von Pander, glaubte erklären zu können: »Gerade Schwabing mußte die Balten anziehen: die freie Luft einer Landschaft, die in mehr als geographischem Sinne Hochebene ist, die Randlage abseits vom politischen und intellektuell überorganisierten Norddeutschland. ›München war nicht so schrecklich reichsdeutsch!‹ Gerade der Balte, geboren in östlicher Weite, gern auf hohem Niveau ›über den Dingen lebend‹, das westliche materialisierte und mammonisierte Leben verachtend, der geborene Polyhistor alter Art, der begabte Dilettant auf allen Gebieten, dieser Mensch paßte wie kein anderer in jene gelöste Atmosphäre, sowohl der ausgeglühte Weltmüde, wie auch der ›Hungerleider nach dem Unerreichbaren‹, wie Hoerschelmann es treffend formulierte. Christian Morgensterns klassisch gewordene Phantomgestalten ›Palmström‹ und ›v. Korf‹ sind in ihrer hintergründigen Abseitigkeit und Verstiegenheit typische Münchener Balten und haben durchaus reale Vorbilder.«[19]

Für den 18jährigen dürften Münchens damalige Geltung als Kunststadt und sein Flair sicherlich eine wichtige Rolle gespielt haben. In einem unveröffentlichten Aufsatz hat er geschildert, wie er München damals erlebte: »Als ich nach München kam, war der Himmel noch blitzblau und der Schnee glitzerweiß. Inmitten des Karolinenplatzes stach schwarz der künstliche Obelisk in den Januarhimmel und andächtig entzifferte das erstaunte Auge die Inschrift zwischen den Hammelköpfen: ›Auch sie starben fürs Vaterland!‹ Im Westen lag Isar-Athen mit Tempeln und Säulen, östlich durch die Briennerstrasse, von der mir kein Münchner sagen konnte, warum sie so hieße, gelangte man wie auch heute noch auf den Odeonsplatz – aber alles war viel schöner und größer als heute.

Und man begegnete dem Prinzregenten oder sogar Franz von Lenbach. Ging man aber lange Zeit nach Norden, so kam man schliesslich auf tief verschneite Wiesen, auf denen einsame Birkenbäumchen standen und später im Frühling, friedliche Schafherden weideten. Hatte man die Wiesen überquert, gelangte man wieder in bebaute Gegenden und hier hießen die Strassen nach den in der Stadt nicht sehr populären Hohenzollern und ihren Paladinen. Hier lag eine Schule, wo norddeutsche Mädchen es lernten, wehrlose Flächen mit dem zu bedecken, was man damals für Ornamente ausgab. In der Schule sah es aus wie in einem in Unordnung geratenen Naturalienkabinett. Überall standen, lagen und lehnten Wurzeln, Skelette, vertrocknete Fische, die man aber beileibe nicht abzeichnen durfte. Es galt vielmehr an Hand dieser staubigen Monstrositäten der Natur ihre rhythmischen Feinheiten abzulauschen, und so entstanden dann die erstaunlichsten Gebilde der deutschen Kunstgeschichte. Dort sah ich ein aus Plastilin geknetetes Kirchenportal, das aus dem Inneren eines Dohlenschnabels entwickelt war. Das silberne Geschmeide, das die Mädchen [ein Wort unleserlich], erinnerte verzweifelt an den stachligen Rochen – den Klippenfisch – und was nicht stach, das musste zum mindesten so aussehn als könne es doch stechen oder puffen – wenn es nur wolle. Doch das nur nebenbei.

Die jungen Leute, die sich ›Gärens halber‹ in jenem Stadtteil aufhielten, dessen Name ›Schwabing‹ mehr einen Gemütszustand als einen geographischen Begriff bezeichnete, protestierten, wo sie gingen und standen (und lagen) gegen alles. Was nicht mit dem soeben geborenen Worte ›Kitsch‹ getötet werden konnte, wurde doch durch das Wort ›belanglos‹ der Verachtung preisgegeben. Ein Recht zu leben hatte nur, wer ›enorm‹ war. Diesen Ehrentitel konnte man auf mannigfache Weise verdienen. War man weiblichen Geschlechts, am einfachsten durch die Geburt eines unehelichen Kindes. Den Verkehr zwischen München und Schwabing vermittelte die Türkenstrasse. Als ich nach München kam, sangen an jedem Abend deutsche Dichter vom Range Wedekinds und Lautensacks, Leo Greiner und Otto Falckenberg in einem Hause dieser Strasse öffentlich und gegen Hartgeld zur Guitarre oder sie spielten uns komische kleine Theaterstücke vor und machten allerhand Ulk. Und vor dem Hause stand dann eine alte Frau und verkaufte gebratene Kastanien. Diese that (sic!) man in die Hosentasche, nahm ein Mädchen in die rechte Hand und ging zum Monopteros. Das Mädchen hatte große Füße mit Sandalen und einen Komplex. Aber das hatte ihr ein Freund nur eingeredet. Am Monopteros stellte es sich heraus, dass alles gar nicht so schlimm war. Und später sang man dann noch ein Lied, wo am Schluss jeder Zeile ›laridah‹ kam – das thut (sic!) heute auch keiner mehr. Als ich nach München kam, war das Leben schön.«[20]

Unmittelbar nach der Ankunft in München war der 18jährige Rolf als Schüler in die »Lehr- und Versuchateliers für angewandte und freie Kunst« des Bildhauers Hermann Obrist und des Malers Wilhelm von Debschitz eingetreten. Die Schule, die sich nachdrücklich zur »Education der Geschlechter «bekannte, war als Alternative zu den Akademien der bildenden Künste und bestehenden Kunstgewerbeschulen am 3. Januar 1902 mit fünf Schülern eröffnet worden, »in seinem [Hermann Obrists] damals hochoriginellen Haus an der Karl-Theodor-Straße«[21], wie RvH schreibt. An den Beginn in sehr bescheidenen Räumlichkeiten erinnert sich Marie H, die zwei Monate nach Eröffnung als neunte Schülerin aufgenommen worden war: »(...) eine kleine Wohnung – zwei Zimmer und Küche in Schwabing (...) die beiden Zimmer als Studien- und Zeichenräume, die kleine Küche als Metallwerkstätte eingerichtet.«[22] 1903 war die Schule bereits wegen der großen Nachfrage in das Rückgebäude der Hohenzollernstraße 21 umgezogen und verzeichnete im Schuljahr 1906/07 mit 240 Schülern ihren höchsten Stand. Hermann Obrist schied 1904 als Lehrer aus gesundheitlichen Gründen aus der Schule aus, weshalb später nur noch von der »Debschitz-Schule« die Rede war.

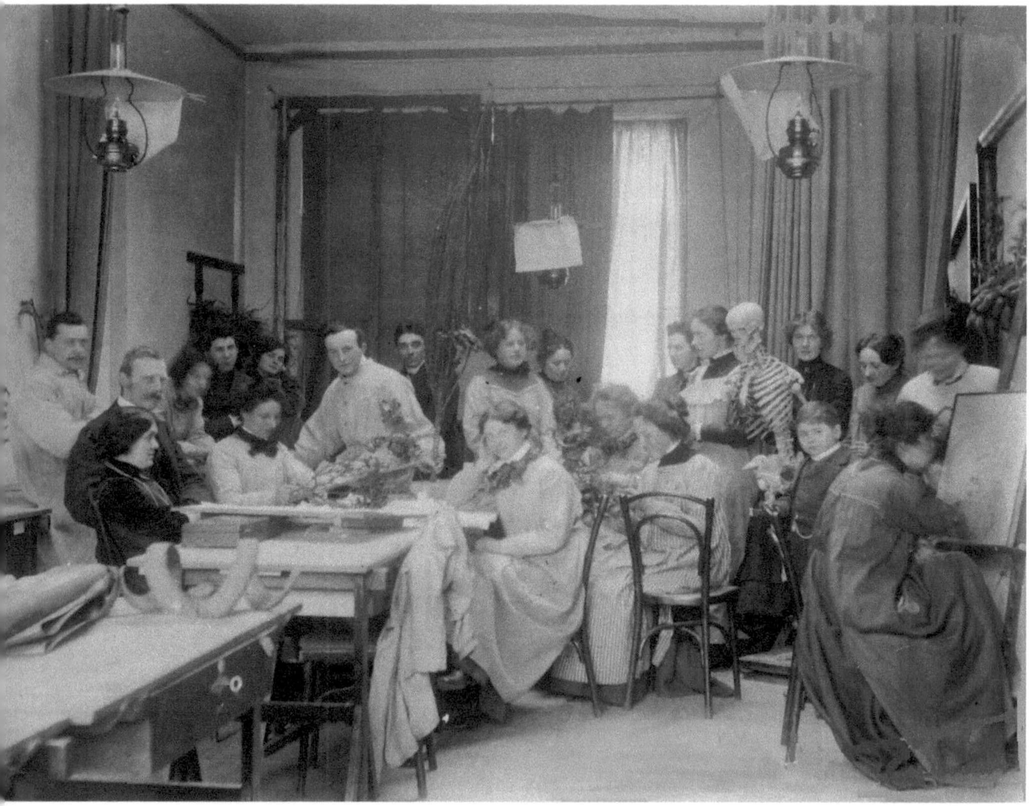

Rolf von Hoerschelmann (rechts neben Skelett; links neben ihm sitzend Marie Herberger; auf dem Tisch sitzend Wolfgang von Wersin; links mit Schnauzbart Wilhelm von Debschitz) in der Debschitz-Schule um 1909.

»Was hier gelehrt wurde, war weniger Kunstgewerbe und Malerei als ›Neue Möglichkeiten in der bildenden Kunst‹, wie das Schlagwort nach einem Buche Obrists lautete. (…) Der Hauptgrundzug des Kunstunterrichts war das Bestreben, die Schüler sehen zu lehren, wie die Natur im freien Spiel der Kräfte Formen bildet. Nicht Ornamente aus dem Vorrat des überkommenen Formenschatzes wurden studiert und kopiert, sondern an Zweigen, Knospen, Getreideähren, an Knochen, Algen und Flechten von neuem beobachtet, wie sinn- und ausdrucksvolle Formen entstehen. Es galt, der Natur auf die Schliche zu kommen. Es gab Studien, die nur das Hängen, das im Winde Wehen, das Hinaufstreben, das Spannen behandelten; in Werkstätten wurde an der Drehscheibe die Gefäßform von neuem erschaffen, nach Käfern wurden in Metall Buckel, Deckel und Knorpel getrieben. Verpönt war aber jede bloße Kopie der Natur. Die Formen mussten gesteigert werden, wie wieder ein Schlagwort lautete, und von hier aus wurde dann das ganze Leben miterfasst; man lernte, dass nur ein gesteigertes Leben Wert habe. (…) Einmal in der Woche gab es einen Vortragsabend, zu dem ganz Schwabing Zutritt hatte und wo unter Obrists Führung hitzig debattiert wurde. Es kamen durchaus nicht allein Fragen der Kunst aufs Tapet; Lebensführung, Kleiderfragen, Liebe und Ehe wurden besprochen; in ein Kästchen wurden im Laufe der Woche Fragen eingeworfen, die coram publico beantwortet wurden. Redegewaltige Schwabinger aller Kategorien beteiligten sich. War Obrist, wenn auch zäh und eigensinnig, in seinem Benehmen voll leiser Distinktion, so fuhrwerkte der lange, blonde W. von Debschitz mit polterndem Getöse durch die Stockwerke seiner Schule. Strahlend, donnernd predigte er, begleitete mit dröhnenden Lachsalven seine Erziehungsversuche an den Töchtern der Provinz, wurde viel geliebt und verliebte sich gerne. Begeisterter Bergsteiger, Skiläufer, Segler, führte er seine Schäfchen viel in die freie Natur. Als er nach zehn Jahren einem staatlichen Ruf nach Norddeutschland folgte, verlor Schwabing mit ihm eine seiner leidenschaftlichsten und markantesten Persönlichkeiten. Was in dieser Schule an Kunst entstand, war zu Anfang weder sehr schön noch sehr brauchbar, aber es war besser als der um die gleiche Zeit üppig ins Kraut schießende Jugendstil, konstruktiver, vernünftiger, und die neue Freude am Sehen zeitigte feinnervige Studien und Versuche. (…) Manche aus dieser Schule hervorgegangenen Lehrkräfte gaben hier Gelerntes anderen Ortes wieder weiter, so dass die Anregung fruchtbar wurde im ganzen Lande.«[23]

Den von seinen Schülerinnen angeschwärmten Wilhelm von Debschitz läßt RvH in einer unveröffentlichten literarischen Skizze »Das Leben ist eine Rutschbahn« als »Mann mit einem Mistelzweig in der Hand« auftreten, der einem jungen Mädchen, das es zu Hause nicht mehr aushielt und von den Eltern nach München geschickt wurde, »Inhalt und Ideale, Stützpunkt und festen Boden unter den Füssen« gibt, indem er sie »einen Luffahschwamm (...) den Dattelzweig und die Haferähre, die Alge und die Kastanienknospe« zeichnen läßt. In einer zweiten Skizze, »Tagebuch einer Debschitzschülerin«, hat Hoerschelmann seine damaligen Beobachtungen und vielleicht auch eigene Erlebnisse sehr amüsant dargestellt. Beim Aufnahmegespräch ist das junge Mädchen zunächst sehr verwirrt durch die von Debschitz gestellten Fragen. Dann aber findet sie ihn sofort »himmlisch« und alles »wahnsinnig interessant (...). Die Schülerinnen frisieren sich alle gleich. Es sieht sehr originell aus – ich werde es wohl auch tun. Einer modellierte einen Krähenschnabel von innen. Es soll ein Kirchenportal werden. Ich kann es mir übrigens ganz gut vorstellen!« Ihre Verwirrung in den ersten Schultagen durch die ungewöhnliche Art ihres Lehrers und unverständlichen Kommentare ihrer Mitschüler findet ihren Höhepunkt bei ihrer ersten Teilnahme am Abendakt: »Plötzlich öffnete sich die Türe und herein kam ein Mann, der hatte buchstäblich nichts an. Ich war so wahnsinnig erschrocken, dass ich ruhig sitzen blieb. Er nahm dann eine ganz theatralische Stellung ein. Die Obmännin ging zu ihm und sprach ganz ruhig mit ihm, als ob gar nichts los wäre. Ich war sprachlos! Es soll ein Aktmodell sein, er wollte sich vorstellen.« Obwohl sie innerlich sehr viel durchmacht, hat sie schon bald das Gefühl, »beinah« gar keine Vorurteile mehr zu haben, und stellt bei einem Besuch bei den Eltern fest, daß sie mit ihnen nur noch »sehr wenig Berührungspunkte« habe, zumal diese Anstoß nehmen an ihren Aktstudien, was ihr völlig rätselhaft ist. Trotz Verbots des Vaters zieht sie in die Pension Fürmann, wo man sich so viel freier fühlt, erlebt einen Fasching, der »riesig orgiastisch« und einfach »himmlisch« ist, weint, wenn Debschitz sie kritisiert, freut sich, wenn er sie lobt, nimmt sich vor, Kierkegaard zu lesen, und wechselt alle Augenblicke ihre Verehrer. Nach sieben Monaten ist es aus und vorbei mit diesem herrlichen Leben. Sie nimmt »rührend Abschied« von Debschitz, weil sie daheim von der rheumatisch erkrankten Mutter im Haushalt gebraucht wird.[24]

Über seine eigene Ausbildung an der Debschitz-Schule erfahren wir von Hoerschelmann wenig. In einem Brief 1907 an seinen Bruder Werner (»Batsche«) berichtet er, daß er einen ganzen Vormittag im Salon des Hauses von Wilhelm von Debschitz nach den dortigen Wandmalereien gezeichnet habe und von Frau von Debschitz herrlich bewirtet und sogar mit Schnäpsen verwöhnt worden sei. Eine Ausstellung in den Kellerräumen der Schule mit drei Einrichtungen von Wolfgang von Wersin und Marie Herberger wird erwähnt und lapidar kommentiert: »Nicht besonders schön.«

Diese beiden »Debschitz-Schüler« sollten allerdings beide Karriere als »Entwerfer«, wie man damals sagte, machen, vor allem Wolfgang von Wersin, dessen Verzeichnis seiner Entwürfe anläßlich einer Gesamtschau 1991 in der Villa Stuck in München annähernd 1200 Objekte aufführte. Auch Marie Herberger, die nach der Ausbildung in ihre Geburtsstadt Graz zurückgekehrt war, arbeitete dort bis zum Jahre 1919 sehr erfolgreich als Entwerferin von Möbeln und Metallarbeiten.

Dem damals 29jährigen Paul Klee ist RvH anscheinend an der Debschitz-Schule nicht begegnet, als dem Maler für einige Monate die Korrektur des Abendaktes übertragen worden war, wozu Klee in seinem Tagebuch vermerkte: »Die Leute zeichnen da ganz fleißig, aber auch ganz mäßig. Ob ich da viel ausrichte, ist fraglich. Aber es ist nicht uninteressant.«[25] Von Hoerschelmann erfahren wir: »Diesen stillen Menschen und Zeitgenossen lernte ich näher kennen und schätzen und seinen tiefen Ernst verehren, als sich im Weltkrieg eine Gruppe musizierender Freunde zu regelmäßigen Kammermusikabenden zusammenfand. Klee war ein den Durchschnitt weit überragender Geigenspieler, und mancher, der ihn hörte, hat auf diesem Wege Zugang zu dieser eigenartigen Künstlerseele gefunden.«[26] Am 15. Januar 1916 schreibt RvH an Alfred Kubin: »Es gelang mir zu allgemeiner Zufriedenheit, die Verbindung Klee-Kristeller herzustellen, und gibt es hervorragendes Streichquartett. Sie harmonieren vorzüglich zu meiner großen Freude. Klee spielt ja ganz herrlich.« Zwei Jahre später, am 4. Juni 1918, äußert sich Paul Klee in seinem Tagebuch weniger positiv über diese von RvH hergestellte Verbindung: »Ich hoffe dann Musik zu hören und zu machen. Aber wegen der Kürze nicht mit Kristeller! Die schlemmen in Brahms, für mich rentiert sich nur, was wirklich an die Nieren geht.«

Mit dem Graphiker und Illustrator Alfred Kubin wurden sowohl Hoerschelmann als auch Paul Klee durch Wilhelm von Debschitz bekannt. Im Januar 1911 vermerkt Klee in seinem Tagebuch: »Kubin, der Gönner, ist gekommen. Er tat so begeistert, dass er mich hinriß. Wir saßen wirklich begeistert vor meinen Zeichnungen! Wirklich ganz begeistert! In heißer Begeisterung!! (...) Ein faszinierender Mensch ist er ganz sicher, mimisch unerhört!«[27] Nach Paul Klees Tod bedauert Alfred Kubin in einem Brief an Rolf von Hoerschelmann: »Nun reut es mich daß ich keine farbigen Stücke z. Zt. als Tauschobjekte ihm entnahm – damals war ich ganz aufs Linienspiel versessen.«[28]

RvH zählte die Begegnung mit Alfred Kubin im Jahre 1905 zu den Glücksfällen seines Lebens, woraus eine lebenslange Freundschaft erwuchs, auch zu Kubins Ehefrau Hedwig. »Das Ehepaar Kubin lebte in der Mandlstraße mit schöner Aussicht auf den Englischen Garten. Sonderbare Tiere, Äffchen, Haselmäuse und seltene Reptilien waren ihre Hausgenossen. Der phantasievolle Meister hatte die erste unheimliche Epoche seiner Wirksamkeit, die ihm seinen Spitznamen als ›Pfaffe des Grauens‹ geschaffen hatte, schon hinter sich und erfand nun mit Deckfarben gänzlich irreale, an Geschöpfe der Tiefsee erinnernde, funkelnde Gebilde. Eine Versuchung, ihm auf diesen Wegen zu folgen, entstand nicht, aber dennoch waren sehr verwandte Seiten da, und jede Unterhaltung vertiefte die freundschaftliche Verbindung. (...) Erst etwa zehn Jahre später begannen sich unsere Zeichnungen öfters ähnlich zu sehen, weil zu der Vorliebe für skurrile Stoffe, der Freude an der Phantastik alles organisch Gewachsenen auch die gleiche Zeichentechnik, die locker gehandhabte Federzeichnung kam. Aber während ich ein harmloser Erzähler und manchmal ein Künder von dem Zauber des Waldes und seiner Märchen wurde – erkannte ich in dem Freunde von Anfang an den seherischen Magier, dessen Bilderreichtum vom Seelenleben eines ganz einzigartigen und einmaligen Zeitgenossen Kunde gab.«[29]

Einige Jahre »mit reicher Gelegenheit zu prägnanter Formulierung innerlich erschauter Bilder« sollten noch vergehen, wie er es in »Kleine Rechenschaft« formuliert, bis der Debschitz-Schüler, der sich »mit Inbrunst versenkte (...) in den Rhythmus eines jungen Obstbaums, wie in die Wurzeln des Waldbodens, in die Pracht der Buchenstämme und die pittoreske Struktur einer verdorrten Eiche«, die anfänglich pedantische Strichführung verlor und sich einen Namen als Buchillustrator machte.

Während seiner Zeit an der Debschitz-Schule führte Hoerschelmann erste Illustrationsaufträge für Anzeigen aus, und seit 1904 fertigte er Exlibris, wie aus einem Zeitschriftenbeitrag von Walter Foitzick hervorgeht, in dem dieser ungefähr dreißig Exlibris aus den Jahren 1904 bis 1914 vorstellt: »Hoerschelmanns Arbeiten (...) zeigen die Prägnanz des Ausdrucks und die knappe Form, die sie als Exlibris kennzeichnen. Weit davon entfernt, Nachahmungen alter Vorbilder zu sein, haben sie mit diesen doch die strenge Form und die Zusammenfassung auf ein symbolartiges Motiv gemein. Hoerschelmann hat von jeher aus dieser Auffassung heraus gearbeitet. Schon seine ersten Blätter aus dem Jahre 1904, wie die Exlibris Gertrud Graßhoff und R. v. Hoerschelmann, zeigen dieses Streben. In den neueren Arbeiten für M. Pelkan, H. v. Hoerschelmann und L. Spielberg ist das Hinarbeiten auf eine Konzentrierung noch ausgesprochener. (...) Aus dem Streben nach der kurzen graphischen Form ist der Künstler zur Holzschnittechnik gekommen, für die er auch ganz besonders begabt zu sein scheint. (...) Hoerschelmann sucht der Technik dadurch am meisten gerecht zu werden und viel aus ihr herauszuholen, dass er Schwarz und Weiß möglichst in ihrer ganzen Reinheit sprechen lässt. Alles feine Gestrichel, das Halbtöne erzeugt, würde die Einheit der Wirkung zerstören. Bei diesem Streben liegt die Gefahr nahe, ins rein Dekorative zu verfallen, wobei alles Pikante und Geistreiche, was doch ein gutes Exlibris besitzen sollte, allmählich verloren ginge. Von diesen Banalitäten hat sich der Künstler durchaus fern gehalten; seine Arbeiten sind immer aus einer Idee heraus geschaffen.«[30] Einige Jahre später kann W. von Zur Westen dem Lob Walter Foitzicks nicht viel hinzufügen, stellt jedoch fest, daß die vorzüglichen Blätter des nun 35jährigen Künstlers »weiteren Fortschritt in der Richtung kräftiger Bestimmtheit der Umrisslinien« zeigen.[31]

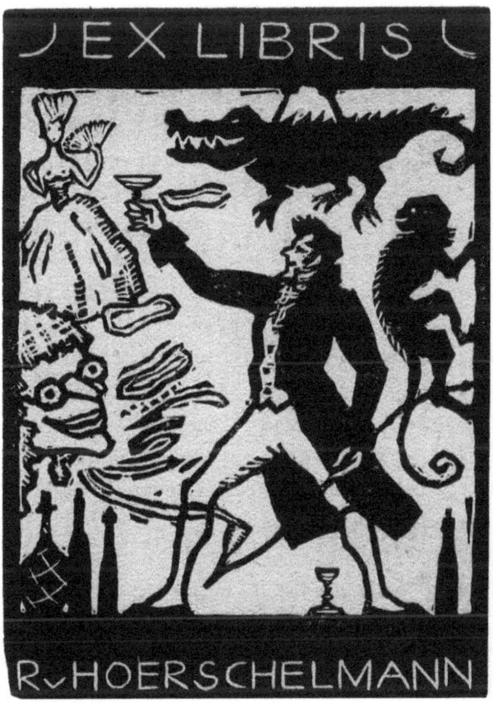

Exlibris »RvHoerschelmann«

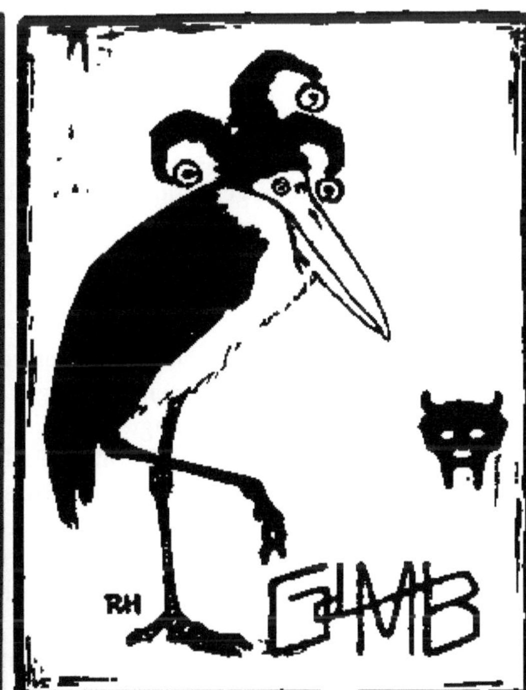

Rolf von Hoerschelmann: Exlibris der »Gesellschaft der Münchner Bibliophilen«

»Schwabinger Schattenspiele«

Im Jahre 1906 hat der 21jährige Hoerschelmann seine ehemalige Heimat offensichtlich zum ersten Mal wiedergesehen, was man lediglich Arthur Behrsings Buch »Baltische Künstler in München« entnehmen kann. Über diesen viermonatigen Aufenthalt, der anscheinend der einzige blieb, erfährt man nur, Hoerschelmann habe »während dieser Zeit seine Kräfte dem Deutschen Verein, der sich damals gerade zu entwickeln und zu festigen begann, mit Energie zur Verfügung gestellt«.[32] Einen weiteren Hinweis liefert Johannes von Guenther, der RvH bei seinem ersten Vortrag in Dorpat als einen von vier männlichen Zuhörern unter 140 Damen wahrnahm.[33]

Zu einer wichtigen Station seiner künstlerischen Entwicklung sollten die folgenden Jahre bei den »Schwabinger Schattenspielen« für Hoerschelmann werden, und vor allem zu einer unvergeßlichen Zeit. Das von Alexander von Bernus ins Leben gerufene künstlerische Unternehmen bestand nur fünf Jahre, blieb aber für Jahrzehnte ein Höhepunkt in der gesamten Schattenspielgeschichte. RvH hat die Premiere der »Schwabinger Schattenspiele« folgendermaßen geschildert: »Im Frühling 1907 wurde die Creme der Boheme von Schwabing eingeladen, sich im Hause des Freiherrn von Bernus einzufinden, wo ein neues kleines künstlerisches Unternehmen aus der Taufe gehoben wurde, das der Hausherr in Gemeinschaft mit dem Dichter Will Vesper geschaffen hatte: die Schwabinger Schattenspiele. Man saß im verdunkelten Raume vor einer metergroßen von hinten beleuchteten Bühnenfläche und sah nach dem Erklingen zarten Geigenspiels die kleinen Schattenspielfiguren vor sich agieren. Die beweglichen Figürchen entzückten durch ihre Grazie, sie waren von Dora Polster geschaffen, und die Verse, die sie anscheinend sprachen, waren von so traumhafter poetischer Süße, dass man wie gebannt war von dieser winzigen dramatischen Zauberei.« Aufgeführt wurden Stücke von Friedrich de la Motte Fouqué, Will Vesper, Alexander von Bernus, seiner Ehefrau, Adelheid von Sybel-Bernus, Justinus Kerners »Der Totengräber von Feldberg«. »Die Art, wie die Sprecher hinter der Bühne die Verse ertönen ließen, entsprach der, wie sie im George-Kreise üblich war, ganz den Rhythmus betonend, musikalisch, manchmal fast singend.«[34]

Mit der »Creme der Boheme von Schwabing« waren unter anderem gemeint Friedrich und Ricarda Huch, Heinrich und Thomas Mann, Richard Deh-

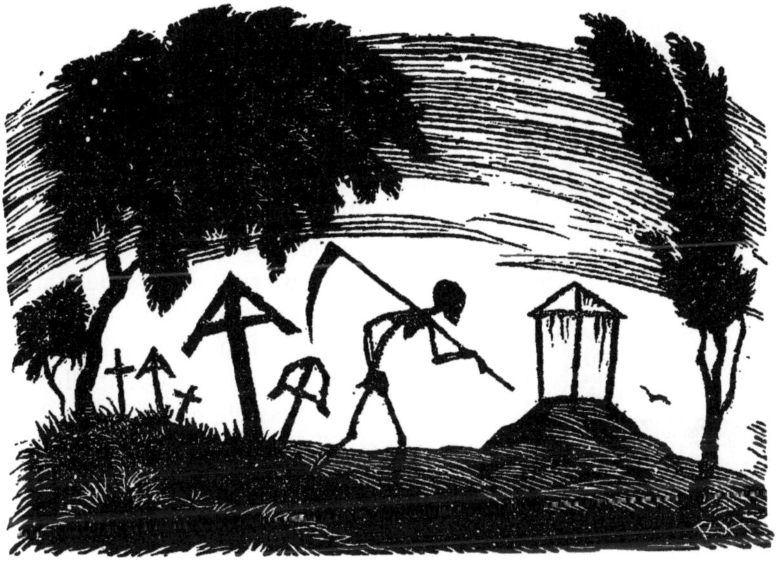

Der Totengräber von Feldberg

von

Justinus Kerner

Sprechende Figuren:

Der Totengräber	Herr Kaiser	Das Mädchen	Frl. Nadesda
Dessen Frau	Frl. Ludwig	Ein Handwerksbursche	Herr Weigert
Elsbeth, deren Tochter	Frl. Seidel	Ein Handwerker	Herr Christensen
Ein Schmied	Herr Kayßler	Dessen Kind	Kl. Roda
Ein Gärtner	Herr Fricke	Der Tod	Herr Feinhals
Ein Poet	Herr Waldau		Herr Lipmann
Der böse Geist	Herr Gürster	Totengerippe	Fr. Fiebig
Der Mönch	Herr Silberstein		Frl. Nérac
Der Jäger	Herr Wesener	Der Amtmann	Herr Feinhals
Der König	Herr Schumm	Zwei Knaben, Volk	

Eine Singstimme: Frl. Hagelberg

Die Darstellung geht auf einem Kirchhofe, neben dem die Wohnung des Totengräbers ist, vor.

Spielleitung: Erwin Kaiser
Begleitende Musik von Stefan Mila
Kostüme: Walter Wesener

Gespielt im Juli 1920 im Garten der Werneckstraße 5

Druck: Richard Etzold · München

Programmheft von RvH zu »Der Totengräber von Feldberg« von Justinus Kerner (Juli 1920)

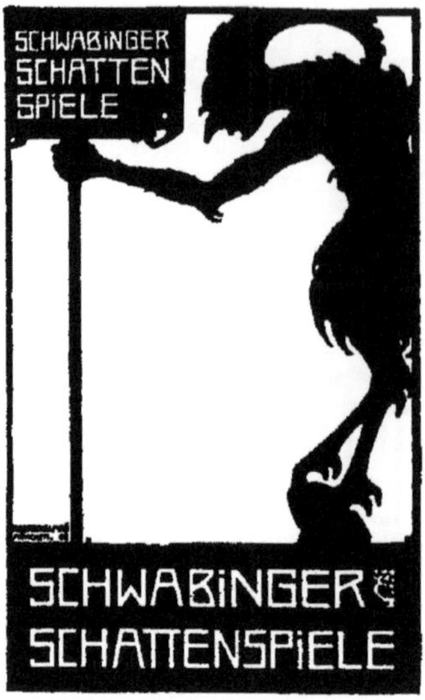

Rolf von Hoerschelmann: Plakat zur Münchner Ausstellung 1908

mel, Hermann Hesse und Stefan George, der »unsichtbare Lehrmeister«. Der Anklang der ersten privaten Aufführungen war so groß, daß die Gründung eines öffentlichen Schattenspieltheaters beschlossen und ein früheres Bildhaueratelier in der Ainmillerstraße 32 angemietet wurde. Über ein Preisausschreiben wurde Hoerschelmann als geeigneter Silhouettenschneider entdeckt. Die offizielle Eröffnung der Bühne fand am 1. November 1907 mit der Uraufführung der Stücke »Wolfdietrich und die Rauhe Els« von Karl Wolfskehl und Goethes »Pater Brey« statt, für die RvH die Figuren und Szenerien schnitt.

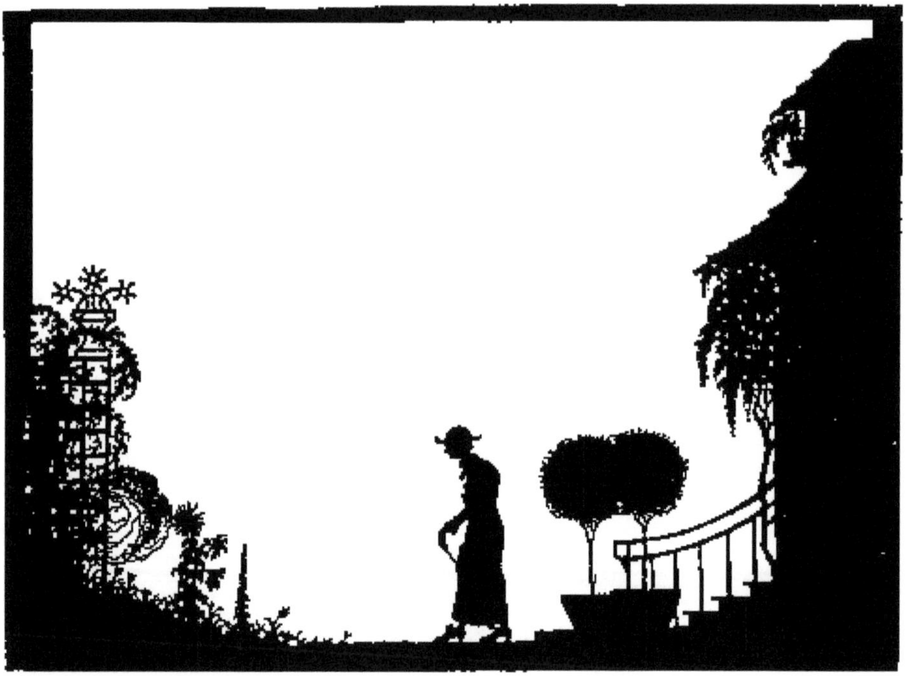

Rolf von Hoerschelmann: Schattenbild zu »Pater Brey« von J.W. von Goethe

»Der Bühnen-Ausschnitt war etwa 1,20 m lang und 80 cm hoch. Er war bespannt mit einer geölten Leinwand, hinter der die Dekorationen mit Scharnieren befestigt wurden. Das Licht wurde von rückwärts aus einer Petroleumlampe auf die Leinwand geworfen. Das Petroleumlampenlicht wählte ich, weil dadurch die Schatten sehr viel satter herauskommen. Der etwa 60 Personen fassende, stets gefüllte Zuschauerraum (...) war während der Aufführungen verdunkelt. Die Schattenfiguren wurden von unten her in Leisten von zwei Spielern, die unter dem 1,50 m über dem Saalboden erhöhten Bühnenausschnitt saßen, geführt, so dass die Spieler vom Zuschauer nicht zu sehen waren. Die Sprecher sprachen von rechts und links hinter der Szene. Zur musikalischen Untermalung und Begleitung dienten Spinett und Geige oder Flöte. Komponist war der Musiker Wilhelm Petersen, der auch das Spinett spielte. Die Schattenbilder waren grundsätzlich nur in Schwarz-Weiß gehalten, wie auch von jeder perspektivischen Wirkung abgesehen wurde.«[35]

»Die spezifische, ganz auf das Dichterische gestellte Wirkung dieser Aufführungen wurde von Publikum und Presse über alles Erwarten stark beachtet. Es gab bekannte Kritiker, die enthusiastisch den Beginn einer neuen theatralischen Ära verkündeten (das Künstlertheater war noch nicht geboren), es gab auch solche, die sich über den monotonen Singsang und die harten Stühle mokierten, aber das Neue, Eigenartige war so erregend, dass alle illustrierten Zeitschriften bilderreiche Artikel brachten, dass ausländische und überseeische Zeitungen darüber berichteten.«[36]

In einer dieser Besprechungen wird Rolf von Hoerschelmann besonders hervorgehoben, als »ein Meister in dieser Kleinkunst. Seine Schattenrisse leben und bewegen sich, auch wenn sie nicht bewegt werden. Nicht nur die Profile der Gesichter, sondern auch Hände und Beine, das Toupet, der Zopf, das Schwert bis hinab zu den Stiefeln und Stöckelschuhen. Dazu eine auch nur zart andeutende Kulissenkunst, von der die Väter unsres noch ungeborenen Künstlertheaters einiges lernen könnten.«[37]

Insgesamt schuf RvH rund 150 Figuren und 50 Dekorationen für die kleine Bühne. Zehnmal wöchentlich wurde gespielt, weil der Gartensaal in der Ainmillerstraße 32 maximal 66 Plätze anbieten konnte. Auf der Eintrittskarte zum Preis von zehn Mark wurde ausdrücklich darauf hingewiesen: »Pünktliches Erscheinen dringend notwendig, da nach Beginn die Türen geschlossen werden müssen.«[38] Was durchaus einleuchten mußte, denn der geringste Lichteinfall beim Öffnen der Türen durch einen zu spät kommenden Besucher hätte das Schattenspiel erheblich gestört.

Die Einnahmen konnten allerdings den Aufwand der Künstler schwerlich decken. Vermutlich deshalb nahmen Alexander von Bernus und sein

Ensemble das Angebot an, anläßlich der großen »Ausstellung München 1908« im neuen Vergnügungspark, hinter der Bavaria neben »Paul Brann's Marionetten Theater« in einem eigenen kleinen Theaterbau ihre Bühne aufzuschlagen, obwohl das Umfeld nicht unbedingt ihrem Niveau entsprach. Daß sein Silhouettenfries an dem von Fritz Klee entworfenen kleinen Theatertempel mit blauschillerndem Dach auch Fritz Klee zugeschrieben wurde, vermochte Hoerschelmann nicht »fabelhaft aufzuregen«, wie er im Oktober 1908 an seine Mutter schrieb. Im Hinblick auf das dortige Publikum »mußte den derben Ansprüchen des Vergnügungsparkes Rechnung getragen werden, und einige Puppenspiele des Grafen Pocci ›Kasperl wird reich‹ und ›Kasperl unter den Wilden‹ werden zu Kassenstücken. Daneben aber herrscht die lautere Romantik. Zu Goethe und Kerner kommt Tieck, dessen Rotkäppchen mit farbigen Figuren gespielt wird.« Insgesamt gaben sie während der Ausstellungszeit vom 16. Mai bis 18. Oktober 1908 über 434 Aufführungen an 156 Tagen – an machnen Tagen bis zu vier Vorstellungen.

Danach kehrt das Theater wieder in die Ainmillerstraße zurück und ist dort alsbald wieder »in vollem Gange (...). 3 neue Stücke von mir gehen in Szene, die teilweise ganz vorzüglich sind. Das Rokokostück vom vorigen Jahr heißt jetzt Estragon und Pimpernelle, und ist sehr hübsch, graziös und unanständig! Auch der Brunnenzauber (...) ist in Folge seiner anziehenden Sentimentalität und Spitzweg-Stimmung eine Hauptattraktion geworden, die besonders durch einen glanzvollen Nachtwächtergesang wirkt.«[39] Alexander von Bernus schrieb mehrere Schattenspiele für sein Theater, deren sieben beste 1910 im Münchner Verlag Georg Müller als Buch erscheinen, illustriert mit 14 Silhouetten von RvH. »Pan«, ein romantisches Schattenspiel, wird von Hoerschelmann als Meisterwerk gepriesen, und ebenso von Prof. Dr. Georg Jacob, dem Historiker des Schattentheaters: »Dichterisch am höchsten steht von Bernus' Schattenspielen wohl der ›Pan‹; der Zauber einer Johannisnacht zieht, in seiner ganzen Poesie tief ausgeschöpft, an uns vorüber.«[40]

Auf Stift Neuburg bei Alexander von Bernus

Im Jahre 1910 verließen Alexander von Bernus und die Schwabinger Schattenspiele München und zogen »ins Neckartal, wo sich in der nächsten Nähe Heidelbergs in einem alten Klosterbau, inmitten rauschender alter Parkbäume über dem Fluß das romantische Schlusskapitel abspielte. (...) Die mächtigen, ins Tal abfallenden Mauern mit zum Teil wohlerhaltenen, efeubewachsenen Ecktürmen schlossen diese Welt von der äußeren ab, in der sich das Leben geräuschvoll und ordinär entwickelt hatte, als Alexander von Bernus 1908 durch Erbschaft (von seinem Adoptivvater) in den Besitz des Stiftes gelangt war.«[41]

Hoerschelmann ist einer der ersten Besucher auf Stift Neuburg im Herbst 1908. Der Mutter schreibt er gleich nach seiner Ankunft, daß es »ganz unglaublich schön (...) ganz zauberhaft« und er ganz gesund sei. In einem bald darauf folgenden und ausführlichen Brief berichtet er vergnügt und ausgelassen von einer großen Auktion am 6. Oktober, deren offizielle Annoncierung von ihm mit »Rolf von Hoerschelmann, z.Z. Hausfreund« unterzeichnet worden sei. »Heute ist ein großer Tag auf dem Stift gewesen! Vor 1 Stunde ist der letzte Kitsch u. Schundgegenstand verauktioniert worden, und das Stift birgt in seinen 30 bewohnbaren Zimmern und etwa 20 Kellern, Speichern und Remiseräumen nichts mehr, aber auch nicht den kleinsten Nipp(es)gegenstand, der nicht anständig und stilgemäß, d.h. seinem ›Wohnort‹ angemessen! (...) Die wunderbarsten Mahagoni- und Kirschbaummöbel standen auf Speichern und in Hintergründen, und zwar in Mengen!! Großartig war die Auktion!! Neben sehr vielen sehr brauchbaren Gegenständen Unmengen von absolutem Schund, Brockensammlung, Sachen, um die sich die Menge riss!!! Weil's vom Stift ist!! Bernus und ich saßen auf einem unsichtbaren Beobachtungsposten und begleiteten mit höhnischen und schadenfrohen Reden, wenn jemand für teures Geld absolut unbrauchbare und defekte Sachen steigerte! Was haben wir gegrinst!! Jetzt wird's schön auf dem Stift! Aber fabelhaft viel Arbeit!! (...) Eben wird im Obstgarten ein riesiges Schwimmbad gebaut!! Es wird schon unglaublich fabelhaft nächstes Jahr! Man vergisst ganz, dass es noch eine Welt gibt!«

Im darauffolgenden Jahr ist er im Juni wieder Gast auf dem Stift und empfindet den Aufenthalt, da bis auf wenige Handwerkerarbeiten nun alles fer-

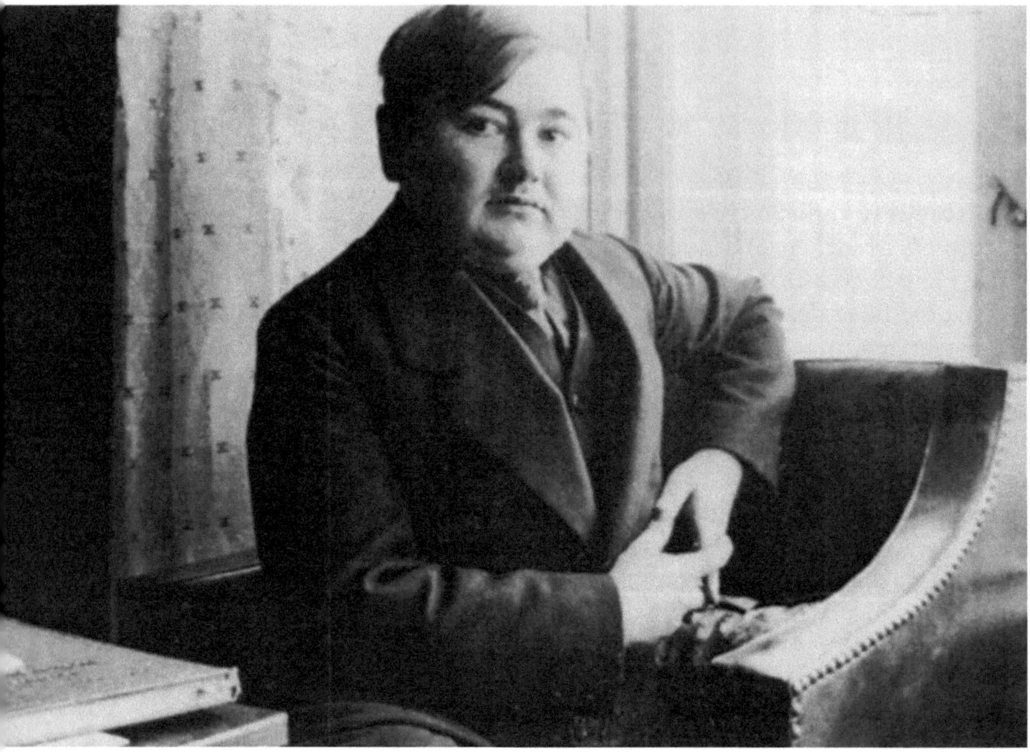

Rolf von Hoerschelmann um 1912

tiggestellt sei, als ein »einziges Lebensfest«. In seinem Kapellchen, Zimmer mit Blick ins Neckartal, an dessen Fenster der Wind weiße Akazienblüten vorüberweht, schreibt er an Mutter und Harald: »Ihr ahnt ja gar nicht, wie schön es hier ist! Seit der Ankunft ein strahlend blauer Himmel, eine strahlende Sonne und Sonnenwärme! Keine Wolke, geschweige denn ein Regentropfen! Das alte Stift in tobenden Blütenmassen. Glyzinien und Rhododendron – Bäume und Wälder bedeckt von Blüten!! Die Tage vergehen wie Träume unglaublich und unfasslich! Wir liegen am Tage stundenlang nackt. Schwimmen und sonnen uns, und sehn am Abend bis tief in die hellen Nächte ins Land und in den Mond. Und morgens scheint die Sonne wieder – noch jedes Mal! Das Bad in der Mittagssonne, das Bad am späten Nachmittag und der Mond am späten Abend sind die 3 festen Punkte in unserem Tageswerk. Was dazwischen getan wird, weiß ich nicht! Jedenfalls bin ich noch nicht dazu gekommen auch nur eine Zeile zu schreiben, einen Strich zu zeichnen oder eine Seite zu lesen.« Im Oktober kehrt er für einen Monat zurück: »Gott sei Dank, ich bin wieder da! Die Freude ist entsetzlich!« Allerdings ist es schon herbstlich kühl, und eine wehmütige Handlung wird vorgenommen. Das Schwimmbad muß ausgelassen werden, »wo im Sommer ungeheure Orgien gefeiert wurden«.[42] Zu seinem Leidwesen hat er diese versäumt, ebenso die grandiosen Tanzfeste mit den Schwestern Wiesenthal.

Einfach »kolossal« gut geht es ihm jedes Mal auf dem Stift, und er ist davon überzeugt, daß er »mit fleißigem Schwimmbadgebrauch weiter keine Gebirgsexkursion mehr nötig haben werde«. Aus »Gesundheitsrücksichten« verbringt er dennoch 1910 einige Zeit in Wolkenstein in Tirol, von wo er einen »Gruß aus den Bergen!!!« an Karl Wolfskehl schickt und »ganz in der Wildnis (...) jedwede geistige Anregung« schmerzlich vermißt, denn »Antiquariatskataloge oder Lesebücher gibt es hier nicht. Nur Ansichtskarten.«[43] Selbst die große Hitze im Sommer 1911 kann ihm auf dem Stift dann nichts mehr anhaben, wie er die sehr besorgte Mutter in jedem Brief zu überzeugen und zu beruhigen sucht: »Das Erstaunliche an dieser Hitze ist – dass ich sie glänzend vertrage!! Nicht nur dass ich wenig Kopfschmerzen hätte – ich habe überhaupt nie welche!! Seit ich hier bin keine! Was soll denn das heißen?? Ich bin ratlos! Dabei ist die Hitze so grenzenlos wie seit Menschengedenken nicht, dabei lese ich jede Nacht etwa bis 2 Uhr, weil an Schlafen nicht zu denken ist, es ist wirklich rätselhaft. (...) Morgens arbeite ich in meiner Zelle, um 12 läutet es Ave Maria, und ich stürze ins erste Bad, liege eine halbe Stunde in der prallen Mittagssonne, schwimme mich noch mal ab, und trockne mich! Das bekommt mir ausgezeichnet. Zum Sonnenbade schmiere ich mich ganz mit Vaseline ein und röste allmählich braun. Nach Tisch liege ich in der völlig kühlen Bibliothek und lese. (...) Nach dem Tee lesen wir gewöhnlich zusammen, worauf wir wiederum ins Bad stürzen und stundenlang bis zum Abendessen schwimmen, tauchen und ähnliches. Nach dem Abendbrot lesen wir auf der Terrasse Shakespeare, den ganzen Shakespeare von Anfang an alles durch! Das ist fein!! Ich lese vor.«[44]

Alexandrine von Hoerschelmann, die von ihrem Sohn Rolf in Briefen oft mit dem in der Familie gebräuchlichen Kosenamen »Sascha« angeredet wird, muß sich daran gewöhnen, daß ihr Sorgenkind zunehmend reiselustig wird und oft unterwegs ist. Immer wieder zieht es ihn nach Stift Neuburg, zumal er dauernd mit Karten, warum er nicht komme, bombardiert werde, wie er behauptet, und er besucht Alfred und Hedwig Kubin auf Schloß Zwickledt am Inn, wo der Künstler seit 1906 lebt. Begeistert schreibt RvH an seinen Bruder Werner: »Beide Male war es in hohem Grade erfreulich, den Winter auf

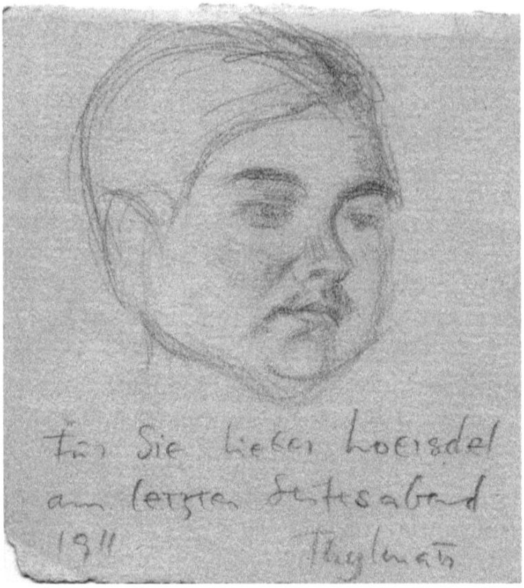

Karl Thylmann: »Für Sie lieber Hoerschel am letzten Stiftsabend 1911 Thylmann«

dem Lande zu genießen, was wir vermittelst kleiner Schlitten, die wir zwischen die schräge Erdkugel und unser Gesäß klemmten, ausgiebig taten.«[45] Für seine häufigen Aufenthalte auf Stift Neuburg gibt es auch einen zwingenden Grund. Er arbeitet mit Bernus an einem gemeinsamen Buch, »ein sehr schön zu werden versprechendes Bilderbuch, das ich zeichne, und zu dem Bernus zweckentsprechend dichtet. Die Bilder sind alle silhouettenmäßig, völlig schwarz, und darum heißt das Buch auch mit Recht ›Das schwarze Bilderbuch‹! Im

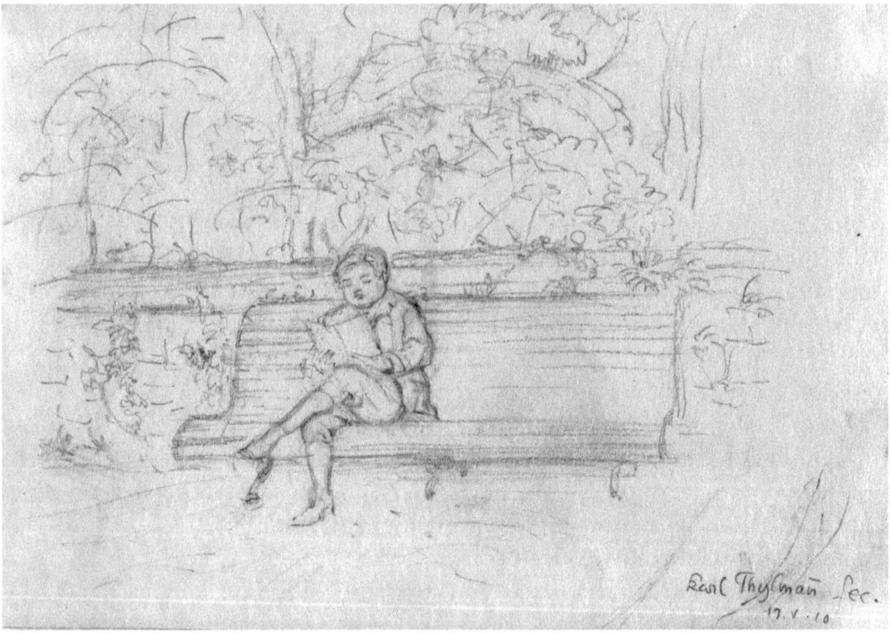

Karl Thylmann: RvH auf Stift Neuburg, 13. Mai 1910 (Bleistiftzeichnung)

Oktober soll es beim Verlage Martin Moerike in München, der mich darum gebeten hat, erscheinen.«[46]

Sehr lobend und mit einer Kaufempfehlung äußert sich später der »Hamburger Correspondent« über dieses erste Illustrationswerk, dessen Schlußseite RvH mit einer Eigenkarikatur gestaltet hat: »Das schwarze Bilderbuch von Rolf von Hoerschelmann mit Versen von A.v. Bernus ist ein entzückendes Geschenkwerk. Hoerschelmann ist ein Meister in der Kunst der Silhouette und hat hier eines von jenen seltenen Werken geschaffen, die dem schaufrohen Kinde und dem überlegenden Alter gleich viel geben. Seine Blätter sind entzückend, eins wie das andere, ob er nun Märchen oder Wirklichkeit darstellt, uns ins Land der Träume und Märchen oder in die behäbige Zeit der Biedermeier führt, ob er uns den Kinderreigen auf grüner Wiese im Sonnenschein oder das Ständchen vor spitzgiebeligem Hause im Mondesglanz zeigt. Kleine Kostbarkeiten sind diese Blätter, die man, je öfter man sie betrachtet, desto lieber gewinnt. Und die Verse, die A. v. Bernus dazu geschrieben hat, sind nicht Dutzendware, sondern wertvoll wie Hoerschelmanns Silhouetten, sind klingende Lyrik.«[47]

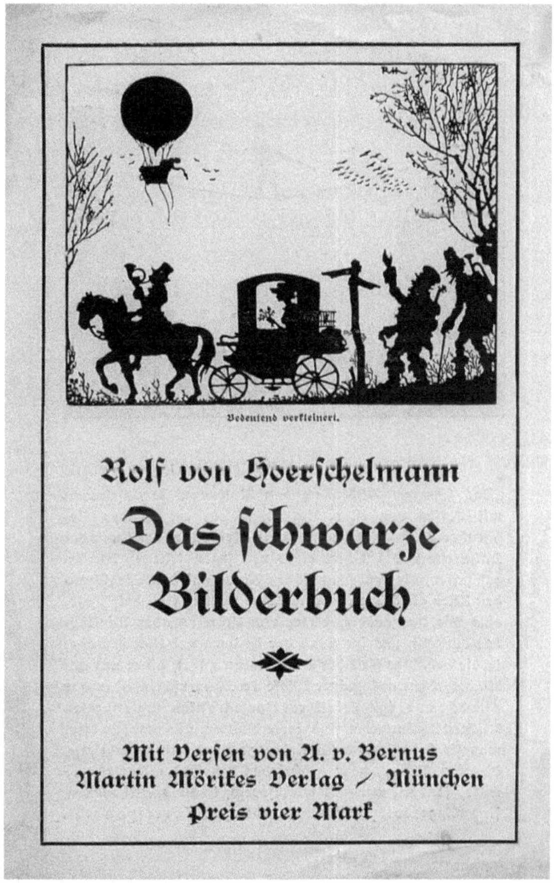

»Das schwarze Bilderbuch« (1911) von Alexander von Bernus und Rolf von Hoerschelmann

Ein Exemplar schenkte der Stammgast auf Stift Neuburg dem Sohn des Hauses mit handschriftlicher Widmung: »Meinem Freunde Alwar zum Geburtstag 1911 vom Schattenreißer«. Während jenes Aufenthalts auf dem Stift weiht er Mutter Sascha in ein Geheimnis ein. Die Baltin Imogen von Glasenapp sei anwesend, der RvH an der Debschitz-Schule bereits begegnet war. »Ihre so unendlich reizvolle Gestalt hat die ersten Erschütterungen in meinem

Herzen hervorgerufen.«[48] Mit vielen dicken Unterstreichungen verpflichtet er verschwörerisch die Mutter zur absoluten Schweigsamkeit, auch gegenüber Bruder Harald. Bernus ist noch verheiratet mit Adelheid von Sybel und Vater des gemeinsamen Sohns Alexander Walther, genannt Alwar. Im August 1911 läßt sich das Ehepaar scheiden. 1912 verunglückt Alwar tödlich bei seinem Lieblingsspiel »Gefangener und Gefesseltwerden« in einem abgelegenen Raum des Stifts, und Bernus findet Trost im intensiven Kontakt mit Rudolf Steiner.[49] 1912 heiratet er Imogen, während Adelheid mit dem Komponisten und alten Freund von Bernus, Wilhelm Petersen, eine neue Ehe eingeht.

Jahre später verfaßt RvH für einen »Sonderdruck aus der Zeitschrift für Bücherfreunde« den Aufsatz »Hundert Jahre Stift Neuburg«. Er beschreibt darin die wechselvolle Geschichte des von den Benediktinern 1130 begründeten Nebenklosters von Lorsch, das im Jahre 1825 von dem Frankfurter Advokaten Rat Friedrich Heinrich Schlosser, einem Neffen von Goethes Schwager, erworben wurde, bis zum Erbfall des Stifts mit seinen Goethe-Bildern, wertvollen Autographen an Alexander von Bernus, aber auch allen »Hausgreuel[n] (...). Stilsicher wurde Raum für Raum im Geiste der romantischen Jahre wieder eingerichtet, (...) eine heute in Privathand vielleicht einzigartige alchymistische Bibliothek angegliedert. Aber auch Werke der bildenden Kunst, Graphik, Silhouetten und manche Rarität, wie zum Beispiel die riesige phantastische Handzeichnung Clemens Brentanos kamen im Laufe der Jahre durch seinen begeisterten Sammeleifer dazu.«

In Erinnerung an diese Zeit, der er eine »epochemachende Bedeutung« für sich selbst zuschreibt, und die Freundschaft mit Bernus, die er »eine Schicksalsfügung« nennt[51], gerät er ins Schwärmen: »Welch ein Glück, unter den Bildern der geistigen Ahnherrn dieselbe Luft zu atmen, die sie umweht hatte. Zu schwärmen, sei es in begeisterter Rede und Vorlesung im Haus und dunkel verwachsenen Park, sei es in der strahlenden Sonne des Schwimmbades oder im Schatten gotischer Zellen, schattenspielend oder schatzgrabend. (...) Es kamen und weilten hier, um von vielen nur einige wenige Namen zu nennen: Stefan George, Karl Wolfskehl, Melchior Lechter, Gundolf, Rilke, Mombert, Trübner, Kubin, Preetorius, Hoerschelmann, Thylmann, Benz, Strich, Obenauer, Friedrich Schnack, Heynicke, Klaus Mann. Hier wurden Bücher gedichtet, aufgeführt und illustriert, unendliche Pläne geschmiedet und manche ausgeführt. (...) Im Gartensaal wurde die Schattenbühne eingebaut und darauf einen Sommer lang eifrig gespielt.«[50]

Vielen damals bedeutenden Künstlerpersönlichkeiten, »Dichtern und ihren Gesellen«, ist der junge Hoerschelmann auf dem Stift begegnet; nachhaltig beeindruckt war auch er von Stefan George. Die Nacht vom 18. zum 19. Mai 1910 mit einem »Mysterienspiel der Zeitenwende« stellte einen der Höhepunkte der Stiftfeste dar, bei dem auch George zugegen war. »Es ist erklärlich, dass es ein Ereignis war, den Meister kennen zu lernen: Er kam, festlich empfangen, zu den auf Stift Neuburg versammelten Freunden. Er war selber weit von aller Feierlichkeit entfernt. Schlicht und freundlich, ja voll Humor beteiligte er sich an den Gesprächen, lobte Tee und Brot und freute sich an Wolfskehls oder Gundolfs Wortspielen. Die Atmosphäre des alten Stifts sagte ihm sichtlich zu. Er kam öfters und feierte mit uns die schöne Sommernacht, die etwas voreilig zum Datum des Weltuntergangs durch den Zusammenstoß der Erde mit dem Halleyschen Kometen ausersehen gewesen war. Es war ein Fest, wie es nur eine begeisterte Runde in völliger Übereinstimmung ihrer Gefühle miteinander begehen kann. Die Aufführung eines kleinen Festspieles ›Melaina‹ von Bernus, in einer gotischen Zelle der großen Klostergewölbe leitete den Abend ein. Die schöne, klare Sternennacht lockte zum Rundgang durch den Park und Garten, und auf einem der alten Ecktürme sprach der junge Maler Thylmann rosenbekränzt vor George dessen herrliches Gedicht ›Entrückung‹: ›Ich fühle Luft von anderen Planeten (…)‹ Schließlich wurde im glanzvollen Musiksaal getanzt, und da nur allein Stefan George und ich sich nicht daran beteiligten, kamen wir nebeneinander zu sitzen und in vergnügte Unterhaltung. Meine Bemerkung, Wolfskehl, dem der violette Talar beim Tanz etwas von der üppigen Schulter rutschte, gleiche der ›Frau von dreißig Jahren‹ hatte ganz unerwarteten Erfolg und erweckte seine laute Heiterkeit.«[52]

Hoerschelmann war überrascht, »wie harmlos und einfach sich der berühmte, nach den vielverbreiteten Geschichten sich nur im Weihrauch anbetender Epheben wohlfühlende Meister benehmen und fröhlich mit den Fröhlichen sein konnte«. Nebeneinander sitzend, müssen die beiden ein bemerkenswertes Bild abgegeben haben: der hagere Stefan George mit asketischen Gesichtszügen und der kleine, rundliche Hoerschelmann mit seinem noch bubenhaften Gesicht und vielleicht humoristisch pendelnden Beinchen wie ein kleiner Junge, der noch nicht an den Boden reicht. Wegen seiner Kleinwüchsigkeit scheint RvH, zumindest nach der Adoleszenz, keinerlei Komplexe gehabt zu haben, und vielleicht war es ja die Hoerschelmann vielfach nachgesagte entwaffnend offene und unbefangene Art, auf andere Menschen zuzugehen, die »den Meister« so vergnügt reagieren ließ. Bei aller Verehrung und Bewunderung für den großen Dichter urteilt Hoerschelmann dreißig Jahre später, er habe »in ihm nicht den einzigen Repräsentanten des deutschen Geistes [gesehen], nicht den unfehlbaren Richter über Gut und Böse. Seine Ablehnung der Musik, des Romans, des Theaters teilte ich nicht.«[53]

In »Leben ohne Alltag« erinnert sich RvH einiger Begegnungen, als das romantische Stift Neuburg während der Sommermonate Musenort und Treffpunkt der ehemaligen Mitarbeiter der Schwabinger Schattenspiele und jener war, die zum Kreis um Stefan George gehörten, zum Beispiel des Graphikers Melchior Lechter: »Die freundliche, eher rundliche als hagere Erscheinung strahlte von Wohlwollen und Güte. In ziemlich ausgesprochenem Berlinisch erzählte der alte Westfale gerne komische, ja, oft derbe Geschichten und steckte voll Humor. Er konnte ihn aber verlieren, wenn man an seine Idole rührte, deren es nicht wenige gab. Außer der Verehrung Stefan Georges erfüllte ihn eine grenzenlose Verehrung Richard Wagners. Sowohl die christliche als die indische Mystik waren ihm tief vertraut – aber auch überkultivierte, bis an die Grenzen der Perversität vorgetriebene Kunst der Engländer, Franzosen und Belgier erregten seine Bewunderung. Dagegen war er sehr empfindlich gegen dämonische Einflüsse und böse Ströme – er fürchtete Kubins Zeichnungen und Ratten, die ihm Zittern und bleiches Entsetzen einjagten.«[54] Den Maler Wilhelm Trübner, über den Paul Klee in sein Tagebuch schreibt: »... so ein kaltes Können wie Trübner macht mich hüsteln«[55], habe er damals auf Stift Neuburg führen dürfen und beobachten können, »wie der gewiegte Künstler die einzelnen Motive aufs Korn nahm«. Besonders schätzengelernt habe er Trübner jedoch, als sich dieser zu seiner großen Überraschung bei abendlicher Unterhaltung auf Stift Neuburg als begeisterter Büchersammler zu erkennen gegeben habe.[56]

Dem 18jährigen Klaus Mann ist Hoerschelmann auf Stift Neuburg im Jahre 1924 nicht begegnet, als jener mehrere Monate als »paying guest« am klösterlichen Leben des Schlosses teilnahm. Zum damaligen Zeitpunkt hatte RvH lediglich sporadisch Briefkontakt zu dem Schloßherrn Alexander von Bernus und seiner zweiten Ehefrau Imogen, die Thomas Manns ältester Sohn in seinem Lebensbericht »Der Wendepunkt« wunderbar porträtiert hat: »Es war ein wunderlicher Kreis, in dessen Mitte ich nun mit heiterer Zwanglosigkeit aufgenommen wurde. Der Baron selber entsprach in Aussehen und Haltung durchaus dem Bilde, das die volkstümlich-romantische Phantasie sich vom Poeten macht. Seine Miene, von der Fülle des seidig-lockeren Haares wirkungsvoll gerahmt, war von blasser Milde, beinahe priesterlich, dabei aber nicht ohne eine gewisse sinnliche Energie. (...) In der Hexenküche ging die Arbeit immer flink von der Hand, zumal dort die Baronin dem Gemahl mit kundigem Rat assistierte.

Sie war eine höchst pikante, fesselnde Persönlichkeit – die Baronin Imogen von Bernus, Herrin von Stift Neuburg. Das geistvoll-zierliche Haupt glich dem einer intellektuellen grande dame des französischen Rokokos, eine Ähnlichkeit, die sie bewusst unterstrich, sowohl durch ihr Kostüm als auch durch die barocke Höhe ihrer silberweißen Kunstfrisur. Übrigens ließ sie gern Bemerkungen fallen, die auf ihre intime Bekanntschaft mit gewissen distinguierten Persönlichkeiten des Dixhuitieme neckisch anspielten. Ja, einmal teilte sie mir geradezu mit – lachend, aber keineswegs mit scherzhafter Absicht –, dass sie in ihrer vorigen Inkarnation eine erfolgreiche Kurtisane am Hofe des Louis XIV gewesen sei.«[57] Mit der besagten »Hexenküche« spielt Klaus Mann auf die 1921 gegründeten »alchymistisch-spagyrischen« Soluna-Laboratorien an. Bereits 1915 wußte Hoerschelmann in einem Brief an Kubin zu berichten, daß an Bernus' Haus ein großes Schild annoncierte: »Spagyrisches Institut und kostenlose Untersuchung und Verordnung«. Neuerdings wären Frauenleiden dessen Spezialität.[58] Bernus beschäftigte sich mit Alchemie, Astrologie, stellte Pulver und Tinkturen nach Rezepten des Paracelsus her und, wie RvH beobachtet haben wollte, florierte das Geschäft.

Doch zurück in das Jahr 1911. Nach den Aufenthalten bei Bernus und Kubin mit vergnüglichen Schlittenfahrten stürzt sich Hoerschelmann erst einmal in den Fasching, und zwar so ausgiebig, daß er die Feier seiner »Lichtderwelterblickung« wegen des Faschingsdienstags kurzerhand auf den Aschermittwoch verlegt. In den vergangenen Jahren hätten ihn das Treiben beim »Fest der Akademischen«, eine »römische Orgie«, die Atelierfeste und auch das berühmte Landshofsche Fest, obwohl mit »fabelhaftem Stilgefühl« und »sehr gutem Publikum« – Karl Wolfskehl und Otto Falckenberg gehörten zu den Gästen –, im Grunde »ziemlich kühl« gelassen.[59] »Nur dieser, der 9te, den ich hier miterlebte, sollte für mich der erste sein! Bin ich doch noch nie so wie dieses Mal in jenen beseeligenden sowie verblödenden Strudel geraten, der einen jeden Tag als verloren ansehn lässt, der nicht bis 5 Uhr morgens währt. – Kurzum es war eine herrliche Zeit! Ich bin hauptsächlich mit ganz anderen Menschen zusammen gewesen als sonst und habe sehr erfreuliche neue Bekannte gewonnen!!« Noch ganz erfüllt von den ausgekosteten Lustbarkeiten, schreibt er weiter an Bruder Werner: »Leider hat der Lebenswandel, wie ich bemerke, verheerend auf meine Handschrift eingewirkt. Nur mit Mühe gelingt es mir, die Feder zu dirigieren! Sollte das der Tattrich sein?« Außerdem schmiedet er Pläne. »Es ist nicht ausgeschlossen, dass ich im Frühling einige Zeit in Paris zubringe, doch wage ich nicht meiner Energie im Ausführen derartiger Pläne felsenfest zu trauen!«[60]

Parisreise 1911

Der 26jährige Hoerschelmann bringt die Energie auf, vor allem wohl sich über die Bedenken der Mutter hinwegzusetzen. Am 20. April um 22.00 Uhr tritt er die Reise nach Paris an, in der Gewißheit, was ihm abenteuerlich genug vorkommt, dort keine Bekannten und Verwandten vorzufinden. Kurz nach seiner Ankunft schreibt er eine erste Postkarte an die Mutter: »Es gibt nichts leichteres, als nach Paris zu fahren. Paris gefällt mir ausgezeichnet! Ich sitze auf dem Bulmisch und trinke Matagran! Ein heißer Sommertag! Ich hasse meinen Regenschirm und meine Galoschen! (...) Ich habe mich in Paris doch schon sehr eingelebt! Ich glaube nicht, dass ich wiederkomme nach München! Es kommt mir vor, als wäre ich von jeher hier gewesen!«[61] Das Gefühl, »nun endlich einmal auch allein und frei als selbständiger Studiosus in der Fremde«[62] zu sein, macht ihn schier schwindelig vor Glück. Unverzüglich beginnt er, die Stadt zu erkunden, als habe er nur eine Woche zur Verfügung. Tatsächlich bleibt er zweieinhalb Monate in Paris und scheint bis auf wenige Stunden Schlaf permanent unterwegs gewesen zu sein.

Wie intensiv Hoerschelmann Neues, Fremdartiges zu erleben und auszukosten vermochte, dokumentieren die vielen Postkarten und ausführlichen Briefe, mit denen er Mutter Sascha und Bruder Harald an diesem Aufenthalt teilnehmen läßt: »Es ist alles einfach wirklich so, wie man es sich vorstellt. Und darum, weil die Erwartung wirklich nicht (wie man immer befürchtet) enttäuscht wird, noch viel viel schöner!« Einfach alles findet er »bethörend schön« und versetzt ihn in Verzückung, die Stadt mit ihrem Flair, die Kunstsalons und Museen. »Rasend amüsant ist die Ausstellung der Independants! Die wahnsinnigsten Sachen, die ich je gemalt gesehen habe. Sehr viel Vorzügliches, aber noch mehr Unglaubliches!« Die Varietés auf dem Montparnasse seien geistreicher und witziger als in Deutschland. »Roda-Roda müsste sich glatt erhängen, wenn er das sieht! (...) München versinkt völlig!« Im Park von St. Cloud fühlt er sich bei den auf dem Rasen gelagerten Gruppen an Bilder von Manet erinnert: »Man sieht furchtbar viel altmodisch aussehende Leute, nur sehr wenig elegante. Die sind immer nur Kokotten. Letztere sind am entzückendsten im Quartier Latin. Kleine, niedliche, lebenslustige, reizend angezogene und schön bemalte Mädchen! Auf den Boulevards sind sie pompöser und bemalter! Aber nicht so lustig!!« Und »im exotischen Museum Guimet verliebte ich mich sehr in eine Mumie, mit der ich mich beinahe verlobt hätte! Sie war direkt schön, wenn ihr Gesicht auch die deutlichen Spuren eines vor einigen tausend Jahren erfolgten Todes zeigte.« In den Trianon-Gärten von Versailles, »diese zärtliche und kapriziöse Landschaft«, erfaßt den Ästheten »Wut auf den Plebs, wenn man diese überlegene Kultur und Lebensart ahnen lernt, mit der die Menschen damals hier lebten – schade, schade, dass es so kommen musste!« Doch er schaut sich in der »Revolutionsgalerie« des Museums Carnavalet auch die andere Seite der Geschichte an.

In seinem letzten Brief am 23. Juni, in dem er sich schon darauf freut, bald wieder nach Paris zu kommen und alles wiederzusehen, was ihn so unendlich entzückt, schreibt er: »(...) mein Kopf hat es ganz vorzüglich vertragen!! Stolz bringe ich von meinem Vorrat 1 Aspirinpulver, 8 Aspirintabletten und 7 Pyramidonpulver nach München zurück!!« Übermütig schließt er mit dem Satz: »Morgen gehe ich noch auf den Pere lachaise – da suche ich mir einen Platz aus, da könnt Ihr mich mal begraben!«

Hinreißend, wie es etwas später auf Stift Neuburg in einem mehrseitigen Reisebericht, mit »Eines Morgens« datiert, an den in Mexiko weilenden Bruder Werner aus ihm heraussprudelt, so überwältigt und erfüllt ist er auch noch nach seiner Rückkehr von all dem »mit Inbrunst« Erlebten: »Zu meiner großen Verblüffung fuhren wir denn tatsächlich und fahrplanmäßig anderen Tages um 12 Uhr im gare de l'est ein! Ich mietete mir strahlend ein Taxi und fuhr im kribbelnden und flirrenden Mittagssonnenschein grölend vor Lust durch den Boul. Sebastopol! Mein erstes Logis, in dem ich mich angemeldet hatte (in der rue Jacob), behagte mir schlecht! Ich machte mich gleich (da mein Koffer nicht aufging) auf die Suche nach dem Hotel du Luxembourg am gleichnamigen Garten, fand es, mietete ein reizendes Zimmerchen im 4. Stock, nach einem alten Seminargarten und dem Eiffelturm zu gelegen, und war befriedigt! Um 5 saß ich tiefbefriedigt und völlig eingelebt auf dem boul. Mich. Und trank den ersten jener unzähligen Kaffees und Aperitifs, die einem das Leben so angenehm machen! Dann kam eine herrliche Zeit! Am ersten Vormittage ging ich natürlich klopfenden Herzens und mit nach außen tadellos gewiegter Miene nach dem Tuileriengarten!! Im grauen, grünen Silbersonnennebel lagen die göttlichen Quais und die Bäume der Tuilerien, die ich langsam, mit den Augen schlürfend durchschritt, diese herrlichste Strasse der Welt, bis zum Concordienplatz, dieser Orgie von Sonnenlicht, entzückt ließ ich mich blenden und ging wieder rückwärts. Dann die Quais entlang und auf die Insel zu Notre Dame usw. Paris kannte ich äußerlich nach einer Woche so gut, dass Obenauer, der dann ankam, nur sagte, ich täte ja, als ob ich seit Jahren hier wohne! Ich bin auch die ganze erste Zeit einfach von Morgen bis zum Abend herumgelaufen. Zu den abenteuerlichsten Gegenden und unheimlichsten Stadtteilen! Allmählich dann ging ich auch mal wo hinein!! Das war dann immer herrlich!! Gott sei Dank habe ich auch Mona Lisa gesehen! Vielleicht weißt Du es noch gar nicht, dass sie gestohlen worden ist und ohne jede Spur verschwunden? Also das (*sic!*) Louvre! Und das Cluny! (…) Und das himmlische Chantilly!! Und der Park von Versailles!! 6 mal war ich in Versailles – bei jedem Wetter, und es war immer und jedes Mal ein Erlebnis!!! Allmählich tauchten auch immer wieder irgendwelche Bekannte auf, die sich für einige Zeit anschlossen, mit denen man was unternahm und die dann wieder verschwanden! (…) Eine sehr nette Freundschaft verknüpfte mich mit einer jungen, hübschen deutschen Malerin, die in meinem Hotel wohnte! Mit der war ich alle Tage zusammen und habe von so vielem dadurch mehr gehabt, als wenn ich allein geblieben wäre!! Sehr angenehm war es mir durch Alfred Mayer, der auch einige Zeit da war, alle Beziehungen zu den Sammlern moderner Kunst angebahnt zu bekommen. Da habe ich denn kolossal viel Interessantes gesehen!! (…) Auch eine riesig interessante Ausstellung u. Versteigerung der Sammlung Bernstein im Hotel Drouot machte ich mit. Cassirer, Meyer Graefe, Graf Kessler, mir viele bekannte Maler waren da. Im Handumdrehn war ein Cezanne auf 42.000 M., ein Renoir, ein kleines, gar nicht erstklassiges Stück auf 35.000 M. (…) Die Independants entzückten mich trotz der hanebüchenen Verrücktheiten! Man sieht so unendlich viel Gewagtes, Neues und Zukunftskräftiges. Es war eine Lust. Nachmittags in der Stadt, im bois, in Versailles, in Cafés und Kunstläden, Antiquariaten und immer und immer wieder in allen Straßen, Plätzen, Ecken und Winkeln! Was gibt es für Gegenden!! Hinten im quartier latin, hinter dem Pantheon und da herum!! Ganze Stadtteile aus Balzac's Büchern mit dem unheimlichsten Leben und Treiben! Und abends!! Ach – abends! Ich muss laut weinen vor Sehnsucht!! Die schwärmerischen Abende auf Montparnasse in der rue de la gaite, in meiner heißgeliebten gaite de Montparnasse oder auf dem boul Mich, in der Pantheonbar oder in D'Arcourt, ach alle die goldigen Mädchen, die einen so gern haben, und die man so gerne hat!! Ach Batsche! Und der Montmartre!! Ach dieser einzigartige verzauberte und verwunschene Stadtteil weit weit ab von all dem Treiben und törichten Gedudel, das die Fremden für den Montmartre halten!! Zwar gibt es auch da in den eleganten Nachtlokalen zwischen 12 und 3 ein Leben von riesigem Reize (und ziemlicher Lasterhaftigkeit), die schön ist gelegentlich.

Aber der eigentliche lebende Montmartre, die Gegend der armen Künstler, die da wie vor 30 Jahren abends aus den Ateliers kommen und beim Pere Frederic im lapin agile ihren Wein trinken und Lieder singen und Geige spielen, da habe ich manche Frühlingsnacht gesessen und fast geweint beim Gedanken, wieder wegzumüssen aus dieser Fabelstadt, die die ganze Welt umfaßt! Was für Welten!! Manchmal bin ich nachts um 3 Uhr allein vom Montmartre (von weit hinter sacre cœur) durch ganz Paris gewandert, habe bei aufgehender Sonne das Treiben an den Hallen betrachtet, im ersten Morgenlicht die Tausende von Blumentöpfchen auf den Brücken und dem Quai de Fleurs besichtigt und bin schließlich um fünfe bei mir in der rue Vaugirard gelandet! (…) Tage, tagelang habe ich im Luxembourggarten lustwandelt! Und ihn jeden Tag mindestens 2 mal durchquert. Zum Essen u. zurück! Nachmittags ging ich auch oft in verschiedene Akademien zum Zeichnen, Akt, Kostüm etc. Sonst habe ich wenig gearbeitet da! Ich war zu erschüttert und hatte alles verlernt! Uhde, der das nette Bändchen über Paris geschrieben hat, lernte ich kennen, war auch bei ihm und habe interessante Sachen gesehen! Er ist speziell der Manager von einer ganz grotesken Künstlergruppe, die man höhnisch Kubisten nennt, deren Häupter Picasso und Braque sind, die ich oft sah. (…) Meine ganze Seligkeit waren die kleinen Singspieltheater wie die gaite Montparnasse! Da saß man von ½9 bis 12 für 1 Fr., bekam noch schwarzen Kaffee dazu und wurde so glänzend unterhalten wie nirgends! Erstklassige Chanteusen wie die Yvette und Humoristen etc., wie ich nie welche gesehen hatte, alles mit einem Stil und einer Eleganz und Delikatesse bei all den unglaublichsten cochonerien! Und das reizende Publikum! Nur Arbeiter, Künstler und kleine Mädchen! Ach und was für welche!! Am 27. Juni fuhr ich wieder weg!! Das war sehr traurig! Der Wirt spendete uns zum Abschied eine Flasche Sekt, und dann begleitete mich meine Freundin auf den Bahnhof, und in aber 15 Stunden saß ich in der Gedonstraße! Trostlos! Tiefsinnig! Es war gräulich! Und die harte bunte Luft und alles so grell – die Augen taten mir weh, alles war wie ein Traum vorbei! Ein besonders schöner Abend fällt mir gerade noch ein! Ich gab ein ›Fest‹, d.h. ich machte mein Fenster weit auf, draußen war blaue Nacht, davor 3 Lampions und ein riesiger Pfingstrosenbusch. Und drin saßen wir 3 oder 4 und tranken ein paar Sektflaschen aus und waren selig! Ein anderes Mal machten wir ein Picknick im Park v. Versailles und aßen am Kanal auf dem grünen Rasen sitzend Tomaten Radieschen u. Käse! Und dann spät am Abend noch im Trianon! So wehmütig betörend, zum Heulen schön!!!«

Ein beachtliches Tages- und Nachtprogramm für jemand, dessen Gesundheit bisher ständiger Anlaß zur Sorge war und der nun, zum ersten Mal losgelassen, ausgiebig zu Fuß die Stadt erkundete, Ausflüge in die Umgebung machte, Museen und Galerien, Auktionen, Pferderennen, Abendkurse in Akademien und literarische Sonntagnachmittagsgespräche mit Norbert von Hellingrath in der Ecole normale besuchte, die Abende im Theater, in der Oper, in Varietés verbrachte und keine Gelegenheit ausließ, interessante Leute kennenzulernen.

In seinem Kapitel »Reisen« erinnert er sich 32 Jahre später einiger denkwürdiger Begegnungen in Paris: »Der Sammler Wilhelm Uhde, der mir in der schönen Wohnung auf dem linken Ufer der Seine seine Bilder von Zöllner Rousseau, den er in die Kunstwelt eingeführt hatte, die frühen kubistischen Werke von Braque und Picasso zeigte, erzählte, dass dieser inzwischen weltberühmt gewordene, damals noch ein Bohemien, allabendlich in dem ländlich anmutenden Cabaret lapin agile auf dem Montmartre anzutreffen sei und sich sehr freue, wenn man sich zu ihm setze. (…) An der Wand hing ein großes Bild von Picasso aus seiner vorkubistischen Zeit. Ich habe es viele Jahre später im hellen Tageslicht der Galerie Tannhauser wiedergesehen. Spät am Abend kam Picasso, ein gut aussehender Spanier, und freute sich des Interesses, das ich an seiner problematischen, aber im höchsten Grade merkwürdigen Kunst nahm. In meinem Notizbuch findet sich von seiner Hand die Adresse des Kunsthändlers, wo man seine neuesten Werke anschauen konnte.«[63]

In der Pariser Nationalbibliothek lernte er Rainer Maria Rilke kennen und traf ihn »im Cluny, vor den herrlichen Teppichen der Dame a la Licorne aus dem Schlosse Boussac (…), die er in Malte Laurids Brigge so schön beschrieben hat (…)« Später in München sahen sie sich noch oft und blieben über einige Jahre in brieflichem Kontakt. Rilke sei gern in seine »von Büchern, Mappen und alten Sachen übervolle Bude« gekommen, habe manches Mal etwas mitgebracht, da er selbst keine Freude am Besitz gehabt habe. – »Ein Thema hatten wir gemeinsam: das sagenhafte Einhorn, das wir beide liebten.«[64] In einem Brief vom Dezember 1915 bittet ihn Rilke: »Nämlich, mich aufmerksam zu machen, wenn Ihnen je Romane, Gedichte oder Blätter vorkommen sollten, die vom Einhorn, seiner Geschichte, der Jagd dieser Tiere und Ähnliches handeln –. Scheint es Ihnen möglich, an der Staats-Bibliothek über diese Erscheinung Material zusammenzufinden?« Mit Freuden habe er die Bitte erfüllt.

Als schnöde empfindet er nach seiner Rückkehr den Alltag daheim mit seiner »Geschäftchenhuberei (…). Rastlos muss man Drucker, Verleger, Klischierer und wen nur immer beschimpfen und in hohem Grade lästig fal-

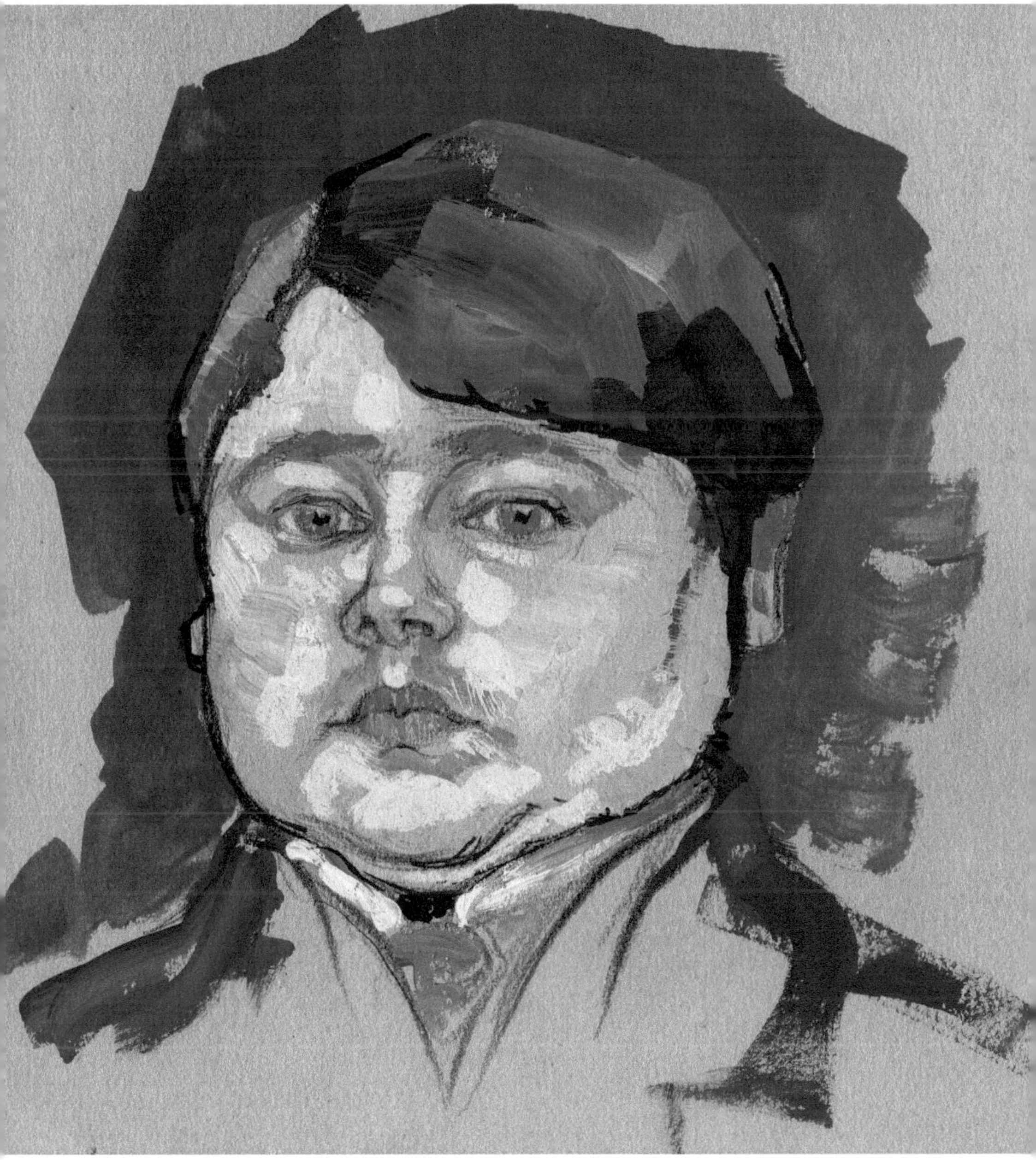

Selbstporträt 1911 (Gouache über Kreidezeichnung)

len.« Gott sei Dank gehe München »in künstlerischer Beziehung einer neuen Blütezeit entgegen«, da dank des neuen Generaldirektors Tschudi prachtvolle Leihgaben ganzer Sammlungen und auch »famose« Ankäufe gemacht würden. »Sogar Cezannes und Renoirs, Degas' und viele Goyas und Grecos hängen in der alten Pina. Die neue ist allerdings nach wie vor hoffnungslos, aber man plant enorme Umbauten und Trennung von Staat und Hofsammlung! Dann kommt alles gute und aller Dreck so ziemlich apart für sich!«[65] Trotz alledem zieht es ihn nach Paris, wie er von Tante Pis Veranda in Solln an die Mutter schreibt: »Ich gehe mit der dauernden Sehnsucht wieder da zu sein herum. Wenn nur bald März wäre! (...) Die letzten Tage verlebte ich ungeheuer genussreich mit E. Preetorius u. Lola [dessen Ehefrau, später verheiratete Noeggerath] in einem ganz kleinen einsamen Ort am Starnberger See zwischen Wald u. See und immer in einem derselben befindlich! Ich habe eine brandrote Haut am ganzen Körper, die sehr weh tut, davongetragen!« Auch in einem Brief im November 1911 an Bruder Werner in Mexiko schmiedet er weiter an seinem Plan: »Ich äugele wieder sehr lieb mit einem Frühlingsausflug nach Paris! Wie wäre es, wenn wir uns da träfen?? Vielleicht kommt Harald auch, da könnten wir ein fröhliches Wiederfinden feiern! Ich weiß schon wo!«

Sammeln – »Einer der vornehmsten Gegenstände der Beschäftigung und des Zeitvertreibs eines rechtschaffenen Mannes«

Auch wenn aus der ersehnten Parisreise im folgenden Jahr nichts wurde, sollte Reisen zu einem wichtigen Bestandteil seines Lebens werden, während das Sammeln zu Hoerschelmanns Lebensinhalt wurde. Bereits 1908 hatte er an den Bruder Werner geschrieben, daß er »sammle, sammle, sammle« und fast kein Tag ohne irgendeine Erwerbung vergehe, vor allem von »Simplicissimus«-Heften. Er habe inzwischen »vom 3. Jahrgang inklusive alles komplett«, nur noch etwa 35 Hefte der ersten beiden Jahrgänge würden ihm fehlen.

In Paris hatte ihn das antiquarische Angebot geradezu ins Schwelgen gebracht, wie aus einer Karte an den ebenso passionierten Sammler Karl Wolfskehl hervorgeht: »Es ist ganz unglaublich schön!! Und Tandler gibt es hier!!! Aber sie haben durchgängig so gute Sachen, das kaum zum Kaufen reizt / Kommen Sie ruhig! Ach / Auf dem Montparnasse!!! Varietetheater!!«

Da ihm pekuniär Grenzen gesetzt waren, mußte er sich oft mit dem optischen Genuß begnügen, wozu er jedoch durchaus befähigt war. »Überglücklich machte mich die gemütliche Welt der Antiquare, die nirgends von soviel Geist und Charme erfüllt ist wie in Paris. Bei den Bouquinisten am Quai, den kleinen und großen Graphikhändlern, den Kunstsalons war ich bald heimisch und konnte meinen Leidenschaften frönen. Die glücklichsten Einkäufe von Lithographien Toulouse-Lautrecs machte ich bei einem der größten Händler, der noch dessen Verleger gewesen war und mir von ihm erzählte.«[66]

RvH gehörte nicht zu den Sammlern, die mittels finanziellen Wohlstands zu Liebhabern und Käufern von Kunstobjekten werden, wie er ausdrücklich betont. Sein Sammlerleben habe wohl schon im Knabenalter in der anregenden und bildenden Luft der Universitätsstadt Dorpat begonnen, wo der Vater die Kinder früh mit Kunst und Dichtung vertraut gemacht habe und ererbte Bücher früherer Generationen »den ehrfurchterweckenden Zauber alter Kultur« erkennen ließen. Die Begegnung mit alter wie moderner graphischer Kunst im Dresdener Kupferstichkabinett habe dann bei dem 17jährigen »den Grund zu eigenem Urteil« gelegt. Allerdings wurden seine ersten

Antiquariatsbesuche »durch ein monatliches Taschengeld von lächerlicher Bescheidenheit behindert – das war nicht mehr als Blut lecken!« Von diesem Umstand habe er sich jedoch keineswegs entmutigen lassen. »In den Geschäften, vor allem Arnolds Kunstsalon, ließ ich mir kühn weitere Blätter vorlegen, notierte mir die unerschwinglichen Preise, um den Anschein zu erwecken, als Käufer ernste Absichten zu haben, und verzichtete selbstverständlich schweren Herzens.«[67] Wie er erst im Laufe der Jahrzehnte bemerkt haben will, hätten ihn fast ausnahmslos papierne Gegenstände gereizt. Unmengen von Kleinodien vergangener Zeiten trug Hoerschelmann zusammen: Buntpapiere, Goldpapier, Kalender, Glückwunsch-, Einladungs- und Tanzkarten, Fleißbillette, Rechnungsformulare, Packhüllen, Etiketten, Visitenkarten, Freundschaftsbilder, Stammbuchblätter, Papierspitzen, Borten, Ausschneidebogen, Scherenschnitte, Bilderbogen, Plakate, Spielkarten, Kinderbücher und daneben Kupferstiche, Holzschnitte, Lithographien und Handzeichnungen aus der Frühzeit bis zur Moderne.

»Welch eine Fülle bester volkstümlicher Kunst durch den Verlag Braun & Schneider und seine Münchener Bilderbogen verbreitet worden ist, wurde einem überraschend klar, wenn man dort nach den verstaubten Resten fahndete, die als nicht mehr marktgängige Ware für einen vorsprechenden Sonderling mühsam hervorgesucht werden mussten. Ein Archiv oder eine lückenlose Sammlung ihrer eigenen Verlagswerke besaß die ehrwürdige Firma selber nicht. Daß die Holzschnittprobedrucke von Schwindt, von Wilhelm Busch die besten Beispiele jener charaktervollen Graphik darstellten, machte sie zu gesuchten Sammelobjekten, und bald folgten die staatlichen Kabinette den privaten Pfadfindern. (...) Man entdeckte die schöne bunte Welt der Kinderbücher, der Bilderbogen, der illustrierten Umschläge. Wo lagen noch wohlerhaltene Schreibhefte der Biedermeierzeit, die alle in so fröhliches Gewand gekleidet waren? Wie unendlich viel davon ist untergegangen, ohne dass sich sorgende Hände um ihre Erhaltung kümmerten? Reizend sind die schwarzen und bunten Täfelchen, die den Kindern das ABC wie im Spiel beibrachten. Welche Schönheiten entdeckte man erst, wenn man das Material näher kennen lernte, das zur Verarbeitung gelangt war im Buchgewerbe. Von Wert und Schönheit des echten handgeschöpften Hadernpapiers zu sprechen, erübrigt sich; welch eine farbenprächtige Welt erschloß sich aber beim Sammeln der Buntpapiere, der Überzug- und Vorsatzpapiere!«

Jahrelang war auch die Auer Dult einer »seiner Jagdgründe«, wo er einen frühen Kubin für 1,50 Mark oder einmal ein sächsisches Schulbuch erstand, »zwischen dessen Seiten an die hundert zum Teil datierter Scherenschnitte lagen, die keinem Zweck dienten, sondern die nutzlose Schönheit ihrer Ranken, Blüten, ihrer Wundervögel und sonstigen Getiers in makelloser Unversehrtheit erhalten hatten und darboten«.[68] Der Tag vor der Eröffnung der Auer Dult vereinigte alljährlich dreimal die Habitues auf dem Mariahilfplatz (...)« Einer von ihnen war Thomas Theodor Heine – »diesen blutigen Satiriker hatte ich längst als Sammler biedermeierlicher Einrichtungsstücke, braver Kreuzstichstickereien und Porzellanmöpse kennen gelernt«.[69]

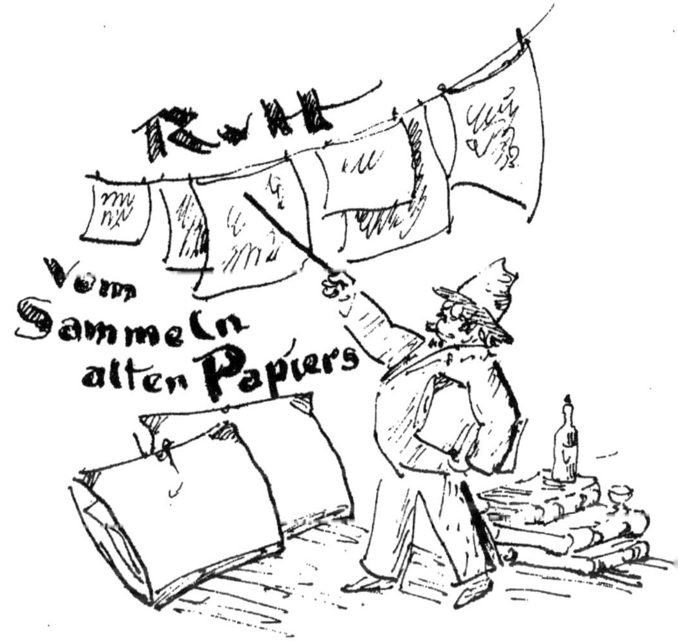

Rolf von Hoerschelmann: Deckblatt zu Handexemplar »Vom Sammeln alten Papiers« (gewidmet Familie Koch in Feldafing, Weihnachten 1942)

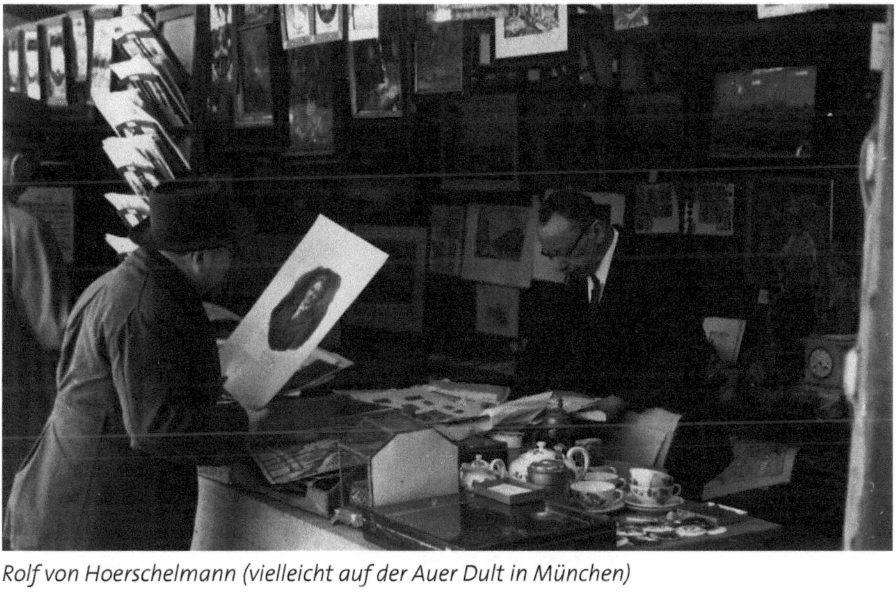

Rolf von Hoerschelmann (vielleicht auf der Auer Dult in München)

Nur der, erklärt RvH, verdiene überhaupt, als »schöpferischer Sammler« bezeichnet zu werden, der Dinge erkennt, die an und für sich wertlos sind oder dafür gehalten werden, ihren Sinn als Kuriosum begreift und sie in der Zusammenstellung zum Begriff erhebt. »Denn die Kuriosität ist neben dem Kunstwert der älteste Grund, Dinge zu bewahren und dem Verderben, das ihnen unweigerlich drohen würde, zu entziehen. Aus den Kuriositätenkabinetten reicher Herren und Fürsten sind fast alle unsere kulturgeschichtlichen Museen erwachsen.« Außerdem sammle der schöpferische Sammler »in stillster Zurückgezogenheit, um nicht aufzufallen, um nicht Neid und Missgunst zu erregen – vor allen Dingen, um die Aufmerksamkeit nicht allzu sehr auf die von ihm gesuchten Gegenstände zu lenken«. [70]

Graphik, illustrierte Bücher und bibliophile Ausgaben waren Hoerschelmanns bevorzugte Sammelgebiete. Sein schmaler Geldbeutel zwang ihn allerdings – was er in seiner Rückschau als seine Chance bezeichnet –, auf Gebieten sich umzusehen, deren Schätze noch unbeachtet von anderen Sammlern und Kunsthistorikern in den Tiefen der Antiquariate schlummerten und, da erschwinglich, geradezu darauf warteten, von ihm gehoben zu werden.

Die Vormittage verbrachte er in der Regel mit Rundgängen durch Münchner Antiquariate und unscheinbare Altstadtläden, in denen das Material ungeordnet und noch nicht seinem Marktwert entsprechend sortiert war, wo er stöberte, sichtete, bald bestens bekannt war und oftmals besser Bescheid wußte um die Bestände der Mappen und Regale als die Inhaber selbst. Bald kannte er sie alle: »originelle Käuze, der alte Mössel am Rindermarkt, Finsterlin in der Eisenmannstraße, der ungehobelte, apoplektische Vater Lang in der Hackenstraße (...). Wer beschreibt die Aufregung, wenn man nun wirklich auf diesen Stöberfahrten einen Schatz entdeckt, ein Sammelalbum, ein Konvolut, wo auf einen Schlag ein ganzer Haufen der ersehnten Sachen beieinander liegt, ein Buch von wirklich größter Seltenheit, das man sich kaum bisher zu wünschen wagte, ein Originalwerk eines namhaften besonders geliebten Meisters! Meist ist der Erwerb des erspähten Stückes spannend bis zum äußersten und muß mit großer Ruhe und Vorsicht vorgenommen werden. Oft ist der Preis nicht gleich zu erfahren, und der Händler oder Besitzer muß sich's noch überlegen, muß noch jemand fragen, die Qual der Ungeduld ist nicht zu schildern. Nähert man sich wieder dem Fundort, darf man von der großen Aufregung, die einen durchtobt, nichts merken lassen, ein wenig angewidert von dem langen Zögern dringt man auf Abschluß – ein Verzicht würde nun das Leben nicht mehr lebenswert erscheinen lassen. Aber endlich ist's so weit, und man trägt seine Beute heim. Die Seligkeit ist über alle Begriffe!«

Man kann sich lebhaft vorstellen, mit welchem Glücksgefühl er seine Schätze daheim betrachtete, in Katalogen, Fachwerken nachschlug, verglich und schließlich – mit einem zufriedenen Seufzer – die Neuerwerbungen seinen Mappen einverleibte. Darüber hinaus beschäftigte er sich intensiv mit den historischen Ursprüngen seiner Sammelobjekte, den verschiedenen Techniken der Druckgraphik und den einzelnen Künstlern, vermehrte seine Kenntnisse und schulte »seinen Qualitätsbegriff«, um »aus dem Wust des Unbedeutenden mit einem Blick, mit einem Griff das Wertvolle, das Interessante zu erkennen und zu erhaschen«.

Mitunter brachte er auch »ungewöhnliche Opfer«, wenn er hinter etwas Besonderem her war, doch in der Regel habe sein geschultes Auge seine Hand »zur Wünschelrute« werden lassen. Blätter Dürers und Baldung Griens waren damals »saure Trauben« für ihn, also suchte er in Büchern des 15. Jahrhunderts nach »den illustrierten Inkunabeln« gotischer Holzschnittkunst, deren primitive handwerkliche Gestaltung ihn ebenso, wenn nicht noch mehr ansprach. »Beim alten Mössel am Rindermarkt lagen immer mal wieder halbzerfetzte Bände, aus denen ich mir für eine Mark mit dem Federmesser jede Seite herausschneiden konnte, die mein Gefallen erregte. So begann eine Sammlung der Buchillustration zu entstehen, eine Kenntnis ihrer Geschichte zu wachsen, ohne dass je ein komplettes Inkunabelbuch in meinen Besitz gelangte.«

Die schönsten Zeichnungen von Moritz von Schwind erwarb er »um sechs und acht Mark« in einem der besten Münchner Geschäfte, denn »dort waren französische und englische Farbstiche, Schabkunstblätter, kurz, internationale Werte außerordentlich geschätzt«. Er entdeckte, daß »die Graphik der lieben Münchener Meister Schwind, Pocci, Neureuther, zu meiner größten Freude gar nicht hoch im Kurs stand, ja geradezu die billigste Kategorie darstellte, die im Kunsthandel noch ausdrücklich geführt wurde. (...) Einmal besuchte ich den alten Hyazinth Holland, den Freund und Biographen meiner Lieblinge. Er hatte an diesem Tage zum hundertstenmal die Halbjahresmiete für seine gemütliche Wohnung in der Arcostraße bezahlt. Hier waren jene alten Meister aus und ein gegangen, und gerade unser Pocci hatte Hunderte von Zeichnungen bei seinem Freunde Holland gefertigt oder ihm mitgebracht, und entzückt blätterte ich in den vollen Einklebebänden. Einer davon gehört nun bald ein Vierteljahrhundert schon zu meiner Sammlung.«[71]

Hoerschelmann sei überzeugt gewesen, schreibt Peter Breuer, »die verborgenen Sächelchen drängten zu ihm, strebten von sich aus nach ihrem Herrn und Meister. Wie auf Zauberwort schloß sich so Lücke um Lücke in seinem besonderen Sammelgebiet, der deutschen Dichtung und volkstümlichen wie künstlerischen Graphik. Niemals hat er Liebhaberpreise gezahlt, aber Regale und Mappen nahmen des Erlesenen vieles auf. All das Gesammelte steht wiederum in intimer Beziehung zu ihm selbst; er besitzt die Schätze nicht, um damit zu prunken oder zu spekulieren wie Millionäre, sondern als Mann von Bildung, der gern über des Lebens Plagen ins Dichterland sich flüchtet.«[72]

Da die Münchner Sammler einander kannten, wußten sie auch um spezielle Vorlieben. So erinnert sich dankbar der Verleger Reinhard Piper, daß Hoerschelmann, der »die Münchner Einkaufsquellen für Graphik dauernd abzupatrouillieren« pflegte, ihm zu dem hochberühmten Hauptwerk des altdeutschen Holzschnitts aus der Lübecker Bibel von 1494 verholfen habe, welches er bei dem Antiquar Domizlaff in der Bauerstraße entdeckt hatte. Unter Lachen habe ihm einmal der kleine Hoerschel geklagt, »dass er von sämtlichen Antiquariatsbeständen nur die untern anderthalb Meter kenne, da er nicht höher hinaufreiche«.[73] Man kann aber davon ausgehen, daß der selbstsichere und mit großer Entschlossenheit auftretende, kleinwüchsige Mann sich herunterholen und zeigen ließ, was zwar außer seiner Reichweite lag, aber für ihn interessant sein konnte.

Zwei Sammlern fühlte sich RvH besonders verbunden, dem E.T.A.-Hoffmann-Forscher Carl Georg von Maassen und dem Dichter Karl Wolfskehl, den er bei den »Schwabinger Schattenspielen« kennengelernt hatte und dessen berühmter Jour fixe für ihn »die wichtige und unentbehrliche Mitte des Schwabinger Lebens«[74] war. Als »Das Schwabinger Dreigespann« hat sie Fritz Knöller bezeichnet: »Georges treuer Kämpe, Karl Wolfskehl, seines Bartes wegen ›Schwabinger Zeus‹ genannt, brach Lanze um Lanze für den Meister, und dem Hünen zur Seite standen zwei völlig anders Geartete: der dünne, kauzige Gourmand und Bibliophile Carl Georg von Maassen und der dicke, bissige Zwerg und Kubinadept Rolf von Hoerschelmann. Die aus entgegengesetzten Winkeln des deutschen Sprachbereichs Kommenden – Wolfskehl aus Darmstadt, Maassen aus Hamburg, Hoerschelmann aus Dorpat – verband die Liebe zur schwarzen Magie der Buchstaben und Graphik und zu der neu anbrechenden Kunst. Mehr noch aber schied sie Divergierendes: Herkunft, Charakter, Begabung, Neigung. Doch gerade diese Spannung des Antipolaren brachte und hielt sie zusammen. Mehr Erreger als Erzeuger, waren sie leuchtende Teilchen jenes Fluidums, wonach Schwabing schmeckt, Träger einer unentbehrlichen Funktion, Wahrzeichen des Brutofens ›Schwabing‹, der dem Wachstum von Geist und Kunst so förderlich ist.«[75]

»Das Schwabinger Dreigespann« gehörte der auf eine Anregung von Franz Blei 1907 gegründeten »Gesellschaft der Münchner Bibliophilen« an, deren erster Vorsitzender Carl Georg von Maassen die Seele der dort stattfindenden Veranstaltungen war, bis sich die Gesellschaft 1913 auflöste, wie Horst Stobbe, ihr letzter Geschäftsführer, in einem Rückblick schreibt. Anfangs traf man sich in einem Raum des Weinrestaurants »Michel«, dann in der Bräuhausstraße hinter dem Hofbräuhaus. »Den nicht sehr einladenden Raum schmückte Rolf von Hoerschelmann zur vierten Jahresfeier mit originellen Girlanden aus braunem Packpapier mit ausgeschnittenen Köpfen, Vögeln usw.«[76] Außerdem zeichnete er zahlreiche humorvolle Einladungskarten und Speisekarten, versah die Gästebücher mit skurrilen Illustrationen, und bei der Feier des dreijährigen Bestehens am 1. Februar 1910 stand auf dem Programm: »Absingung des von R. von Hoerschelmann so vortrefflich zu dichtenden Festliedes«.

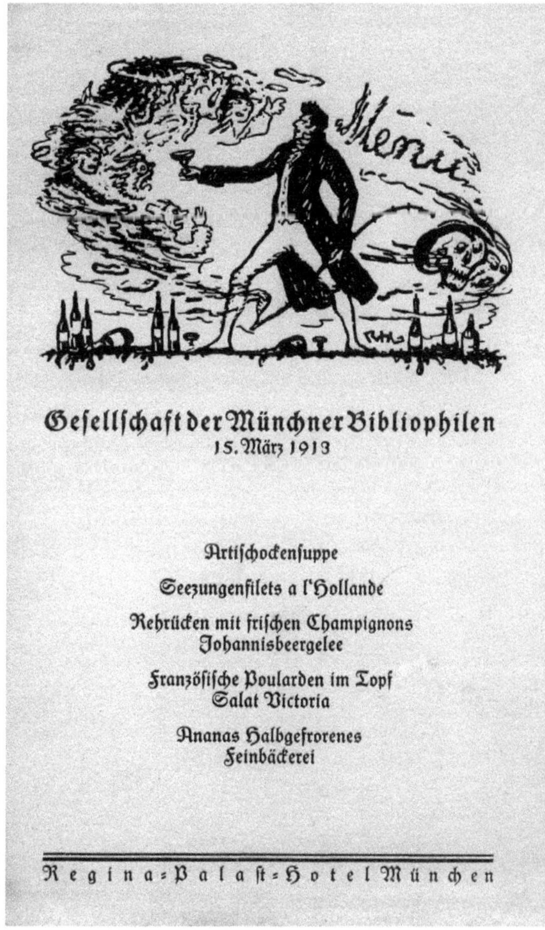

Menükarte zur Feier der Gesellschaft der Münchner Bibliophilen im Regina-Palast-Hotel München am 15. März 1913

Begeistert hat RvH vor allem, daß in diesem Kreis »ungehobene Schätze der deutschen Dichtung wieder entdeckt wurden, und wir lasen Grimmelshausen und Hofmannswaldau, Klopstock und Goethe, Hölderlin, Jean Paul, Brentano und Novalis, als wären es Novitäten des Büchermarktes. Neuausgaben wurden geplant und zustande gebracht, die literarischen Kenntnisse erweiterten sich ebenso wie die bibliophilen, denn jetzt lernte der Adept zu unterscheiden zwischen Originalausgaben und Nachdruck, Sonderdruck und Massenauflage. Eine Fülle von Antiquariatskatalogen erleichterte die Anschaffung erwünschter Bücher, so dass nicht nur die gefüllten Lager der Münchener Antiquariate herhalten mussten. Oft fand sich der ganze Klub zufällig im gleichen Laden zusammen, und unter

Bücherstaub begann im Hinterzimmer das lehrreichste Seminar.«[77] So erhielt Emil Hirschs Antiquariat das Prädikat eines »inoffiziellen Treffpunkt[s] für das geistig-künstlerische München« von Emil Preetorius verliehen.[78] »Wenn die Zusammenkünfte dieses Klubs oft auch von bibliophilem Ernst getragen waren, so freute man sich doch ehrlich das ganze Jahr über auf die Fastnachtssitzung, wo der Humor herrschte, Bacchus das Szepter führte und Autoren und Gelehrte samt ihren Büchern zur Zielscheibe des Spotts wurden.«[79]

Die Planung und Gestaltung ihrer Jahresgaben und Publikationen zu besonderen Anlässen, »teils echte literarische Seltenheiten und mitunter unter dem Mantel bibliophiler Entdeckungen versteckte Parodien und geistvolle Persiflagen«, waren ein wichtiger Programmpunkt.[80] So entstand zum Beispiel vor dem sechsjährigen Gründungsfest ein Prospekt des Georg-Müller-Verlages, in dem ein »Wörterbuch über Alles« in fünf Ausgaben, fünfzig Bänden und zweihundert Supplementbänden angekündigt wurde.[81] Als Herausgeber dieses Kulturwerks, »das jeden Säugling zum Polyhistor machen muß«, werden genannt: C.G. von Maassen (»C.G. von Ohnemaß und Ziel«), Karl Wolfskehl, H.F.S. Bachmair und Rolf von Hoerschelmann

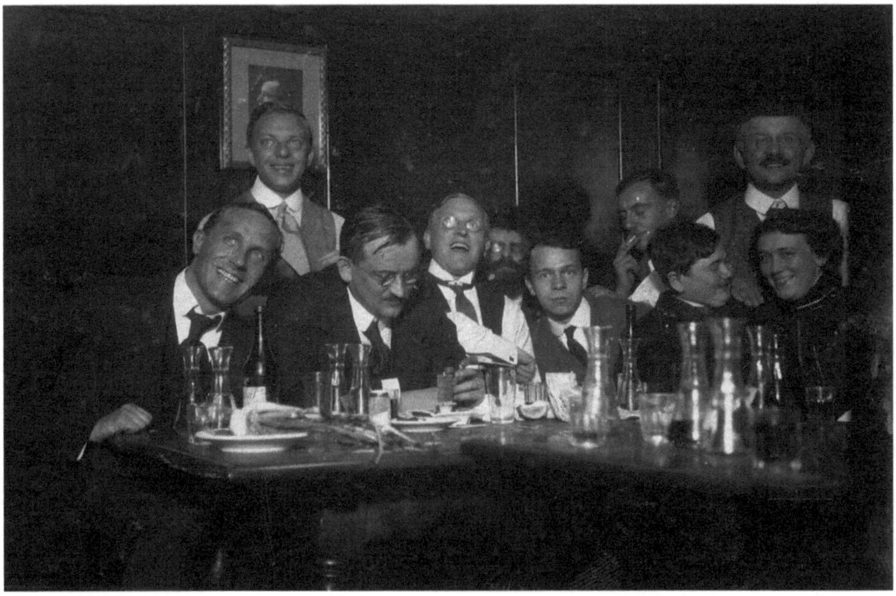

»In der Petersklause« um 1913 (rechts RvH, neben ihm Max Unold, Siegfried von Vegesack, C.G. von Maassen, im Hintergrund Erich Mühsam)

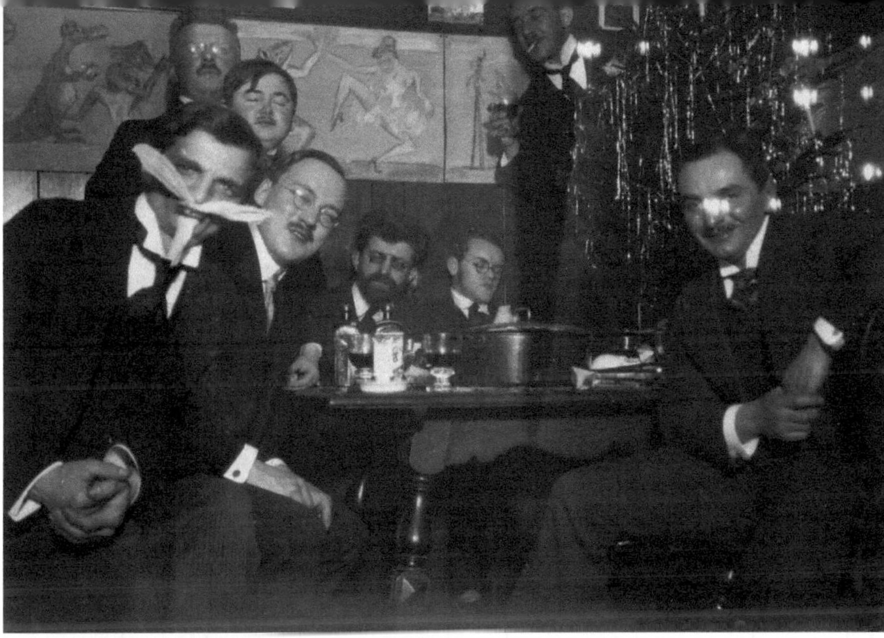

»In der Petersklause Silvester 1914« (»Ringelnatz, der namhafte Turmliederdichter hat sich einen Papierschnurrbart angelegt und kneift den Mund so zusammen, dass die Nasenspitze sich in das Kinn bohrt.« Aus: »Roda Roda. Eine Erinnerung« November 1926. in: Das Zwieselbuch, Reval 33) rechts davon C.G.von Maassen, dahinter RvH, im Hintergrund Erich Mühsam und Heinrich F.S. Bachmair

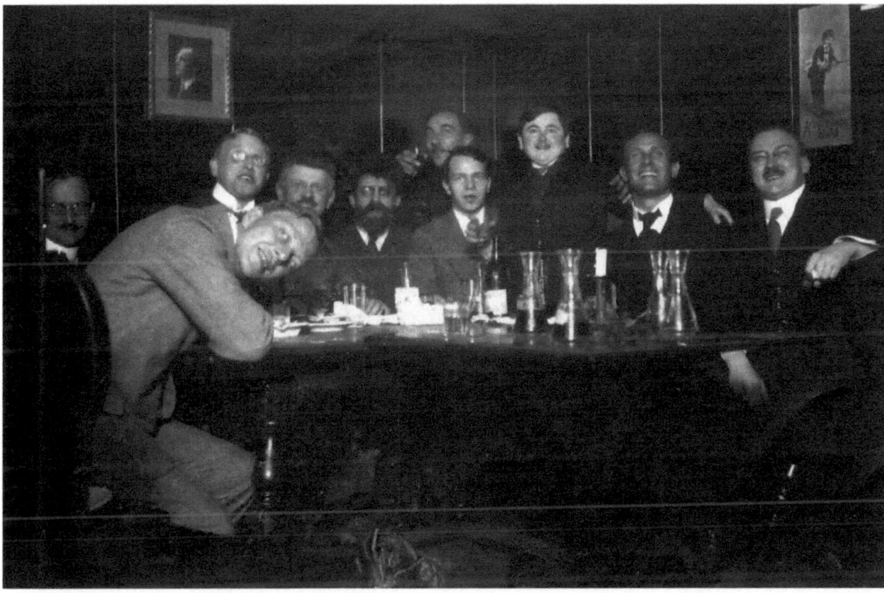

»In der Petersklause« (rechts C.G. von Maassen, RvH, links neben ihm Max Unold, Erich Mühsam, dritter von links Siegfried von Vegesack)

(»H. von Wurstelmann«), verantwortlich für den Druck mit einer eigens dafür geschnittenen Type.[82]

Am Festabend selbst gab es dann zu aller Überraschung noch »eine wirkliche Festgabe: ›Irma. Ein Fragment. München, am Tage Longini 1913‹. Es hatte vierzig Seiten und war in der Rekordzeit von zwei Tagen geschrieben, gesetzt, gedruckt und geheftet worden. Verfasser, respektive Dichter, waren: Maassen, Hoerschelmann und Köster, Drucker war Richard Etzold, der der Sache die gleiche Begeisterung entgegenbrachte wie die Autoren. (...) Handelnde Personen sind u.a. Halbe, Wedekind, Sidonie Lorm, Mühsam, Roda-Roda, Kippenberg, Unold, Rowohlt, Bürger, Magister Laukhard, Babst, Kiesewetter und natürlich unsere Mitglieder.«[83] Im Zweiten Aufzug, Vierter Auftritt, kam auch Hoerschelmann zum Einsatz: »Rolf von Hoerschelmann – der kleine Hydriot plätschert in einem Kahn durch die blauen Wogen. Die Sonne scheint. Er singt nach bekannter Melodie: Blähe, blähe dich, mein Segel (...)« Die Uraufführung der »Irma« endete mit »Hoerschelmanns Stimme aus der Punschterrine. Und das ist der Humor davon!«[84]

»Auf diesem Höhepunkt dämmerte schon am Horizont das Ende der so frohen Gesellschaft. Hoerschelmann schreibt dazu: ›Es war nun unausbleiblich, dass sich die Bibliophilen-Abende nach Absolvierung der ernsthaften Programmpunkte bis in den hellen Morgen auszudehnen begannen, zudem eine kleine Gruppe von Unentwegten, sich um Maassen scharend, langsam tonangebend wurde und den Schwerpunkt nach ihrer Richtung zu verschieben schien. Außerhalb der Gesellschaft stehende Gesinnungsgenossen schlossen sich an, und so begann eine willige Nebenregierung unsolider Elemente.‹ (...) Nach einem ›Leben von 6 Jahren 2 Monaten 11 Tagen der Freude und der Trauer wurde die Gesellschaft der Münchner Bibliophilen am 11. Dezember 1913 zu Grabe getragen‹. Auf dem Höhepunkt ihres geselligen und geistigen Wirkens stehend, voll der schönsten Erinnerungen, hatte sie den Stab über Sein und Nichtsein selbst gebrochen.«[85] Nach dieser spontanen Auflösung versuchte sich der Kreis derjenigen, für die es keinen Alltag gab, weil sie beruflich nicht gebunden waren, in neuen Vereinsgründungen wie dem »Süddeutschen Bühnenkünstlerverband«.

Erich Mühsam erzählt von einer legendären Aufführung des Werks »Im Nachthemd durchs Leben«, das »in zwei alkoholdurchseelten Nächten« geschrieben worden war und bei einem Faschingsfest im »Bunten Vogel« so viel einbrachte, »dass nicht nur der Druck bezahlt werden konnte, sondern noch eine gewaltige Pfirsichbowle für den Verein süddeutscher Bühnenkünstler übrig blieb«.[86] RvH trat in diesem Stück, das »in einer altdeutschen Stadt zur Zeit des 17. Sittlichkeitskongresses« spielt, in der Rolle »Hörschel, ein

Handelsjude« auf. In seinem Nachlaß fand sich ein Exemplar der »Einhundert auf echtem Van Gelder-Bütten abgezogene[n]« Manuskriptdrucke, »nur für die Mitglieder des Vereins süddeutscher Bühnenkünstler bestimmt (...) Im Nachthemd durchs Leben. Ein süddeutsches Weihebühnen-Festspiel in 7 Bildern, nebst Prolog und bengalischer Beleuchtung. Für die Holzbühne erdichtet und erdacht und an das Licht gebracht von drei Mitgliedern des Vereins süddeutscher Bühnenkünstler. München 1914, Verlag des Vereins süddeutscher Bühnenkünstler«.[87] Die drei anonymen Verfasser des Festspiels waren Carl Georg von Maassen, Erich Mühsam und Reinhold Köster.«

Auch Roda-Roda gedachte viele Jahre später jenes Vereins, der im »Bunten Vogel« von Hedi König tagte, »eine Kneipe, die Albert Weisgerber entdeckt, geistig in Besitz genommen und durch ein Plakat berühmt gemacht hat.« Außer den drei oben Genannten gehörten Frank Wedekind, der Kunsthistoriker Walter Foitzick, Max Unold, der Karikaturist Karl Arnold zu der Runde und »Wegener, Steinrück, Gustav Waldau (...), auch der Maler Futterer und Hermann Sinsheimer, Theatermann – obwohl sie Pfälzer sind. Der Verein unterhielt eine schöne öffentliche Bücherei, bestehend aus einem Fahrplane, der Preisliste von Maffeis Lokomotivenfabrik und dem Handbuch ›Hufbeschlag störrischer Pferde‹ von C.A. Balassa, Regensburg, 1835. Zweck des Vereines war ›die Veranstaltung einer würdigen Beerdigung verstorbener Vereinsmitglieder und bis zum Eintritt die eine solche bedingenden Ereignisses Pflege der Geselligkeit unter ihnen durch Darbietung unvorbereiteter Bühnenaufführungen‹.« Rolf von Hoerschelmann – »so klein von Wuchs« – habe dabei immer die Kinderrollen gespielt.[88]

Fast derselbe Kreis von Mitgliedern fand sich später in der »Hermetischen Gesellschaft« zusammen, wozu natürlich auch Hoerschelmann gehörte. »Weitaus sonderbarer und bedeutungsvoller war die ›Hermetische Gesellschaft‹, die in strenger Abgeschlossenheit ihr Wesen trieb und von geistvollen Witzen lebte. Den Anlaß zu dieser Gründung gab Maassens durch die Hoffmann-Forschung angeregte Beschäftigung mit der Geschichte der Alchimie, und die Geister des Hermes Trismegistos, Leonhard Thurneisers, Kortums und E.T.A.Hoffmanns wurden mit Inbrunst beschworen. Ein strenges Ritual zwang an diesen Abenden die hermetischen Väter zu einer wohlbedachten Redeweise, kultische Gebräuche, Vorträge und Gesänge würzten die Stunden, und mit besonderer Freude wurden auf einem durchaus vornehmen Briefpapier Verlautbarungen in die Welt gesandt, die öfters ob ihres geheimnisvollen Tons eine größere Wirkung ausübten, als wir es uns vorgestellt hatten. So wurde zum Beispiel einmal dem Verlag Staakmann in Leipzig, der uns durch eine von plattestem Optimismus strotzende Ankündigung einer neuen Zeitschrift

›Der Turmhahn‹ gereizt hatte, das Verbot ausgesprochen, diese Zeitschrift herauszugeben. Wer beschreibt unser Erstaunen, als in der ersten Nummer des ›Turmhahn‹ unser Brief wortgetreu abgedruckt und begreiflicherweise völlig ahnungslos zum Gegenstand einer Polemik gemacht war. Wir antworteten noch einmal in furchtbarem Ernst und erlebten die Genugtuung, dass die Zeitschrift wirklich auffallend bald wieder einging. Unser Abschiedsbrief enthielt nur die zwei Wörter: ›Consumatum est‹, und die Herren des Verlages Staakmann mussten wohl glauben, es mit einer jener überstaatlichen Mächte zu tun zu haben, die mit Recht in so üblem Ruf stehen. Einzelpersonen in München, die sich in dilettantischer Weise mit okkulten Dingen befassten, wurden ebenfalls mit Zuschriften bedacht und irregeführt.«[89] Erich Mühsams Kommentar zu diesem ausgelassenen Treiben lautete: »Bierulk – ja. (...) kein Katzenjammer über nutzlos im Ulk vertane Zeit, sondern die Befriedigung, mit lachendem Spiel die Seele elastisch erhalten zu haben.« Am 10. Dezember 1928 schreibt er aus Berlin an RvH: »Mir geht's gesundheitlich gut, finanziell beschissen. Berichte uns mal über Euer Münchner Getue.« Die Welt sei ärmer geworden, stellt er 1949 fest, da die Menschen die Fähigkeit verloren hätten, »das Unbefangene mit Bedeutung« zu tun.[90]

Für Karl Wolfskehl, der wie RvH nicht nur bibliophiler Sammler war, sondern auch Bewahrer vergänglicher Kuriositäten, empfand er tiefste Verehrung: »Er war nicht nur Germanist, sondern ein Kenner der Geschichte des europäischen Geistes, seiner Grenzgebiete und Abgründe, in die er sich mit phantastischem Spürsinn tastete. Man sah den fast Blinden ebenso begeistert auf der Auer Dult nach Schätzen fahnden, wie auf jedem Faschingsfest, wo er sich hingerissen im Tanze drehte.«[91] Besonders anrührend bringt RvH seine Empfindungen für Wolfskehl in einem Brief zum Ausdruck, als der Dichter mit Melchior Lechter durch Indien reisen wollte, aber bereits bei der Anreise erkrankte: »Lieber, lieber Dr. Wolfskehl! Ich weiß es wirklich nicht, ob es Ihnen in Madras oder wo nur immer interessant oder erfreulich ist, einen Brief von mir zu erhalten! Mir macht es aber eine so große Freude dieses anzunehmen, dass ich es immerhin einmal versuche! Schlimmsten Falles brauchen Sie ihn ja nicht zu lesen. Es gibt ja viele Verwendung für Papiere. Dass Sie mitten im Ocean oder auf einer in demselben befindlichen Insel meine kleine Existenz in der Gedonstrasse wirklich nicht vergessen haben, machte mir mehr Freude, als ich hier ausdrücken kann! Ich bin so gar nicht fähig es mir vorzustellen, welchen der Gedankengänge, die einen ›inmitten des Weltmeeres‹ beschleichen, damit enden können, mir (ausgerechnet mir!) eine Ansichtskarte zu schreiben. Ich danke Ihnen viel viele Male, dass es doch solche gegeben hat! Sie sind jetzt schon so furchtbar lange weg. Kommen Sie denn noch nicht bald? Ich bin so sehr traurig, dass ich Sonntag morgens nicht zu Ihnen kommen darf! Wie machen Sie es nur, dass Sie so vielen Menschen so viel sein können!! Obgleich wir uns, wenn wir beisammen waren, so oft nur über Lustiges und weniger Wichtiges unterhielten, so bedeutete mir doch jedesmal das bei Ihnen sein so viel, und ich habe sonst nie jemanden gekannt, von dem ich so gewünscht hätte, ihn meinen väterlichen Freund nennen zu dürfen! – Verzeihen Sie mir dieses Alles! Ich würde es auch bestimmt nicht aussprechen, wenn ich nicht sicher wüsste, dass indische und andere Ozeane zwischen uns liegen, und dass, falls Sie den Brief überhaupt bis hierher lesen, Sie es in einem Momente tun, der so weit ist von dem Momente, wo ich dieses schreibe, dass ich mich gar nicht mehr zu schämen brauche! (...) Bitte kommen Sie doch bald wieder!«[92]

Was Wolfskehl in seinem 1931 gedruckten Sammelband »BücherBücher ...« kurz und treffend zum Ausdruck brachte, galt auch für Hoerschelmann: »Inkunabeln, Erstausgaben, /Sonder-, Luxus-, Einzeldruck: / Alles, alles möcht' ich haben / Nicht zum Lesen, bloß zum Guck!«[93] Entdeckte Hoerschelmann eine Kostbarkeit, ließ er es den Sammlerfreund wissen, wie am 29. November 1908: »Der westöstliche Diwan ist so wunderschön, dass ich ihn auf alle Fälle durch Ankauf gesichert habe. Preis 18 M. Falls Sie ihn nach stattgehabter Beaugenscheinigung gerne haben wollen, trete ich ihn Ihnen sehr gerne ab.«

An Carl Georg von Maassen bewunderte RvH dessen unnachahmliche Fähigkeit, »neben ernsthafter Forschung eine Lebensführung leidenschaftlichster Daseinsfreude« zu betreiben. Um so mehr erschütterte ihn die Verfassung des alternden Maassen: »Einen verzweifelten Eindruck macht der arme unselige Maassen. Dieser alte Spötter und Geniesser sitzt und jammert – fühlt sich abwechselnd bedrückt von der freundschaftlichen Hülfe und vereinsamt, kaputt an Leib und Seele.«[94] Als der Freund mit sechzig Jahren stirbt, verfaßt Hoerschelmann zwei Nachrufe für die Tagespresse und einen Aufsatz für die »E.T.A.Hoffmann-Gesellschaft«.[95] Max Unold kommentiert den Aufsatz nach der erst später erfolgten Veröffentlichung sehr nachdenklich: »Du hast den guten M. so trefflich gedeutet, würdig wie sich's für ein ›Reichswerk Buch und Volk‹ gehört, für den Eingeweihten steht aber auch das Intimere drin – kurz ein schönes Blatt des Gedenkens. Ob über unsereinen jemand so etwas schreiben wird? Kaum zu erwarten nach den Perspektiven, die die Zukunft bietet. Ich glaube, es ist dann kein großes Interesse mehr vorhanden an Typen unseres Schlags, sofern uns überhaupt gegönnt sein sollte, dies Leben bis zu seiner natürlichen Grenze ›auszukosten‹. Aber noch existieren wir und treiben es nach dem Gesetz, nach dem wir angetreten, und eine sehr viel spätere Epoche mag vielleicht auf das zurückgreifen, was wir hinterlassen, etwa auf Deine Vorträge, die nun wirklich einen fesselnden Querschnitt darstellen in ihrer Gesamtheit.«[96]

Einen wunderbar lebendigen Einblick in Maassens eigenwilligen Tagesablauf sowie in das Zusammenspiel dieser Kreise, die für Hoerschelmann stimulierendes Lebenselixier waren und deren Verlust er später nicht genug beklagen konnte, gewährt er in »Persönliche Erinnerungen an C.G. von Maassen«, vermutlich für den Freundeskreis bestimmt und dort von ihm vorgetragen:

»Wenn die Sonne ihre Mittagshöhe überstiegen hatte, begann sein Tag. Die ernste Kunst des Kaffeekochens, das Studium der Zeitung und der eingelaufenen Post erforderte Stunden ruhiger Besinnung. Kleine Zettel mussten wohlgeordnet in ihre Fächer verteilt werden, und mit einem leisen Seufzen wurde, wenn es dämmerte, an die Arbeit geschritten, die allzu oft von dem Klingeln vorsprechender Besucher unterbrochen wurde. Gar mancher von ihnen wurde in vorwurfsvollem Tone darauf aufmerksam gemacht, dass die Stunde der Geselligkeit jetzt nicht geschlagen habe – für freundschaftliche Unterhaltung war die Mitternacht geschaffen und der junge Tag. Wer sich diesem Ritual nicht fügen wollte, wurde aus der Liste der guten Freunde gestrichen. Wie lohnte es sich aber, am Stammtisch auszuharren, bis C.G. kam, der jedes Gespräch, sei es mit Ironie, sei es mit Enthusiasmus ergriff und mit einer Fülle persönlichster Ansichten und Erinnerungen würzte. Heftige Debatten wechselten mit schwärmerischen Geständnissen, und mancher bemerkte es erst spät, dass der bekannte Zyniker und Verfasser der Gedichte eines Gefühllosen ein heimlicher Lyriker war. Je länger die nächtliche Sitzung dauerte, um so liebenswürdiger wurde der stets im Mittelpunkt stehende Forscher und Plauderer, und meist endete die Nacht in seinen Bücherzimmern, wo die kleinen Gläschen mit scharf gebrannten Getränken vorsichtig zwischen Erstausgaben und Manuskripten untergebracht werden mussten. Ach, diese ungezählten Morgen in Schwabing, – wenn die Amseln ihr Lied begannen und die Gespräche immer intensiver um die Herzensange-legenheiten der Bücherfreunde kreisten – ihre Hoffnungen und Ideale, ihre Geständnisse und freundschaftlichen Beteuerungen! – – Einst vor dem ersten Weltkrieg, der den großen Einschnitt in unsere sybaritische Existenz vollzog, lebte Maassen in herzlichster Hausgemeinschaft mit zwei gefiederten Freunden: der Rabe Jakob und die Dohle Posper wurden stets zugezogen und saßen ihrem Herrn und Freund auf den Schultern, öfters blitzschnell gegen die blinkenden Brillengläser pickend, oder aus den auf dem Tisch stehenden Gläschen sich ihren Anteil an den geistigen Genüssen sichernd. Jetzt war C.G. in seinem Element. Es ist bekannt, dass seine Freude an der Hoffmann-Forschung, an der Herausgebertätigkeit keine ungetrübte mehr war. Die bittere Notwendigkeit, den verlorengegangenen Wohlstand, der zur Führung seines Genießerdaseins von Nöten war, durch emsige Arbeit wieder zu ersetzen, verdarb ihm den Spaß. Umso schöner war es, unbekümmert die Leiden und Freuden des Bücherwurmes vor gleichgestimmten Seelen bekennen zu dürfen und Erfahrungen auszutauschen! Wie türmten sich zwischen Gläsern und Tassen die Kleinoktavbändchen mit Abweichungen von den normalen Ausgaben, mit merkwürdigen Titelblättern und Kupfern! Insbesondere war es ein gewisser bizarrer Humor, der immer seinen Beifall hatte und sein Interesse erregte und – welch wunderliche Zeichnungen und Verse entstanden da und Pläne zu Aufführungen und Festen, von denen manche auch wirklich wurden. Wie reich war das Leben und was versprach es noch alles!

Dank und ehrenvolles Gedächtnis aber ihm, dem unermüdlichen Kameraden, der uns soviel Anregung gebracht, so viel Farbe ins Leben, und auch so viel Aufmerksamkeit erweckte auf verschwiegene Schönheiten in der Bücherwelt, jener Welt, die uns verschworene Brüder nie enttäuscht hat. Dank und Gruß dem herzlich verehrten Anführer seltsamer und unvergesslicher Unternehmungen im nächtlichen München der guten alten Zeit! Prost C.G.! Und Dir zum Gedächtnis die Verse des von Dir so sehr geliebten Theodor Storm: Der Nebel steigt, es fällt das Laub; / Schenk ein den Wein, den holden! / Wir wollen uns den grauen Tag / Vergolden, ja vergolden!«[97]

Als besondere Tragik empfand RvH, daß es »dem ganz und gar in seiner Eigenwelt lebenden Sonderling« nicht gelungen war, sein Werk über E.T.A. Hoffmann zu vollenden, »und somit ein Torso in unseren Büchereien an Stelle dieser Gesamtausgabe steht«.[98]

Als kenntnisreicher Sammler verfaßte RvH zahlreiche und zum Teil umfangreiche Zeitschriftenbeiträge zu speziellen Themen wie »Meister der Bergmannschen Offizin«, »Von den Anfängen des deutschen Kinder-Bilderbuches – Susanna Maria von Sandrart und der ›Curiöse Spiegel‹«, über Nürnberger, Münchner und Neuruppiner Bilderbogen unter dem Titel »Jahrmarktkunst von Anno Tobak«, »Alte und neue Bilderbogen«, »Der künstlerische Steindruck«, »Aus alten Bilderbüchern«, »Die Blätter Fortunas – Abkunft und Wesen der Spielkarten«. Im Nachlaß fanden sich des weiteren Handexemplare, auch wohl unveröffentlichte Texte als Typoskript und

Manuskript mit den Titeln »Handzeichnungen«, »Der bayerische Süden in der Malerei«, »Bildnis der Engel« und »Dürer als Buchminiaturist«.

Auch im Freundes- und Bekanntenkreis wußte man Hoerschelmanns Kenntnisse und Kontakte zu Händlern zu schätzen. So half der gewiefte Sammler einmal dem Schriftsteller Erich Mühsam in einer sehr prekären Situation: »Vor einer Reihe von Monaten verkaufte ich für zwölf Mark diverse Briefe von Dehmel, Wedekind, Scheerbart usw. an den russischen Gauner Glasberg. Jetzt erfahre ich durch den kleinen Hoerschelmann folgendes: Glasberg hat hier irgendwen um eine große Summe betrogen und ist ausgekniffen. Die Briefe hat er für zwanzig Mark an einen Händler verramscht, mit dem Hoerschelmann wegen Ankaufs unterhandelte. Hätte Hoerschelmann die Sachen nicht entdeckt, so hätte der Mann sie in einem Katalog angezeigt, und ich hätte mir wahrscheinlich große Ungelegenheiten zugezogen, da Dehmel und Wedekind sehr empfindliche Leute sind. Der kleine Hoerschelmann hat es nun freundlich übernommen, die Sache einzurenken und hat den Händler überredet, mir den ganzen Kram zum eigenen Preise zur Verfügung zu stellen. So sehr mich die zwanzig Mark schmerzen werden, so werde ich es natürlich doch tun, zumal der sammelwütige Zwerg mir diesen Preis gewiß gern zahlen wird und ich bei ihm sicher bin, dass mir weiter keine Unannehmlichkeiten drohen. Auch könnte ich bei ihm die Briefe immer einsehen, wenn ich sie brauchen sollte.«[99] Als Hedwig Kubin ihrem Mann einige Kupferstiche zu Weihnachten im Jahre 1911 schenken möchte, wendet sie sich damals an den 26jährigen RvH: »Sie sind doch ein großer Kenner & wie mein Mann oft voll Neid erwähnt – auch geschickter Käufer von Kupferstichen.« Sie schmiedet mit ihm ein richtiges Komplott, damit Alfred Kubin auf keinen Fall vorher etwas davon erfährt.[100]

»Chronist der geistigen Welt Schwabings«

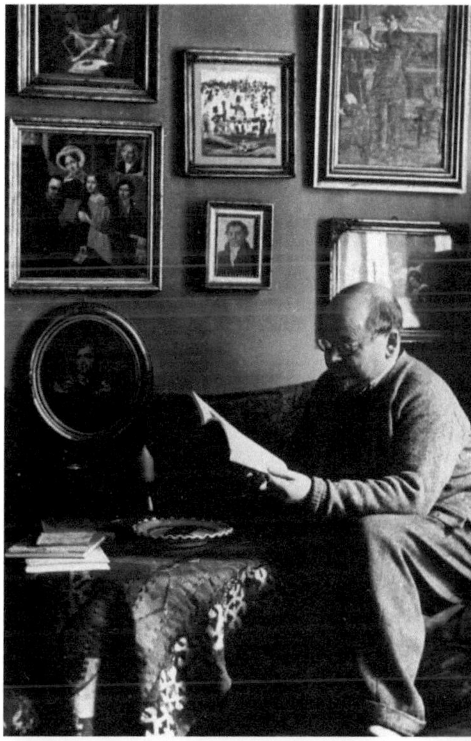

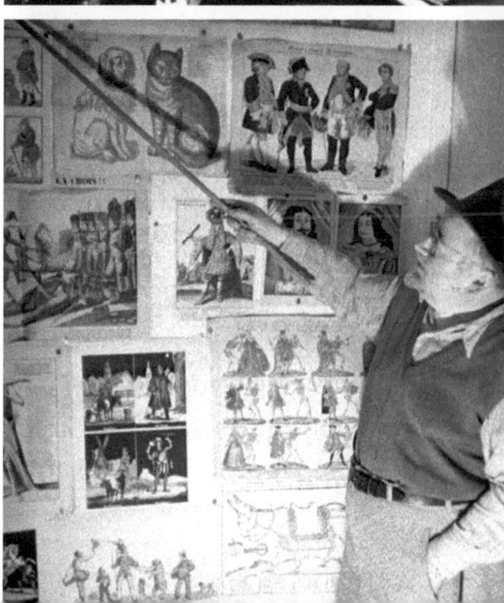

Besonders großes Vergnügen bereitete es Hoerschelmann, Kostproben seiner Sammlungen den Besuchern seines »Fuchsbaus«, wie er »die in einen düstern Flöz von Büchern getriebenen Gänge und Höhlen« in der Gedonstraße nannte, zu zeigen. Dabei habe er das Gefühl vermittelt, hierfür auserwählt zu sein. Der Schriftsteller Günter Böhmer erzählt, daß diesen Darbietungen etwas Zeremonielles anhaftete und der Gast einem Verhaltensreglement unterstellt wurde: »Wenn man in seinen Schätzen blätterte, saß er gegenüber und schaute zu. Legte man ein Blatt zu bald aus der Hand, so schalt er sofort, es nicht genügend betrachtet zu haben, und führte die Gründe seines Einspruchs gewissenhaft aus. Und wenn man eins länger betrachtete, war er gerührt und hielt niemals mit seinem Lob zurück.«[101]

Wie gesellige und feuchtfröhliche Abende im Fuchsbau verliefen, schildert Max Unold: »(...) bei trefflichem Rotwein (...) im kleinen Kreis, der stets mit Bedacht und Feingefühl zusammengeladen war. Da hieß zu Eingang seine Frage: ›Was wollt Ihr ansehen?‹ und dann holte er aus irgendeiner Ecke (man begriff nie, wie das alles in zwei winzigen Zimmern Platz fand) bibliophile oder

Oben: Rolf von Hoerschelmann in seinem »Fuchsbau« in der Gedonstraße um 1940
Unten: Der Sammler zeigt alte Bilderbogen

graphische Köstlichkeiten hervor, die auch einer, der vom Seltenheitswert wenig verstand, mit Hochgenuß betrachtete. Später jedoch, nachdem man Sammlererlebnisse und manch harmlosen Klatsch absolviert hatte, kam, als musste es so sein – und der Gastgeber tat nicht wenig dazu, es dahin zu bringen – irgendein ernstes Thema aufs Tapet, und jetzt war er erst recht in seinem Element. Ob es um Kunst sich drehte oder um Dichtung, um Sprache, Liebe, Weltanschauung, hei, wie führte da der an Wuchs kleine Fechter seine Klinge! Blitzschnell kamen seine Repliken, jeder Hieb von ihm saß. Spitzfindig, auch streng, kritisch, radikal ablehnend focht er für seine Meinung, falls er aber, was selten passierte, trotzdem zu unterliegen Gefahr lief, verschaffte ihm eine eminent witzige, in unverfälschtem Baltisch vorgebrachte Pointe zum Schluß doch die Oberhand. Und nun bei gelöster Stimmung griff er zu einem Scheit Holz oder dergleichen und darauf zupfend wie auf einer Laute sang er eines der von ihm erfundenen und vertonten Lieder, das vom Schiff ›Osakka Mairu‹ oder ›Blähe dich, mein Segel!‹ oder das mit dem Refrain ›Wo die blaue Blume blüht‹ (…)«[102]

Wie es in seinem Fuchsbau nach einem Abend mit Freunden aussah, hat RvH selbst einmal beschrieben: »Gläser und Flaschen sind leer, – die Freunde gingen. In blauen Wolken hängt der Tabaksqualm vor den goldbraunen Bücherrücken. Auf Tischen und Stühlen geschichtet liegen in hohen Haufen aufgeschlagene Bände, lose Blätter zu Hunderten: Die früher buntbemalten Holzschnitte der heiligen Legenden vermischt mit Chodowieckis Almanachkupfern voll preußischer Grandezza – treuherzige romantische Blättchen gepaart mit Lautrecs makabren Lithographien. Zurück – ein jegliches an seinen Platz, ungleiche Kinder! Ein jedes mir wert und wohl vertraut und so manche Erinnerung weckend an die Stunden seliger Entdeckungsreisen: Aus welchen Winkeln und Ecken der Welt habt ihr euch zusammengefunden hier in dem Fuchsbau? Und was war euer Schicksal, bevor wir uns kannten? Warum erzählt ihr nichts?«[103]

Zu den Besuchern im Fuchsbau gehörte schon früh der Verleger und Graphiksammler Reinhard Piper: »Ich konnte manches aus den Sammlungen anderer lernen. So aus derjenigen Rolf von Hoerschelmanns (…), eines der letzten echten Schwabinger. (…) er hatte zur rechten Zeit mit kleinen Mitteln viele Kostbarkeiten zusammengebracht. Ich besuchte ihn manchmal in seinen beiden Zimmern an der Gedonstraße. Man erreichte sie durch einen endlos langen Gang. Schon dessen Wände waren an beiden Seiten mit graphischen Blättern bedeckt. Er hatte viele Lautrecs und Munchs, dann vor allem Romantiker, so die ›Tageszeiten‹ von Runge. Von den Lithographien zu Brentanos Märchen ›Gockel, Hinkel und Gackeleia‹ besaß er einen Abzug sogar in unzerschnittenen Bogen, eine von fanatischen Kennern besonders beneidete Rarität. Daneben sammelte er mit großem Eifer alte Bilderbögen, so kunstlos sie sein mochten, und war stolz sagen zu können, dass auf diesem Gebiet neben der seinen nur noch die Sammlung Karl Gröbers in Betracht komme, des Verfassers des rühmlich bekannten Buches ›Kinderspielzeug aus alter Zeit‹. (…) Neben der Graphik hatte Hoerschelmann auch viele Erstausgaben deutscher Literatur zusammengebracht, meist aus der Zeit um 1800, während ich mich mehr dem 16. und 17. Jahrhundert widmete. Seine größten Kostbarkeiten dieser Art standen in einem kleinen Glasschränkchen, die meisten aber in offenen Büchergestellen. Ich wunderte mich, dass alle Bücher, die hier standen, einen gleichmäßigen, merkwürdig samtartigen, grauen Schnitt hatten. Als ich einen Band herauszog, merkte ich, dass dies keine Schnittfarbe, sondern eine dicke Staubschicht war. Ich fragte ihn, weshalb er diesen Staub sich so ansammeln lasse. Er erwiderte fatalistisch: ›Er kommt ja immer wieder!‹ So schloß denn jeder Besuch bei ihm damit, dass er mich zu einer gründlichen Reinigung an seinen Waschtisch führte.«[104]

Über Jahrzehnte befreundet war Hoerschelmann mit Otto Falckenberg, dem Gründer der »Falckenberg'schen Schauspielschule« und Intendanten der Münchner Kammerspiele, zu dessen Buchausgabe »Ein deutsches Weihnachtsspiel« (1919) er den Einband, die Titelzeichnung und zehn Illustrationen schuf. In einem Kapitel des nach Gesprächen und Dokumenten von Wolfgang Petzet aufgezeichneten Buchs »Otto Falckenberg. Mein Leben. Mein Theater« stehen Hoerschelmann und sein Schwabing-Archiv im Mittelpunkt: »Nicht ganz ohne eigennützige, dramaturgische Nebengedanken war dieser Nachmittagsausflug in die verschollene Zeit vor einem Menschenalter unternommen: hier hofften Falckenberg und sein Dramaturg auch jenes Buch zu finden, das ihnen Hoerschelmann bei seiner Einladung in Aussicht gestellt hatte, wie der Hexenmeister dem besessenen Schatzsucher einen straußeneigroßen Edelstein oder einen Klumpen echten Goldes: die ›Irische Schaubühne‹ von William B. Yeats, übertragen von Henry von Heiseler, einstmals nur als Privatdruck erschienen (…)«

Folgendermaßen schildert Wolfgang Petzet ihren damaligen Besuch, wahrscheinlich 1942, in der Gedonstraße, wo nicht allzu weit davon entfernt einst »die Gräfin« und auch Falckenberg gewohnt hatten: »Alle diese Häuser stehen nicht mehr, nur Rolf von Hoerschelmann wohnt seit fünfunddreißig Jahren im Erdgeschoß eines etwa 1900 erbauten, hochherrschaftlichen Gebäudes. Aber wie ein Zauberer in einem alltäglichen, nüchternen Steinbruch die Wunderpforte zu einem verfallenen Bergwerke mit unermessli-

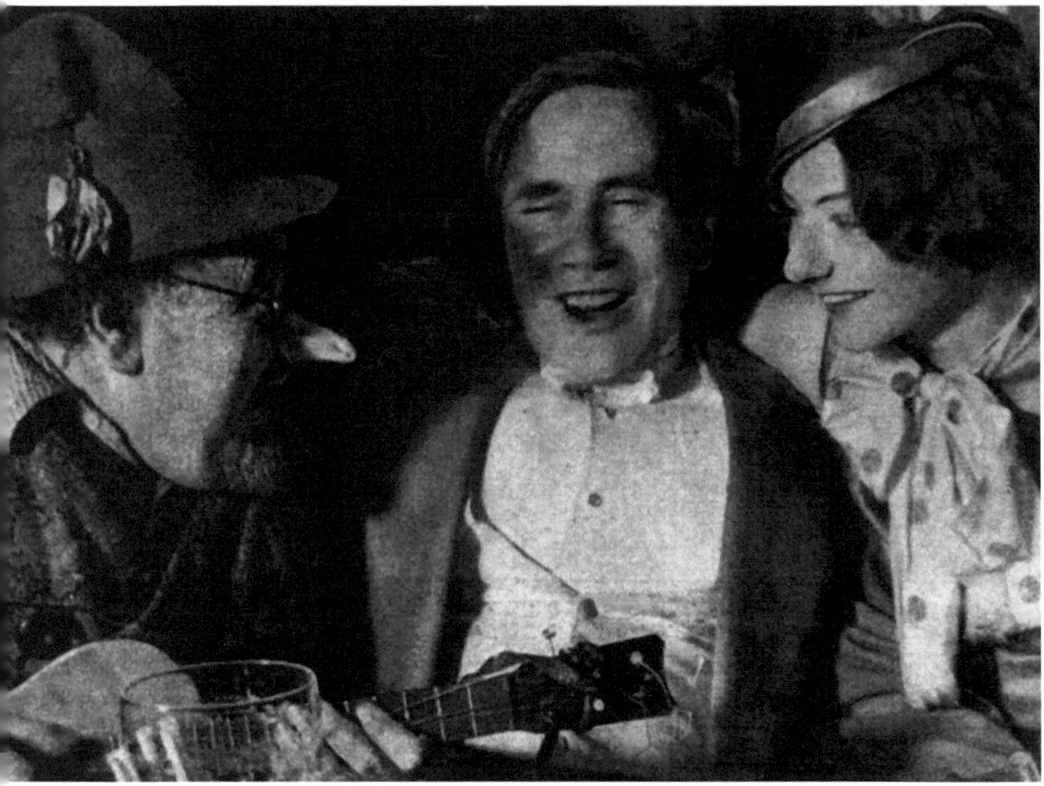

Rolf von Hoerschelmann als »fahrender Sänger« mit Otto Falckenberg

chen, märchenhaften Schätzen erschließt, so hält der pittoreske Maler den Schlüssel zu jener verschollenen, merkwürdigen Wunderwelt in der Hand, die da das ›Klassische Schwabing‹ heißt und sich nun – aus leidenschaftlichem Leben in stille, wohlgeordnete Mappen, Belege und Broschüren gewandelt – als eine einzigartige Sammlung bei ihm wiederfindet.

Die Gäste, die er sich diesmal zum Tee geladen, folgten ihm durch einen langen dunklen Korridor in zwei geräumig behagliche, altväterlich eingerichtete Gartenzimmer, mit der erlesensten Bibliothek von Romantikererstdrucken rings an den Wänden, einigen biedermeierlich besinnlichen Ahnenbildern, Skizzen und Karikaturen aus der Zeit um 1900 und einer Originalaktzeichnung Hans v. Marees als besonderer Köstlichkeit.«[105] Hoerschelmann hatte nicht zuviel versprochen, denn er besaß, wonach Falckenberg lange gesucht – »Das Einhorn von den Sternen«. Hochbefriedigt über diesen ersten Erfolg habe der Sammler dann erst einmal den Tee kredenzt, bevor er mit weiteren Schätzen aufwartete und für die Besucher lebendig werden ließ, was das legendäre Schwabing geprägt hatte: der George-Kreis und die Gräfin Franziska zu Reventlow. Vieles wurde bei diesem Besuch in Erinnerung gerufen, nicht zu vergessen die Premiere des Kabaretts »Elf Scharfrichter« am 13. April 1901 in den ehemaligen Räumen eines Paukbodens sich schlagender Verbindungsstudenten und eines Sargschreiners im Hofgebäude der Wirtschaft »Goldener Hirsch«, Türkenstraße 28. Falckenberg hatte zwei Jahre lang Stücke für die »Scharfrichter« geschrieben, für sie inszeniert und war unter dem Pseudonym Peter Luft als Scharfrichter mit einem schönen blonden Vollbart aufgetreten.[106]

Da Hoerschelmanns unerschöpflicher Fundus in den einschlägigen Kreisen bekannt war, scheint sich auch Dr. Artur Kutscher, Professor für Theaterwissenschaft in München, an ihn gewandt und für die Abfassung des zweiten Bandes seiner Biographie über Frank Wedekind Bücher entliehen zu haben. Jedenfalls erinnert ihn RvH am 22. Dezember 1926 an die Rückgabe per Postkarte und fügt in seiner unnachahmlichen Weise hinzu, mit der er einem Autor oder Künstler ein Werkexemplar zu entlocken versuchte: »Sollte sich diese kleine Kollektion um Ihren Band II vermehrt haben, würde ich mich natürlich ungeheuer freuen!!« Artur Kutscher verstand offenbar den Wink und ließ ihm das Gewünschte zukommen, woraufhin auf einer Danksagungskarte der Schwabingchronist den Autor prompt auf zwei Fehler aufmerksam machte: Die Zeichnungen auf den Seiten 112 und 113 stammten nicht von Th. Th. Heine, sondern von Bruno Paul und Paul Schlesinger, und einen der elf Scharfrichter des gleichnamigen Kabaretts habe Kutscher fälschlicherweise als Bruder des Dirigenten Bruno Walter bezeichnet.

Es gelang ihm »wie selten einem das Wunder, sein Leben zu vervielfachen«

Mit dieser außerordentlichen Feststellung würdigt Max Unold in seinem Nachruf den Freund. »Erstaunlich an Zahl, merkwürdig durch ihre Unterschiedlichkeit waren die Kreise, in denen Hoerschelmann sich bewegte, und jeder dieser Zirkel bedeutete für ihn eine andere Art des Beteiligtseins. Da gab es zunächst die eigentlichen Berufskollegen, mit denen der Maler und Zeichner sich traf, aber anschließend etwa an eine Ausstellungsberatung ging er in ein Haus, wo außer ihm Schiffsreeder und Großindustrielle zum Tee geladen waren. Bei Premieren, zumal in den Kammerspielen, sah man ihn regelmäßig, und hernach saß er mit den Schauspielern und Schauspielerinnen in ihrem Stammrestaurant, wenn der Erfolg des Abends gefeiert und endlos besprochen wurde. Was ihn nicht hinderte, später am Abend sich noch mit anderen Freunden, beispielsweise bei einer Geburtstagsbowle oder auf einem Faschingsfest zu treffen.«

Man habe ihn »seelenvergnügt neben verbohrt genialischen oder neben liebenswürdig verlotterten Existenzen« in den verschiedensten Schwabinger Lokalen zu allen Tages- und Nachtzeiten antreffen können, und gleichwohl habe er, »im Gegensatz zu den Leuten, die dem Nichtstun aus fast religiöser Überzeugung frönten«, Aufgaben und Pflichten sich gesetzt und erfüllt, »mit Rührigkeit und nüchternem Sinn selbst für das Materielle«.[107]

Wie intensiv Hoerschelmann die leichtlebigen Vorkriegsjahre mit ihren Geselligkeiten und Festen auskostete, davon legen sein Buch »Leben ohne Alltag«, seine Briefe und die erhaltenen Fotos ein beredtes Zeugnis ab. Vieles, was ihn daran erinnern konnte, hat er aufgehoben, zum Beispiel Einladungen zum Tanzfest in der legendären Pension Fürmann, zum Karnevalfest 1913 von Karl und Hanna Wolfskehl im Chinesischen Turm im Englischen Garten, zum Faschingsfest der Münchner Sezession, zum Masken- und Argonautenfest des Theaterwissenschaftlichen Kurses der Universität München und zum »Tanz um den roten Mops« des »Simplicissimus«.

Einige Freunde und Zeitgenossen nennen ihn einen Bohemien. Er selbst sprach gerne von sich als einem Mann mit Beruf, allerdings mit einer ausgeprägten Aversion gegenüber einer regelmäßigen Tätigkeit: »Aber von jeher war mir der Begriff des ›grauen Alltags‹ das schrecklichste Gespenst, das sich besonders gerne in langen Korridoren mit nummerierten Türen zeigt, hinter denen sorgenvolle, unfrohe Männer sitzen und Zahlen in Bücher schreiben. Ich weiß wohl, dass diese Männer notwendige Arbeit leisten, aber man sieht ihnen an, dass diese Arbeit für sie nur saure Pflicht bedeutet, aus der keine Freude erwächst. Das Gegenteil davon schwebt mir als Ideal vor, und dankbar empfinde ich jeden Moment der Verwirklichung: Freiheit von jedem Zwang und die Möglichkeit, eine Lieblingsbeschäftigung als Beruf auszuüben.«[108] An dieser etwas lebensfremden Vor- und Einstellung mitgewirkt hatten sicherlich die abgebrochene schulische Ausbildung, die ihn einer täglichen Regelmäßigkeit früh entwöhnte, und die Rücksichtnahme auf seine labile Gesundheit innerhalb der Familie, mit der ihm viele Jahre lang zugestanden wurde, sich um die Zukunft wenige Gedanken machen zu müssen und fast ausschließlich seinen Vorlieben nachzugehen. Die Zeitumstände sollten ihn lehren, daß auch er sich nicht jedem Zwang entziehen konnte, dennoch hielt er konsequent an seinem Lebensideal fest und fand Mittel und Wege des Durchkommens. Über die finanziellen Verhältnisse der Witwe und Sohn Rolf wissen wir wenig. Nur soviel läßt sich vielleicht feststellen, daß sie die ersten zwei Jahrzehnte in München ihr Auskommen hatten, da zunächst noch ein gewisses Vermögen vorhanden war, wofür spätere Briefe einige Hinweise enthalten. Im Vergleich zum Dorpater Haus und der Dresdener Wohnung der Großeltern von Bosse begnügte man sich in München mit einer deutlich bescheideneren Mietwohnung, und im täglichen Lebensunterhalt verstand man sich einzuschränken, wozu Hoerschelmann den einen und anderen kleinen Verdienst beisteuerte. Von René Prévot wird RvH als sparsam bezeichnet und »ein haushälterisches Genie« genannt. Jeden verdienten Pfennig habe er in seiner Sammlung angelegt.[109] Nach den Jahren an der Debschitz-Schule, war Hoerschelmann eine Zeitlang Mitarbeiter beim »Simplicissimus«, bei den »Fliegenden Blättern« und verschiedenen Bibliophilenblättern, fertigte Zeichnungen an, zum Beispiel für die »Jugend« und »Licht und Schatten«, und nahm an ersten Ausstellungen in Kunstsalons teil. 1913 erscheint mit »Allerlei Geister« von August Kopisch das zweite von ihm illustrierte Buch, wozu es in einem Brief an Bruder Werner heißt: »Man wird ja arg berühmt dabei, aber es ist so zeitraubend so viel zu arbeiten! – Der eigentliche Lebensgenuss und die Sammeltätigkeit kommen zu kurz.«[110]

Die Jahre bis zum Kriegsausbruch waren nach Hoerschelmanns Schilderung in seinem Kapitel »Allotria« turbulente Jahre, in denen er offenbar nichts ausließ und die vor allem geprägt waren durch seine Mitgliedschaft

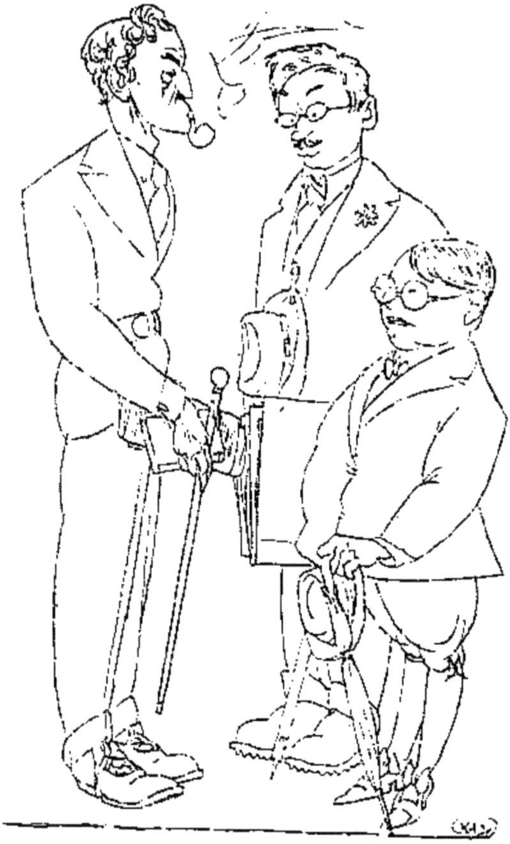

Karl Arnold: »Links: Peter Scher (d.i. Fritz Schwynert), Simplicissimus-Redakteur. Mitte: Prof. Rudolf Sieck, Maler, Mitarbeiter des Simplicissimus. Rechts: Rudolf von Hoerschelmann.“ (1921) Aus: Ludwig Bielschowsky, »Der Künstler und Sammler Rolf von Hoerschelmann«, in: Börsenblatt für den deutschen Buchhandel, Frankfurter Ausgabe vom 29. Dezember 1976

und Beteiligung in verschiedensten Gruppierungen. Unvergeßlich für ihn waren die Faschingsfeste und Atelierfeste mit durchfeierten Nächten bis zum Morgengrauen, die verschiedenen Stammtische und regelmäßigen Treffen in der privaten Kegelgesellschaft von Max Halbe, u.a. mit Ringelnatz, Erich Mühsam und dem Verleger Heinrich F.S. Bachmair. »Wenn ich heute von allerlei geistig beschwingtem Unfug erzählen möchte, so soll nicht eigentlich die unübersehbare große Erinnerungsliteratur über das schöne Leben im Friedens-München mit seinem Fasching und vielen Atelierfesten aller Art vermehrt werden, sondern einer ganz speziellen Abart witzigen Übermuts gedacht sein, wie er sich in einem eigengearteten Freundeskreise einige Jahre lang entwickelte. Nur weil sich dieser Kreis immer wieder bemüßigt fühlte, es nicht bei feuchtfröhlichem Getobe bewenden zu lassen, sondern seine Scherze in eine widerstandsfähige und reproduzierbare Form zu bringen, ist es möglich, seiner zu gedenken. Da Geist und Witz sich hier mit einer nicht alltäglichen Bildung paarten, ist es auch zu verantworten. Aus all dem geht schon hervor, dass es sich bei dieser Gesellschaft nicht um junges Künstlervölkchen handelte. Es waren Menschen um die Dreißig und darüber, die Scherz, Satire, Ironie und tiefere Bedeutung liebten und sich vorwiegend aus diesem Grunde zusammenfanden.«[111]

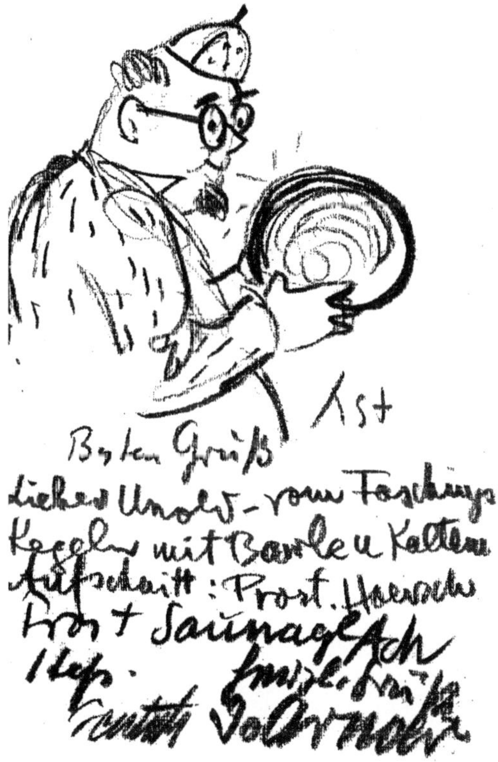

Undatierte Karte vom Faschingskegeln an Max Unold

Kriegsausbruch 1914

Im Sommer 1914 besucht Hoerschelmann die BUGRA in Leipzig, die »Internationale Ausstellung für Buchgewerbe und Graphik«, an deren Gelingen, wie eine Erinnerungsurkunde des Direktoriums vom 15. Juli 1915 im Nachlaß belegt, sein Bruder, Dr. Werner von Hoerschelmann, verdienstvoll mitgewirkt hatte. Anschließend kehrt er über Berlin und Weimar, worüber wir nichts Näheres erfahren, nach München zurück, »und was nie ernstlich in Betracht gezogen worden war, ein europäischer Krieg wurde zum Tagesgespräch. Man saß im Hofgarten, nachts im Café Stephanie und wartete auf neue Zeitungen, Extrablätter und Telegramme. Und schließlich war die gefürchtete unheilvolle Nachricht tatsächlich angeschlagen: *Mobilmachung!* (...) Persönlich stand ich vor der Frage, wie ich mich als russischer Untertan zu verhalten habe. Jahrelange Lieferanten in Schwabing begannen von den vermeintlichen Feinden abzurücken, forderten brüsk die Bezahlung der Milch- und Brötchenrechnung, das Dienstmädchen wurde bockig, die Situation wurde ungemütlich. Wiederholte Erkundigungen und Besuche auf der Poli-

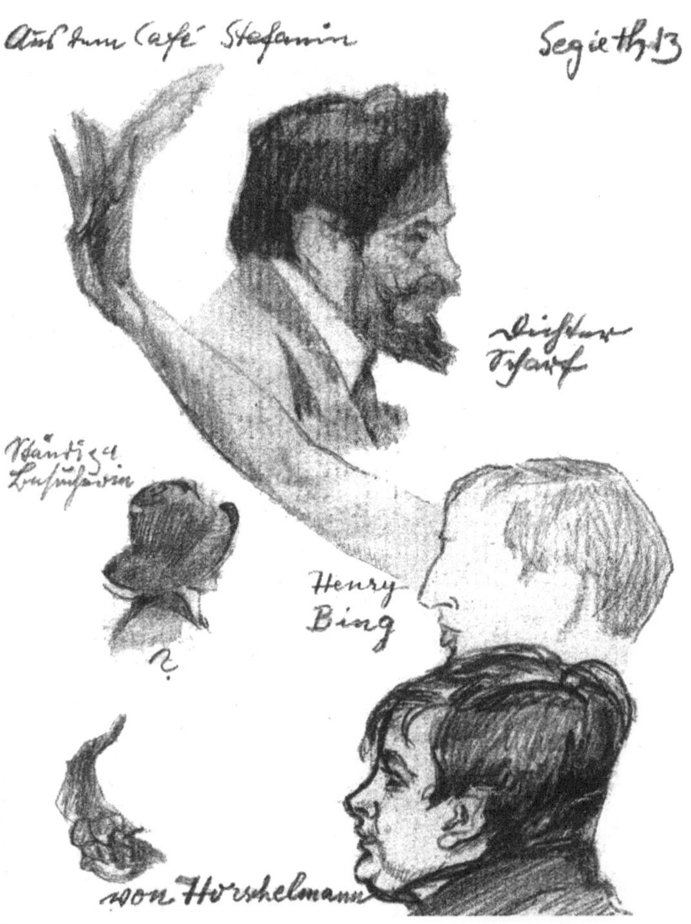

Paul Segieth: »Aus dem Café Stefanie« 1913 – »Dichter Scharf, Ständige Besucherin, Henry Bing, von Hoerschelmann« (Privatbesitz)

zei verliefen gänzlich resultatslos, da kein Beamter dort je etwas von deutschen Balten gehört hatte und man auf dem energisch geäußerten Standpunkt ›Russ ist Russ‹ beharrte. Unter diesen Umständen hätte man Gefahr laufen können, mit unzähligen aufgegriffenen Russen in Eisenbahnwagen zusammengepfercht und nach Russland expediert zu werden. Nichts wäre uns unerwünschter gewesen! Die Familie bestand im Augenblick nur aus meiner Mutter und mir. Eine Tante schloß sich uns an, als wir uns kurzerhand entschlossen, für die Dauer des Krieges, wie wir dachten, nach der Schweiz überzusiedeln. Mein ältester Bruder war in Berlin tätig, und mein Bruder Werner unglückseligerweise in Russland, wo er, obwohl deutscher Museumsbeamter, als russischer Offizier eine Übung absolviert hatte. Sieben Jahre hatte er auf die Einberufung gewartet, ohne die er nicht in den deutschen Staatsverband und Staatsdienst entlassen werden durfte. Nun ereilte ihn sein Schicksal, und er musste auf russischer Seite in den Krieg. Doch davon wussten wir noch nichts und waren voll banger Gedanken, als wir schnell entschlossen pro Person einen Handkoffer packten, die Wohnung zuschlossen und an den Bodensee fuhren. Wir brauchten vierzehn Stunden bis Lindau (...). Nach der Ankunft in Lindau begann für uns, die wir bis dato freie Menschen und Europäer gewesen waren, der Krieg. Wir waren ›Russen‹ und demnach Landesfeinde. Wir mussten mit anderen Leidensgenossen in einen Raum, wo wir stundenlang von Soldaten mit aufgepflanztem Bajonett bewacht wurden! Da die Papiere in Ordnung waren, durften wir dann das Land verlassen und den nächsten Dampfer, der uns an das Schweizer Ufer bringen sollte, besteigen. Wie waren der Meinung, in wenigen Wochen wieder in ein friedliches München zurückkehren zu können, nachdem wir die etwas unfreiwillige, aber nicht weiter unbequeme Sommerfrische in irgendeinem anmutigen Schweizer Kurort hinter uns gebracht hätten! Es kam anders. An diesem Tage war die freie Schweiz für ›Russen‹ gesperrt, und wir durften das gelobte Land nicht betreten. Etwas vor den Kopf geschlagen, fuhren wir, in Gemeinschaft mit Leo Posetti und Frau, nun wieder nach Lindau zurück, wo es nicht ganz einfach war, ein Nachtlager zu erobern. Aber alles entwickelte sich nach anfänglichem Unbehagen schließlich ganz leidlich, und nach einigen Tagen bezogen wir dankbar und zufrieden mit dem Ergebnis eine behagliche Sommerfrische in Bad Schachen. Die Panik war vorüber, und der deutsche Siegeszug im Westen sorgte für hoffnungsvolle Begeisterung. Hier erreichte uns das mit Bangen erwartete Lebenszeichen meines Bruders Werner. Vom erquicklichsten Erholungsaufenthalt am Finnischen Meerbusen abgerufen, hatte er mit seinem Regiment zu Fuß von Warschau nach Ostpreußen marschieren müssen, um dort von den ersten Kugeln, die er pfeifen hörte, zu Boden gestreckt zu werden. Schwer verwundet und gefangen konnte er uns aus Bromberg seine Rettung melden. [1917 kehrte Werner von Hoerschelmann nach München zurück, erhielt eine Stelle als »Hilfsarbeiter« im ethnographischen Museum im Hofgarten und starb im Oktober 1919 in München an den Folgen seiner Verwundung.] Die schwerste Sorge war somit behoben, und nach einigen Wochen erhielten wir die Erlaubnis, nach Solln bei München zurückzukehren, wo die Tante ein genügend geräumiges Haus bewohnte, so dass wir zusammen bleiben konnten. Ich war nun offiziell Kriegsgefangener und hatte mich als solcher lediglich einige Male in der Woche bei der Polizei zu melden.«[112]

Während RvH in der Erinnerung den Aufenthalt am Bodensee als »eine behagliche Sommerfrische in Bad Schachen« sehen will, klingt ein damaliger Brief an Karl Wolfskehl eher deprimiert: »Ich bin schrecklich traurig in der Verbannung und habe keine Freunde mehr und Bücher und weiß nicht, was ich auf der Welt soll! Wenn ich Sie doch noch hätte sehen können. Aber es kam so schnell alles mit unserer nötig gewordenen Abreise. ›Die Fahrt nach dem Bodensee‹ könnte ein ziemlich spannendes Kapitel meiner Lebensgeschichte werden!«

Wie lange der Aufenthalt im Haus der Tante in Solln dauerte, kann nur vermutet werden. Einigen Aufschluß geben die Feldpostkarten und Briefe des zur Marine eingezogenen Dichters Joachim Ringelnatz an seinen »lieben Hörschelfisch«. Demnach scheint sich RvH vom November 1914 an überwiegend in Solln, zwischendurch aber auch in der Gedonstraße aufgehalten zu haben. Ein Brief Hoerschelmanns vom 18. September 1915 an Karl Wolfskehl klingt schon wieder munterer: »Mit herzlicher Besorgnis hörte ich von Ihrer nunmehr zur Notwendigkeit gewordenen Operation und mit Freude von deren glücklichem Überstehen. Nun wird der blinde Darm wohl künftig Ruhe geben müssen! Ich bin wieder ganz zum Landmanne geworden und komme selten

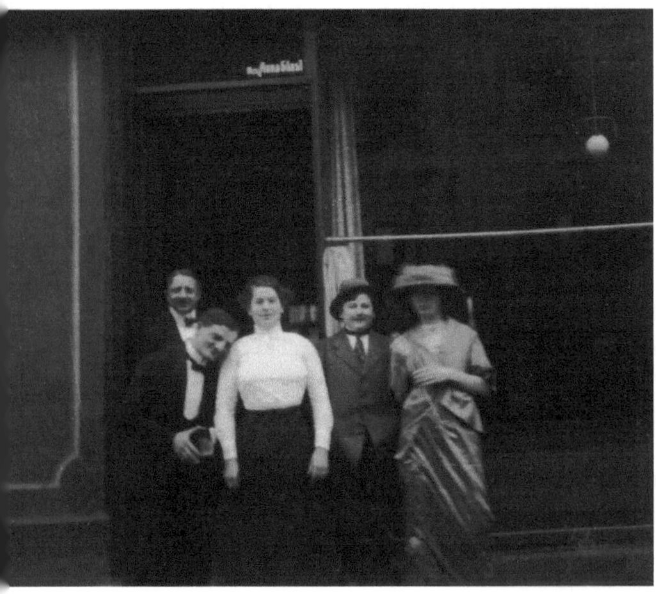

»Cafe Glasl; Kellner, Bötticher, Tina, ich, Margotl« (rückseitiger Text)

in die Stadt. Kürzlich gab es jedoch wieder eine jener ›reizvollen‹ Auflösungen einer Privatbibliothek im Versteigerungskeller des Justizpalastes, der auch ich nicht fernblieb. (…) So bitte ich Sie denn, möglichst bald wieder völlig hergestellt zu sein und, den Appendix in der Westentasche, ein Wiedersehen zu gewähren Ihrem Ihnen allzeit treu ergebenen Rolf.«

Am 10. Oktober 1916 sitzt er noch »in seinem Sollner Starenhäuschen« und teilt Kubin mit, er trage seit neuestem eine große Brille und kehre in

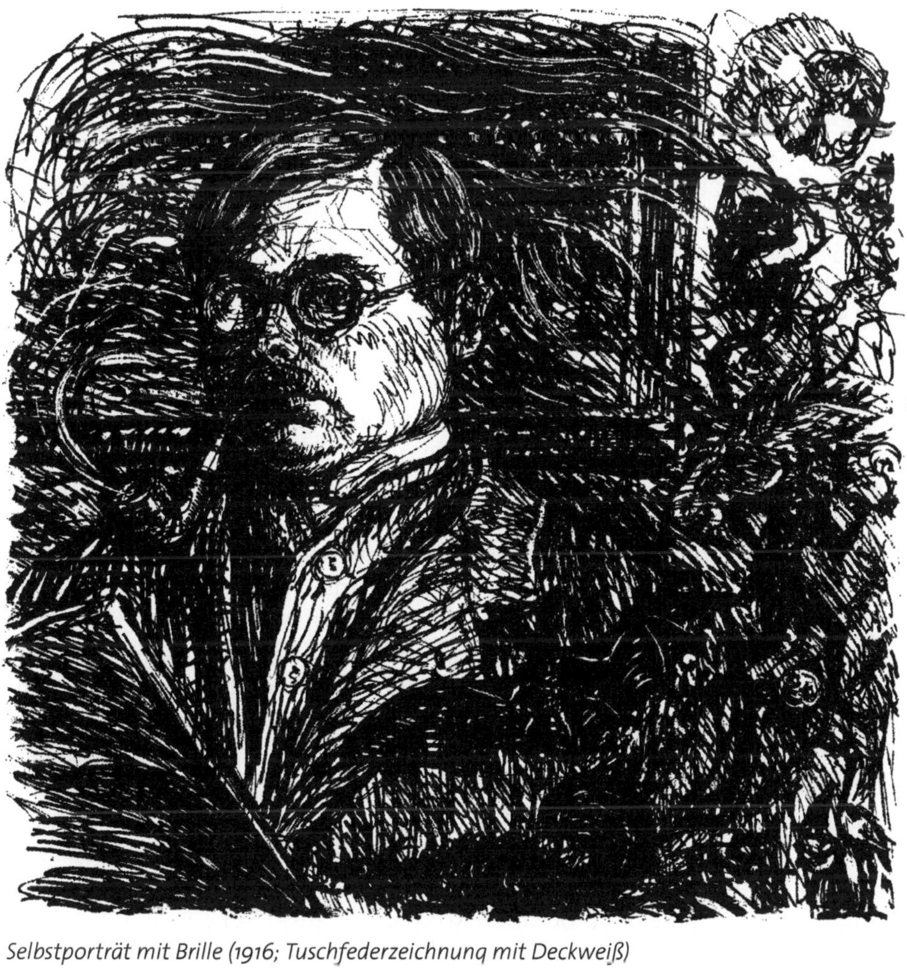

Selbstporträt mit Brille (1916; Tuschfederzeichnung mit Deckweiß)

den nächsten Tagen in die Gedonstraße zurück. Im nachhinein bezeichnete er den erzwungenen Tausch des Stadtlebens mit dem Landleben als »eine glückliche Fügung sondergleichen, die mein ganzes Leben und vor allen Dingen meine künstlerische Tätigkeit von Grund aus verändern sollte. Der tägliche Besuch des Kaffeehauses, der abendliche Stammtisch im Weinhaus, kurz alles Bummelleben hatte ein Ende, und dafür wurden Wald und Wiesen zum vertrauten Tummelplatz. Arbeit und Erholung waren gleicherweise ins Freie verlegt, und ruhige Besinnlichkeit trat an die Stelle betriebsamer Geschäftigkeit.« Nicht unerheblichen Anteil an dieser neuen Lebenssinnfindung habe seine damalige Beschäftigung mit Knut Hamsuns Büchern gehabt.[113]

In einem Brief vom 21.4.1916 läßt er Kubin wissen, daß er »mit viel Freude ein baltisches Sagen und Märchenbüchlein illustriert« habe, »nunmehr das vierte illustrierte Buch von mir, das des Erscheinens harrt«, womit »Märchen und Sagen der baltischen Provinzen« von August von Löwis of Menar gemeint ist, wozu er Leisten und eingestreute Vignetten zeichnete.[114] Das dritte und im selben Jahr illustrierte Buch dürfte der auf alten Heiligenlegenden beruhende Einsiedlermönchsroman »Martinian sucht den Teufel« seines baltischen Landsmannes Johannes von Guenther gewesen sein. Eberhard Semrau sieht hier noch den unverkennbaren Einfluß von Kubins »dichten, sich überlagernden Strichen. (...) In diesen führt das Bestreben, durch ausdrucksvolle schwarze Figuren und ein sehr dichtes Netz von Strichen dem dunklen Charakter des Buches zu entsprechen, zu oft auf Kosten der Klarheit zu verschwommenen Bildern, in denen sich Figuren und Naturelemente kaum noch erkennen lassen. Nur das als paradiesische Szene gestaltete farbige Umschlagbild ist davon ausgenommen.«[115]

Nachdem Hoerschelmann immer wieder illustrierte Werke für die »Zeitschrift für Bücherfreunde« rezensiert hat, plant er nun einen Essay über Kubin, weshalb er ihn um eine chronologische Aufstellung bittet. Bald darauf kündigt er den Artikel mit zwanzig Zeichnungen in der Augustausgabe der Zeitschrift für Bücherfreunde an, wofür Kubin anschließend (in einem undatierten Brief) seinem lieben »Rolfus« dankt: »Heute erhielt ich Ihren Kubin-Essay und bin aufs höchste erfreut über die Klarheit und Wärme dieser Arbeit.– Wie wohltuend unterscheidet sich die Kritik eines Fachmannes vom Sums eines Gelehrten oder Journalisten, der zufällig auch über Kunst berichtet. – Sie drücken sich so frisch originell und gar nicht überspannt aus, dass man Ihnen für solche Tätigkeit nur die beste Prognose stellen kann; – Schreiben Sie doch öfter Sie könnten so aufklärender und Tatsächliches fürs breitere Verständnis tun. – Ich fürchtete manchmal leise, dass Sie mein Schwarzes-Weissbrot (au weh!) mit allzudickem Freundschaftshonig bestreichen würden,– zu meiner tiefen Befriedigung bleiben Sie objektiv und sahen auch mit wohlwollend gereiftem Blick meine notwendige elementar betonte Einseitigkeit – nochmals Dank!! Ein heimwehartiges Gefühl ergreift mich jetzt schon oftmals nach München: – Ein schöner Abend mit Ihnen wäre mir ein voller Genuss! Grade beim Lesen Ihres Artikels erfasste ich wie neu und blitzhaft auch Ihre starke Ausprägung von höchster Eigenart! Durch unermüdliche Studien haben Sie einen so gesicherten Unterbau gelegt, dass Sie bei Ihren pointierten Anregungen eine sehr respektable Persönlichkeit des künftigen Münchens zu werden, kaum vermeiden werden können! Und dieses, Ihnen sichere Schicksal, freut mich eben sehr, denn ich schätze die Ehren bei meinen Freunden eben so hoch ein, wie ich sie bei mir lästig finden würde. (…) Ich habe mich in dem Monat in Zell am See geistig vollkommen ausgeruht und erfrischt – körperlich auch eine Reihe von Phänomenen peinlicher (?) Art ausgeschaltet. – Hoffentlich hält diese Erholung ziemlich vor.– Im Wesentlichen fühle ich mich nach der grundeinschneidenden Krise im März fort und fort in der glücklichsten Stimmung. Ich erlebte Momente furchtbarster Großartigkeit, ganz und gar unvorhergesehene waghalsige Dinge öffneten sich mir und gaben mir für immer einen ganz neuen Impuls. Im gewissen Sinne spüre ich überhaupt jetzt (seit März) erst das ›echte‹ Leben gesichert – das Beste, was vorher war, waren: Augenblicke, die immer bedroht waren.– Nun aber gibt es keine Bedrohung mehr! Gewiss eine schöne Beute, die mir der Weltkrieg da zuwirft. Und ich schon direkt am Verzweifeln – vor lauter Chaos, vor lauter Pessimismus. – Neben diesen Erlebnissen ist natürlich das, was ich menschlich als Künstler geben kann, gering. Aber froh bin ich, dass unter anderem vor allem ›Die Blätter mit dem Tod‹ (22) endgültig fertig sind.« Den Brief versieht er mit einer Randzeichnung und dem Text: »Kubin tritt mit Hoerschelmann Arm in Arm in die Schranken des Jahrhunderts!« Jene »Märzkrise« Kubins, verbunden mit einem Rückzug in den Buddhismus, war unter anderem ausgelöst worden durch den Tod von Franz Marc auf dem Schlachtfeld.

Am 23.6.1917 kann RvH Kubin berichten, daß seine »Sachen« bei Gurlitt in Berlin ausgestellt werden und nachher bei Arnold in Dresden. Die Kunstkritik, ob »deutsch« oder »romantisch«, interessiere ihn nicht, behauptet der 32jährige trotzig und eigenwillig, denn er fühle sich »am wohlsten dabei, wenn ich tun und lassen kann, was mir passt. Ich kümmere mich den Teufel um den Zeitgeschmack.«[116]

Die Boheme in Zeiten des Krieges

Trotz kriegsbedingter Lebensverhältnisse trafen sich die etablierten Freundeskreise und nahmen jede sich bietende Gelegenheit zum Feiern wahr. »Der Weltkrieg zersprengte unsere Runde nicht, ließ vielmehr die Zuhausegebliebenen sich inniger zusammenschließen und der ins Feld Gezogenen treulich gedenken. (...) Aber wichtiger vielleicht war es den Kriegern zu wissen, dass der Freundeskreis stets mit offenen Armen den Urlauber empfing und ihn mit festlichem Gepränge zu feiern allezeit bereit war. Jeder, der ins Feld zog, bekam seinen Abschiedsabend, dem Urlauber wurde jede ihm zur Verfügung stehende Nacht geweiht. Gerade das war es, worauf er sich gefreut hatte, und manche nächtliche Ruhestörung, die den Philistern in Kriegszeiten unverständlich und verabscheuenswert vorkam, erklärte sich daraus, dass dem Soldaten ein Herzenswunsch erfüllt wurde, wieder einmal einen echten, nicht endenwollenden ›Abend‹ bei den alten Freunden mit Gesang und Theaterspiel zu verleben. Insbesondere war es unser Freund Hans Bötticher oder Joachim Ringelnatz, der schon einige Wochen vorher sein Kommen anmeldete und die Kumpane alarmierte. Hier einige Zeilen aus so einem Schreiben vom 20. Januar 1917: ›An Bord S.M.S. Scharnhörn: Trotzdem scharf und klar in die Zukunft blickend, teile ich Dir hocherfreut mit, dass ich nach München auf Urlaub fahren werde. Ich reise nicht nach dem Fahrplan, sondern aufs Geradewohl und nach mündlichen Direktionen von Stationsvorstehern und Bahnhofskellnern, hoffe indessen am 5. Februar dort unverwundet einzutreffen. Du wirst mich überglücklich machen, wenn Du also für den 6. Februar einen Bühnenabend oder zumindest eine fröhliche Corona von Freunden zusammenbringst. Von lobesamen Heldentaten will ich gern wunders viel verteilen oder vorlügen. Aber jedenfalls steht fest, wie der Mast von meinem Boot Fairplay IX, dass mein Herz freudig klopft, wenn ich an Wiedersehen mit Dir und Euch denke. Mit brausenden Grüßen an Eure Binnenlandfreundschaft anbrandend Euer Vizefeuerwerker Bötticher.‹ (...) Im Krieg wurde das griechische Weinlokal ›Akropolis‹ unser Stammlokal. Die Kammerspiele in der Augustenstraße waren nicht weit und entsandten uns befreundete Mitglieder nach der Vorstellung an den Stammtisch in der Ecke, die sich bald durch eine Porträtgalerie auf Bierfilze gemalter Bildnisse auszeichnete. Ihr Urheber war der Deutsch-Römer Franz Pallenberg, der ebenso wie sein Schwager, der

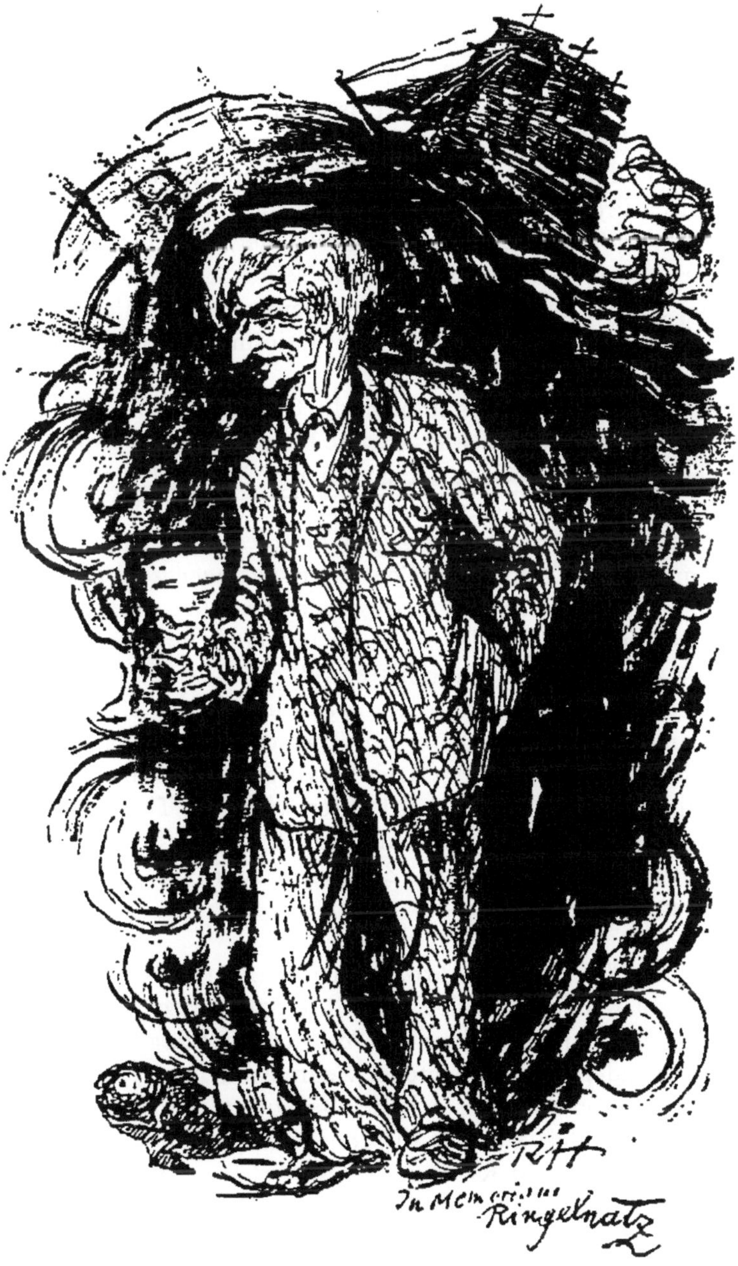

Rolf von Hoerschelmann: Joachim Ringelnatz (Feder- und Tuschpinselzeichnung, etwa 1935)

alte Bildhauer Peter Bruckmann, Böcklins Schwiegersohn, unserer Runde eine neue, sehr wertvolle Note gab. Auch trat zu unserer großen Freude Otto Falckenberg uns nahe, der als Gastregisseur in den Kammerspielen seine neue Münchener Laufbahn begann. Wir gingen durch dick und dünn mit ihm und sahen in ihm den idealen Leiter dieser jugendfrischen, kühnen Bühne.« Zumal nach Premieren kam es häufig zu theatralischen Darbietungen und dramatischen Parodien, ungeachtet der Gegenwart eines Autors, zum Beispiel Georg Kaisers nach der Aufführung seines Stücks »Von Morgen bis Mitternacht«, der darüber sichtlich irritiert gewesen sei. »Falckenberg ging immer prachtvoll mit und freute sich, nie verstimmt, dieser frechfröhlichen Resonanz.«[117]

Im Mittelpunkt dieses Zirkels standen die Gebrüder Fritz, Walter Strich und ihre Muse, die Puppenkünstlerin Lotte Pritzel, die sich »Puma« nannte und ihrem Hoerschel zum Geburtstag einmal ein allerliebst gereimtes und illustriertes »Puma-Gedicht« gewidmet hat. Hoerschelmann gefiel besonders ihre »seltene Begabung für witzige Wortspiele (…) groß im Verleihen von Spitznamen und in treffenden Charakterisierungen. (…) Ein besonderer Schlager war in den dunklen Kriegstagen ihr: Aber wenn du Gaslicht hast, / Dieses Stirb und Werde, / Bist du nur ein trüber Gast / Auf der dunklen Erde.« Besonders angetan hatte es RvH, wie in diesem Kreis »mit der Sprache Fangball gespielt« wurde und auf diese Weise neue Tiergattungen und Berufe entdeckt wurden.[118] In Hoerschelmanns Nachlaß fanden sich hierzu, vermutlich aus diesem Kreis hervorgegangen: »Der neue Brehm – oder Beschreibung fünfzig neuentdeckter wichtiger Tiere aller Arten«, ein pseudozoologischer Garten, der mit dem »Beischl-Aff« beginnt und mit der »Knorr-Bremse« endet, sowie »Zwanzig weitere neu entdeckte Tiere nebst ihrer Beschreibung«.

Nach dem Ersten Weltkrieg wurde das neu gegründete »Weinhaus Brennessel«, Ecke Nikolai- und Leopoldstraße, ihre Stammkneipe, »um die sich ein Sagenkranz wob, an dem Ritter des Pegasus, wie Roda Roda, Leonhard Adelt und viele andere emsig flochten«. Wehmütig erinnert sich der letzten Kneipe Münchens von kulturhistorischer Bedeutung die Kabarettistin, Lyrikerin und Dichtermuse Marietta di Monaco, eng befreundet mit Ringelnatz, Frank Wedekind und Klabund: »Der Wirt [Carl Loibl] hatte durch eine Holzwand die Schenke an der Nikolaistraße in zwei ansehnlichen Fensterbreiten vom vorderen Lokal abtrennen lassen. Hier tauchten allmählich zwischen Kutschern und Handwerkern die seltsamsten Gestalten auf, von denen man nicht wusste, wo und wie sie den Weltkrieg überdauert hatten.

Fast konnte man annehmen, sie kämen aus dem Reich der Schatten, um hier wieder altbekannten, frohen und lebenslustigen Gesichtern und Getränken zu begegnen. Der Münchner Dichterpreisträger Willy Seidel bezeichnete diesen Raum zum Unterschied von der Brennessel als ›Blaue Distel‹, und alle, die in der Münchner Kunstwelt Rang und Namen hatten, kamen hier durch (…). Hier in der ›Blauen Distel‹ kreiste der Freundschaftspokal beim Abschiednehmen und zum Wiedersehn. Hier sammelte man für bedürftige Freunde, und manche Zeche eines geschwächten Kameraden war beglichen, ehe dieser seine dünne Börse zog. Hier teilte man Freud und Leid. Hier atmete eine Familie geistesverwandter, freudiger oder bekümmerter Seelen. Hier wurde musiziert, gesungen und rezitiert. (…) Mancher setzte sich ans verstimmte Klavier, oder die Gitarre wanderte von Hand zu Hand. (…) Rolf von Hoerschelmann tauchte mit C.G. von Maassen auf und wusste lange Texte von La Paloma oder stimmte selbstverfasste Seeräuberlieder an: ›Der alte Sa-Kra-Ma-Ruh‹ oder Galeerenlieder des Mittelmeeres: ›Und immer mit dem Do-ria, Und immer mit dem Glo-ria‹, bis ihm auch noch sein romantisches Seeräuberliedchen einfiel: ›Fahre – kleines Schifflein, fahre, / Fahr durch sturmbewegte Jahre, / Fahr durch schöne, wilde, bunte, weite Welt! / Aber such dir einen stillen Hafen, / Wo wir nach der langen Reise schlafen / Und der müde Wand'rer seine Einkehr hält. / Denn es sehnt sich das Gemüt, / Daß die kleine Amsel pfeift, / Daß die dicke Dattel reift / Und die blaue Blume blüht!‹«[119]

Es fanden auch einige Getreue aus dem Kreis der Bücherfreunde wieder zusammen, zu denen Carl Georg von Maassen, RvH, Ernst Schulte-Strathaus, Carl Graf Klinckowstroem, Hanns Floerke, Heinrich Ehlers gehörten und wozu sich Wilhelm Wiegand und Günther Hildebrandt gesellten. Man traf sich »bey der Flasche« am runden Tisch in Horst Stobbes Bücherstube am Siegestor, gab sich den Namen »Neun Musen« und erinnerte sich des einstmaligen Projekts, für die Bibliophilen eine Zeitschrift herauszugeben. Bald darauf erschienen in Horst Stobbes kleinem Verlag gleich zwei Zeitschriften: »Die Bücherstube« mit Horst Stobbe und »Der grundgescheute Antiquarius« mit Carl Georg von Maassen als Herausgeber. Ein Beitrag Hoerschelmanns im »Almanach der Bücherstube« war der Essay »Zum Werke Alfred Kubins«.

Da sich immer mehr Gäste bei den Treffen der »Neun Musen« einstellten, wurde die Neugründung einer Gesellschaft der Münchner Bücherfreunde beschlossen und am 23. März 1923 vollzogen. Für ihre Vorträge stellte der Verleger Kurt Wolff, der das Georg-Hirth-Haus neben den Propyläen in der Luisenstraße 31 gemietet hatte, den Saal im ersten Stock zur Verfügung.

»Am 31. Oktober 1924 trafen sich die Bücherfreunde wieder einmal in der Bücherstube am Siegestor. Aus Anlaß des 25jährigen Bestehens des Insel-Verlags hatte sie eine umfangreiche Ausstellung des Verlags veranstaltet. (...) Der Verlauf des Abends spiegelt sich auf einer Seite des Gästebuches der Bücherstube am Siegestor reizvoll wider. Rolf von Hoerschelmann zeichnete mit Tintenstift, mit Rotwein leicht unterlegt, das ›Inselschiff‹, am Horizont dahinsegelnd. Im Wasser schwimmende Bibliophile, Hoerschelmann an der Spitze, prosten, frei nach Böcklins ›Spiel der Wellen‹, dem auf einer Welle reitenden Kippenberg zu. Im Vordergrund schaukelten einige Flaschen im Wasser. Darunter schrieb er: ›In Erinnerung an den ersten netten Bibliophile-Abend seit 100 Jahren. Es lebe der Insel-Verlag.‹« In einem Antwortschreiben bedankt sich Kippenberg für die Glückwünsche: »Die Zeichnung unseres Freundes Hoerschelmann ist wirklich allerliebst und gleichzeitig ein vortreffliches Halbeporträt. Ihm danke ich besonders.«

Mit einer Ausstellung »Der deutsche Buchholzschnitt« in der Kunstgewerbeschule Luisenstraße 37 trat die Gesellschaft im November 1924 erstmals an die Öffentlichkeit. Kurt Wolff, RvH, Reinhard Piper und Horst Stobbe hatten das Material zur Verfügung gestellt. »Die Ausstellung fand bei der Presse Anklang: ›(...) es wäre zu wünschen, dass andere kunstgewerbliche Zweige sich die Regsamkeit der graphischen Gewerbe zum Muster nehmen würden.‹ Unter den Besuchern war auch Kronprinz Rupprecht, der sich von uns durch die Ausstellung führen ließ.«

Eine spektakuläre Ausstellung in Stobbes Bücherstube, die inzwischen in das Porcia-Palais an der Promenadestraße umgezogen war und für welche die Gesellschaft der Münchner Bücherfreunde das Patronat übernommen hatte, zeigte im Februar 1930 großartiges Material zum Thema »Münchner Dichter und Dichterleben 1880 bis 1930« und versammelte ein illustres Publikum, unter anderem Thomas Mann, Wilhelm Wiegand, Max Halbe, Karl Wolfskehl, Ina und Willy Seidel, Josef Ponten, Ringelnatz. »George und sein Kreis waren reich dokumentiert, Thomas Mann war eine ganze Vitrine gerichtet, und Ringelnatz hatte ein kleines rundes Tischchen für sich. Und dann Zeitschriften über Zeitschriften, wohl die lebendigste Dokumentation des Zeitgeistes. Rolf von Hoerschelmann, dessen Besprechung in der ›Augsburger Abendzeitung‹ diese Darstellung in einigen Zügen folgte, schrieb angesichts der sechzig aufgelegten Zeitschriften: ›Wenn wir nachsehen, wie viele davon noch leben, so sind es sechs. Aber da sich alles dreht, werden es in aber fünfzig Jahren wieder sechzig sein. ›Quod Deus bene vertat.‹«

Die für 1931 geplante Ausstellung »Das Buch der Welt von heute« kam nicht mehr zustande. Zum letzten Mal trafen sich zehn der 83 Bücherfreunde anläßlich der »Klingspor-Ausstellung« in der Bücherstube Anfang 1931. »Jeder war sich beim Scheiden bewusst: das ist das Ende. (...) Es fanden noch drei Abende in der Künstlerstube des Weinrestaurants ›Schwarzwälder‹ statt. (...) Das Thema Bücher war verblasst, man sprach nur noch von den Tagesereignissen, von Politik und von dem wirtschaftlichen Desaster. (...) Im April 1935 wurde noch einmal der Versuch unternommen, die alten Mitglieder durch Rundschreiben an einen Tisch zu bringen; doch kaum eine Antwort bekundete Interesse an einem Wiederaufleben; zuviel war inzwischen geschehen. Was in unserer Gesellschaft mit Idealismus und Selbstlosigkeit aufgebaut worden war, sank nun dahin.«[120]

Von dieser Entwicklung ahnt Hoerschelmann im Jahre 1917 glücklicherweise noch nichts. Erstmals wird in einem Brief vom 13. November an Kubin der kleine Ort erwähnt, der sieben Jahre später Bedeutung für Hoerschelmanns weiteres Leben erlangen sollte: »Im Sommer war ich viel draußen. Erst im Isartal – später im August und September in Feldafing am Starnbergersee (...). Ich war da viel mit dem Dichter Bruno Frank zusammen – der, in der Stadt ein verwöhnter Gesellschaftsmensch und Liebling der Frauen, draußen in seinem schönen Garten das klösterlichste Leben führt und gedankenreich und voller Liebe für Baum und Tier dahinlebt. Sein bei Müller erschienener Roman die ›Fürstin‹ enthält eine prachtvolle Schilderung eines Aquariums am Mittelmeer und des Lebens der kleinsten Tiere darin – das sollten Sie lesen.« 1919 gestaltet RvH die Einbände zu Franks »Die Trösterin« und »Ein Abenteuer in Venedig«, und Jahre später anläßlich der Eröffnung des Kunstsalons in den umgestalteten Räumen der Buchhandlung Jaffe in der Brienner Straße 53 mit einer Ausstellung von Plastiken der Bildhauerin Elisabeth von Esseö und 40 Aquarellen Hoerschelmanns aus den Jahren 1929 bis 1931 wird der Schriftsteller die Gäste begrüßen, zu denen auch Thomas Mann und Alfred Neumann gehörten.

Möglicherweise hat Hoerschelmann bei jenem ersten Feldafinger Aufenthalt im Hotel Neuschwanstein (heute Bahnhofstraße 20) Unterkunft genommen, zumindest hat er sich davor fotografieren lassen, und anscheinend hat Bruno Frank, der seit 1916 in Feldafing lebte, ihn damals mit der deutsch-amerikanischen Schriftstellerin Emma Bonn bekannt gemacht, da ein weiteres Foto die beiden auf der Terrasse der »Villa Bonn« zeigt.

Angesichts des bevorstehenden Winters packt ihn die Angst beim Gedanken an die mühselige Beschaffung von Kohlevorräten. Ansonsten will er wie die »Künstler aus dem Café Stephanie, völlig ahnungslos« bei Kriegsausbruch, eher unbeteiligt dem ganzen Geschehen während des Krieges und

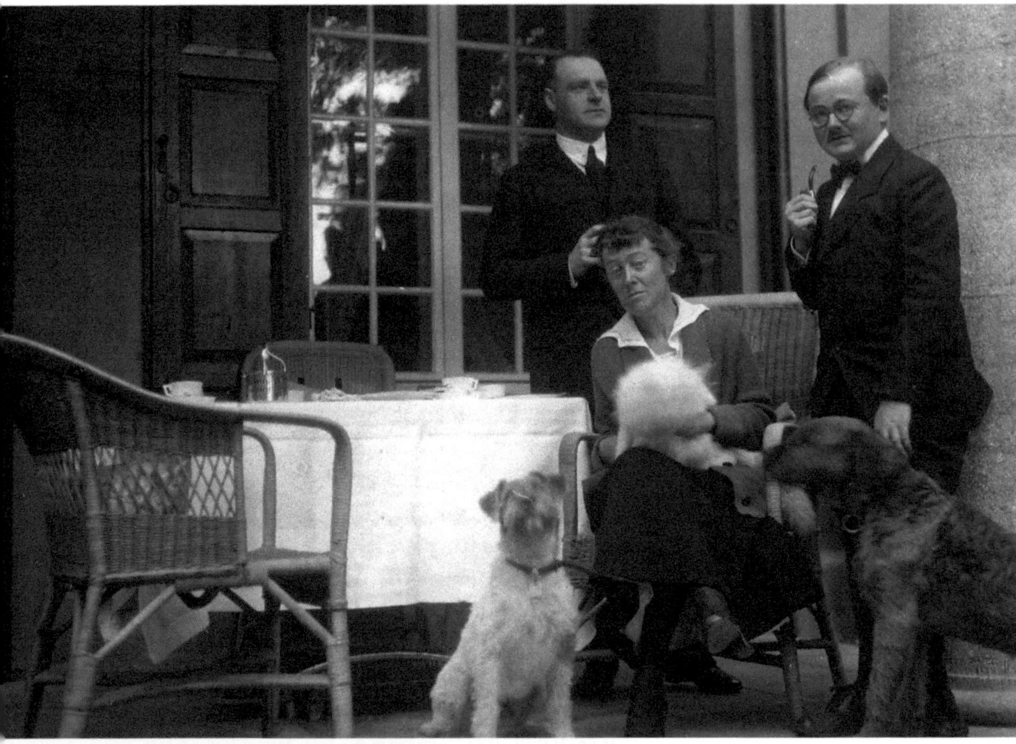

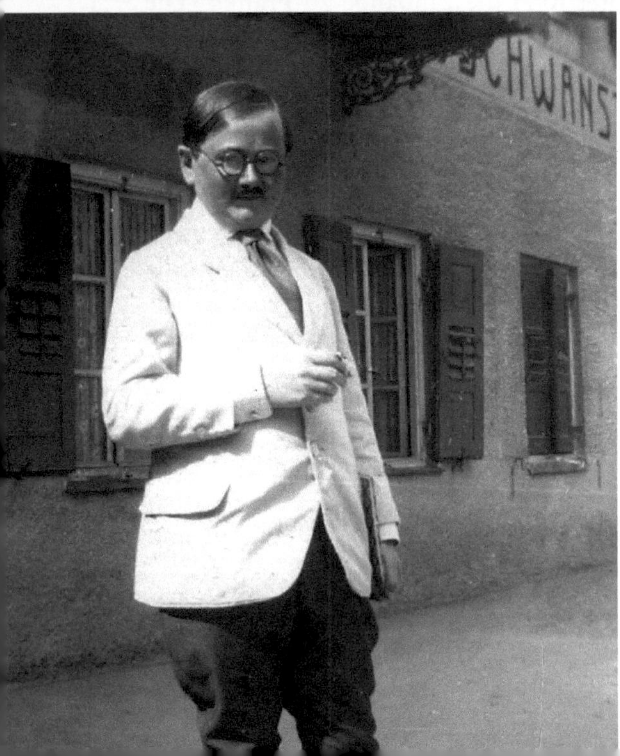

Oben: Rolf von Hoerschelmann mit Bruno Frank auf der Terrasse der Villa von Emma Bonn in Feldafing 1917 (Dame unbekannt)
Links: Rolf von Hoerschelmann vor dem Hotel Neuschwanstein in Feldafing 1917

danach gegenübergestanden und nur soviel begriffen haben, daß das Altgewohnte auf einmal vorbei gewesen sei. »Der tragische Ausgang des Weltkrieges, die Flucht des Kaisers, das Verschwinden der Könige bedeutete so einen Zusammenbruch aller Illusionen, dass man danach lechzte, sich neue Illusionen zu machen.«[121] Im Kapitel »Weltgeschichte privat« erwähnt er, daß er nach dem Krieg alsbald »die deutsche, oder, genauer gesagt, die bayerische Staatsangehörigkeit« erworben habe. Zu seiner Enttäuschung muß er sehr bald feststellen: »Daß das Reisen mit dem neuen Paß auch jetzt noch seine Schwierigkeiten hatte, erlebte man öfters beim Überschreiten der bayerischen Grenzen. In Hof gab's Passkontrolle! Als ich einmal wieder Freund Kubin nahe bei Passau am österreichischen Ufer des Inn besuchen wollte, kam ich nicht über die Grenze, weil ich kein Visum hatte! Auf telephonischen Anruf kam Kubin persönlich nach Passau. Glücklicherweise hatte er vor einiger Zeit einem der Grenzbeamten einen kleinen Gefallen erwiesen und hatte infolgedessen einen Gegendienst gut. So wurde ich, wie er selber sagte, gegen zehn Pfund Mehl eingetauscht! Auf der Rückreise zogen wir aber als Spaziergänger völlig unbeachtet am österreichisch-bayerischen Zollhaus vorüber.«[122]

Ende 1918 stellt die renommierte Galerie Caspari in der Brienner Straße 52 für einen Monat Zeichnungen von ihm aus, unter anderem ein Selbstporträt mit der besagten neuen Brille. Diese Ausstellung zeige Hoerschelmann als einen Meister, dessen Arbeiten seit 1914 eine außerordentliche Entwicklung bewiesen, wird er von einem Rezensenten gelobt. »In den lieblich verborgenen Wäldern von Solln erklomm er den Gipfel seiner jungen sonnenfrohen Kunst. (…) Nicht wie bisher mit Bleistift und Radiergummi, jetzt zeichnet er mit der Feder nur alles al prima. Aufs erste sitzt der Strich. So geschärft ist das Auge fürs Organische, so sicher die Hand, so lebendig das frei schaffende Gefühl, das nicht abschreibt, sondern mit lebt, mit gestaltet den Zweig, den Busch, das Land, die Welt, auch die Welt seiner Träume. In seiner Linie ist immer etwas vom inneren Wachstum der Natur, von der Belebtheit der Luft, vom Zittern des Lichtes. (…) Er hat die Kraft zur vollkommenen Gestaltung einer eigenen Welt und kommt doch in seinen Bildern so nah an die Welt, Seele, Form anderer, dass immer wieder vor uns in seinen Bildern auch die Welt seiner Wahlverwandten auftaucht. Er ist nicht Eklektiker – aber verwandt mit einer engen Gruppe von Künstlern, die immer aus einer Welt Poccis oder Kubins hergekommen sein mögen. Er ist eigensinnig, eigenwillig, eigenweltlerisch und hat doch mehr Objektivität, mehr Liebe für andere, als sonst bei Einzelgängern der Kunst zu finden.«[123]

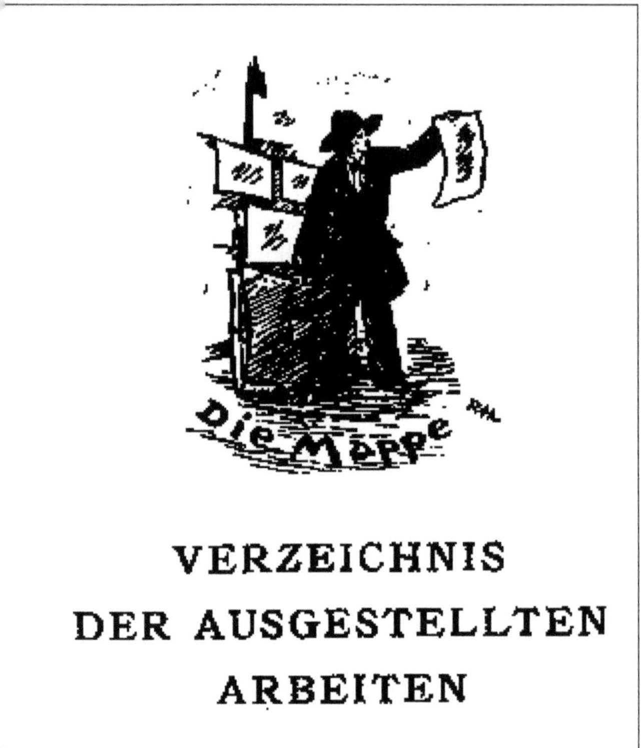

»Die Mappe. Verzeichnis der ausgestellten Arbeiten« (signiert RvH)

Für kurze Zeit im Jahre 1920 ist er Mitarbeiter im »Graphischen Cabinet Galerie Caspari, Briennerstraße 52«, was ihm außerordentlich gut gefällt; mehr erfährt man nicht. Ansonsten erwirbt er sich als Schriftführer des nach dem Krieg neu gegründeten Vereins führender Münchner Graphiker »Die Mappe«, in dem auch Kubin Mitglied war, nach Fritz Knöller damit besondere Verdienste, daß er »den kindlichen Nestor Oberländer und den stachligen Vorstand Heine unter einem Hut hielt«.[124] Hoerschelmann selbst erwähnt im Zusammenhang mit seiner damaligen Tätigkeit nur eine ihm unangenehme Aufgabe: »Als Schriftführer hatte ich die manchmal saure Pflicht, die säumigen Mitglieder zur Ablieferung ihrer Werke zu zwingen, wozu auch schriftliche Arbeiten gehörten, denn ein ›Gelbbuch der Mappe‹ enthielt Anekdoten und Erinnerungen aus unseren Federn.«[125]

Nachweislich waren die Jahre 1918 bis 1925 seine erfolgreichsten Jahre als Buchillustrator. Im Verlag Georg Müller erscheint 1918 das von Richard Rieß zusammengestellte »Humorbuch – Deutsche Dichter aus fünf Jahrhunderten« mit zwölf Illustrationen zu Erzählungen des 16. Jahrhunderts bis zu Klabund. Es folgen »Doppelkopf. Eine Groteske für Marionetten« von Wilhelm von Scholz (Einband und drei Illustrationen), 1919 »Ein deutsches Weihnachtsspiel« von Otto Falckenberg (Einband, Frontispiz und zehn Illustrationen), »Eine Weltgeschichte« von Anatole France (Einband und sie-

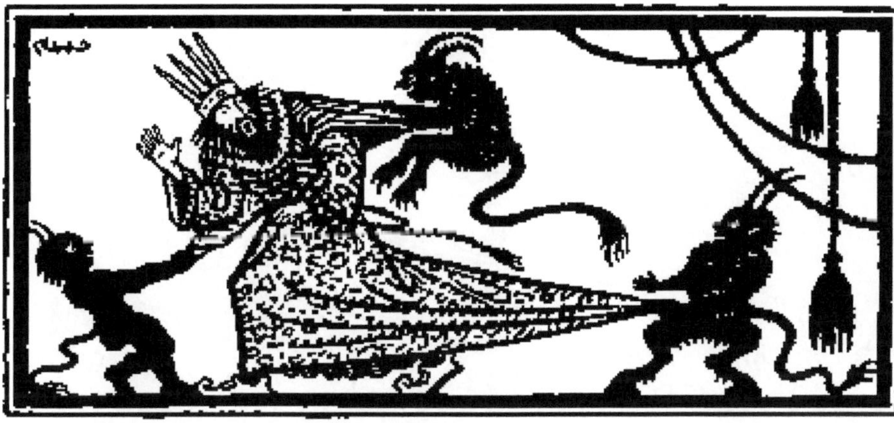

Rolf von Hoerschelmann: Herodes von Teufeln verfolgt (in: Otto Falckenberg, Ein deutsches Weihnachtsspiel, 1919)

ben Illustrationen), »Das philosophische Ehzuchtbüchlein« von Johannes Fischart (Einband und acht Illustrationen), »Drei Märchen« von Theodor Storm (Einband und 26 Illustrationen), 1920 »Das Leben des berühmten Kaisers Abraham Tonelli« von Ludwig Tieck (Einband, Initialen und 18 kolorierte Illustrationen), 1921 »Empfindsame Geschichten« von Goethe (zehn Illustrationen), »Vergessene Schriften« von Jean Paul (acht kolorierte Illustrationen und Buchschmuck), »Die Schatzinsel« von Robert Louis Stevenson (Einband und Illustrationen), 1922 »Der Flöterich« von Gustav Münzel, 1923 »Das Gesetz des Atum« von Werner Bergengruen (Einband und 21 Illustrationen), »Dichter und Gesellen« von Joseph von Eichendorff (48 Originallithographien), »Die Elixiere des Teufels« von E.T.A.Hoffmann (acht Originallithographien), »Wiegenlieder für Liane Maja« von Axel Lübbe, 1924 »Das verschwundene Schreiben« von Nikolai Gogol, »Ausgewählte Erzählungen« von Theodor Storm (120 Illustrationen) und 1925 »Das Irrlicht« von Hans Christian Andersen. Außerdem gestaltet er die Einbände für verschiedene Bücher.

Nicht zu verkennen, meint Eberhard Semrau, seien bei Hoerschelmann anfängliche »eklektizistische Züge (...), die gewissen Zeitströmungen folgen und durch Berührungen mit anderen Künstlern gefördert werden. (...) In den 1919 erschienenen Illustrationen zu ›Eine Weltgeschichte‹ von Anatole France wendet Hoerschelmann einen neuen, freilich wiederum dem Zeitgeschmack entsprechenden Stil an. Er knüpft hier mit verhältnismäßig spar-

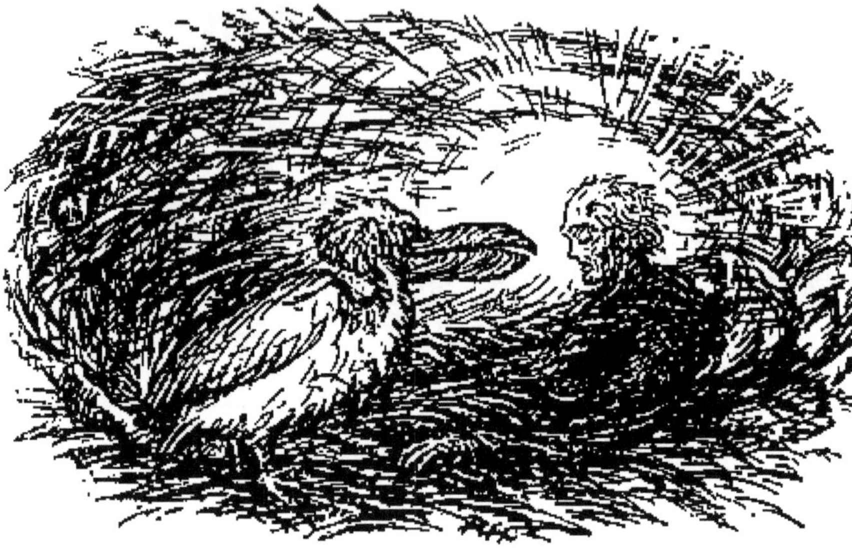

Rolf von Hoerschelmann: Federzeichnung zu Johannes von Guenther »Martinian sucht den Teufel« (München 1916)

samen Konturen an den altdeutschen Buchholzschnitt, um Bilder aus dem Leben der Baumfäller, Bauern, Hirten, Künstler und Städter und schließlich in üppigerer Zeichnung ein Rokokoliebespaar zu geben. Etwas Bukolisch-Idyllisches macht sich bei einigen dieser Illustrationen bemerkbar, das manchmal an Maillol denken lässt und auch mit ähnlichen Darstellungen Seewalds verwandt ist.« In den »Drei Märchen« von Theodor Storm sei sich RvH seines Zeichenstils, den Ernst Penzoldt einmal als »struppig« beschrieben hat, dann ganz sicher, und in Tiecks Geschichte vom Kaiser Tonelli gebe die erstmalige Kolorierung seiner Illustrationen »den heiter idyllischen oder exotisch-skurrilen Bildern (...) den Charakter einer reizenden und phantasievollen Bilderfolge«. Auch die zart kolorierten Vollbilder und Zierstücke zu den Erzählungen Jean Pauls und die »stark lyrisch getönte[n] Bilder« zu Goethes »Empfindsamen Geschichten« (1921) entsprächen aufs glücklichste den Geschichten. Die Illustrationen zu der gleichfalls 1921 erschienen »Schatzinsel« von Stevenson wären, dem Thema angemessen, wieder mehr grotesk gegeben und ließen noch am ehesten Anklänge an den von Hoerschelmann bewunderten Slevogt und seinen »Lederstrumpf« feststellen. »1923 sind die beiden Illustrationswerke Hoerschelmanns erschienen, die schon äußerlich wegen ihres anspruchsvollen bibliophilen Charakters, aber auch durch ihre Themen als seine Hauptwerke angesehen werden müssen: die ›Elixiere des Teufels‹ und ›Dichter und ihre Gesellen‹. E.T.A.Hoffmanns phantastischer, von Schauermotiven durchsetzter Lebensbericht des verbrecherischen Mönchs hat dem Künstler die Gelegenheit gegeben, fast alle seine Lieblingsmotive in acht großen Lithographien in verschiedenen Kombinationen zur Darstellung zu bringen. (...) in allen diesen durchweg gelungenen Kompositionen zeigt sich Hoerschelmanns Illustrationskunst von ihrer besten und charakteristischsten Seite. Vergleichsweise nicht so einheitlich und original wirken die fünf ganzseitigen und die in den Text eingestreuten kleinen Lithographien zu Eichendorffs (...) ›Dichter und ihre Gesellen‹.«[126]

In der Erinnerung an diese reiche Schaffensphase beklagt Hoerschelmann in seiner »Kleinen Rechenschaft«: »Die Hauptzeit der Buchillustration fiel für mich zu meinem Schmerz mit einer Epoche des Niedergangs der bis dahin auf glanzvolle Höhe gelangten Buchkultur zusammen. Nun aber schwanden durch Krieg und Kriegsfolgen alle guten Materialien, und klägliche Pappbände und abscheuliches Holzpapier zeichneten die Publikationen jener Nachkriegsjahre aus, deren rein geistiges und künstlerisches Leben im Gegenteil besonders anregend war.«[127]

Nach der Münchner Räterepublik: »die Stadt als notwendiges Übel zwecks Geldverdienens«

Am 28. Februar 1919 schreibt er an Kubin: »Es ist wirklich eine furchtbare Welt, in der wir leben! Und Sie sind einer der wenigen, die es stets gewusst haben. (...) Wohl dem, der eine Zuflucht auf dem Lande hat. Wer natürlichen Boden unter den Füssen hat und kein Trottoir zwischen sich und der alten Erde hat es gut. Ich lebe ein rastloses Städterdasein und muss eiligen Geschäften obliegen. (...) Aber wenn ich 2, 3 Tage draußen bin, sehe ich erst, auf was für ein Leben man verzichten muss in der Stadt.« Er empfindet eine »grenzenlose Sehnsucht nach Landluft«, und Alfred Kubin wird ihm zum Vorbild: »Selbstgewählte Einsamkeit auf dem Lande machte Alfred Kubin erst zum Märtyrer und Genießer seiner Arbeit. Die Entfernung von allen literarischen Beeinflussungen und Sensationen der Stadt verinnerlichte seine Kunst, Illustrationsaufträge zwangen zu diszipliniertem Vortrag.«[128] Vorläufig sieht er sich jedoch gezwungen, »die Stadt als notwendiges Übel zwecks Geldverdienens«[129] zu akzeptieren, und ist froh, in diesen Zeiten ein festes Einkommen zu haben, indem er zum Beispiel fleißig Bucheinbände zeichnet. Viel zu kurz kommt dabei zu seinem Leidwesen das Sammeln, und überhaupt erscheint ihm inzwischen die Zeit vor dem Krieg wie ein »versunkenes Jugendland«.

Nach dem tragischen Ausgang des Weltkrieges, der Flucht des Kaisers – »das Verschwinden der Könige bedeutete so einen Zusammenbruch aller Illusionen« – habe er Freude und Erleichterung einzig und allein bei dem Gedanken empfunden: »Soviel auch verloren war – eines war gewonnen! Der deutsche Boden war unversehrt, die deutschen Städte heil, die Heimat noch intakt.«[130] Was ihm zu schaffen macht, ist »der Verlust des Gewohnten«. Wofür nun gekämpft und gerungen wird, hat nichts mit seinem Ideal seit frühester Jugend zu tun, nämlich »die kühne Aufforderung, ein Leben der Schönheit zu führen und die Moral gering zu achten (...)«[131]

München hat in vielem seinen Reiz für ihn eingebüßt, und deshalb trifft es ihn um so mehr, als die Aufstände der Soldaten- und Arbeiterräte und Streiks das öffentliche Leben stillegen. »Wie sehnte man sich hinaus aus dieser fauligen Atmosphäre dieser gärenden Sumpfluft – aber aller Reiseverkehr stockte, Fahrkarten wurden nicht verkauft. Da kam ein guter Freund im Gebirge auf die glänzende Idee, mich mit einer Rückfahrkarte aus der Stadt zu holen, so dass ich überglücklich, wenn auch mit klopfendem Herzen, an den roten Soldaten vorbei passierte und meinem so überraschend zum Wohnort gewordenen Dorf Kreuth zufuhr. Glückliche Wochen dort ließen mich gerne die katastrophale Entwicklung der Münchener Räteregierung, die Kämpfe der weißen Truppen um die Stadt, die Schrecken der Geiselmorde und die Massakrierungen wirklicher oder vermeintlicher Revolutionäre versäumen. In die Stadt zurückgekehrt, fand ich München wieder in der Hand alter erprobter Staatsbeamten – und Bayern wurde zur viel befeindeten und verspotteten Ordnungszelle der deutschen Republik.«

Wenn auch nur scheinbar »Ruhe und Ordnung« wieder einkehrten, so sollte es ihm recht sein, wenn er nur sein von völlig anderen Dingen erfülltes und bestimmtes Leben, in etwa wie gewohnt, erneut aufnehmen konnte. »München wurde damals von kessen Berliner Journalisten ›die dümmste Stadt der Welt‹ genannt. Es herrschte nichtsdestoweniger ein ungewöhnlich reges geistiges Leben. Vereine und Verlage wurden gegründet. Unendlich viele illustrierte Bücher und Zeitschriften erschienen, die anregendsten Ausstellungen, Theateraufführungen und Vorträge machten von sich reden – für die Künstler war es eine gute Zeit!«[132]

Allerdings bekam der Lebenskünstler zu spüren, »dass das Leben sich merklich verteuerte und man den Erlös seiner Arbeit erstaunlich bald verbrauchte, wenn man sein gewohntes, nach der langen Kriegszeit doppelt geschätztes schönes Leben etwas genießen wollte. Ein Gulasch kostete vier Mark, ein Schoppen Wein eine Mark und mehr, das war reichlich viel! (…) Unser Vermögen war spurlos verschwunden, und nur das rege Kunstleben, das Blühen der Verlage und Zeitschriften, sowie die Verwertung der im Kunsthandel erworbenen Kenntnisse ermöglichte die Weiterführung des gewohnten Lebens. (…) Ich verstand, was meine Person betraf, von allen diesen Dingen zeitlebens nicht das geringste und suchte jeden überflüssigen Pfennig rechtzeitig bei den Antiquariaten unterzubringen, wo ich besser Bescheid wusste.« Nun konnte es ihm passieren, daß er »aus einem ganz unansehnlichen Geschäftchen in der Hohenzollernstraße mit den tiefbeschämenden Worten hinausgewiesen wurde: Für 200 Milliarden gibt es überhaupt *gar nichts* zu kaufen!«[133] An Kubin schreibt er im Juni 1923, daß er eine »momentane Geldkatastrophe« erlitten habe: »Ich habe durch zu frühes Einwechseln viel von meinem Geld verloren.« Und kurz darauf: »Wir leben hier in einem ständigen Schauer über unseren Niederbruch – man muß verzweifelt schieben, um nicht unter die Räder zu kommen.«

Andererseits sollte der Sammler jener inflationären Entwicklung eine unerhörte und einmalige Erwerbung im Jahre 1923 verdanken: »Eines Tages besuchte mich ein hochangesehener älterer Kollege, Graphiker von Ruf und Rang, und bemerkte meine Bücher und Mappen. Er erzählte mir im Plauderton, dass er gerade eine riesige Graphiksammlung bei sich liegen habe, die ein verstorbener Verwandter, Professor der Chemie in Göttingen, im Laufe seines langen Lebens zusammengebracht habe. Sie solle nun geschlossen verkauft werden, um den Erlös unter die fünfzehn Erben zu verteilen. Die Frage, ob ich die Sammlung mal ansehen wolle, um vielleicht einen sachverständigen Rat zu geben, bejahte ich natürlich gerne. Ich fand einen Turm aufeinandergestapelter Mappen, in denen, völlig ungeordnet, viele Tausende von Blättern aller Kategorien zusammengepreßt lagerten. Unter ganz wertlosem Zeug sah ich besseres, gutes und allerbestes. Es war gerade das, was einen reizen konnte; unendliche Beschäftigung war verbürgt, die Möglichkeit, sonst recht kostspielige Blätter der eigenen Sammlung einzuverleiben, und die Kosten durch Abstoßen des Überflüssigen wieder einzubringen, war gegeben. Allerdings, der Preis war hoch: er sollte eine Million betragen! Das war, obwohl das Wort schon viel von seinem Nimbus eingebüßt hatte, allerhand Geld, und ich war keineswegs im Besitze einer solchen Summe. Einen Teil des Betrages hätte ich jedoch beibringen können, wenn ich zwei sorgsam gehütete Hundert-Frankenscheine wechselte. Für das übrige müsste eben irgendein Teilhaber gefunden werden! – Es war gar nicht daran zu denken, den gesamten Bestand zu sichten. Das flüchtige Anblättern schon bestärkte den Entschluß, um diesen Hort zu kämpfen und ihn niemand anderem zu überlassen. Ich erbat und erhielt das Vorkaufsrecht – ein schleuniger Abschluß des Kaufs war wegen der notwendigen Befragung der fünfzehn Erben, sowie des zur Erbregelung bestellten Justizrats sowieso unmöglich. Es folgten aufregende Tage voller Kombinationen, Nächte voll wirrer Träume mit unaufhörlichem Wühlen in riesigen Haufen von Kupferstichen. Bestimmte, sehr begehrte Blätter, die man flüchtig erschaut hatte, erschienen immer wieder und wurden immer verführerischer – es war gar nicht mehr auszuhalten!

Mehrere Male rief ich bei dem Hüter des ersehnten Schatzes an, erhielt aber immer wieder die gleiche Antwort, dass mein Vorkaufsrecht unbestritten weiterbestehe, die endgültige Entscheidung noch nicht gefallen sei. Wochen und Monate vergingen – die Mark sank, der Dollar stieg. Ich bekam keinen Bescheid und gab allmählich, wenn auch schmerzverzerrt, alle Hoffnung auf. Da traf ich mal nach langer Pause den verehrten Treuhänder auf der Straße. Ich stürze mich auf ihn und frage nach dem Stand der Dinge. Etwas verlegen gibt er mir zu, daß ich zwar das Vorkaufsrecht von ihm erhalten hätte, daß aber die fortschreitende Geldentwertung unsere Abmachungen über den Haufen geworfen habe, da er nun fünf Millionen verlangen müsse und dafür auch schon einen ernsten Interessenten an der Hand habe und nun abzuschließen in der Lage wäre. Ohne auch nur einen Augenblick zu überlegen, packte ich den verdutzten Partner bei seinem Wort, bei allen Ehrbegriffen, bestand auf meinem Recht und versprach sofortige Erledigung meinerseits und meinen Besuch anderen Tages, um die Angelegenheit mit ihm in der Kanzlei des Justizrats zum glücklichen Ende zu bringen. Er kam mir sozusagen nicht mehr aus und sagte denn auch schließlich zu allem Ja und Amen. Den anderen Konkurrenten musste er wieder ausbooten, was gar keine Kleinigkeit war.

Als ich allein, durchtobt von Entwürfen und wagemutigen Plänen, die Sachlage, in die ich mich so kühn gestürzt hatte, zu durchdenken begann, entpuppte sich zu meiner grenzenlosen Überraschung der erstaunliche Tatbestand, dass meine zweihundert Schweizer Franken nun allein gut und gern fünf Millionen wert waren, und dass ich ohne alle Teilhaber und ohne eine Menschenseele zu bemühen, die ganze Sammlung allein erworben hatte. Aber diese Schweizer Franken, die mir alles das ermöglichten, durfte der Justizrat nach den herrschenden Bestimmungen nicht annehmen. Der Partner erhielt sie und war somit der einzige der fünfzehn Erben, der wenigstens etwas von der gewaltigen Erbmasse in der Hand behielt. Die anderen vierzehn dürften, bis sie auf juristisch einwandfreie Weise in den Genuß ihres Anteils kamen, nicht viel mehr als ein Butterbrot dafür bekommen haben! Was mir aufrichtig leid tut.

Für mich begannen nun unvergeßliche Wochen. Es dauerte mehrere Tage, bis alle Mappen in meiner Wohnung waren. Der Inhalt quoll heraus und vermehrte sich wie kochende Grütze. Mein zwanzig Meter langer Korridor war angefüllt mit Haufen alter Graphik, die nun erst nach Rang und Wert geschieden und sortiert werden mußte. Was da allmählich zutage kam, entsprach den kühnsten Erwartungen, obwohl sich ganze Berge von Schund auftürmten und die Frage ›wohin damit?‹ immer brennender wurde. Jenseits des zwanzig Meter langen Korridors lag ein stiller Salon, in den ich den nettesten und vertrauenswürdigsten der kleinen Antiquare lud als engvertrauten Helfer. Stapel auf Stapel bekam er vorgeworfen mit der Aufforderung, diejenigen Blätter auszusortieren, die ihm tausend Mark wert waren. Es vergingen Stunden. In wenigen Minuten konnte ich dann zur Mittagszeit die Blätter wieder herausnehmen, die er für tausend nicht bekam, und beladen mit Riesenpaketen zog er zufrieden ab, und ich blieb, um einiges erleichtert, zurück.

So vergingen Wochen des schönen heißen Sommers 1923, und gute echte Dürerholzschnitte, deutsche Kleinmeister, Callot-Stiche, prächtige und vollständige Serien wichtiger Landschaftsradierungen von Reinhart, Koch und ihren deutschrömischen Freunden, von Kolbe, Kobell, Dillis und Genossen, zogen in meine Mappen ein. Das Hauptstück aber, für das der weiland Professor den gesamten Erlös eines wissenschaftlichen Werkes geopfert hatte, Dürers Kupferstich von Adam und Eva, war ein Nachstich. Jahrelang hatte ich schönstes Tauschmaterial, und ich werde wohl in diesem Leben auf ein abermaliges, ebenso glückliches Sammlererlebnis vergeblich warten.«[134]

Das tägliche Leben gestaltete sich zwar immer schwieriger, dennoch ließ man sich in den Schwabinger Künstlerkreisen die Laune nicht verderben, wie Elisabeth Castonier, eine Großnichte von Mutter Sascha, in ihren »Memoiren einer Außenseiterin« freimütig bestätigt: »(...) die Inflation war nicht deprimierend, sondern ein Abenteuer. Atelierfeste wurden wie eh und je abgehalten. Wenn der Gastgeber kein Geld hatte, wurde Bowle aus irgendwelchen Kräutern, Schnaps und Sodawasser als Sektersatz getrunken. (...) während die Weltgeschichte irgendwo weit entfernt von Schwabing ihren Verlauf nahm.« Einmal sollte ein besonderes Atelierfest für eine Baronin aus Berlin und deren Tochter für den Faschingsdienstag organisiert werden. Franz Blei, an den man sich mit der Bitte um »ein wirklich echtes Schwabinger Fest« gewandt hatte, verfaßte mit Hoerschelmann »einen würdevollen Brief, in dem man den Damen nicht nur echtes Künstlertreiben, sondern auch die Wahrung ihres Inkognito garantierte«. Eine dieses Mal echte Bowle sollte die Stimmung gleich zu Beginn anheizen, und außerdem hatte man den spärlich beleuchteten Raum mit Matratzen ausgestattet, auf denen engumschlungene Paare animierend lagerten. »Ganz allmählich sollte das Fest zu einer Orgie ausarten, wie sie sich die Baronin aus Potsdam vorstellte.« Alkohol, ein inszenierter Streit um gestohlene Masken zwischen Franz Blei, Hoerschelmann, »als Hofnarr verkleidet, rotgewandet, mit vielen kleinen Schellen, einem Narrenstab und einer Breughelschen Maske«, und einem dritten Mitspieler sowie ein wilder Reigen junger entschleierter Tänzerinnen mit dem entfesselten Bacchus führten dann bei der Baronin auch zum gewünschten Erfolg. »Nur die Tochter nahm alles abweisend auf. Münchner Bürger, die in den frühen Morgenstunden zur Ludwigskirche pilgerten, um sich das Aschenzeichen auf die Büßerstirnen zeichnen zu lassen, sahen eine offene Droschke der Feldherrnhalle zutraben. In ihr saßen dichtgedrängt zwei derangierte Haremsdamen, ein Narr in bunter Kleidung, der seinen schellenbesetzten Stab schwang, ein Chinese, der ›Evoe!‹ rief, und auf dem Bock die Schönheitstänzerin Isadora Duncan, deren große Kunstfüße über den Pferdeschwanz herabhingen. Sie hatte den einen Gummibusen verloren, ihr Blumenkranz hing um den Hals, eine strohgelbe Lockenperücke umrahmte ihr frisches Bubengesicht, und auf ihrem Schoß hockte eine muskulöse Elfe (...)«[135]

»Weltgeschichte privat«

Vergeblich sucht man in den Briefen Hoerschelmanns aus jenen Jahren nach Erwähnungen oder gar Kommentaren zu zeitpolitischen Ereignissen in der »Hauptstadt der Bewegung«. Wie er und seinesgleichen den Aufstieg Hitlers und der NSDAP erlebt haben wollen, kann lediglich seinem Kapitel »Weltgeschichte privat« entnommen werden: »Um diese Zeit begann langsam der Name Adolf Hitlers aufzutauchen. In unseren Kreisen, die durch die Revolutionszeit an eine Unzahl politischer Schwärmer und Ideologen gewöhnt waren, begegnete sein beginnender Ruf kaum einem Interesse, es sei denn dem, wie es einer komischen Figur mehr zuteil zu werden pflegt. Allmählich erfuhr man mit Erstaunen, dass seine Schlagworte und tönenden Phrasen ihm mehr und mehr stille und laute Bewunderer erwarben. Das war umso unbegreiflicher, als jedes Wort, das von ihm bekannt wurde, von abscheulicher Unkultur und einer Unkenntnis der im Abendlande allgemein gewordenen Bildung zeugte. Wir sahen ihn gelegentlich abends in den Lokalen mit seinen Kumpanen sitzen, und hin und wieder meinte einer oder der andere Bekannte, es lohne sich doch, ihn anzuhören. Für mich, der ich zeitlebens besonders freundschaftliche Beziehungen zu durch Herzens- und Geisteskultur hervorragenden Juden gepflegt hatte, war seine demagogische Hetze von besonders abstoßender Wirkung, und ich hätte mich geschämt, stillschweigend seinen Worten lauschen zu müssen. (...) Die Landesverweisung des österreichischen Unruhestifters wäre anno 1924 eine Kleinigkeit gewesen.«[136]

Generell läßt sich sagen, daß RvH zeitlebens politisch desinteressiert war. Als Zeitungsleser beachtete und befand er des Kommentierens und Aufhebens wert nur Artikel kulturellen Inhalts. Sein von Jugend an eher elitäres Bewußtsein, mit dem er sich von jeglichem trivialen Alltag zu distanzieren suchte, war in den geistig-kulturell ambitionierten Kreisen, in denen er sich in München und Berlin am liebsten bewegte, sicherlich noch bestärkt worden. In der Einleitung seines Kapitels »Weltgeschichte privat« erklärt er diese apolitische Haltung mit seiner Herkunft und Geistesbildung: »Politik ist mir immer als etwas durchaus Schädliches erschienen. Das darf den nicht wundernehmen, der sich's vorstellt, dass für uns Balten alles Schöne unserer Existenz, das gebildete Bürgertum in den Städten, das herrliche Leben auf den Gütern, in den ländlichen Pastoraten usw. nur durch die politischen Verhältnisse ganz und gar zugrunde gerichtet wurde. Frieden und Wohlstand waren stets bedroht durch den Nationalitätenkampf. Russen, Letten und Esten bekämpften das Deutschtum, obwohl sie stets Gelegenheit hatten, von der Bildung und Tüchtigkeit der Deutschen zu profitieren und auch eifrigen Gebrauch davon machten. Am Zarenhof und in der Armee galten die Deutschstämmigen, also baltischen Würdenträger, als die zuverlässigsten Elemente. Ein Onkel von mir, den ich allerdings nie gesehen habe, war der Generaladjutant dreier Zaren. Trotzdem entsandte die Regierung seit den achtziger Jahren des vorigen Jahrhunderts nur Beamte in unser Land, die die Aufgabe hatten, das Deutschtum zu unterdrücken.

Der Zar Alexander III. war ein mächtiger Herrscher und Autokrat. Seine Regierung war für das große russische Reich eine segensreiche. Für die baltischen Provinzen bedeutete sie durch das Einsetzen der Russifizierung den Anfang des Untergangs. Das wirkte sich in unserer Provinzialhauptstadt Riga mehr in verwaltungstechnischer Hinsicht aus, wo auch die Ritterschaft, die Gemeinschaft der adligen Gutsbesitzer zusammenströmte. Bei uns, in der Universitätsstadt Dorpat aber war es das deutsche Bildungswesen, waren es die Unterrichtsanstalten, die unter den Schikanen der russischen Kuratoren zu leiden hatten. Der erbitterte Kampf, die Unterdrückung der deutschen Sprache in Schule und Universität wurde demnach auch schon den kleinsten Kindern bewußt, und sie kämpften teils begeistert, teils notgedrungen, für ihr Deutschtum und gegen die Vertreter des Staats.

In der deutschen Schule radebrechten die Buben mit ihren deutschen Lehrern in russischer Sprache. Unsere Eltern hatten es meist nicht gelernt. Und so mussten die hervorragendsten Professoren, mit Ausnahme der Theologen, ihre Lehrstätte verlassen, und so mancher von ihnen gereichte später einer reichsdeutschen Universität zur Ehre. Mein Vater konnte als klassischer Philologe seine Vorlesungen in lateinischer Sprache halten und deshalb im Amte bleiben, doch er starb schon 1895.

Dieses unser Grenzerdasein war den Reichsdeutschen nicht allzu bekannt, und dass wir von Unkundigen sogar für Russen gehalten wurden, war im höchsten Grade beleidigend. Der Reichsdeutsche wiederum war für uns ein wenig komisch. Die Begeisterung fürs Militär, die Überschätzung der Uniform, die Titel- und Ämtersucht erschienen uns durchaus lächerlich. Die deutsche Politik aber wurde uns vorwiegend durch Witzblätter vermittelt, die uns, wie der Kladderadatsch, jeden Staatsmann in der Karikatur bekannt machte. (...) Die Reden Kaiser Wilhelms II., sein Schnurrbart und Kürassierhelm, seine Siegesallee gefielen uns nicht – so war denn die wilhelminische Ära nichts weniger als werbekräftig in der ältesten deutschen Kolonie, und eine ›Heimkehr ins Reich‹ in keiner Weise das Ziel der Sehnsucht. (…) Es war ganz unausbleiblich, dass Kritik, Witz und Spott allgemein wurden und keine Figur des öffentlichen Lebens zu hoch stand, um nicht karikiert und, wenn's nottat, verhöhnt zu werden. In München war es natürlich der Simplicissimus, der in Bild und Wort die schärfste Klinge führte und sich mit Leidenschaft in den politischen Kampf stürzte. Da die künstlerische Höhe dem Blatte Weltruf eingetragen hatte, half kein Verbot, kein Prozeß den Staatsanwälten, der Simpl hatte stets die Lacher auf seiner Seite! So gewöhnte man sich daran, die Ereignisse der Zeitgeschichte so lange von der komischen Seite zu nehmen, bis sie einem näher auf den Pelz rückten.«[137]

Eheversuch mit der Maikifrau am Starnberger See

Nirgendwo wird später von ihm erwähnt, daß er im Jahre 1924 im Begriff war, ein völlig neues und unerwartetes Lebenskapitel aufzuschlagen. Im Jahr zuvor hatte Hedwig Kubin noch einen allgemein deprimiert klingenden Brief von ihm erhalten, und in einem Brief vom Grundlsee am 22. Dezember hatte er beklagt, ohne jede Geselligkeit »wie auf dem Monde ein stilles Arbeitsleben« zu führen. An seinem Geburtstag wünschte sich der 39jährige: »Möchte nun den sturmbewegten Mannesjahren auch wieder ein geruhsames Alter folgen und nicht bloß Not, Marter und Menschenschlächterei.« Vage Andeutungen in einem Brief vom 9. Mai 1924 an Kubin machen dann hellhörig und lassen etwas ahnen: »Heute Nacht von Salzburg zurückgekehrt, sehe ich anders, mutiger und freudiger in die Zukunft und bitte Dich, es zu vergessen, dass Du diesen Tiefstand meiner Stimmung miterlebtest. Heute weiß ich, dass es kein größeres Verbrechen gegen sich selber gibt, als aus Kleinmut das Glück von sich zu weisen, das mehr und wertvoller ist als alles andere, was das Leben einem bietet. Was die Zukunft, bald oder später bringen wird, weiß ich heute noch nicht. Aber missen will ich dieses Element in meinem Dasein nicht mehr. Du wirst es verstehen, dass ich heute noch nicht viel schreiben kann, auch noch nicht viel mehr zu schreiben habe.«

Hoerschelmann und Kubin trafen sich wohl noch im selben Monat in München, denn Hedwig äußerte sich nach Kubins Rückkehr höchst unzufrieden über dessen Auskünfte. Nur soviel hatte sie inzwischen erfahren, daß für die Stimmungsschwankungen des Freundes eine Liebesbeziehung der Grund war. RvH nennt sie »Maiki«, die elf Jahre jüngere Johanna Elisabeth, verheiratete Domann aus München, geb. am 2. Oktober 1896 in Nürnberg als Tochter des Kaufmanns Georg Schwarz und seiner Ehefrau Agathe. Anscheinend wurde Hedwig Kubin bald darauf von Hoerschelmann, der hin- und hergerissen war, ins Vertrauen gezogen, denn sie antwortet ihm: »Gottlob, Ihr gestriger Brief hat alle Zweifel bei mir beseitigt, ein <u>Entschluss</u> ist auch was wert, nun muß man dem Schicksal seinen Lauf lassen, und dass es sich für Sie, mein lieber Hoerschel, recht günstig gestalten möge, ist, wie Sie ja wissen, mein innigster Wunsch. Es ist ein entscheidender Schritt, den Sie vorhaben, aber es heißt für Sie wohl auch: jetzt oder nie! Man findet so selten einen Menschen, mit dem man so harmoniert, dass man ständig mit ihm beisammen leben möchte, eine solche Gelegenheit soll man wohl ergreifen, glaube ich.«[138] Nach einer längeren Schreibpause teilt RvH schließlich Kubins auf einer Postkarte vom 16. September 1924 aus Velden am Wörthersee mit, daß die Entscheidung gefallen sei: »Seit gestern hat sich der reichlich dunkele Schleier, der meine Zukunft bedeckte, ein wenig gehoben, und es überhaupt möglich ist, Pläne zu machen, tun wir es, mit einiger Aussicht auf ihre Verwirklichung. Als da sind – eine kleine Reise nach Venedig und an das blaue Meer. Rückkehr nach München und Einleitung der zur Eheschließung nötigen Schritte – Vollziehung derselben und Einzug in ein Häuschen in Feldafing und ein möglichst glückliches Leben daselbst! Dieses alles schien härter wie ein Luftschloß – nach unendlichen Sorgen und aufregungsvollen Wochen scheint es Wirklichkeit zu werden. Ich bin seit Anfang August hier in Kärnten auf dem Oldenschen Gute in der Nähe des Wörther-See's. Anfang nächster Woche werden wir vermutlich abreisen. Möge dieses aufregende Jahr geruhsam enden!«

Wo und wann RvH seiner »blonden Maikifrau« begegnet ist, konnte bislang nicht in Erfahrung gebracht werden. Diese Liebesbeziehung muß Hoerschelmann, der mit seinen 39 Jahren einem geruhsamen Alter entgegensehen wollte, wie ein Blitzschlag getroffen haben, gibt es doch für die vorausgegangenen Jahre keinerlei Hinweise auf eine engere Beziehung. Lange Zeit mögen seine Kleinwüchsigkeit und das bubenhaft pausbäckige Gesicht, wodurch noch der über 20jährige sehr kindlich wirkte, ein Hemmnis gewesen sein. Vermutlich hatte es seinem Selbstbewußtsein gutgetan, als endlich ein kleiner Schnauzbart sproß, der auf Fotos ab 1912 als neues maskulines Attribut auffällt, denn noch 1908 hatte er Bruder Werner gefragt: »Hast Du einen Schnurrbart? (...) Sicherlich hast Du jetzt fabelhaftes Glück bei den Weibern!«

Vermutlich war es nicht der Altersunterschied gewesen, der dem fast 40jährigen Junggesellen die in seinen Briefen angedeutete Entscheidung schwergemacht hatte, sondern vielmehr die Tatsache, daß Elisabeth Domann eine verheiratete Frau und Mutter war. 1915 hatte sie den Fabrikbesitzer Wolfgang Albert Domann aus Spremberg geheiratet; von ihm hatte sie eine Tochter und einen Sohn. Außerdem könnte der Gedanke an eine eheliche Verbindung RvH in ein Gefühlsdilemma gestürzt haben. Über Jahrzehnte hatte er ein abwechslungsreiches, unabhängiges Leben geführt, in Wohngemeinschaft mit Mutter Sascha, die sich auch um seine alltäglichen Belange kümmerte. Die Erfahrungen zum Thema Ehe in seinem großen Freundes- und Bekanntenkreis könnten ihn zudem mit den Jahren davon überzeugt haben, daß das Junggesellendasein nicht die schlechteste und letztendlich die ihm gemäße Lebensform sei. Besonders von dem wechselvollen Ehe- und Liebesleben im Hause Bernus hatte er allerhand mitbekommen, wie er noch im Sommer 1924 Kubin anvertraut hat: »Von all den vielen vertrackten Ehen, die ich miterlebe, ist wohl diese die vertrackteste – so ein ständiger Wechsel von innigem Sichverstehen und wildestem Beschimpfen! Welch ein Studienobjekt für Strindberg (…)«

Er erhoffte es sich anders und vollzog den bourgeoisen Schritt ins Leben, wie Imogen von Bernus es ausdrückte. René Prévot erlebte, wie er von Freunden im »Simpl« gefeiert wurde, wo » ›der kleine Hoerschel‹ von einem stimmgewaltigen Quartett mit dem ›Ischias-Lied‹ empfangen wurde: ›I schiaß den Hirsch im wilden Forst, im stillen Wald das Reh‹ (…) Dabei wurde mit Kannibalengebrüll der Kehrreim geschmettert: ›Und dennoch hat die wilde Brust die Liebe auch gefühlt!‹ – Was war los? Hoerschelmann, der eingefleischteste Junggeselle von Schwabing hatte geheiratet!«[139]

Bei dem »Häuschen in Feldafing« handelt es sich um ein Haus in der Nähe der alten Pfarrkirche [heute: Am Kirchplatz 4], das dem Ehepaar Domann seit 1918 gehörte.[140] Dieses Haus beziehen Hoerschel und Maiki nach deren Scheidung und unmittelbar nach ihrer standesamtlichen Trauung am 4. Dezember 1924 in München, denn RvH bedankt sich am 19. Dezember aus Feldafing bei Kubin: »(…) mein und meiner Maikifrau Dank (…) für die prächtigen Beweise (…) und großen Gaben. (…) Ich sitze jetzt tiefbeglückt im auf so wunderbarliche Weise errungenen Heime mit meiner geliebten blonden Frau und hoffe, dass Frieden und Ruhe uns erhalten bleiben möchten! (…) Auch wir sitzen in einer geheizten Stube beieinander, mein Arbeitstisch neben dem Esstisch – von früh bis spät wird da gearbeitet, geschrieben, gelesen, Abends wird ein Spaziergang durch das herbstliche melancholische Land oder den herrlichen menschenleeren Park angetreten – nur die Nähe der Stadt und die größere Kultiviertheit der Umgebung bildet einen teils angenehmen, teils weniger erfreulichen Unterschied. Der Kontakt mit Fremden, der auf diese Weise stärker ist, und die leichtere Möglichkeit, Notwendiges schnell herbeizuschaffen und zu erledigen, ist einstweilen eine große Hilfe, zumal wir beide keine sehr praktischen und gewandten Naturen sind. Wie unser Hochzeitstag verlaufen ist, wird Dir zum Teil Hedwig schon berichtet haben, die, wenn auch nur kurz, wiederzusehen, eine große Freude für mich war. Gar zu merkwürdig war das Zusammentreffen, das sich tatsächlich ungewollt, aber dann freudig begrüßt, mit Unolds vollzog, die wir unerwartet gleich nach der standesamtlichen Trauung in der Bodega vorfanden (…)«

Von seiner Heirat scheint RvH nicht nur dem engsten Freundeskreis Mitteilung gemacht zu haben, da Thomas Mann in einem Schreiben vom 14. Dezember 1924 für die Mitteilung dankt und ihn und seine Gattin »aufs herzlichste beglückwünscht«.

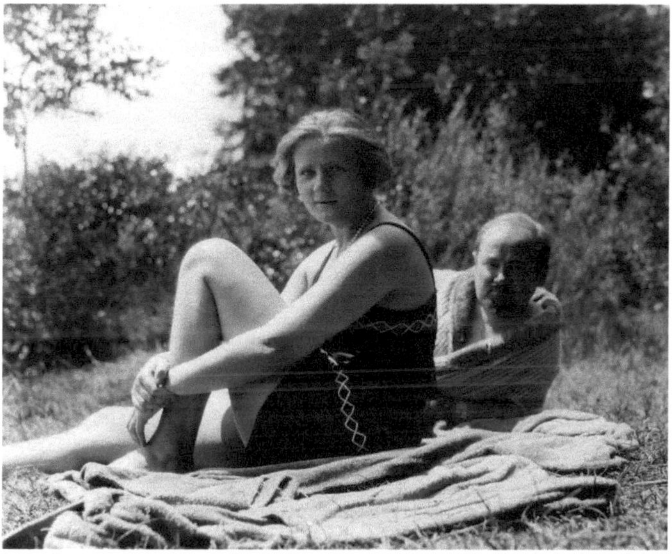

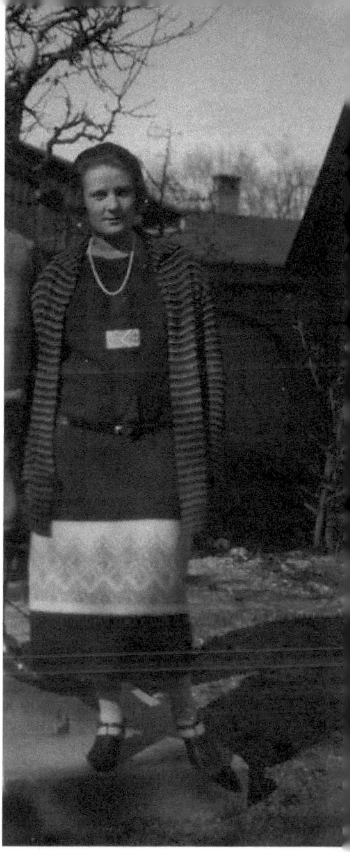

Rolf von Hoerschelmann mit »Maiki«

»Maiki« 1925

»Eine lustige Gruppe vom heurigen Fest der Kammerspiele in der Schwabinger Brauerei. ›Dummes Zeug wird hier getrieben.‹ Ganz links Frau von Hoerschelmann, die Gattin des bekannten Graphikers, rechts neben ihr Frau Professor Josef Wackerle, im Vordergrund sitzend der Simplizissimuszeichner Karl Arnold.« (undatiertes Zeitungsfoto)

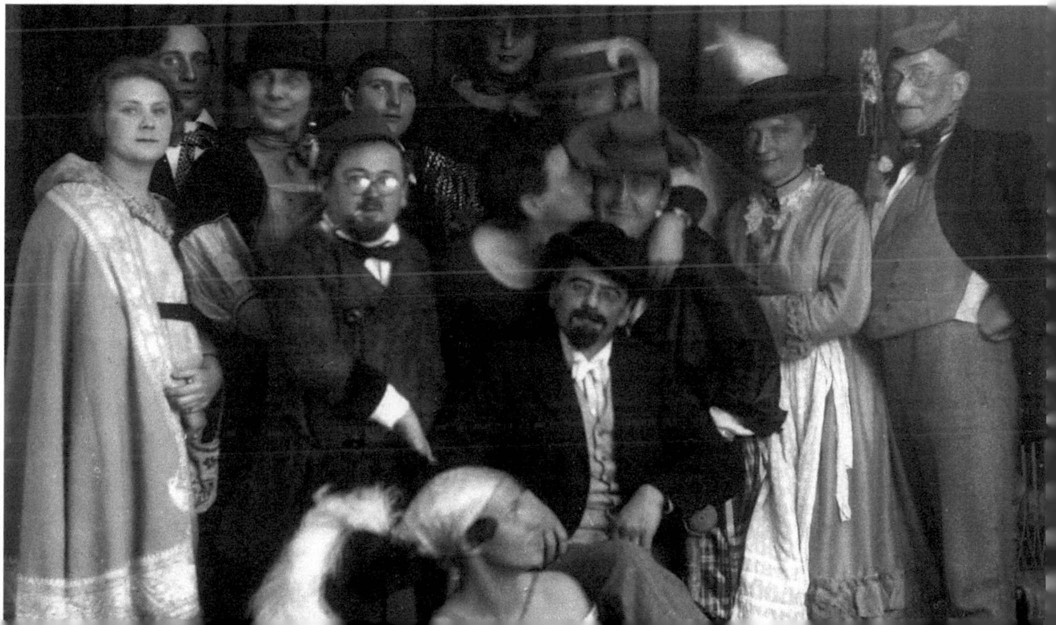

Im nachhinein bezeichnete RvH sein Zögern als »Kleinmut«, an dem dieses bisher nicht gekannte Glück hätte scheitern können, welches er nun in vollen Zügen genoß. Doch ihre Zweisamkeit, die er sich so anders gewünscht hatte, sollte nach einer anfänglichen Idylle im Feldafinger Häuschen nicht lange ruhevoll verlaufen. Vielleicht ist es das künstlerische Flair gewesen, das Hoerschel umgab und von dem Maiki sich angezogen fühlte, denn auch sie hatte künstlerische Ambitionen und hoffte vielleicht in dieser Hinsicht auf sein volles Verständnis und auf mehr Unterstützung als bei ihrem Exehemann. Bereits im ersten Sommer ihrer Ehe – geplant waren einige Monate und deshalb die Vermietung eines größten Teils des Hauses – ging sie zunächst einmal für vier Wochen nach Italien, um sich dem Gesang zu widmen, und anschließend nach Davos. Der junge Strohwitwer in Feldafing, der befürchtet hatte, die Zeit der Trennung allein in der Gesellschaft von Rehen, Hasen, »einem veritablen Dachs« und ihrem Pudel überstehen zu müssen, beklagte sich statt dessen bei Kubin über allzu viele Besucher, zuwenig Einsamkeit, und vor allem darüber, daß »beruflich alles grau in grau« aussehe. Es sei ein dürftiges Geschäft, Zeitschriften Einzelblätter anzubieten, und er bittet Kubin um Rat: »Die Situation wird bedrohlich!« Dazu kommt die Sorge um den Verbleib in dem Feldafinger Haus, da »es immer noch fraglich ist, wie lange uns dieses Paradies hier geschenkt ist. Hierüber Sicherheit zu erlangen, ist eine Gabe des Schicksals, auf die wir anscheinend vergeblich hoffen.«[141]

Er und Maiki sind, wie er freimütig bekannt hat, »keine sehr praktischen und gewandten Naturen«; ein Bohemien-Leben scheint beider Naturell zu entsprechen. »(...) ich liege lieber unter dem grünen Zweig, anstatt mich darum zu bemühen, darauf zu sitzen zu kommen. Ein richtiger ›Gebrauchsgraphiker‹ wird man auf diese Weise nicht, und es ist auch sicher schöner auf der Welt, wenn man keiner ist!!«[142] Beinahe hätte er sich mit Kubin überworfen wegen einer ihn verlockenden und leichthin geäußerten Idee: »Wollen wir nicht anfangen, unsere Korrespondenz für den Druck vorzubereiten? Wer weiß, ob das nicht, mit reichem Bildmaterial verziert, ein ganz unterhaltliches Werk würde?«[143] Wenige Tage später beeilt er sich, nachdem Kubin anscheinend ungehalten darauf reagiert hat, ihn zu begütigen: »Mein Vorschlag, unsere Briefe drucken zu lassen, war nichts als ein durch Goethe Zelter angeregter Witz – nichts liegt mir ferner!!!«[144]

Als Maikis nervliches Befinden in Davos bei Regen und Kälte besorgniserregende Formen annimmt, sie sogar einen schweren Anfall erleidet und er sie in die Nähe von Viareggio nach Forte dei Marmi bringen muß, sieht sich der Sammler gezwungen, »die total zerrütteten Finanzen wieder in Ordnung zu bringen«, indem er schweren Herzens das eine oder andere aus seinen

Sammlungen verkauft. Der Kommentar von Alexander von Bernus zu Maikis labiler Verfassung dürfte Hoerschelmann wenig Trost gegeben haben: »Daß es Ihrer Frau gesundheitlich nicht gut geht, habe ich mit Bedauern gehört. Allerdings habe ich überhaupt noch keine Frau gefunden, der es auf die Dauer gut geht. Das muß man in Kauf nehmen, wenn man heiratet.«[145]

Nach ihrer Rückkehr läßt sie sich sogar von einem Wunderheiler »bezaubern«, weil sie an fast »pathologischen Angstgefühlen« leidet, wie sich bei einem ersten Auftritt vor einem kleinen geladenen Publikum bei Bekannten herausstellt. Ein vergrämter und melancholischer Unterton wegen der finanziellen Misere, der fehlenden Aufträge und der steigenden, für ihn allmählich unerschwinglichen Preise in den Antiquariaten ist in einem nächsten Brief vom 13. März 1926 unüberhörbar. Eine neue, kleine Erwerbsquelle, das Schreiben von Artikeln für Rundfunkzeitungen zum 100. Geburtstag von Prominenten, vermag ihn weder zu befriedigen noch viel einzubringen: »So eine Art Leichenfledderei.« Im Dezember 1926 schwärmt er gegenüber Kubin von gemeinsamen Ausflügen nach München: »Wenn wir in der Stadt sind, weilen wir zu unserer unermesslichen Lust jetzt stets in dem köstlichen Rosipalpalais in der Königinstrasse, das unsere Freunde Rosenthal mit ihren 5 Kindern bewohnen. (...) Ich habe es mir überlegt, dass ich wohl durch astrologische Konstellationen begnadet bin, immer in so herrlichen Häusern wohnen zu können – und zwar ohne mich je darum zu bemühen. Man stelle sich diese Reihe unvergleichlicher Wohnplätze, in denen ich wie zu Hause war, vor: das Stift, das Erzherzog-Rainer Palais'chen in Wien, der Turm, und jetzt dieses Dorado im großen Park – mit allem bequemsten Komfort, eigenem Badezimmer – es ist traumhaft.«[146] In ihrem 1926 erworbenen Wohnsitz in der Königinstraße 28, ehemalige Rosipal-Villa, pflegen der Antiquar Dr. Erwin Rosenthal und seine Frau Margherita ein reges gesellschaftliches Leben. Zu ihrem Freundes- und Bekanntenkreis gehören auch Otto und Gerda Falckenberg, Wilhelm und Margot Hausenstein, Bruno und Lisel Frank sowie Max und Greta Unold.

Drei Monate später, am 13. März 1927, läßt Hoerschelmann die Freunde in Zwickledt wissen, Maiki wolle den »Sprung nach Berlin wagen«, und »es ist der Anfang vom Ernst und leider wohl auch der Anfang vom Ende unseres beschaulichen Lebens«.

Flucht nach Italien und ein »Buenretiro« in Feldafing

Während Maiki sich noch in Berlin aufhält, verläßt er ihr Feldafinger Häuschen und fährt zunächst nach Zwickledt, wo er auf Hedwigs Bitte am 10. April als Überraschungsgast zu Kubins 50. Geburtstag erscheint und der Jubilar »sprachlos« gewesen sei. Für seine Tischrede, ebenfalls auf Hedwigs Wunsch, habe er großen Beifall bekommen, berichtet er in einem ersten undatierten Brief aus Settignano. Anscheinend ist Hoerschelmann von Zwickledt gleich weiter nach Florenz gereist, wo ihn Professor Leonardo Olschki in Empfang genommen habe, was wohl von Margherita und Erwin Rosenthal arrangiert worden war.

Der Kontakt mit der Familie Rosenthal wird sich durch Hoerschelmanns regelmäßige Antiquariatsbesuche ergeben haben, denn die Firma Jacques Rosenthal, der Vater Erwins, besaß zunächst in der Hildegardstraße und seit 1911 eines der renommiertesten Antiquariate Münchens in einem Prachtbau in der Brienner Straße 47 (heute Nr. 26), vergleichbar den Gebäuden der Antiquitätenhändler Bernheimer und Julius Böhler. Außerdem war Jacques Rosenthal, den Horst Stobbe als den »König der Antiquare« bezeichnet, gleichfalls Mitglied der »Gesellschaft der Münchner Bibliophilen«. 1912 hatte sein Sohn Erwin Margherita Olschki geheiratet, die jüngste Tochter des Antiquars Leo Olschki, welcher als ein führender Inkunabelexperte Italiens galt, publizierender Gelehrter und Buchwissenschaftler war, 1886 die »Libreria Leo S. Olschki« und die »Casa Editrice Leo S. Olschki« in Verona gegründet hatte und über Venedig im Jahr 1897 nach Florenz gekommen war. Nicht nur Erwin, auch Margherita Rosenthal fühlte sich seit ihrer ersten Begegnung kurz nach ihrer Hochzeit Hoerschelmann zutiefst freundschaftlich verbunden: »Dein Geist begleitet mich seit zehn Jahren, in allen meinen Handlungen und allen meinen Gedanken. Außerhalb des engsten Kreises, der aus Erwin und meinen Kindern und Geschwistern besteht, ist Niemand, der wie Du, mein Leben so kontinuierlich und intensiv bereichert. Und ich sage es wirklich ohne Überschwänglichkeit – jede Stunde, die ich mit Dir verlebt habe, ist mir ein schönes Geschenk gewesen. Dafür danke ich einmal extra dem lieben Gott.«[147]

Geradezu zärtlich liebevoll war das Verhältnis zwischen Hoerschelmann und den beiden Töchtern Rosenthal, wie aus Briefen hervorgeht. Für die

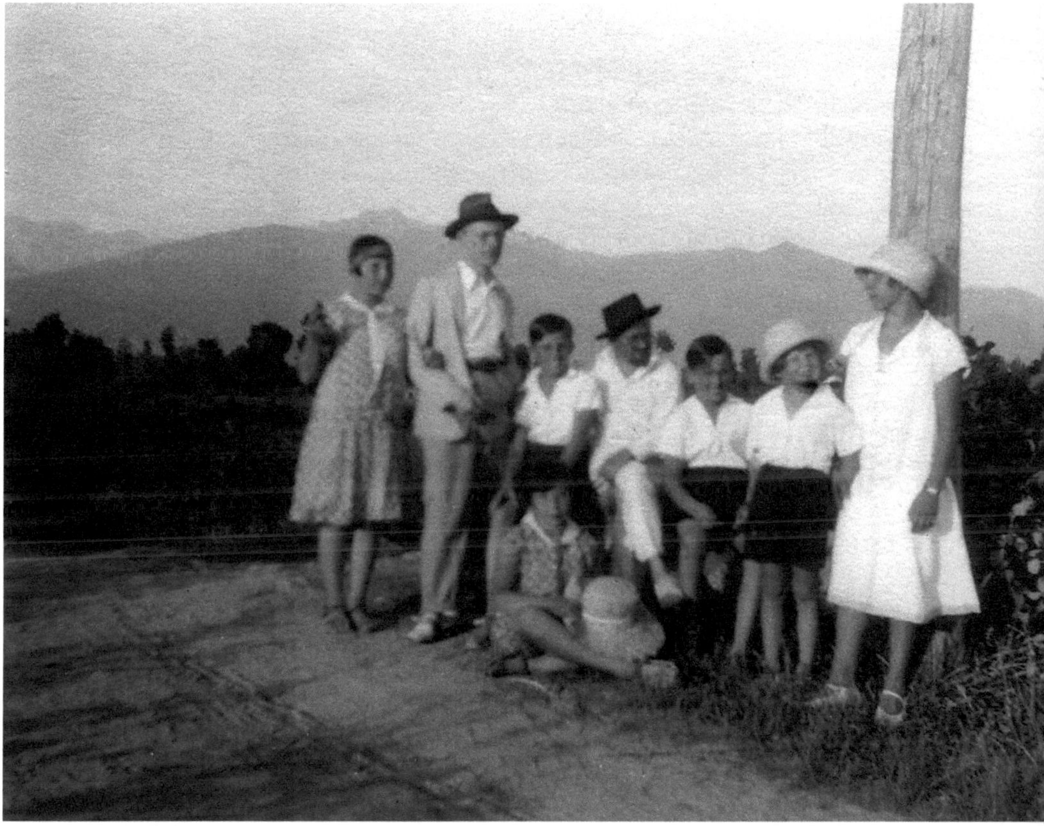

Rolf von Hoerschelmann mit Dr. Erwin und Margherita Rosenthal und ihren fünf Kindern

talentierte und einen graphischen Beruf anstrebende Gabriella – sie war damals 19 Jahre alt – war er »der beste, liebste Freund und Kollege, den es gibt«. Sie pflegte ihre Briefe mit humorvollen Zeichnungen zu versehen, die ihre Mutter an Hoerschelmanns Schrift und Stil erinnerten. Für Gabriellas zwei Jahre jüngere Schwester Nicoletta (»Nicki«) war »Hoerschelino« der »Ritter, der mir den ersten Handkuss gab! Ich bin immer noch stolz darauf. Pfüati, Hoerschi, wir sehen uns ja bald – in Liebe Dein alter Spezi.«[148] Von einer Italienreise schrieb sie ihm am 27. August 1933: »Ich behaupte ja, dass Elba nur für Dich gewachsen ist. Die staubigen Strassen, von Kakteen eingefasst und Brombeersträuchern, auf denen Eselchen trotteln und Bauern drauf mit grossen Strohhüten und Körben – oder so ein Stückchen übertrieben blaues Meer, – ein rosa Oleanderbaum und ein Bauernhaus dahinter – eine Pinie – ein Schifferl – lauter ›Hoerschels‹. Ich habe nie soviel an Dich gedacht wie in Elba und dann habe ich Sehnsucht nach Dir bekommen. Das wäre so reizend gewesen, wenn Du dort gewesen wärest, ich hätte Dir sicher immer frisches Malwasser nachgetragen und wäre überall mit (...)«

Hoerschelmann berichtet der Mutter in jenem Brief aus Settignano ausführlich von der freundlichen Aufnahme seitens der Familie Olschki, ihrer sehr beeindruckenden »Bibliotheca« und von verschiedenen interessanten Einladungen. Ganz zufrieden hause er in Settignano in einem zwar winzigen und kärglichen, dennoch teuren Pensionszimmerchen. »Unter 7 M. am Tage kommt man nicht aus! Amüsant sind da einige Details: jede Orange kostet 80 c. bis 1 Lire!! Viel mehr wie bei uns. Spottbillig Radieschen für 30 c = 6 Pf. Soviel wie Du nicht aufessen kanst! Dabei ißt jeder Italiener, den ich noch sah, in der kleinsten Trattoria Spargel, Orangen etc. Der Wein glücklicherweise billig, dem ich eifrig zuspreche.« Was ihn bedrückt und keine rechte Freude aufkommen läßt, wird ganz zum Schluß des Briefes erwähnt: »Maiki ist in F. und hat viel Familienbesuch zu erwarten. (...) Sonst wandele ich still und einsam und trotz aller Schönheit mehr melancholisch als fröhlich durch die herrlichen Hügel. Körperlich geht es mir nicht sehr gut. Schlaflos und furchtbare Beschwerden beim Steigen oder Schnellgehen.« Er ist froh, daß er sich diese Italienreise so lange aufgespart hat, bis er es so nötig brauchte wie jetzt: »Ich habe nicht umsonst das Wort von Goethes italienischer Reise auf mich angewandt: Er blieb auch auf einmal weg und gesundete an Leib und Seele – hoffen wir, dass sich, was sich im Grossen ereignete, sich im und am Kleinen wiederholt.«

In den ersten Briefen an die Mutter kommt er nicht umhin, wenn auch spürbar widerwillig, auf die Ehekrise einzugehen, da Sascha ihren »Rolli« nachhaltig zu befragen scheint und auf dem laufenden hält, nachdem sie Maiki mehrfach in Feldafing aufgesucht hat. Monat für Monat verlängert er seinen Aufenthalt in Italien – letztlich bis Anfang September –, obwohl er mit seinem Geld haushalten muß: »Aber nun bin ich endlich einmal ganz selbständig in der weiten Welt, nun will ich es auch ausnutzen, so lange es irgend geht.«[149] Merkbar gewinnt er Abstand, vermag sich eher über die zerrüttete Beziehung zu äußern und ist schließlich bereit und entschlossen, den unumgänglichen Schlußstrich zu ziehen. In sehr energischem Ton gibt er von nun an der Mutter aus der Ferne Verhaltensmaßregeln: »Inzwischen warst Du wieder in Feldafing und hast Maiki wohl sehr schlecht angetroffen. Wir haben schwere Zeiten hinter uns. Ihr kranker Geist macht es mir unmöglich, irgendwelche Autorität walten zu lassen – und so wie es sich um Dinge ihres Berufes handelt, habe ich sowieso, wie es stets ausgemacht war, diesem einen Interesse alle anderen untergeordnet. Nun scheint es ihr unumgänglich notwendig, ihr Studium in Berlin zu vollenden, und damit fingen sich unsere Wege an zu trennen. In diesem Sommer wird das Feldafinger Haus vermietet, um Mittel zu schaffen, und ich bleibe noch längere Zeit in Italien. Du wirst wohl bemerkt haben, wie viel Sorge und innere Aufregung hinter mir liegen, die weder an Maikis noch an meiner Gesundheit spurlos vorübergegangen sind. Das einzige, was uns jetzt helfen kann, ist, wenn man uns Ruhe lässt, uns nicht mit Fragen, Nachforschungen und Ratschlägen quält, und den Dingen ihren Lauf lässt. (…) Falls Du nächster Zeit zum Besuch zu den alten Schwarz gehst, lasse Dir bitte nichts anmerken über das, was ich Dir schrieb. Sei so freundlich zu ihnen, wie es Dir möglich ist – sie sind sehr bedauernswert wie elend! Mache keine erstaunten Bemerkungen über Vermieten, Berlin etc. Sie lieben mich sehr.«[150] In einem Brief vom 2. Juni 1927 heißt es weiter: »Maiki schrieb mir heute aus Berlin zum ersten Mal. Es ist natürlich alles sehr traurig, aber vielleicht gut so. Jedenfalls aber ist es besser, einen baldigen definitiven Entschluss zu fassen als Konzessionen zu machen, die mir nicht liegen. Maiki greift immer nach dem, was sie nicht hat und unterschätzt das, was sie hat, und verliert es. Das Schlimmste steht ihr wohl noch bevor und wird mir jetzt vielleicht erspart – wenn die Wehmut über den Verlust des Feldafinger Glücks, das doch dahin ist, verschmerzt ist. Sie macht sich selber maßlose Vorwürfe über das, was sie anrichtet und fürchtet natürlich alle begründeten Urteile über ihre Handlungsweise – und kann doch nicht anders. Dann nicht! Das Leben läuft in Wellenlinien – momentan bin ich unten. Jetzt wird ein wenig Zeit verstreichen müssen, bis ich wieder weiter weiß. (…) Mein Abschied von Feldafing und München geschah in aller Klarheit über das Kommende. (…) Dein momentan etwas zerrupfter Rolli.« Letzteres bezieht sich jedoch auf starke Zahnschmerzen, die ihm seit einigen Tagen zu schaffen machen, aber die Familie Olschki, bei der er inzwischen wohnt, kümmert sich rührend um ihn.

Zwei Wochen später, am 1. Juli, beruhigt er die besorgte Sascha, deren Briefe wohl immer wieder darum kreisen, daß das Feldafinger Haus seines Wissens an einen deutsch-amerikanischen Antiquar vermietet, seine Habe verpackt sei und er nur unter der Bedingung in die Scheidung eingewilligt habe, daß er nichts damit zu tun haben werde und Maiki alles erledige. Außerdem seien die beiden Rechtsanwälte gute Bekannte von ihm, so daß alles auf eine für ihn angenehme Weise geregelt werde. »Du brauchst jetzt nicht mehr gar so diskret zu sein, so was spricht sich doch herum – und mir ist es lieber, dass, wenn ich wiederkomme, es schon eine alte Sache ist – denn nicht gefragt zu werden, ist für mich eine Hauptsache.« Die Gedonstraße werde immer sein »Standquartier« bleiben, aber er hoffe, »früher oder später auch irgendwo auf dem Lande ein Buenretiro zu gründen als Feldafing-Ersatz«, was er unbedingt nötig habe.

Sichtlich aufleben läßt ihn ein anschließender sechswöchiger Aufenthalt auf Elba. Er sieht es als eine »wundervolle Fügung des Schicksals«, daß er auf diese ferne Insel verschlagen wurde, wo ihn »nichts an Vergangenes erinnert«[151], und seine Briefe haben nun wieder den euphorischen Tenor wie 1911 in Paris. Abgesehen von einer Autotour »mit den deutschen Malerkollegen Neven Dumont und Arnthal« erkundet er die Insel zu Fuß und schwärmt davon, »weitab aller modernen Zivilisation ein ursprüngliches italienisches Landleben von fast antiker Art« kennenzulernen.[152] Freundliches Quartier findet er bei einem abgelegen wohnenden jungen Weinbauern und seiner alten Mutter in deren guten Stube. Fremdenverkehr kenne man dort nicht. »Wer sich nicht selber zu ernähren weiß, kann sich hier nicht lange aufhalten. Nur Wein, köstlicher gelber Elbaner Wein, Brot und ein weniges an Kolonialwaren ist für Geld zu beschaffen.« Das einzige, was ihm seine Wirtsleute bieten können, ist ein Töpfchen mit schwarzem Kaffee, das er sich morgens aus der warmen Asche des Kamins holen darf. Bei seinen Streifzügen über die Insel kehrt er des öfteren in Campo in einem Gasthof ein, wo seine »höchst ungewöhnliche Figur nicht nur Staunen, sondern auch Verdacht« erregt. Eines Nachts wird er dann auch auf dem Heimweg angehalten, mit einer auf seine Stirn gerichteten Mündung eines Pistolenlaufs, und ein Uniformierter verlangt, seine Papiere zu sehen. Da er nur Skizzenbuch und Zeichenmaterialien vorweisen kann, muß er zurück auf die Wache, wo seine Beteuerung, »nicht Spion, sondern Maler« zu sein, allmählich Glauben, doch keinerlei Verständnis findet. »Und die Frage, warum ich denn nun eigentlich diese Abbilder der Elbaner Landschaften herstelle, ist trotz aller Dialektik wohl bis heute ungeklärt geblieben! Schließlich ließ man mich auf Treu und Glauben laufen, und anderen Tags brachte ich Paß, Tessera und was nach ›Papieren‹ aussah, und wir waren wieder gut.«[153]

Hoerschelmann ist entzückt von dem ungezwungenen Leben auf der Insel, wo man keine Strümpfe, keinen Kragen tragen müsse, und wenn seine weiße Hose gewaschen werde, dann tue es auch die Pyjamahose. Auf seine Wanderungen nimmt er Sardinen und Käse mit und kehrt mittags meist bei Weinbauern auf ein Glas Wein ein. Einmal wird er allerdings zum Mittagessen eingeladen, wo ihm »zur Feier ein nur wenige Jahre alter Tropfen kredenzt« wird. »Die selber äußerst mäßigen Bauern wollten sich den Spaß und mich mit dem schweren Wein betrunken machen und waren voll Staunen, als ich nach vielem Einschenken und Austrinken nicht nur Herr meines Gleichgewichts blieb, sondern mich auch bei der Heimfahrt im Ruderboot bei hoher See tapfer hielt. Seitdem genieße ich in Scalieri hohe Achtung.«[154] Immer wieder aufs neue regen ihn Natur und Landschaft zum Zeichnen und Malen an, und nach den ersten Versuchen in Florenz meint er, mit den Elba-Ergebnissen höchst zufrieden zu sein.

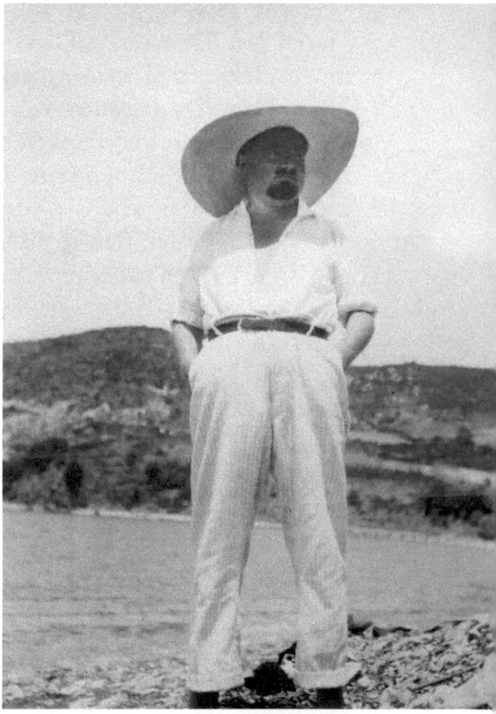

Rechts: Rolf von Hoerschelmann, wahrscheinlich auf Elba 1927

Rolf von Hoerschelmann: Aquarell von seiner Unterkunft auf Elba 1927

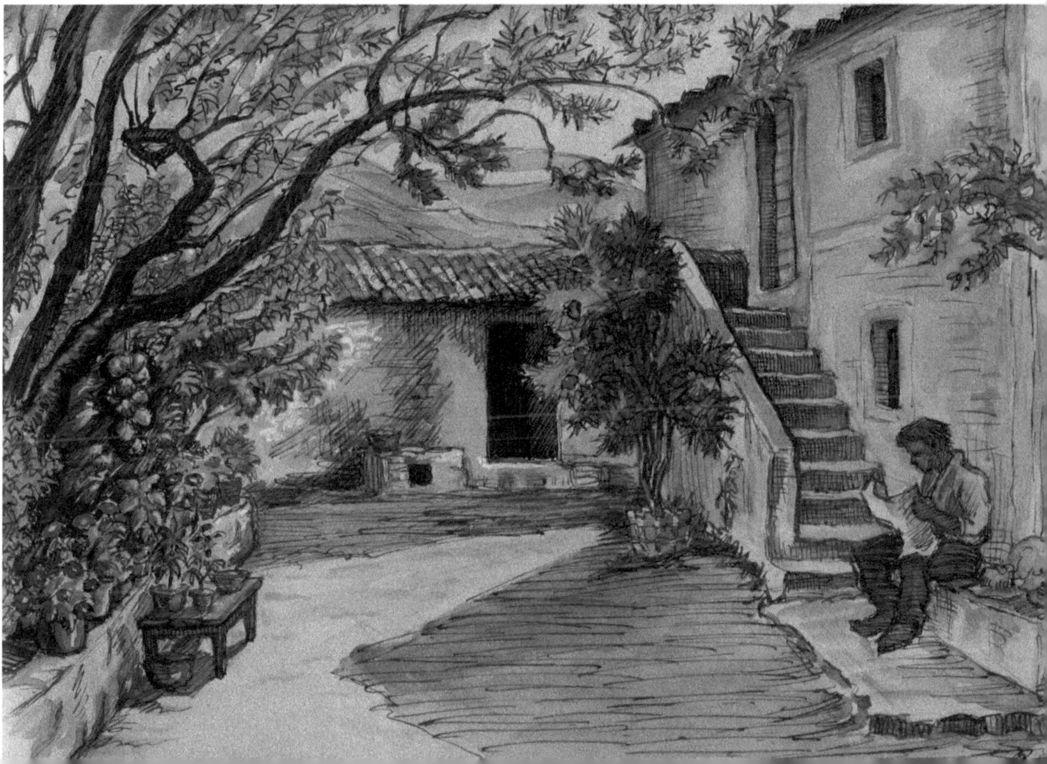

Was sie davon halte, so fragt er am 19. Juli die Mutter, wenn er sich einem Herrn von Branconi auf dessen Segelyacht anschlösse, »der seit Sept 26 herumgondelt und nicht vor Herbst 28 zurückkehren will – das ist ein Leben!!« Nein, beruhigt er sie, er werde nun nur noch mit Rosenthals nach Marina di Massa fahren und danach einige Städte in Umbrien besichtigen, denn die Reise zehre allmählich seine Ersparnisse auf. Auch wird es ihm zunehmend lästig, aus der Ferne der Mutter immer wieder detaillierte Anweisungen geben zu müssen, damit sie Verschiedenes für ihn erledige. So soll sie einmal sofort einen schönen Kranz mit seinem Namen im Falle des wohl bald zu erwartenden Todes seiner Schwiegermutter besorgen. Außerdem muß er Sascha ausreden, ihre Ohrringe und ein Bild von Rigaud, vielleicht noch unter Preis, zu verkaufen und eines seiner Zimmer, vor allem nicht wegen seiner kostbaren Bücher, für ein paar Mark an Fremde zu vermieten, nur um die Haushaltskasse aufzubessern. Zu seinem Ärger vergißt die 72jährige Mutter ihm manches nachzuschicken, wie die Besprechungen der Ausstellung im Glaspalast, an der er teilgenommen hat, und stiftet »eine heillose Konfusion«, indem sie unaufgefordert seine Sachen dort abholt. »Wenn ich wieder zu Hause bin, was ja Ende September bestimmt der Fall sein wird, kann ich ja wieder für den Haushalt energischer sorgen. Und vermieten wollen wir dann nicht, denn für die 40 M. schlafe ich lieber selber da, wie früher auch. Mit einem Zimmer komme ich nicht aus!! Ohne funktionierendes Badezimmer. Wenn ich wieder arbeite und Menschen zu mir kommen! Doch das hat ja Zeit. (...) Hoffentlich kommst Du bis dahin auch durch.«

Als er die telegraphische Benachrichtigung von einer akuten gesundheitlichen Krise seines Bruders Harald erhält, befürchtet er schon, seinen Aufenthalt mit Rosenthals in Marina di Massa abbrechen zu müssen: »Unser armer Hiob – also immer weiter noch leiden. Und er hoffte so, und wer nicht mit ihm, dass seine ›Pechsträhne‹, wie er es nennt, nun zu Ende sei! (...) Möchte es möglich sein, dass ich mit gutem Gewissen den beglückenden Aufenthalt hier noch fortführen kann – es wäre bitter, gerade jetzt in die Stadt zu müssen! Doch halte ich mich selbstverständlich dazu bereit, wenn ich zu etwas nützlich sein kann.«[155] Geradezu erlöst ist er, als der Bruder ihm schon bald beruhigende Mitteilung macht.

Zum Abschluß absolviert er mit einem kleinen Köfferchen und seinem Florentiner Malerstühlchen per Eisenbahn und Autobus, »was eine großartige Erfindung ist und die ganze Nettigkeit der alten Postkutsche hat«, ein erstaunliches Städteprogramm: S. Gimignano, Siena, Montepulciano, Orvieto, Perugia, Assisi, Cortona, Arezzo, Florenz, Bologna, Ferrara, Padua, Verona. Wie während seines Pariser Aufenthalts schildert er der Mutter ausführlich, was er alles an Herrlichkeiten zu sehen bekommt und ihn schier überwältigt. Er hofft, daß es noch ein Maschinenmanuskript von Tante Emilie, der 1916 verstorbenen Schwester des Vaters, gebe, weil es ihn nun sehr interessiere, was die Tante vor Jahrzehnten entdeckt und in einem »Cicerone für Italienreisende« beschrieben habe. S. Gimignano ist schon ihm damals »etwas zu sehr Museumsschaustück und Fremdenverkehrsobjekt«, aber die Silhouette bei einem nächtlichen Gewitter sei unbeschreiblich schön. Den Anblick Assisis in der Morgensonne, »den schönsten Ort den ich auf der Welt kenne«, kann er bei der Anfahrt in Ruhe eine halbe Stunde genießen, da der Bus »an der geeignetsten Stelle einen Motordefekt« hat. Nach der großen Mittagshitze ist er immer wieder zum Skizzieren in der Landschaft unterwegs. »Was ich von dieser Reise an Skizzen mitbringe, ist für mich als Material wohl wertvoll, aber es ist kaum ein gelungenes Blatt dabei – dazu ist die Diskrepanz zwischen Wollen und Können zu groß! Und die Zeit zu kurz! (...) Aber die Eindrücke sind so nachhaltig, daß ich aus den Skizzen wohl allerhand machen können werde. Wenn ich nur eine Rente hätte, um in Ruhe alles verarbeiten zu können – anstatt gleich wieder für Radio und Fliegende Blätter Schund zu machen.«

München und damit das mühselige Alltagsgeschäft rücken bedrohlich näher. Vielleicht, überlegt er, sollte man das Bild von Rigaud doch schnellstmöglich verkaufen. Außerdem hofft er, daß sein Zimmer bei seiner Ankunft nicht belegt sei, »in der alten Gedonstrasse, wo es hoffentlich vor Sauberkeit blitzt, das Bad funktioniert (...)«[156]

Nach seiner Rückkehr in die Gedonstraße ist er wochenlang damit beschäftigt, sich in seinen Räumen einzurichten, »die durch jahrelange Unordnung in einem phantastischen Zustand« sind, denn nicht nur Mobiliar und Inventar aus dem

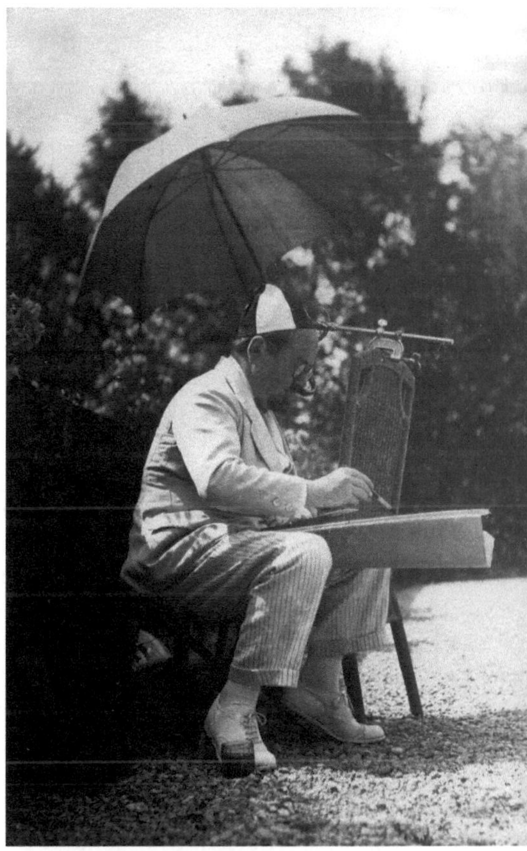

Rolf von Hoerschelmann mit »Malerstühlchen« in Italien 1927

Feldafinger Haus sind in der Zwischenzeit dort abgestellt worden, sondern während seiner dreijährigen Abwesenheit auch anderes, da seine Mutter »einen unausrottbaren Sammeleifer betätigt, der sich leider nur auf vollkommen wertlose Objekte beschränkt. (...) Es ist 3 Jahre her, dass ich zuletzt hier hauste, und wenn ich jetzt wieder am altgewohnten Platze sitze, dreht sich mir doch ein wenig der Kopf wie nach einem tollen Traume. Nun – es waren 3 schöne, reichgefüllte Jahre mit allem, was das Menschenherz zu erleben wünscht und zu erleben wohl auch nötig hat. Mitte März wusste ich, dass es zu Ende geht. Maiki war in Berlin, und ich schied, ich leugne es nicht, mit einem recht schmerzhaften Abschied aus dem Feldafinger Heim. (...) Nun, wo ich wiederkam, war alles schon ein wenig vernarbt, die große Sensation für alle Bekannte schon eine alte Kamelle (...)«[157] Die Scheidung wurde am 23. Oktober 1927 vollzogen. Wie den Meldeunterlagen zu entnehmen ist, ging Maiki knapp zwei Monate später am 16. Dezember 1927 vor dem Standesamt Berlin-Charlottenburg eine dritte Ehe ein mit dem drei Jahre jüngeren, im australischen Melbourne geborenen Kunstmaler Theodor Scharf. Den ungenau und lückenhaft ausgefüllten Meldebögen kann nur soviel entnommen werden, daß Maiki mit Theodor Scharf zwei weitere Kinder hatte, mit ihrer Familie zunächst in Berlin, später in München und auch zeitweise in Feldafing gemeldet war.

Die Italienreise scheint ihn darin bestärkt zu haben, daß das Junggesellenleben durchaus seine Vorzüge hat. Nachhaltiger als das Scheitern seiner kurzen Ehe bedauert er den Verlust des ländlichen Wohnsitzes in Feldafing: »Ich bin hier in der Stadt noch völlig fremd und kann es nicht recht glauben, dass dies mein ständiger Wohnsitz ist. Allerhand seelische Emotionen ließen es bisher auch noch nicht zu gesegneter Arbeit oder gar genussreichem Nichtstun kommen. (...) Und doch ist die Grundstimmung die, dass sich das Leben wieder etwas gnädiger und entgegenkommender zu benehmen anschickt. Jetzt heißt es, seine Schritte wägen, mit seinem Pfunde wuchern, sein Geld zählen, die Ausbeuter bekämpfen oder womöglich ausbeuten!«

Überglücklich zeigt sich Hoerschelmann, als er noch im selben Jahr ein »Buenretiro« in Feldafing findet: zwei kleine Dachzimmer mit einem Balkon und Waschgelegenheit auf dem Flur in einem hübschen Holzhaus oberhalb der sogenannten Wolfsschlucht (heute: Schluchtweg 20) und in der Nähe der Villa von Emma Bonn, mit der er sich inzwischen angefreundet hat. War dieses frisch erworbene ländliche Domizil der Grund, warum er der wiederholten, drängenden Einladung, Bernus auf seinem neuen Besitz, Schloß Eschenau bei Heilbronn, zu besuchen, nicht folgte, obwohl er mit der Aussicht gelockt wurde, zur Weinlese auch Kubin und den Heidelber-

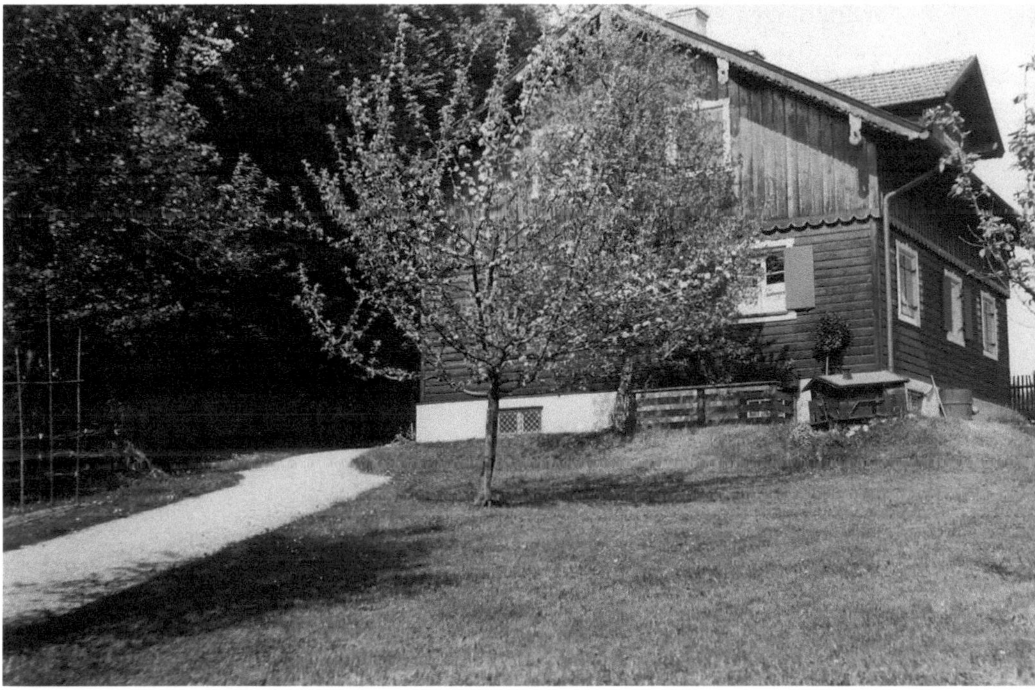

Oben: Feldafinger »Buenretiro«; unten: RvH auf dem Balkon seines »Starenkastens«

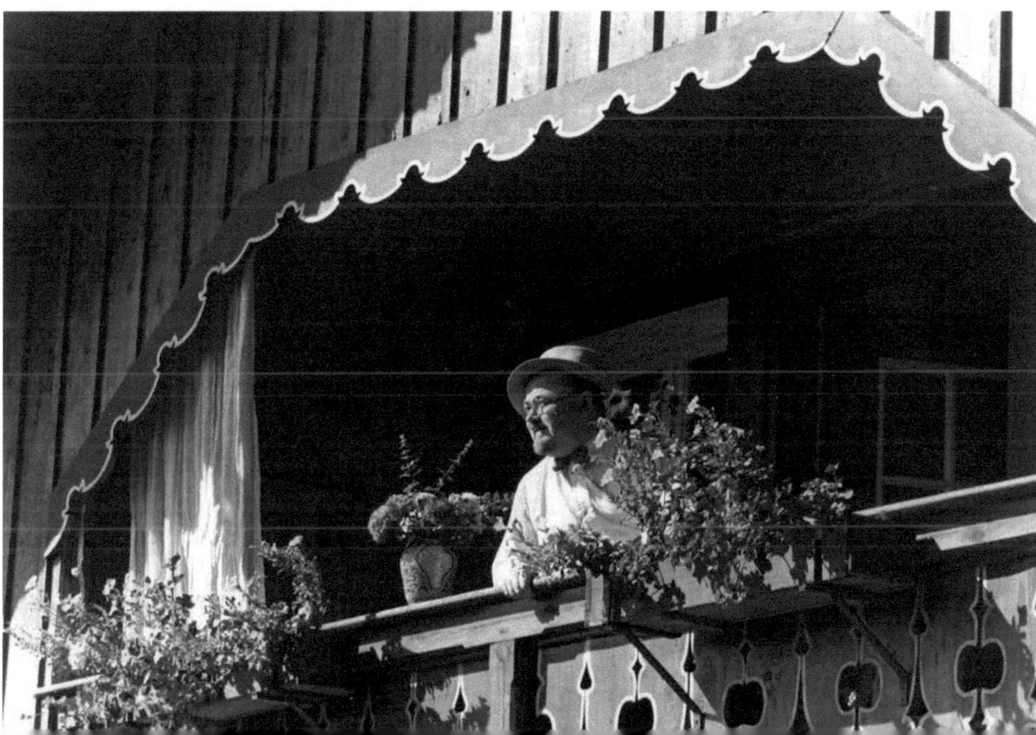

ger Indologen Heinrich Zimmer, frisch vermählt mit Christiane von Hofmannsthal, anzutreffen?

Jährlich verbringt Hoerschelmann von nun an die Monate Mai bis Oktober in seinem »Feldafinger Starenkasten«. In der übrigen Zeit ist er weiterhin viel unterwegs, vor allem im Herbst zieht es ihn in den Süden. In den Jahren 1929 bis 1935 reist er noch einmal nach Paris, nach Südfrankreich, des öfteren nach Florenz und Rom, wo er als Gast der Familie Olschki und des Ehepaars Dr. Arthur und Elvira Rosin immer willkommen ist. Er besichtigt Neapel und Pompeji, fährt 1934 mit den Malern Hans Purrmann und Hugo Troendle zu einer Corot-Ausstellung nach Zürich und besucht im Oktober 1935 in Florenz Hans Purrmann. »Der Maler, dem ich am meisten Anregung für meine eigene Arbeit, soweit sie der farbigen Landschaftsmalerei gewidmet ist, verdanke, ist mein verehrter Freund Hans Purrmann. Ich traf ihn in Berlin, in München und am Bodensee, in Südfrankreich und in Florenz, wo er seit einer Reihe von Jahren die Villa Romana leitet. Mit ihm gemeinsam in schöner Landschaft zu arbeiten ist ein Hochgenuß und eine gute Schule.«[158]

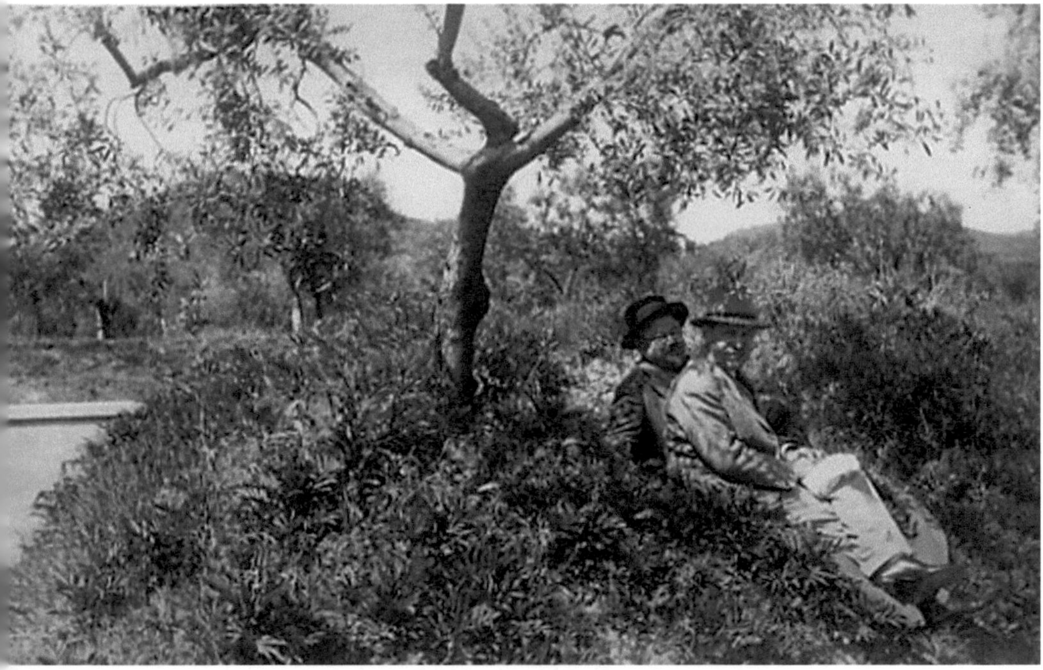

Rolf von Hoerschelmann mit Arthur Rosin in Italien

Mit der »Padua« nach Teneriffa und London

Im Herbst 1934 wollte Hoerschelmann auch wieder zum Malen nach Italien reisen. Wegen Devisenschwierigkeiten beschloß er statt dessen, so berichtet er Alfred Neumann in einem undatierten Brief, »zum ersten Mal seit anno 26 den Herbst in Deutschland zu verbringen und zwar in dessen südlichstem Gestade, am Bodensee. Mein Freund, der Maler Purrmann, wohnte dort allein in seinem rosa Haus, in einem verwilderten Garten am See. 3 fleißige Wochen gingen ins Land, und gerade wollte ich nach dem entzückenden Meersburg mit seinem wundervollen Wein (Weißherbst!) übersiedeln, als ein Telegramm von der Hamburger Reederei Laeiss kam, mit der Anfrage, ob ich auf einem der letzten Segelschiffe mitsegeln wolle – bis zu den Kanarischen Inseln.«

Diese einmalige Gelegenheit ließ sich der 49jährige Hoerschelmann nicht entgehen. In seinem Kapitel »Reisen« in »Leben ohne Alltag« hat er ausführlich von diesem Abenteuer erzählt: »›Es rief mich an Bord, es wehte ein frischer Wind ...‹ Wer hätte es gedacht, dass die Worte des schönen Liedes ›La paloma‹ einmal für mich Wirklichkeit würden? (...) Welch ein Wirbel von Gedanken, nachdem man sich ruhevoll auf mehrere Arbeitswochen auf dem Lande eingerichtet hatte – aber natürlich gab es da kein Zaudern. Alles wurde bewerkstelligt, eine Reise von siebzehn Stunden brachte mich von Süden nach Norden; in den zünftigen Läden am Hamburger Hafen wurden Ölzeug, Sweater und Südwester eingekauft, und abends spät wurden wir mit der Barkasse aus dem Kontorhaus der Firma Laeiß an der Trostbrücke an Bord des im Trockendock der Deutschen Werft liegenden großen Schiffes gebracht. (...) Es ist selbst für die Hamburger ein sehenswerter Anblick, wenn die großen Segler auf Fahrt gehen. ›Padua‹ und ›Priwall‹ hießen die zwei letzten der weltberühmten P-Liner, die einst den Ruhm der deutschen Segelschiffahrt ausmachten. Der Fünfmaster ›Preußen‹, der bei Dover auf den Klippen endete, die ›Potosi‹ waren vielgenannte Schiffe, die früher mit Fracht nach Chile fuhren und Salpeter heimbrachten. (...) Nun wurden die beiden Viermaster zum Hafen hinausgeschleppt, und am Kai, an den Landungsbrücken, winkten das Publikum, die Angehörigen der auf große Fahrt gehenden Matrosen, und laute Abschiedsgrüße wurden herüber- und hinübergerufen: ›Three cheers for ›Padua‹ und ›Three cheers for St.-Pauli-Fischmarkt‹.«

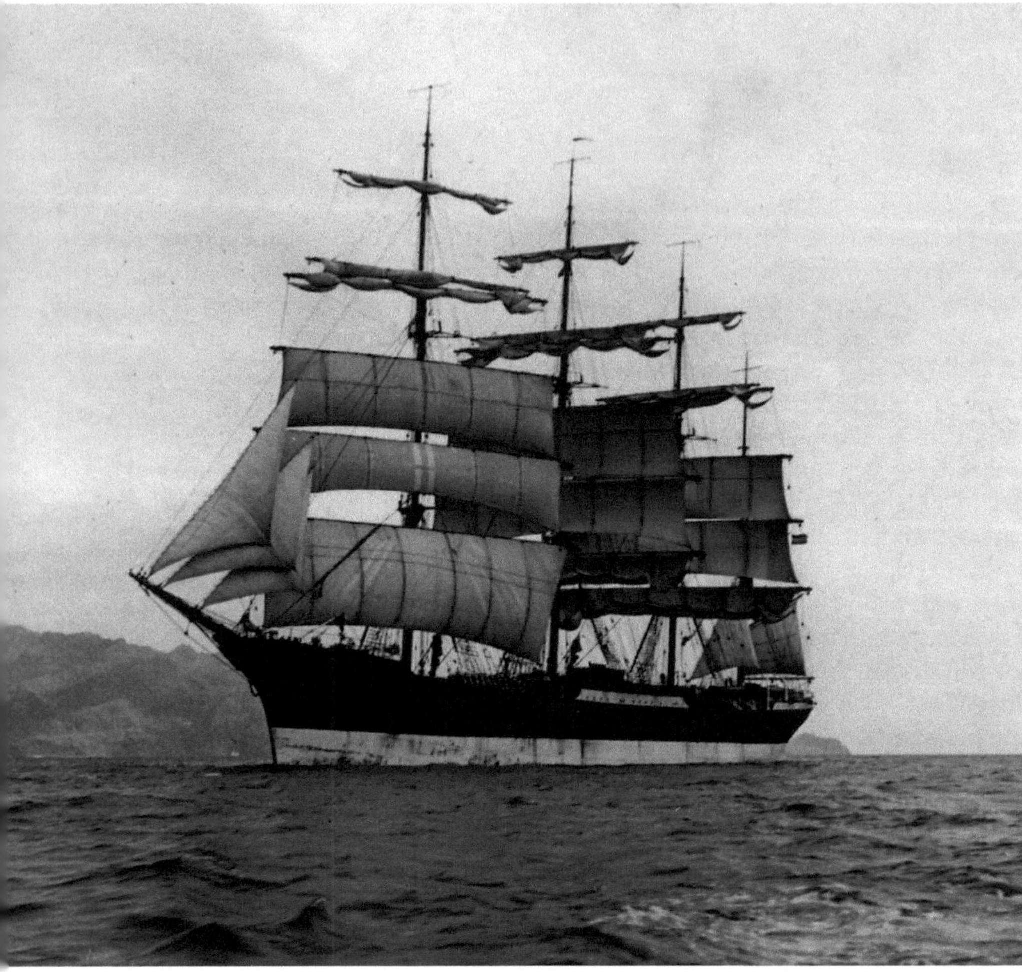

Das Segelschiff »Padua«, eines der »zwei letzten der weltberühmten P-Liner, die einst den Ruhm der deutschen Segelschiffahrt ausmachten«

Sturm und Trosseriß zwingen die beiden Schiffe, in der Elbmündung bei Feuerschiff 3 vor Anker zu gehen, und Hoerschelmann nützt die Zeit, sich Kenntnisse über die Segelschifftakelage anzueignen, bis die Reise am fünften Tag wirklich beginnt. »Es war genauso großartig, erregend, ja gefahrvoll, wie es sich die wildeste Jungenphantasie nur wünschen kann. Der gewaltige Sturm ließ uns nicht durch den Ärmelkanal, und mit ständigem Kreuzen,

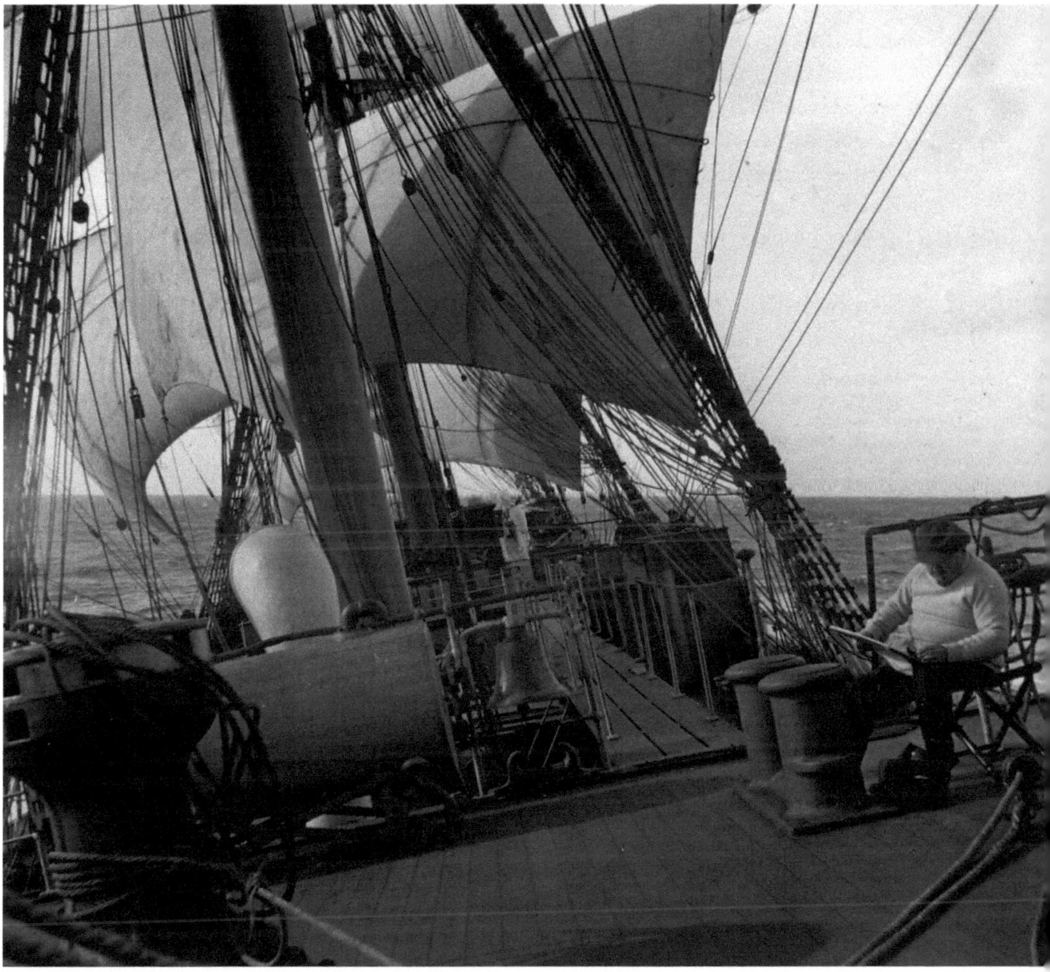

Rolf von Hoerschelmann, malend auf der »Padua«

Über-Stag-gehen, ja abermaligem Ankern in der Nähe der englischen Küste verbrachten wir zwei Wochen. Aber meist in wilder Fahrt, und mir war es ja schließlich gleich, wenn der alte Käptn Jürs, der schon fünfzigmal um Kap Horn gesegelt war, fluchend erzählte, dass wir in den letzten vierundzwanzig Stunden keine Meile vorwärtsgekommen seien. Je länger, je lieber.«

In seinem »Logbuch« verzeichnet er tagelanges Kreuzen zwischen Dover und Calais, danach vor Boulogne und wiederholtes Ankern, wobei eine Ankerkette reißt, »und der eine riesige Kerl verschwindet auf ewig in fünfzig Meter Tiefe«. Das Stunden währende Klarmachen des Reserveankers, Vögel, die an Bord kommen, die in der Abendsonne um das Schiff springenden Schweinsfische, die deutlich sichtbare Kulisse Hastings bieten dem Zeichner ständig neue Motive. »*25. Oktober* Stürmischer Tag. Windstärke 9. Das Deck bietet all die Bilder klassischer Seefahrerromantik! Unter Deck ist das Leben tragikomisch. Das Absausen in die Tiefe empört einen. Mein Stuhl wird am Tischbein festgelascht. Auch in der Koje ist keine Ruhe. Aber man schläft doch übermüdet ein.« Nichts kann die Begeisterung des romantischen Abenteurers beeinträchtigen, auch wenn das Schiff mit dreizehn Meilen die Stunde gen Madeira bei jedem Schaukeln eine Vierzig-Grad-Drehung um seine Achse beschreibt und alles, was nicht niet- und nagelfest ist, mit Gepolter durch das Schiff saust oder er auf dem Oberdeck beim Zeichnen immer wieder von Wassermassen begossen wird.

Am 4. November nehmen sie Kurs auf Teneriffa. »Nachmittags versammle ich auf dem Achterdeck eine Gruppe von Jungens, sie singen, spielen Ziehharmonika, und ich zeichne nach Herzenslust Gruppen, bis die Sonne sinkt. Am Abend spendiert Laeiss der Mannschaft Bier und Zigaretten, und es entwickelt sich ein Fest von einzigartigem Reiz. Wie ich, von wunderlichsten Tönen angelockt, ins Logis hineinschaue, habe ich ein Bild von tollster Phantastik vor mir. Im engen Raum um den Tisch, unter der Petroleumlampe, hocken die inzwischen bärtig gewordenen Kerle schön struppig, vorne sitzt Wolter, und spielt meisterhaft Harmonika, Buro steht in seiner pittoresken Dürre und bearbeitet die Teufelsgeige, ein aus einem Stock, Konservenbüchsen und einer Schnur hergestelltes Instrument, halb Schlagzeug, halb Saitenspiel, schlägt drauf und bumst es auf den Boden. Eine großartige und wilde Version. Schatzinselstimmung. Dann kommen sie alle an Deck, und unter funkelndem, sternklarem Himmel, fast ohne andere Beleuchtung, singen, spielen und tanzen die Männer mit der Bierflasche in der Hand oder am Mund. In der Mitte Wolter mit der Harmonika, schick und überwältigend talentvoll; Hannes, der sonst still und melancholisch, entpuppt sich als Dichter, Deklamator, Sänger und Tänzer. Wild komische und derbe Nummern wechseln mit den typischen Matrosenliedern oder sentimentalen Schlagern ab – ich staune vor mich hin, dass es mir geglückt ist, so eine Nacht zu erleben. Die letzte an Bord der ›Padua‹. Man sieht die Blinkfeuer von Teneriffa. Riesenhaft spannen sich die schwarzen Flächen unserer Segel.«

Am folgenden Morgen soll ein Boot Laeiss und Hoerschelmann nach Santa Cruz bringen. Ein letzter Händedruck, »ein leichtes Würgen in der Kehle«, vom Zimmermann vorsorglich an einem Tau befestigt, steigt Hoerschelmann »die sechs Meter zwischen Himmel und Wasser herab«. Der Konsul höchstpersönlich fährt sie in seinem Wagen über Land, und RvH bestaunt die exotische Vegetation. Am nächsten Vormittag überwältigt ihn in 2500 Meter Höhe das Kraterrund, »28 Kilometer im Durchmesser«, in dessen Mitte sich die Bergspitze des Pico bis 3800 Meter erhebt. Nach 26 Stunden Aufenthalt nimmt sie der »Panther« an Bord, »sehr viel kleiner als unsere geliebte große ›Padua‹, (…) schmuck und komfortabel und tanzt kokett auf den Wellen. Die Maschine und die Ventilatoren der mit 36000 Bündel Bananen, 2500 Kistchen Feigenbananen und Kakao gefüllten Laderäume machen eine ungewohnte Musik dazu, doch bei dem herrlichen Wetter merkt man an Deck wenig davon. Erst abends im Salon wird es heftig.« Die nächsten zwei Tage empfindet auch er das Bordleben eher als ungemütlich. »Die Biskaya wartet mit einem ihrer beliebten Stürme auf – das Schiff wird von Welle zu Welle geschmissen, bleibt manchmal stehen und wird geschüttelt, dass einem Hören und Sehen vergeht. Ich ziehe mich beleidigt in meine Kammer zurück. Ein paar Löffel Suppe, die mir der Stewart aufdrängt, spucke ich binnen wenigen Minuten in die hochgehenden Wogen. So habe ich auch endlich Neptun geopfert. Windstärke 10 bis 11. Mit starken Kopfschmerzen in die Koje. Stühle, Koffer usw. fliegen rastlos durchs Lokal. Unangefochten davon trillert Kapitän Sieversens Kanarienvogel.« Bei ruhigerem Seegang mit Kurs auf Rotterdam ist alles vergessen, die athletischen Figuren der Matrosen, die die zentnerschweren Kakaosäcke an Deck hieven, bieten dem Zeichner »vorzügliche Motive«, und eine Kostprobe der Kakaobohnen wird als »recht wohlschmeckend« befunden. Ein einmaliges Erlebnis für ihn sind das Einlaufen in den Hafen, das Löschen der Ladung – »eine Pulsader des Welthandels zu beobachten«. In den wenigen verbleibenden Stunden besichtigt er mit Laeiss in einem gecharterten Auto Rotterdam, Den Haag und Delft. Eine frohe Nachricht für ihn, den unersättlich Reiselustigen: Die Fahrt ist noch nicht zu Ende, geht noch weiter nach London. Die englische Küste und vorüberziehende Schiffe auf der Themse erinnern ihn an einen alten kolorierten Stich. »Es gibt Lichtwirkungen von überwältigender Schönheit. Einen Moment ist die ganze Welt grau und gelb, wie ein Turner.« Nach langem Hin und Her wegen eines fehlenden Stempels im Paß können sie von Bord, und nach einer ersten Besichtigung Londons vom Taxi aus wird der Abend mit einem Essen »im uralten ›Old chester-cheese‹« beschlossen. Fasziniert beobachtet er am nächsten Vormittag das Verladen der Bananen in Eisenbahnwagen und Lastautos, und dann geht es mit dem Omnibus in die City, zu Fuß zum Britischen Museum, weiter nach Westminster Abbey – »Der Eindruck des Inneren sehr zwiespältig, aber hochoriginell. Oben gewaltige Gotik, unten wie Blumenkohl die Grabmonumente und Denkmäler großer Engländer« –, zum Parlament, über die Themse hinüber – »Wir fahren und fahren und sind um halb fünf im Dock. (...) Um sechs machen wir los (...) Ich habe in London keine Gelegenheit gefunden, auch nur eine Ansichtskarte zu kaufen, zu schreiben oder jemand anzurufen, Tee zu trinken, einen Toast oder Sandwich zu essen.«

Am letzten Abend an Bord erkundet er die unterirdische Welt des Bananentransporters. »Am erschütterndsten aber wirkt auf mich der Heizraum, wo Tag und Nacht vier ungeheure Muskelmänner vor den Heizkesseln arbeiten. Mit Werkzeugen gigantischer Art hantieren sie in den Kesseln herum, verteilen die Glut, zerhacken und holen die glühende Schlacke, schleudern mit Zielsicherheit die Schaufeln mit neuer Kohle schwungvoll in die Ofenlöcher. Solche Muskeln habe ich bei normalen Menschen im Leben noch nicht gesehen! Vier Stunden unausgesetzter schwerster Arbeit in der wahnsinnigen Hitze, dann acht Stunden frei – essen – schlafen und wieder runter – was sind das für Organismen, die das aushalten!«

Das Schiff passiert in der Nacht zum 16. November Borkum, Norderney, Helgoland. Dichter Nebel erfüllt seinen »frevelhaften Wunsch«, die Einfahrt bei Tageslicht zu erleben. »Die Sonne kommt zur rechten Zeit heraus – aus dem hellen, blauen Dunst leuchten, von ihr beschienen, die Häuser, Schiffe und ganz zart die Türme von Hamburg. Die Einfahrt an St. Pauli vorbei und in den Hafen ist bezaubernd, schöner als jede andere, da man wirklich in die Stadt hineinfährt. Wir landen am Dock, demselben, von wo wir vor fünf Wochen mit der ›Padua‹ abfuhren. (...) Wir nehmen Abschied, noch einmal pfeift das Abschiedssignal zum Angostura, und die Seefahrt ist zu Ende.«[159]

Wie viel Hoerschelmann auf allen seinen Reisen gezeichnet und gemalt hat, dokumentieren sein »Logbuch« und die Mappen mit Zeichnungen und Aquarellen in seinem Nachlaß, abgesehen davon, was auf Ausstellungen verkauft wurde. War er im Süden unterwegs, so begann die Farbe ihr Recht zu fordern, wie er es einmal formuliert hat. »Die herrlichen Olivenhügel sind ein göttliches Motiv und alte Bauernhäuser dazu – was braucht man mehr, um Pinsel und Farbe in Wallung zu bringen. In Feldafing ist in den ganzen Sommermonaten dagegen nur 1 farbiges Blatt entstanden. Dort zeichne ich Landschaften mit schwarzer Kreide.«[160] Die Ergebnisse seiner farbigen Umsetzung erfüllen ihn jedoch oft mit Unzufriedenheit. So schreibt er zum Beispiel am 15. Mai 1931 aus Rom an die Mutter: »Hier zu arbeiten ist viel schwerer als anderswo – farbig sehr diffizil u. undankbar. Die meisten Maler lügen – der Rest ist unsterblich – Corot, Rottmann. Ruinen sind scheußlich.« Genügend selbstkritisch stellt er fest: »Doch kehrte ich von jeder Fahrt ins Blaue immer wieder zu mir selbst zurück und wurde nie müde, alte Papierbogen mit vielen schwarzen Strichen zu bedecken. (…) Man sieht aus alledem, dass ich kein Maler war, wohl aber ein Zeichner und Illustrator.«[161]

Als Austauschbohemien in Berlin

Beinahe regelmäßig hielt sich RvH viele Jahre lang oft für einige Wochen in Berlin auf, wo er das Nützliche mit dem Angenehmen verband. Vermutlich besuchte er anfangs seinen Bruder Harald, der bis 1914 für eine Patentgesellschaft an einer neuen Erfindung auf dem Gebiete des Verbrennungswesens arbeitete, vorübergehend in einem privaten Ingenieurbüro tätig war, danach die Leitung verschiedener Zeitungskorrespondenzen übernahm und 1916 schließlich einen eigenen Korrespondenz-Verlag gründete. Jedenfalls kannte man bald in Berlin »die zwei baltischen Brüder Hoerschelmann, den kleinen mit dem zierlich gerundeten und den riesengroßen mit dem weit offenen Antlitz – nie hat Natur Geschwister so lustig verschiedenartig gebildet«.[162]

Wie er wohl bald herausgefunden hatte, ließ sich in Berlin Graphik, die er in München aufstöberte, gut verkaufen. Ansonsten war er auch dort damit beschäftigt, Bekannte und Freunde zu treffen und neue, interessante Leute kennenzulernen. Deshalb klingt es wenig glaubhaft, wenn er in einem Brief Anfang Februar 1929 an die Mutter schreibt, er habe anfangs »für die meisten Berliner inkognito« dort sein wollen. Das war wohl reine Koketterie, denn als erstes suchte er das »Romanische Café« auf, »wo es nur so von Bekannten wimmelt« und man ständig eingeladen würde, zum Beispiel zu einem »Riesentee bei Flechtheim – ich taxiere etwa auf 70 Personen! Und fast alles Leute von bekanntem Namen. Die ganze Wohnung ein Museum modernster Kunst. Alles sehr amüsant. Abends fuhr ich zu Rodas, wo es dann wieder bieder und gemütlich war und von alter Herzlichkeit.« Wegen seiner vielen Verpflichtungen, Einladungen und wegen des kulturellen Angebots sei für ihn »die Organisation der Tage eine große und schwere Aufgabe!«[163]

Bei einem dieser Aufenthalte scheint er auch Else Lasker-Schüler kennengelernt zu haben, denn in seinem Nachlaß fand sich ein handschriftlicher Brief vom 24. April 1925 der 56jährigen Künstlerin, die sich, wie es heißt, aufs kultivierte Betteln verstand: »Hochverehrter Herr Professor. Wie mich Ihre liebe Karte freute, da ich fürchtete Sie hätten uns vergessen. Ich erinnere mich, da Sie Sich (*sic!*) einst so sehr lobend über meinen Jungen aussprachen. (…) Mein Junge ist nämlich so überaus bescheiden, dass ich ihm immer zusprechen muß und ich bin überzeugt, dass Sie nicht enttäuscht von ihm sind, Herr Professor, wenn Sie ihn als Schüler aufnehmen sollten. Wollen Sie es!« Ob oder mit welcher Antwort Hoerschelmann von dem »zur Bequemlichkeit« beigelegten Kuvert Gebrauch gemacht hat, ist leider nicht bekannt.

Auch als Ende der zwanziger Jahre die Zeiten für Verkäufe von Graphik in Berlin schwieriger werden, wie Hoerschelmann zu seinem Leidwesen feststellen muß, hält er sich besonders gern am Jahresanfang in Berlin auf. Er genießt »die vielen warmen Wohnungen«, schreibt er im Februar 1929 an die Mutter und hofft, daß »die Röhren im Haus« in der Gedonstraße nicht eingefroren sind. »Ich selber hause wunderhübsch für mich, 2 Zimmer, Bad und Aquarelle von mir an den Wänden. Morgens um 10 komme ich zum Frühstück hinunter, das ich wochentags allein einnehme, Sonntags im Kreise der Familie. Rosins sind außerordentlich herzlich und gastfreundlich, und es ist sehr gemütlich. Den ersten Sonntag waren Purrmanns, einen anderen Abend Glasers, Grossmanns etc. hier eingeladen, heute kommt Liesl Frank zum Tee.« Er wird von Liesl zu einer Vorstellung ihrer Mutter ins Metropoltheater eingeladen und geht mit ihr »in der Pause in Fritzi Massarys Garderobe, die sehr huldvoll war und sich nach einer niveauvolleren Betätigung sehnt, was auch wirklich zu hoffen wäre. Sie sah bezaubernd aus – auch aus nächster Nähe und spielt herrlich. Willi Schaeffers hat mich von der Bühne herunter wieder angequatscht – mit der Massary am Arm!«

In seiner Rückschau stellt er, nicht ganz ohne Wehmut, fest: »(…) ich trug mit Stolz den Titel eines Austauschbohemiens – denn es war selbstverständlich, dass ich dort alsbald einen festen Platz im Romanischen Café, dem Treffpunkt der Künstler, hatte; früher war es das Café des Westens gewesen, wo man zu jeder Tages- und Nachtzeit mit Sicherheit alte Bekannte treffen konnte – das Romanische war etwas repräsentativer, und es war eine große Ehre für mich, dass ich von Max Slevogt eingeladen wurde, regelmäßig am berühmten Ecktisch Platz zu nehmen, an dem er präsidierte. Um ihn gruppierten sich Emil Orlik, Bruno Cassirer, Fritz Klimsch, Karl Scheffler und andere bekannte Größen. Slevogt freute sich, von mir Nachrichten aus München zu erhalten, an das er mit Liebe dachte, und wo er gute alte Freunde hatte. (…) Auch er war Sammler romantischer Buchillustrationen, so dass wir viele Berührungspunkte hatten. (…) In seiner gemütlichen Wohnung bekam ich seltene Frühwerke, Probedrucke und Raritäten zu sehen und manches Blättchen geschenkt.«[164]

Offenbar erhielt RvH im April 1928 erstmals die Möglichkeit, in Berlin eigene Arbeiten auszustellen. In einem Zeitungsartikel »Von Dürer zu Hoerschelmann« heißt es: »Ein noch junger Meister der Linie, der treffenden malerischen Bemerkung, den Dürer gewiß gern unter seinen ›Malerknaben‹ gesehen hätte, ist der in München lebende Balte Rolf Erik von Hoerschelmann. Seine bei Wiltschek in der Viktoriastraße veranstaltete Ausstellung war ein voller Erfolg. Die hellfarbigen scharf umrissenen Landschaftszeichnungen von der Insel Elba und von bekannteren Punkten Italiens fassen die ewige Natur des Landes in einen neuen flotten Reim; die einfarbigen Figurenblätter, zum Teil stark von Alfred Kubin angeregt, aber in der Form auf Grund persönlichsten Wissens durchgebildet, wenden die scharf erregte Art des österreichischen Einzelgängers in überlegenen Humor. Mit freundschaftlicher Dankbarkeit zeigt Rolf Erik seine kleine Porträtgalerie, das heißt eine Reihe meist sehr unterhaltsamer Zeichnungen, die Münchner Malerkollegen wie Gulbransson, Kubin, und andere von dem äußeren Menschen und damit auch ein wenig von der inneren Weisheit des im großen Sinne heiteren Kameraden geschaffen haben.«[165]

Im Mittelpunkt seines Berlinaufenthalts im Februar und März 1930 stand wiederum eine Ausstellung seiner Arbeiten, zu der Paul Huldschinsky und Paul Graupe am 28. Februar in die Tiergartenstraße 4 einluden. Bereits im Jahr zuvor hatte Paul Huldschinsky für Hoerschelmanns Italien-Malausbeute und Zeichnungen, in denen sich »Fabeltiere von Christian Morgenstern tummeln«, und die Künstler Ernst Stadelmann und Hilde Stinnes eine Gemeinschaftsausstellung in der Galerie Wiltschek organisiert gehabt: »Da stand auch inmitten seiner bezaubernden Aquarelle das liebe ›Hoerschelmännchen‹, das sich aus seiner Münchener Traumhöhle persönlich nach Berlin gewagt hat, obwohl der Münchener Karneval, der ohne ihn eigentlich gar nicht denkbar ist, noch nicht abgeschlossen war. Er hat in einen Saal eine lange Reihe vorzüglicher Aquarelle gehängt, viele von der Insel Elba. Jetzt kann man sich einen Begriff davon machen, welche altitalienische Note diese Insel haben muß. Wunderbar ist ihre Luft und ihre Eigenart eingefangen. Hier ist die Vision eines einfachen, verträumten Italiens, von dem unsere Großväter erzählten. Das Italien aus Goethes Reise. (…) Spät am Abend, als die übrigen Gäste sich schon entfernt hatten, stand ganz allein Willy Schaeffers in dem Raum, und konnte sich aus der Welt nicht lösen, der sich sein Humor irgendwie verbunden fühlt.«[166]

Auch dieses Mal sollte es eine Gemeinschaftsausstellung werden: »Wir haben den sehr angenehmen Plan gefasst, die Ausstellung gemeinsam mit Otto Hirth (dem jüngsten Sohn von Georg Hirth aus München) zu machen. Er lebt jetzt hier und macht entzückende Dekorationsmalerei – so dass wir uns keine Konkurrenz machen, aber dem Publikum mehr zu bieten haben.«

Er hofft, einiges verkaufen zu können, hat er doch der Mutter versprochen, »energischer für den Haushalt zu sorgen«. Am 1. März kann er berichten: »Die Schlacht ist geschlagen, der Feind hat einen geordneten Rückzug angetreten! Unser Eröffnungsfest war wunderhübsch und von ausgezeichnetem Publikum, vielleicht ausschließlich zu ausgezeichnetem Publikum besucht. Geistige Elite, die sich brillant unterhielt, aber kein Geld hat!! Zum Glück konnte ich schon vor Beginn mit 5 Verkauftzetteln paradieren, die sich denn auch noch nicht weiter vermehrt haben, die aber schon mehr ausmachten als die vorigjährige Ernte. Etwas wird wohl noch dazukommen. Otto Hirth stellte im großen Auktionssaal aus, wo sich auch ein strahlend schönes Teebuffet befand, um das herum sich natürlich die Leute plaudernd und futternd drängten – in meine 2 Zimmer kamen sie dann zum Kunstgenuss, dem sie ohne Ausnahme äußerst interessiert und anerkennend frönten. Es befanden sich darunter: Geheimrat Goldschmidt, Orlik, Feuchtwanger, Rodas, Rössler, Speyer, Schäffers, Spiegel, Szafransky, ›Anita‹ Gussy v Zitzewitz, Usküll s, Brockhusens, Wedderkop, Sinzheimer, Campbell (...). Nun werden wohl erst die Berichte über das gesellschaftliche Ereignis kommen, und dann, leider wie immer sehr verspätet, die Kunstkritik, die meist noch gar nicht da war. Es hängen von mir rund 90 Blätter an den Wänden, und andere liegen noch auf. Meine Käufer sind bisher die altbewährten Kämpen Rosin und Laeiss, ohne die wäre es wohl eine Pleite geworden!!«

Mit der Besprechung von Brockhusen am 8. März in der »Neuen Preußischen Kreuz-Zeitung« dürfte Hoerschelmann hingegen zufrieden gewesen sein: »Die schönen Räume, die herrlichen alten Möbel bieten einen ausgezeichneten Hintergrund für die zarte Graphik von Hoerschelmann. Der Künstler tut die Tore zu seinem bizarren Wunderland weit auf und es lässt sich gut darin herumspazieren, während ein angenehmes Gruseln den Rükken überrieselt. Wahrsagende Hexen, Hampelmänner und Masken, unheimliche Tiere, die sich aus vorgeschichtlicher Zeit in die Kunst Hoerschelmanns retteten, rufen den Blick. Ihre Gestalten erstehen aus Tausenden von kleinen, scharfen Strichen, ein Tumult in Tinte und Feder und dabei doch klar in ihrer Wirkung. Dies ist der Hoerschelmann, den wir kennen, aber daneben tritt ein neuer, der auch unbedingtes Aufmerken verlangt. Zwei bezaubernde Aquarelle, deren Ursprung im 18. Jahrhundert zu suchen sind, leiten die Bekanntschaft ein. Rokokoleicht schweben die Dinge über das Papier, unbelastet von der Schwere der Farbe, frei in der Entfaltung ihrer Bewegung: ›Eva im Paradies‹. Dann entrollt sich eine Fülle anderer Wasserfarbenblätter, in denen der Graphiker sich als Maler versucht. Es sind dies Landschaften aus Südfrankreich, mit liebevoll beobachtenden Augen gesehen, mit liebevoller

Innigkeit zu Papier gebracht; Erzählungen, die jeder Kleinigkeit ihr Recht geben, wahrheitsgetreue Bildnisse von Städten, Dörfern, Häfen – Porträts eines bestimmten Weges, der seine Kurve nur so und nicht anders zwischen die Persönlichkeit der Häuser legt. Noch bleibt in ihnen ein Erdenrest graphischer Empfindung, dessen Überwindung wohl Hoerschelmanns nächste Aufgabe sein wird.«

Die Gastfreundschaft von Dr. Arthur und Elvira Rosin – Elvira war eine Schwester von Margherita Rosenthal – in ihrem Berliner Haus schätzte RvH sehr, da dort namhafte Künstler verkehrten und oft zu Soupers eingeladen wurde; weshalb Hoerschelmann nach Berlin immer seinen Smoking mitnahm. Der Kommanditist der Darmstädter Bank und Nationalbank Arthur Rosin war mit dem Maler Lovis Corinth befreundet, ließ sich von diesem mehrfach porträtieren und unterstützte finanziell die von Corinth geführte Berliner Sezession. Die Rosins besaßen »sein graphisches Werk vollzählig, unendlich viele Zeichnungen und Aquarelle und eine ziemliche Anzahl schöner Gemälde«. Auch »zu Max Liebermann durfte ich meine Freunde einmal begleiten und erlebte einen unvergesslichen Vormittag in seinem prächtigen, schon lange seiner Familie angehörigen Hause am Brandenburger Tor. Liebermann, damals schon über achtzig Jahre alt, war von seltener geistiger Frische, voller Witz und Geist. Der Schatz seiner Erinnerungen war unerschöpflich und von größtem kunst- und kulturhistorischen Wert. (…) War für mich der alte Liebermann die ehrwürdigste Gestalt unter den Künstlern Berlins, so war der junge, ob seiner maßlos scharfen Satire berüchtigte George Groß die amüsanteste Erscheinung des Tages. (…) Ein Fest in seiner Wohnung bleibt mir infolge des dabei entfalteten Luxus, wie ich ihn in der alten Finanzaristokratie nie erlebt habe, unvergesslich. Unter vier Augen war er aber ein zutraulicher, guter Kamerad und lieber Kerl.«[167]

Sehr intim befreundet war Hoerschelmann mit dem in Berlin ansässigen Architekten Paul Huldschinsky, im Familien- und Freundeskreis »Hulle« genannt. Wann und wo sich Hoerschel und Hulle kennengelernt haben, geht aus den vorliegenden Briefen nicht hervor. Nur soviel ist bekannt, daß Paul Huldschinsky gleichfalls befreundet war mit Bruno und Liesl Frank, Feldafing kannte und die deutsch-amerikanische, jüdische Schriftstellerin Emma Bonn, die er einmal »das nette, zuckende Bonnchen« nennt[168] und in seinen Briefen an RvH immer grüßen läßt. In einem Brief vom 12. Mai 1925 an sein »Liebstes Brüderlein« bedauert Hulle, momentan nicht genügend Geld zu haben, um Maiki und Hoerschel nach Berlin für ein paar Erholungstage

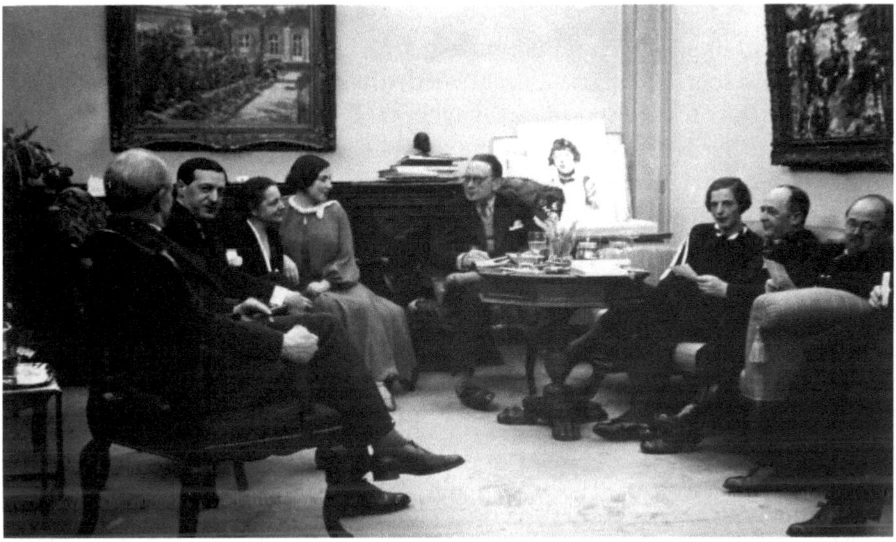

Rolf von Hoerschelmann (rechts) bei Dr. Arthur Rosin (zweiter von links) in Berlin, um 1928

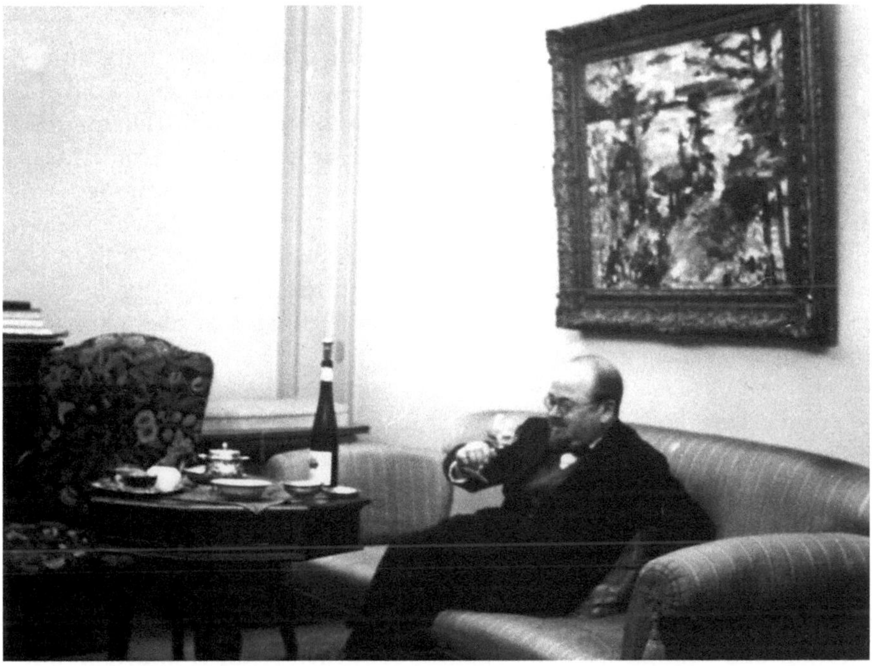

RvH im Hause Dr. Rosins

einladen zu können. Doch im darauffolgenden Jahr sieht Hulle endlich eine Möglichkeit, Hoerschelmann einmal wieder bei sich in Berlin zu haben, und unterbreitet ihm ein spektakuläres Angebot: »Ich war gestern sehr lange mit dem Schauspieler Kurt Bois zusammen, von dem Du vielleicht gehört haben wirst. Dieser Kurt Bois schreibt an einem Film, den die Ufa schon so gut wie akzeptiert hat, er will ihn der Ufa aber nur geben, wenn er den Hauptdarsteller für diesen Film selbst stellen kann, wie er ihn sich vorstellt. Unter strengster Diskretion sagte er mir, dass dieser Film die Verfilmung eines sehr kitschigen Romans einer Wiener Schriftstellerin, Vicky Baum ist, der Roman heisst: ›Ule, der Zwerg‹. Nach meiner Meinung bist Du der einzige Mensch, der diese Rolle darstellen könnte. Ich erzählte ihm von Dir und er ist wie verrückt nach Dir und bat mich, ihm doch sofort, Photographien von Dir zu zeigen. Leider habe ich keine einzige, außer ein paar, in größere Photographie-Albums geklebte Bilder vom Hafen in Hamburg. Bitte sei doch so gut und schicke mir sofort irgend welche Amateur-Aufnahmen von Dir zu. Wenn die Photographien ihm meine Aussage bestätigen, würde er Dich bitten, auf seine Kosten, irgendwann es Dir passt, einmal für ein paar Tage nach Berlin zu kommen. Für mich wäre das natürlich herrlich: Du würdest bei mir wohnen, was ich mir doch schon so lange wünsche, und wir könnten alle unsere versäumten Monate einmal nachholen. Wenn Maiki mitkommen könnte, so wäre das natürlich besonders schön – das ist leider aber wohl eine Geldfrage? So wie Bois Dich gesprochen hat, will er dann auf Dich hinauf das Manuskript fertig stellen. Wann dann die Aufnahmen stattfinden werden, das wird sich ja erst später herausstellen. Auf alle Fälle wäre ich sehr froh (auch aus unegoistischen Gründen), wenn etwas aus der Sache würde, da die Sache pekuniär für Dich sicher ein großer Schlager wäre.«[169]

Mehr erfährt man nicht, aber man kann wohl davon ausgehen, daß, aus welchen Gründen auch immer, es zu einem Debüt Hoerschelmanns als Filmschauspieler nicht gekommen ist.

Wenn es die Umstände nicht zuließen, für mehrere Wochen Unterkunft im Haus von Paul Huldschinsky in Wannsee zu finden, so stand ihm offensichtlich das Haus von Arthur und Elvira Rosin jederzeit offen. Am 5. März 1931 bedankt er sich für die Glückwünsche zum Geburtstag bei der lieben Familie in München, beklagt die geschäftlich mäßigen Erfolge und bemerkt nebenhin, daß er weder »vom Nebel noch von Unruhen sonderlich viel gemerkt« habe. Sehr viel mehr kann er wie immer berichten von seinem reichhaltigen Programm und zahlreichen Einladungen, bei denen er unter anderem Werner Bergengruen, Zuckmayers, »die Bergner« und bei einem »Schwabinger

Abend« Lotte Pritzel getroffen habe, und daß er mit Rosins und Döblins einen Abend durch die Kneipen rings um den Alexanderplatz gezogen sei, wo er zum ersten Mal »dieses teils spießbürgerliche ordinäre, teils furchtbare, verkommene Großstadtproletariat« gesehen habe, wie er an Kubin am 25. März schreibt. Beiläufig erwähnt er in jenem Brief, daß er einen neuen Lebensabschnitt beginne, da man bei ihm »Nephrosclerose« diagnostiziert und er sich nun in die Armee der Patienten eingegliedert habe. Sehr beunruhigt über seine Herz-Nieren-Insuffizienz klingt er allerdings nicht.

Im Jahre 1932 reist er nach seinem traditionellen Berlinaufenthalt weiter nach Weimar, da in Jena Bilder von ihm ausgestellt werden. »Nach 18 Jahren sitze ich wieder im alten Weimar, zu Besuch bei meiner 29jährigen Freundin Fräulein von Schnellenbühel.«[170] Im Familienkreis wurde seine in Wirklichkeit damals 53jährige Freundin, mit der er allerdings seit 29 Jahren befreundet war, »der Pips« genannt. »Den Abend verbrachten wir selbander in anmutigen Gesprächen und Erinnerungen. Heute früh um 10 fuhren wir zusammen nach Jena und machten bei Rose in seinem Staatssalon unsere Visite. Mit ihm besichtigten wir die Ausstellung, was bei köstlichstem Frühlingswetter sehr nett war. 5 Räume im schönen Schlösschen sind mit Aquarellen behängt. Dann waren wir noch im neu erbauten architektonisch interessanten Studentenhaus und in Schillers Gartenhaus. Zu Mittag bei Rose. Zu vier Uhr hatte Rose ausgewählte Vertreter der hiesigen baltischen Kolonie in die Ausstellung geladen, und es kamen überraschend viele. (...) Viele kannten mich, die meisten Papa. Es war recht stattlich, so dass Rose sich zu einer vorzüglichen Rede aufschwang, lange und eindrucksvoll sprach über Viktor Hehn, und Italien und Balten und mich. Es war sehr schön! (...) Aber leider bringen diese Ehrungen keinen roten Heller ein! Von Verkäufen ist nicht die Rede. Ich überlege Tag und Nacht, was ich künftig machen soll. (...) Hier beginne ich nun morgen mit dem Studium des alten, sich in so vielem gewandelten Weimar. Das letzte Mal wie ich hier war, gab's noch einen regierenden Großherzog!«[171]

Am Tisch des Zauberers – Begegnung mit Thomas Mann

Nur in »Leben ohne Alltag« erwähnt Hoerschelmann bei seinen Ausführungen zu Thomas Mann, den er als »bürgerlich und korrekt« gesehen und den Karl Wolfskehl einmal als »Gentledämon« bezeichnet habe, sein damaliges Zusammentreffen mit Thomas Mann, »anlässlich der Goethe-Feier in Weimar, und ich hatte die große Freude, ihn an die mir seit langem wohlvertrauten Stätten führen zu dürfen. Wir besuchten das Goethe-Haus mit dem stillen, dunklen Arbeitszimmer, dem erschütternd kleinen Schlaf- und Sterbezimmer, und ich habe einige Jahre später den Niederschlag dieser starken Eindrücke in seinem Roman ›Lotte in Weimar‹ wiederfinden können.«[172] Zu dieser für ihn doch denkwürdigen Begegnung findet sich nichts in den vorliegenden Briefen, was insofern seltsam ist, als RvH gerne von seinen Kontakten zu Prominenten berichtete, und wenn er wie in einem Brief an Kubin in einer Ecke vermerkte: »Eben war K. Valentin lange bei mir!!!«[173]

Aus den Tagebüchern Thomas Manns geht hervor, daß er und Hoerschelmann sich zu jenem Zeitpunkt bereits seit vielen Jahren gekannt haben. Eine erste Erwähnung findet sich am 8. Februar 1919, als er nach der Vorlesung des Jagd-Kapitels aus »Herr und Hund« und der »Schulkrankheit aus dem Hochstapler« Hoerschelmann im Frauenklub in der Finkenstraße begrüßt habe, und am 15. Dezember desselben Jahres notiert er: »Unter der Post manches über ›H. und H.‹. Ein lustiges Huldigungsblatt des kleinen Hoerschelmann.« Noch am selben Tag dankt er RvH für die »zauberhaft bunte Huldigung für Bauschan (…) in seinem und meinem Namen von Herzen« und beendet seinen Brief mit dem Wunsch: »Auf ein baldiges Wiedersehen!«[174] Auch daß Hoerschelmann bei seiner Lesung aus dem »Zauberberg« anläßlich der Einweihung der neuen Lesestube bei Jaffe anwesend war, wird von ihm am 17. September 1919 erwähnt, und daß er am 12. November nach einer Aufführung von Claudels »Verkündigung« in den Kammerspielen mit ihm ein Stück gegangen sei und ihn bei »einem Herrenabend bei W. Seidel in der Georgenstraße« angetroffen habe. Von RvH hingegen erfährt man in einem Brief vom 26. März 1928 an Kubin: »Am Mittwoch war ich mit Thomas Mann bei Falckenberg, was angeregt und hübsch war.«

Hoerschelmann war auch zumindest einmal zu Gast bei Thomas Mann, wovon Golo Mann in seinen »Erinnerungen und Gedanken – Eine Jugend in Deutschland« erzählt hat: »Übrigens ging es in diesem Spätherbst und Frühwinter [1929] in der Poschingerstraße ganz hübsch gesellig zu. Anfang Dezember erschien zum ›Frühstück‹ – so nannte man nun ein elegantes Mittagessen – der Philosoph Hermann Graf Keyserling mit seiner Gemahlin, wozu noch andere Gäste gebeten waren: TMs treuer Freund, Begleiter, Tröster und Hofnarr, der Übersetzer Hans Reisinger – im Roman ›Doktor Faustus‹ Rüdiger Schildknapp –, den mein Vater bei solchen Gelegenheiten gern zu Hilfe rief, und ein Maler, Rolf von Hoerschelmann, Balte wie Keyserling, klein von Gestalt, fidel und medisant. Keyserling, ein Hüne von Gestalt, erschütterte, indem er sich zum Essen niedersetzte, den Tisch dermaßen, dass sämtliche schon gefüllten Weingläser umfielen und eine durch Lachen gemäßigte Verwirrung entstand. Später hielt TM eine Rede, frei gesprochen, jedoch offenbar vorher aufgeschrieben und konventionell; Keyserling erwiderte unvorbereitet und souverän, als der Weltmann, der er war. Danach sprach TM noch einmal: er hatte vergessen, der Gräfin zu gedenken, die als Enkelin Bismarcks aus großem und schicksalsschwerem Hause stamme. Die Unterhaltung verlief mühelos und interessant; darauf verstand Keyserling sich. (…) Die Mahlzeit war lang, Champagner zum Nachtisch; im Nebenzimmer Kaffee, Liköre, Zigarren. Zuletzt erhob Keyserling sich mit einem Seufzer, ›Ach ja!‹ Er gedachte des öden Nachmittags, der folgen würde, des schwierigen Lebens nach ein paar guten Stunden. Als das Ehepaar verschwunden war, die anderen Gäste noch anwesend, wurde gehechelt. Maler Hoerschelmann äußerte sich mit seiner baltischen Singsangstimme: ›Wissen Sie, Persönlichkeiten wie Keyserling hatten wir im Baltikum viele. Als beliebte Gäste traf man sie in allen Schlössern, weil sie plaudern, erzählen konnten und so ein bisschen philosophieren auch. Na, nun hat Keyserling sich eben selbständig und einen Beruf daraus gemacht‹ (worüber mein Vater lachen musste).«[175]

Das Talent der Balten, amüsant zu erzählen in einer »Singsangstimme«, hat RvH in einem Artikel zu Wolfgang Kraus' Buch »Die baltische Plaudertasche« authentisch erläutert: »Wer hat nicht schon baltische Geschichten gehört? Diese ›Praatchen‹, wie der Balte sie nennt, entfalten ihre volle Würze und Süßigkeit natürlich erst, wenn der Erzähler den spezifisch baltischen Tonfall beherrscht, diesen Tonfall, der sich nicht orthographisch erschöpfend charakterisieren lässt. Das ist vielleicht bei keinem Dialekt der Fall, aber die Erfahrung hat gelehrt, dass man sowohl plattdeutsch als bayrisch dichten und schreiben kann. Eine baltische Dialekterzählung wäre unleidlich. Ein

Dialekt ist es eben in dem Sinne wohl auch nicht, was der Estländer, der Livländer, der Kurländer spricht, sondern eine mit landesüblichen Ausdrücken untermischte, besonders östliche Aussprache des Hochdeutschen und das wichtigste dabei ist eben der Tonfall – dieser Ton, der die Musik macht. So

Selbstporträt mit Hut (um 1935)

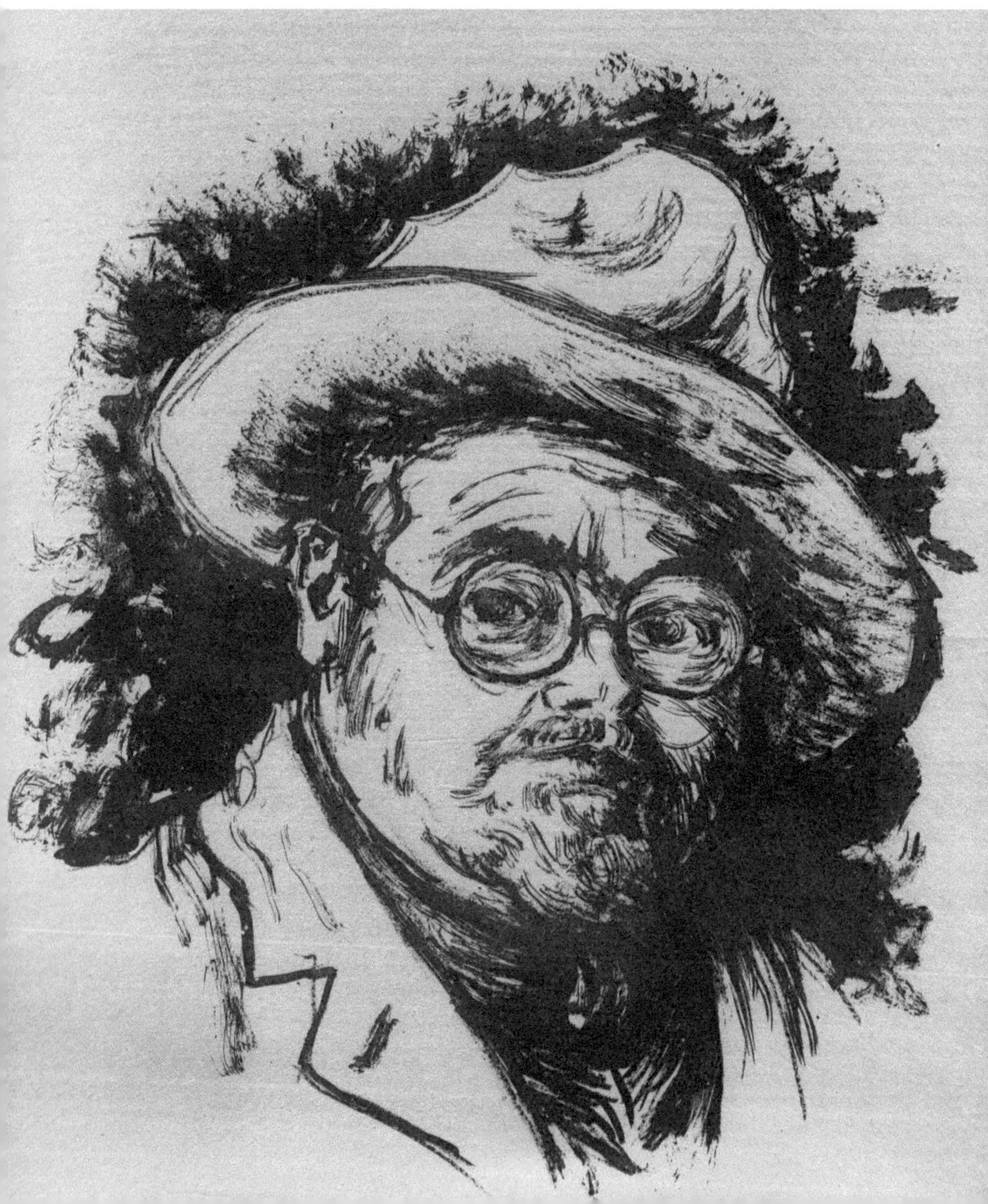

ist es keine leichte Aufgabe, diese wandernden Anekdoten von baltischen Originalen, diese Kernsprüche und Sentenzen im Buche zur Wirkung zu bringen. Es erfordert eine behutsame schriftstellerische Leistung und eine liebevolle Einführung in die Besonderheiten dieser komischen Käuze unter den Edelleuten ›von altem Schrot und Kümmel‹ – dieser Onkel und dieser Tanten und vor allen Dingen der unvergesslichen alten Pastore!«

Hoerschelmann soll in dieser Hinsicht ein echter Balte gewesen und geblieben sein: »Gefürchtet war seine Zunge, auch ein Werkzeug seines feinen und scharfen Geistes. Groß ist die Zahl der Praatchen, mit denen er andere wie sich selbst zu ironisieren liebte. So ist ihm eines Tages das Missgeschick passiert, irrtümlich totgesagt zu sein. Diese Art von Scheintod ist sehr anstrengend. Unaufhörlich schrillte das Telefon, um sein Dementi entgegenzunehmen. Müde der stetigen Beteuerungen seiner Lebendigkeit war Hoerschelmann zu Bett gegangen. Früh am Morgen ein neuer Anruf: ›Hier ist das Begräbnisinstitut ‚Pietät'. Kann ich jemanden von den Angehörigen sprechen?‹ – ›Nicht nötig‹, erklang seine Antwort, ›die Leiche ist selber am Telefon.‹«[176]

1933 – »und unser Leben bekam ein anderes Gesicht«

Hoerschelmann scheint am 10. Februar 1933 nicht unter den 500 Zuhörern gewesen zu sein bei Thomas Manns Vortrag über »Leiden und Größe Richard Wagners«, der im überfüllten Auditorium maximum der Münchner Universität rauschenden Beifall entfesselte, sondern »im Bande ›Größe und Leiden der Meister‹« nachgelesen zu haben. Als »eine kaum glaubliche Tragikomödie« habe er es empfunden, schreibt er in »Leben ohne Alltag«, daß diese Rede zum Anlaß zu der einige Monate später einsetzenden Hetze unter dem Stichwort »Thomas Mann schändet den Namen Wagners im Ausland« genommen wurde. Einen seiner letzten Briefe, bevor Thomas Mann mit seiner Frau Katia am 11. Februar Deutschland verläßt, um den Vortrag in Amsterdam, in Brüssel und Paris zu wiederholen und nicht wiederzukehren, schreibt er an Hoerschelmann, in dem er sich bedankt bei dem »Liebe[n] Herr[n] vom Hörselberg«, gerührt über ein neues Geschenk von »unerschöpflicher Sinnigkeit und Findigkeit«. Das ihm zugesandte Bildchen mit Blick durch ein Fenster auf einen Garten findet Thomas Mann ganz reizend und des Einrahmens und Aufhängens würdig. Mit dem Wunsch, die »holländisch-belgisch-französischen Festivitäten« lägen schon hinter ihm und er wäre schon wieder in München – »So verwünscht der Mensch die Zeit, die ihm doch so kostbar sein sollte« –, verabschiedet er sich von RvH: »Auf Wiedersehn in vier Wochen!«[177]

Offenbar hat man sich wiedergesehen, als Hoerschelmann anläßlich einer Corot-Ausstellung in Zürich war, da Thomas Mann am 15. Dezember 1934 von Küsnacht aus für einen »herzerwärmenden« Brief RvH beide Hände drückt und fortfährt: »(...) wie Sie sie mir drückten hier bei unserem letzten Abschied. Das ist die Stimme eines freien, guten Menschen, der sich seine geistige Gespanntheit bewahrt hat, – eine außerordentliche Wohltat nach all den tristen Erfahrungen, die man mit unterworfenen Gehirnen, subalternen Rauschbolden und gehörnten Angsthabern gemacht hat. Wie schade, dass man sich so bald nicht sehen und mit einander reden kann! (...) Wahrlich, Sie wissen zu leben! (...) Was kommt, weiß niemand. Und kommen jedenfalls Sie, sobald es geht, einmal wieder! Ihr aufrichtig ergebener Thomas Mann«.

Wie RvH die politische Entwicklung Anfang der dreißiger Jahre erlebt hat, auch darüber geben seine Briefe so gut wie keinen Aufschluß. Worüber in den Berliner Kreisen gesprochen wurde, wenn er zum Beispiel mit Erich Mühsam und Thomas Manns Tochter Erika bei Rodas zusammentraf,[178] erfährt man nichts. Eine Fotopostkarte vom 17. Februar 1931 an die Mutter, auf der Hoerschelmann im Gespräch mit zwei Damen und Karl Wolfskehl zu sehen ist, versieht er mit dem unbeschwerten und saloppen Text: »Auf dieser Karte, die von toller Faschingslaune überkocht, wünsche ich ein glückliches neues Lebensjahr ohne Krankheit und Nationalsozialismus, von dem auch hier viel die Rede ist, da am 22ten eine Revolution versprochen worden ist! Es wird aber wohl kaum so schlimm werden. Sehr schlimm scheint es aber mit den geschäftlichen Aussichten bestellt zu sein – ich darf mir keine Illusionen machen!!« Nur beiläufig erwähnt er den ersten Wahlgang der Reichspräsidentenwahl am 13. März 1932: »In der Wahlnacht waren wir mit Eckardt bei Rodas, wo bis gegen 3 Uhr das Radio ging und viel gesoffen wurde.«

Fern der Großstadt in Feldafing genießt Hoerschelmann in vollen Zügen

»ich, Anita, Frau Foitzick, Wolfskehl« (Fotopostkarte an die Mutter vom 17. Februar 1931)

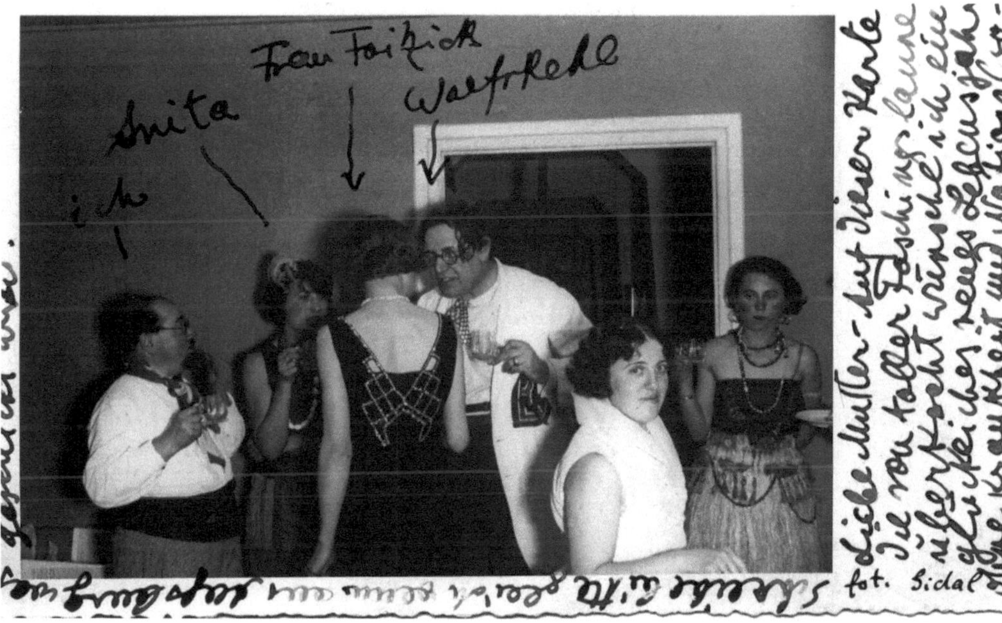

den Frühlingsanfang und witzelt noch sehr unbekümmert in einem Brief an Alfred Neumann: »Nun sitze ich tiefbeglückt auf meinem Balkone, wie der Star auf der Stange seines Kästchens. Es wimmelt von Butterblumen auf der Wiese und eine weiße Kuh sorgt für Staffage. Die große Hecke zu meiner Linken, der Buchenwald ist noch unbelaubt, was einen angenehm daran erinnert, dass man viel schöne Zeit vor sich hat, bis es wieder Winter wird. Daran sei also nicht gedacht und manches andere nach Möglichkeit aus dem Kopf geschlagen von dem beglückenden Phänomen des Frühlings, der aller Gleichschaltung fröhlich spottet. Wenn man uns nur lässt – unser Lieblingslied zu pfeifen – ist es mal gepfiffen, schadet kein Scheiterhaufen mehr. (...) Jetzt muß ich mich ernstlich daran machen, meine Bibliothek von den jüdisch-marxistischen Büchern zu säubern – auch will ich die Sache in die Hand nehmen, dass in Feldafing ein Schandpfahl errichtet wird. Sonst wäre das idyllische Leben hier gar zu verlockend.«[179]

In »Weltgeschichte privat« erläutert er später seine und seines Freundeskreises damalige Haltung folgendermaßen: Die Künstlerschaft, zu der ja auch er sich zählte, sah keine »ernstliche Beunruhigung in dieser Entwicklung der Dinge, denn Handel und Wandel blühten noch einigermaßen, bis im Sommer 1931 der große Bankkrach in Berlin eine spürbare Änderung hervorrief«. Was dann ab 1933 geschah, »grenzte auf Schritt und Tritt an Kolportage oder phantastische Schauerliteratur. In der Nacht meines Geburtstages am 28. Februar 1933 (ich weilte in Berlin) brannte das Reichstagsgebäude ab. Angeblich von den Kommunisten angesteckt. Hier begann die Nazi-Propaganda ihre ersten Fehler zu machen, denn die fadenscheinige Legende war so unwahrscheinlich, der abgefangene Brandstifter ein solcher Idiot, dass eigentlich niemand die Geschichte glaubte. Aber die Aufregung ergab den Anlaß, mit einem Schlage die gesamte kommunistische oder für kommunistisch geltende Welt zu verhaften. (...) Das Romanische Café bot am 1. März ein verändertes Bild, und manche Stammtischrunde, Schachpartie und fröhliche Ecke war für alle Zeiten ausgestorben. Es begann ein berserkerhaftes Toben der siegestrunkenen Partei – doch hoffte man noch, leider zu Unrecht, auf Mäßigung, Vernunft und Zusammenarbeit mit bewährten Kräften der Vergangenheit. (...) Am 1. April musste der letzte Rest von Hoffnung auf Gesittung begraben werden. Der Tag des Judenboykotts öffnete der gesamten Kulturwelt die Augen, mit wem sie es hier zu tun hatte, und unser Leben bekam ein anderes Gesicht.«[180]

Zunehmend will er Mißgunst und Streit bei den einstigen Gesinnungsfreunden in der Künstlerschaft erlebt haben, was ihn abgestoßen und auf Distanz habe gehen lassen, zumal ihm der Schatten immer lieber gewesen sei. Die künstlerische Arbeit beginnt ihm weniger Freude zu machen, und er empfindet es als erniedrigend und beschämend, bei jedem Strich bemüht zu sein, Honorar herauszulocken. Seine »merkantile Epoche« gehört endgültig der Vergangenheit an, wie ein Briefwechsel vom 30. Juni 1931 bis 8. Januar 1932 zwischen ihm und dem Verlag Georg Müller dokumentiert. Der Verlag plante damals die Herausgabe des Romans »Das Bild im Wasser« von Bernhard Jülg, den der Maler und Radierer Hermann Ebers illustrieren sollte. Offenbar war Jülg der Auffassung, daß RvH »die arkadische Motivenwelt seines kleinen Romans« mehr läge. Über Hoerschelmanns abgelieferte Skizzen gab es erste Meinungsverschiedenheiten, da der Verlag kolorierte Zeichnungen wünschte, RvH jedoch davon abriet, um dem Buch nicht »einen zu spielerischen Charakter« zu geben. Mitte November wurde über einen Auftrag für zwei ganzseitige und achtzehn halbseitige Zeichnungen beziehungsweise Vignetten zu einem Honorar von 600 Reichsmark, zahlbar in drei Monaten, verhandelt, und Hoerschelmann bat um eine Vorauszahlung von 200 Reichsmark. Nach einem Monat wurden ihm die Zeichnungen zurückgeschickt, und er war »wie vor den Kopf geschlagen!! (...) ich habe viele Wochen daran gearbeitet auf eigenes Risiko«. Obwohl er eine Überarbeitung anbot und sich nun auch mit der Kolorierung einverstanden erklärte, wurde ihm der Auftrag entzogen, mit der Begründung, daß seine Zeichnungen »allzu wenig von dem Zauber und der Luft des Buches haben, ja, dass Sie zum Teil über die Skizzen, die Sie seinerzeit vorlegten, nicht hinausgekommen sind. (...) Einige von den Bildern, besonders jene, auf denen Tiere zu sehen sind, dürften dem Buch eher schaden als nützen. (...) Handkolorierung war Ihnen nicht sympathisch. Sie entspricht ja auch nicht der Eigenart Ihrer Zeichenweise.« Der Verlag wollte nun ganz auf Illustration verzichten und beschloß eine rein typographische Ausstattung.

»Wenn ich meine grüne Einsamkeit hier nicht hätte, würde ich wohl verzweifeln.« Zutiefst deprimiert klingt erstmals ein Brief Hoerschelmanns im Juni 1933 an Hedwig Kubin: »Franks, Manns, Rosenthals, Rosins – die liebsten besten Freunde sind in der Welt zerstreut und kommen in der alten Form und Vollständigkeit nie mehr zusammen.«[181] Hoerschelmann, der »zeitlebens besonders freundschaftliche Beziehungen zu durch Herzens- und Geisteskultur hervorragende Juden gepflegt hatte«[182], ist mit einem Male persönlich betroffen, da er unmittelbar erfährt, welche Tragödien sich abspielen. Elvira Rosin schreibt ihm am 8. August 1933: »›Unser Feldafing‹ mein Gott – das war ein Mal! Dieser Begriff ›Liebe zur Scholle‹ ist uns genommen – geraubt – geschändet worden. – Als ›ewige Juden‹ müssen wir uns damit trösten, dass vergangene Jahrhunderte ›mit uns‹ noch grausamer umgingen!« Im Mai des folgenden Jahres lösen sie ihre Berliner Wohnung auf, in der Hoerschelmann so oft zu Gast war. »Alles ist in Kisten verstaut, Liebermanns und Corinths, Hörschels und Großis, Purrmanns und Kubin – rosa, gelb, rot, blau, grau, weiß – alles durcheinander in Kisten und Kasten; systematisch verzeichnet auf Listen (...) der Ordnung wegen und in dieser Ordnung einen künftigen Anfang bergend! Wo? Wie? Wann?«[183] Nach Zwischenstationen in London und Italien bei Elviras Familie läßt Arthur Rosin Hoerschelmann wissen: »(...) das Schicksal hat gegen uns entschieden, wir werden uns nicht sehen.«

Ende September werden sie von Bologna mit einem Segelschiff über Buenos Aires, Rio, Trinidad nach New York (aus-)reisen. Hulle berichtet im Mai 1935 von einem Schreiben der Reichskulturkammer: »(...) bis jetzt war ich dort stillschweigend geduldet, weil ich ja 4 Jahre im Krieg war – jetzt fällt dieser Entschuldigungsgrund fort. Das zweite Erlebnis ist Kündigung unserer Wohnung zum Oktober vom Hausbesitzer, einer N.S.D.A.P.-Bank – alles kurz u. gut: wir fliegen auf. All das ist, seitdem ich in England war, nicht mehr so erschreckend für uns, wie es noch vor 3 Monaten gewesen wäre.«[184] Er habe sich angewöhnt, nur noch von Woche zu Woche zu denken, gehe für die nächsten zwei Monate mit seiner Familie erst einmal nach London, aber er hoffe auf ein Wiedersehen im Spätsommer. Leider liegt Hoerschelmanns Antwortschreiben nicht vor, das Hulle als »so besonders innig, klug und freundschaftlich« bezeichnet. Zu dem von beiden erhofften Wiedersehen in Feldafing kommt es nicht, da Paul Huldschinsky in der Folgezeit zwischen London, Den Haag, wo er noch am ehesten Aussicht auf Aufträge hat, und der Familie in Berlin hin und her pendelt. Von Nini, Hulles Ehefrau, erfährt Hoerschelmann, »wie ununterbrochen er unter allem leidet«[185], und im September 1938 aus Garmisch, wo ihr »liebstes Hoerschelchen« sie wohl besucht hat, daß nun die Pässe »beladen mit gewichtigen, amerikanischen Siegeln« bereitliegen. Ende Oktober hofft Hulle auf ein letztes Wiedersehen, bevor sie Ende November endgültig reisen werden. »Jetzt muss es ernst werden – Jehovah sei unsern armen Seelen gnädig.« Er sage sich täglich vor, daß er sich glücklich schätzen müsse, denn viele würden sie darum beneiden, aber ihm sei es unsagbar schwer ums Herz, wenn er an den Abschied denke.[186] Gegenüber Kubin äußert RvH: »(...) wie furchtbar ist das Schicksal der Juden, denen die Auswanderung nicht gelingt (wie z. B. Freund Hulle). Im nächsten Jahr wird wieder mancher liebe Mensch fehlen.«[187]

Mit welcher Brutalität Existenzen vernichtet werden, erlebt er auch in dem ihm vertrauten Bereich des Kunsthandels, wovon er jedoch in gewisser Weise profitiere, wie er Kubin am 27. November 1936 freimütig berichtet: »Die Herren Köberlin, Wallach u. Sauerwein gehen bei einem ein und aus – man muß in Auktionen sitzen und immer auf dem Kiwif sein, um alle Gelegenheiten zu erspähen. (...) Die unglücklichen Nichtarier unter den Händlern müssen fast alle bis zum 1. Januar zumachen, und es gibt andererseits starke Kauflust, die beinahe an die Zeiten der Inflation erinnert – nur nicht einem übersteigerten Bedürfnis nach guter Qualität. Der modernen Kunst geht es schlechter!!«

»Seine ungewöhnliche Fähigkeit, Freundschaft zu wahren, zu pflegen und zu erhalten«

Hoerschelmann habe sich im Laufe seines Lebens eine Kollektion von Menschen, Gleichinteressierten, Bekannten und wirklichen Freunden angelegt, schrieb Max Unold. Vielleicht war RvH auch in dieser Hinsicht ein Sammler, der jede Gelegenheit nutzte, Leute kennenzulernen und neue Kontakte zu knüpfen. Wie aus Briefen hervorgeht, wurde er gern eingeladen wegen seines Talents, geistreich, witzig und anregend zu plaudern. So manche Gesellschaft hat er durch seine spontanen Einfälle belebt und dadurch oftmals sich selbst zum Mittelpunkt gemacht, was dann zur unvergeßlichen Anekdote wurde: »Es mag gegen zwei Uhr (natürlich nachts) gewesen sein, als sich die Tür auftat und in der schwarzen Öffnung ein grausiges Phantom erschien: Der Tod. Mit weißem Knochengeripppe, weißem Totenkopf, die Sichel über der Schulter, stand er unheimlich grinsend da. Die Damen schrieen auf, es lief der Schreck wie ein kalter Eisklumpen über den Rücken. Nur der nie zu verblüffende kleine Hoerschelmann hatte die Geistesgegenwart, ein Glas mit Wein zu füllen und es dem ungebetenen Gast mit einem Kratzfuß zu überreichen. ›Willkommen, Herr Tod, auch du sollst was zum Trinken haben.‹ (Aus einer Simplicissimus-Novelle von K. Murre)«[188]

Eine beispielhafte, ja geradezu rührende Anhänglichkeit bescheinigte ihm Max Unold. Andererseits konnte sich RvH als überaus kritisch und wählerisch in dem Punkt erweisen, wessen Bekanntschaft ihm wirklich etwas bedeutete und welche freundschaftliche Beziehung ihm auf Dauer wichtig war. Er konnte Beziehungen, die ihn enttäuschten, unwiderruflich beenden. Die ihm nachgesagte Treue und Anhänglichkeit haben allerdings viele seiner wirklichen Freunde erfahren dürfen. Als sich ab Mitte der dreißiger Jahre der persönliche Kontakt immer schwieriger gestaltete, gegenseitige Besuche seltener und während des Krieges schließlich unmöglich wurden, entwickelte sich Hoerschelmann zum unermüdlichen Briefeschreiber.

Beharrlich suchte er, einen kontinuierlichen Austausch aufrechtzuerhalten mit denjenigen, die ihm menschlich und geistig nahestanden, an deren Leben er weiterhin Anteil nehmen wollte und die auch an seinem Befinden echtes Interesse zeigten. Man vertraute sich ihm in sehr intimen Dingen an, und es ist anrührend zu lesen, wie dankbar man war für sein geduldiges Zuhören und seine einfühlenden, tröstenden Worte. Ebenso dankbar waren die Freunde für seine ausführlichen Briefe, in denen er kurzweilig über Alltägliches und Erlebtes plauderte und sie von der bedrängenden Gegenwart abzulenken vermochte.

So bedankt sich Elvira Rosin am 24. Juli 1931 bei ihm: »(...) wenn Sie wüssten wie mir Ihre Worte richtigen Trost brachten. Wie warm mir beim Lesen um's Herz wurde – wie ich erkannte, dass nur durch liebevolles Miterleben die Situation – auch meine – aus so weiter Ferne – miterlebt und so richtig gewertet werden konnte. Immer mehr wird es mir klar, – dass man die wenigen Menschen, die einem während eines langen Lebens nahe gekommen sind, die mit uns in Freundschaft und Wesensharmonie verbunden sind, als den Reichtum empfinden soll – der uns vom Leben gegeben wurde.«

Imogen von Bernus und Hedwig Kubin vertrauten sich ihm vor allem in Zeiten ehelicher Schwierigkeiten immer wieder an und erlebten den Freund als aufmerksamen Zuhörer und subtilen Ratgeber. Bei einem Besuch am 22. Juni 1935 in Feldafing hatte Hedwig Kubin ihm ihre Lebenserinnerungen an die Schwabinger Jahre bis zum Umzug nach Zwickledt zu lesen gegeben, und Hoerschelmann forderte sie in einem nachfolgenden Brief eindringlich auf, daran weiterzuschreiben: »Inwiefern so eine Arbeit Dir in Anbetracht des Schweren, was Du jetzt erleben musst, Ablenkung oder Qual bedeuten mag, vermag ich natürlich nicht zu beurteilen – doch wird Dir ja bei den lebhaften Erinnerungen an jene Zeiten doppelt deutlich werden, dass Du Dein Leben nicht an einen Normalmenschen geknüpft hast und allerhand Überraschungen grausamer Natur gewärtig sein musstest. (...) Für das phänomenale Mannkind, das Du Dir da ausgesucht hattest, war das zu Erwartende erstaunlicherweise (bei allem seinem Sinn für Bequemlichkeit) nicht zu erwarten, und diese verspätete Aventiure, die so viel mit Mühe angesammeltes Familienporzellan zerschlägt, stellt ganz ungewöhnliche Anforderungen an Dein Seelenleben, Deine Frauenwürde, Deinen – Humor. Aber es spricht nur für Deine Seelengröße, wenn Du auch dieses Erlebnis überdauerst, und die Bewunderung, Treue und Dankbarkeit Deiner Freunde ist Dir gewiss. Am Ende natürlich auch die des verlorenen Sohnes.«[189]

Wie gut ihr Hoerschelmanns offene Worte und Loyalität damals taten, spiegelt sich in ihrem Antwortschreiben vom 17. September: »Es ist nur gut, dass meine Dankbarkeit für Deinen von so aufrichtiger Freundschaft Zeugnis ablegenden Brief so tief und echt ist, dass Du sie auch ohne große Worte, die mir nun einmal nicht liegen, herausfühlen wirst. Das mir für meine ›Memoiren‹ gespendete Lob tut wohl, obgleich es natürlich übertrieben ist. Nicht übertrieben von Dir, weil Du mir schmeicheln willst, sondern, weil Dein persönliches Interesse an der Autorin sowie an ihren Erlebnissen Dein Urteil etwas rosig färbt. Aber gerade für diese Anteilnahme danke ich Dir. In Tagen eines schweren Schicksals empfindet man solche Treue und Anhänglichkeit besonders trostreich, und wenn einem die Freunde auch nicht über alles hinweghelfen können, denn im tiefsten Grund ist doch jeder einsam, so ist es doch viel wert, wenn man sich geliebt und geschätzt weiß. Ich muss eigentlich sagen, dass nach meiner subjektiven Erfahrung, das Sprichwort: Freunde in der Not gehen viele auf ein Lot, nicht stimmt. Vielleicht kommt das daher, dass ich mir da nicht allzu viel erwarte, weil ja schließlich die andern auch nicht aus ihrer Haut können, mehr aber liegt es wohl daran, dass ich von jeher mit dem Titel ›Freund‹ sehr sparsam umgegangen bin. Ich habe nicht viele, die so bezeichnet werden, (natürlich eine Unmenge lieber, guter Bekannter), wodurch ›Freund‹ fast ein Ehrentitel ist, der selten verliehen wird, was mir vielleicht manche Enttäuschung erspart. Dass Ihr beide, Du und Kurt, den herzlichen Wunsch habt mir zu helfen und mich zu stützen, weil Ihr einseht, dass eine fast übermenschliche Kraft dazu gehört, in meiner momentanen Lage durchzuhalten, und es Euch betrübt, dass Ihr nichts anderes tun könnt, als mich immer wieder Eurer Freundschaft zu versichern, das weiß und fühle ich.«

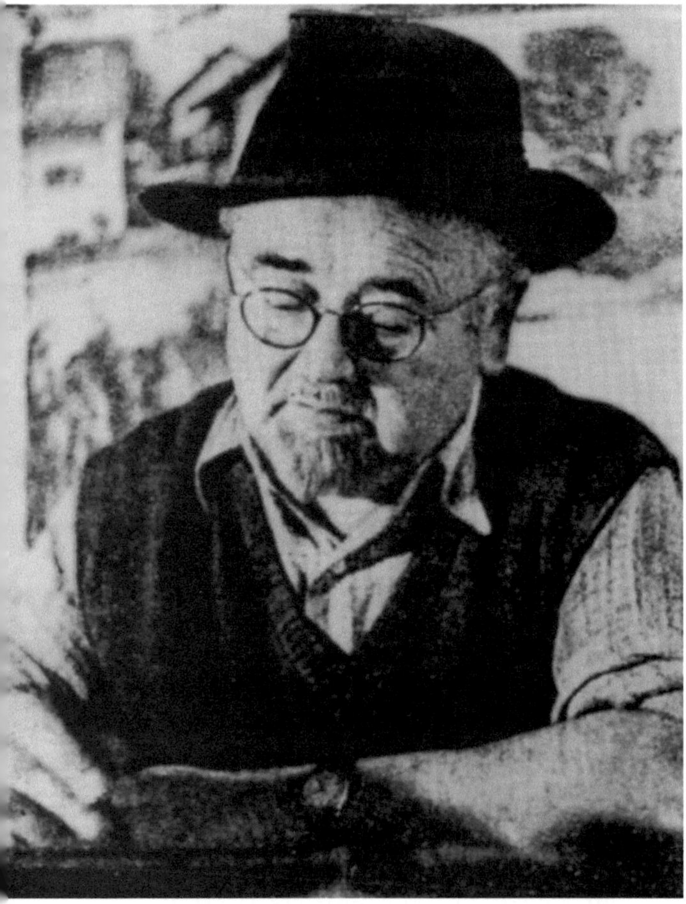

»Rolf von Hoerschelmann« (signiertes Foto)

Wie aus verschiedenen Briefen hervorgeht, konnte RvH, dem tägliche Korrespondenz zur Gewohnheit und zum Bedürfnis wurde, manch einen auch in arge Verlegenheit bringen, wenn er »nicht drohend, aber leise mahnend den Finger« hob[190], indem er hartnäckig mehrere Briefe nacheinander absandte, bis der andere diesen deutlichen Appell nicht mehr zu ignorieren vermochte. So schreibt Hedwig Kubin am 17. September 1935: »Mein lieber Rolf, wenn ein schlechtes Gewissen Dir gegenüber nicht ein gar so unangenehmer Zustand wäre, käme auch heute dieser Brief noch nicht zustande, denn ich habe eigentlich genau so wenig Zeit dazu wie die vorhergehenden Wochen.« Und in einem Brief vom 13. Mai 1936: »(...) es ist unverantwortlich lange her, dass ich an Dich schrieb (...) Es hätte aber des Anstoßes, den Dein vorhin erhaltener Brief gab, nicht mehr bedurft, ich hätte Dir ohnehin heute geschrieben.«

Kubin-Freunde in finsteren Zeiten: Hoerschelmann und der Hamburger Apotheker Dr. Kurt Otte

Eines der umfangreichsten Korrespondenz-Konvolute, wovon sich ein Teil im Kubin-Archiv im Lenbachhaus München befindet und sich ein weiterer Teil im Nachlaß fand, beinhaltet den Briefwechsel des Hamburger Apothekers Dr. Kurt Otte mit Hoerschelmann, wobei allerdings auch hier die Briefe Ottes überwiegen. Es war ein Zufall, wie sie einander kennenlernten, berichtet RvH am 2. August 1929 Kubin: »Auf der Rückreise spreche ich einen Herrn wegen der Zeitung an (es war die Nachricht von Hofmannsthals Tod), worauf der Herr mich fragt, ob ich nicht ich sei – er war Dein Freund und Bibliograph Otte. So ist die Bekanntschaft nun gemacht. – Im November wird er wohl auch bis zu mir stoßen – ich könnte ihn mit einigem recht reizen!« Seit seinem 16. Lebensjahr bewunderte und verehrte Kurt Otte Alfred Kubin, dem er bei einer ersten großen Retrospektive in der Münchner Galerie Goltz im Jahre 1921 persönlich begegnet war. Zwei Jahre später gründete er das Hamburger Kubin-Archiv Fischmarkt 3 und investierte fortan sein Geld in »Kubiniana« und seine Freizeit in den Aufbau dieses Archivs. Hoerschelmann und der 27jährige Kurt Otte treffen zunächst bei dessen Aufenthalten

Dr. Kurt Otte in seinem Kubin-Archiv in Hamburg

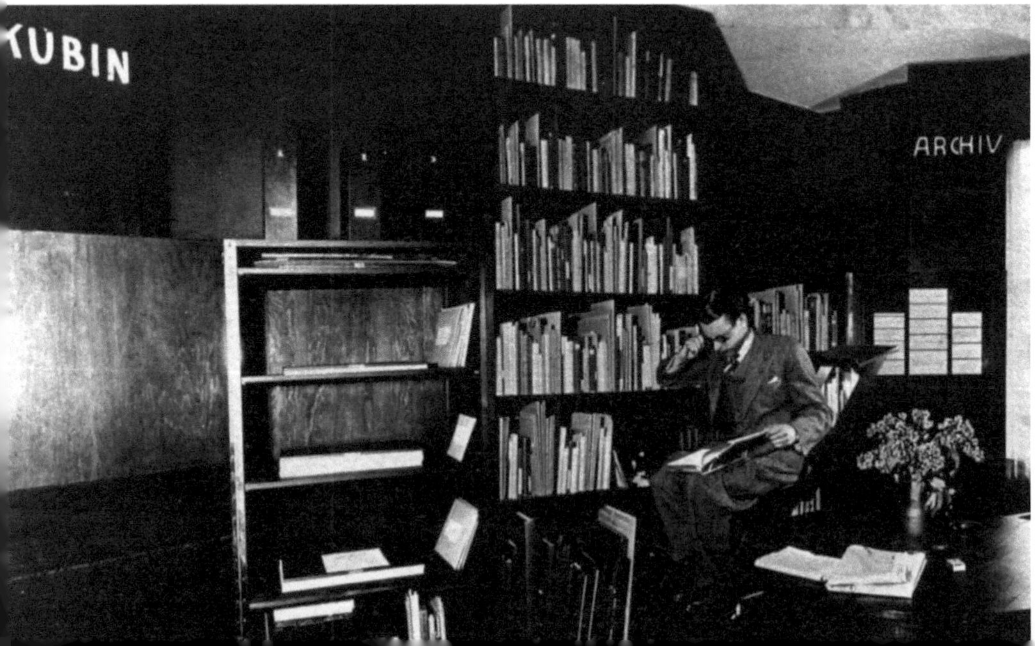

in München »wie 2 Verschworene zusammen und reden rotwelsch. (...) Ich amüsiere mich übrigens manchmal königlich über ihn und sehe in ihm einen der allerkomischsten Käuze, die mir begegnet sind«.[191]

Diese Zufallsbekanntschaft sollte sich im Laufe der Jahrzehnte nicht nur zu einer fruchtbaren Zusammenarbeit, sondern auch zu einer sehr intimen Freundschaft entwickeln. Der emsige Hamburger Archivar wußte sofort Hoerschelmanns Kenntnisse, seinen fachlichen Rat und den Austausch mit ihm zu schätzen, und außerdem enthielt Hoerschelmanns Sammlung, wie Otte bald herausfand, seltene Schätze. Eine große Hilfe war RvH »als interessierter und gewiegter Antiquarius«[192] zudem beim Aufspüren von fehlendem Material für das Archiv. Nach einem seiner ersten Aufenthalte in Hamburg Anfang 1934 mit einer für ihn erfolgreichen Ausstellung schreibt RvH an Hedwig Kubin: »Und worüber er sich alles Gedanken macht, kann nur der Seelenforscher ermessen, der sich ganz und gar auf das Studium dieser seltsam zarten, labilen und dennoch unglaublich konsequenten Seele konzentriert. Ich habe ihn sehr lieb gewonnen (...)«[193] Hoerschelmann wurde mit der Zeit für den introvertierten Kurt Otte zu dessen Ratgeber in sehr privaten Angelegenheiten und zu einem verständnisvollen Freund, vor dem er keine Scheu hatte, sich vieles von der Seele zu reden beziehungsweise zu schreiben. Er war ihm ein »freundlicher und lieber Tröster, der sich müht, den Herzen bedrängter Freunde brieflich Balsam zuzuträufeln«.[194]

Andererseits zeigt aber auch der feinfühlige Otte von Anfang an ein gutes Gespür dafür, wie er Balsam in Hoerschelmanns Künstlerseele träufeln konnte: »Lieber Herr Hörschelmann – Dank für die Karte mit Kritik. Aber da irrt der Scribifax! Hörschelmann und Kubin sind zwei <u>Pole</u>. Kubin zeichnet die Gespenster der realen (unserer!) Um- und Mitwelt, das ist <u>seine</u> Stärke. Hörschelmann dagegen ist der Zeichner unserer unsichtbaren Innen (Märchen!) welt!!! Da ist keiner ein verspielter Schüler des anderen, sondern jeder schafft Gespenster <u>verschiedener</u> Herkunft. Wenn das der Kritiker nicht sieht, ist er untauglich.«[195] Obwohl RvH gern behauptete, vom Urteil der Kunstkritiker unabhängig zu sein, haderte er zeitlebens damit, als Kubin-Nachahmer bezeichnet und bei jeder Gelegenheit mit dem Meister verglichen zu werden.

Am 28. Februar 1935 feierte RvH seinen 50. Geburtstag in München im Restaurant »Ungaria« bis 6.00 Uhr in der Früh mit 39 Gästen; unter anderem waren anwesend von Vegesack, Stadelmann, Falckenbergs, Hausensteins und Fred Ottow. Carl Georg von Maassens melancholisch gefärbten Glückwunsch hat er in »Leben ohne Alltag« überliefert:

»Dort an der Wand, von Staub durchzogen,
Da hängt mein altes Saitenspiel:
Die Drähte hoffnungsvoll verbogen,
Ihr sanfter Geist ist längst verflogen
Nach einem unbekannten Ziel.
Drum tönt Dir zur Geburtstagsfeier
Kein Klang, kein Sang, wie's sich gehört,
Sie ist verstummt, die greise Leier,
Verhängt mit einem grauen Schleier,
Der jede Hausfrau baß empört.
Doch Dir, mein Hoersch, mit frohen Tönen
Zieh Du hinaus, in neues Licht,
Erfreu' Dich weiter an der Schönen,
Der Muse, die Apollos Söhnen
Den Lorbeer um die Stirne flicht.«[196]

Kurt Otte schickte dem Jubilar einen Schinken »von immenser Größe«, den Hoerschelmann weder »stemmen oder zerteilen« konnte, so daß er Hedwigs hausfraulichen Rat erbat, wie sich dieses kostbare Stück konservieren lasse für den anstehenden Feldafinger Aufenthalt.

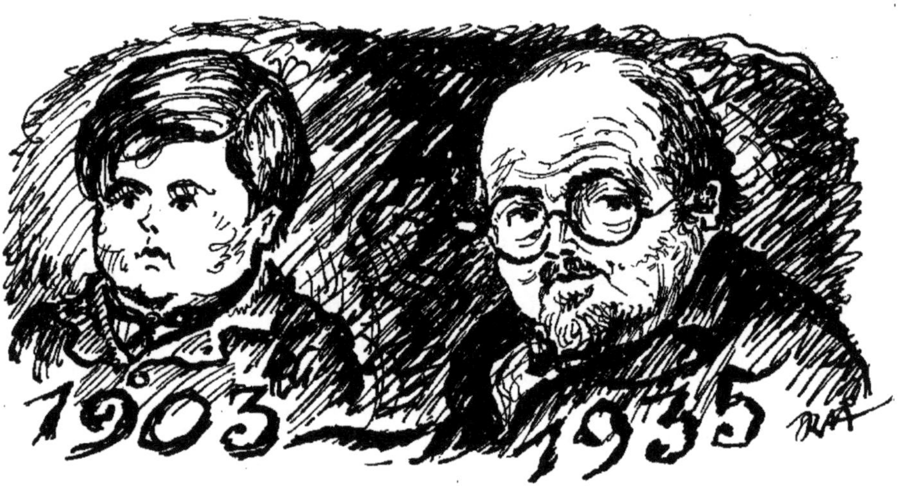

Einladungskarte mit zwei Selbstporträts zur Ausstellung seiner Aquarelle und Zeichnungen aus den Jahren 1905 bis 1935 im Graphischen Kabinett München von Günther Franke am 20. Februar 1935 anläßlich seines 50. Geburtstags

Anläßlich dieses Jubiläums ehrte ihn im März das Graphische Kabinett Günther Franke mit einer Ausstellung seiner Aquarelle und Handzeichnungen aus den Jahren 1903 bis 1935, zu deren Eröffnung eine Karte mit zwei Selbstporträts verschickt wurde. Jugendfreund Fred Ottow schrieb anschließend für die »Rigasche Post«, daß das »ganze geistige München« dagewesen sei und »ein beinahe lebensgefährliches Gedränge« verursacht habe.[197]

Ein weiteres denkwürdiges Ereignis im Jahre 1935 war seine und Max Unolds Aufnahme in die »Gesellschaft der Zwanglosen«, zu der unter anderem Willy Seidel, Siegfried von Vegesack, Alfons Freiherr von Czibulka und Werner Bergengruen gehörten. Nicht nur die Mitglieder dieses erlauchten Zirkels mit langer Tradition und dessen Name werden Hoerschelmann sehr entsprochen haben, sondern auch das anspruchsvolle und abwechslungsreiche Programm, das dort gepflegt wurde. So traf man sich wöchentlich zu Vorträgen und zu Lesungen, und Hoerschelmanns Buch »Leben ohne Alltag« wäre möglicherweise ohne diese Gesellschaft nicht zustande gekommen, da die meisten Kapitel ursprünglich seine Beiträge waren, dort ihre Premiere erlebten und begeistert aufgenommen wurden. Auch die von ihm so geliebte »Allotria« kam nach seiner Auskunft in diesem Kreis nicht zu kurz. Beim 100jährigen Stiftungsfest am 6. Januar 1937 traten zum Beispiel er und Unold mit einem gemeinsam verfaßten Gedicht auf: »Wahrhafte und rührende Beschreibung eines Mädchens, namens Minchen Zwanglos, die es mit vielen Männern hielt und dennoch 100 Jahre alt wurde.«

Eine besondere Ehrung erfuhr er, als er zur Hochzeit von Gabriella Rosenthal mit Fritz Rosenthal/Schalom Ben-Chorin nicht nur eingeladen wurde, sondern, wie ein Foto zeigt, neben der Braut an der Hochzeitstafel in der großväterlichen Wohnung in der Brienner Straße seinen Platz erhielt, sozusagen in Vertretung des Brautvaters, wie aus einem Brief von Erwin Rosenthal vom 17. Juni 1935 hervorgeht: »Es war tröstlich für mich, dass ich Dich wenigstens bei jenem schönen Feste wusste, dem ich leider selbst ferne blieb.« Die Hochzeit bedeutete für

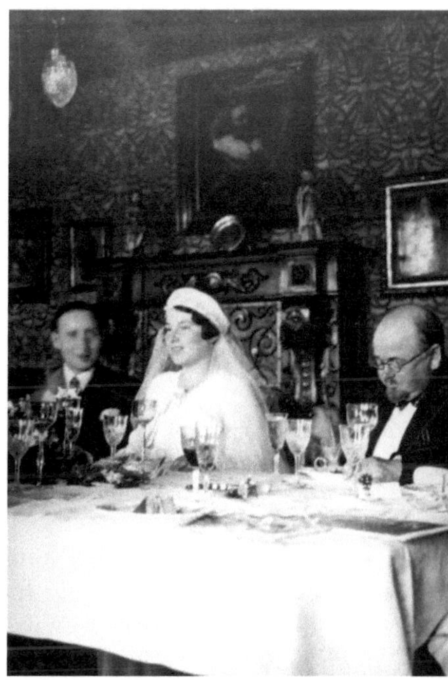

RvH als Ehrengast bei der Hochzeit von Gabriella Rosenthal und Schalom Ben-Chorin am 10. Mai 1935

RvH allerdings auch, von Gabriella Abschied nehmen zu müssen, da das Paar anschließend nach Palästina auswanderte.

Bald darauf, am 11. Juli, berichtet ihm Margherita Rosenthal, daß »jener Schrieb eintraf, der ihm [Erwin] die weitere Ausübung seines Berufes verbietet u. befielt, innerhalb vier Wochen den Betrieb ›umzugruppieren‹ oder zu ›liquidieren‹. (…) Der Grund ›Mangel an Eignung und Zuverlässigkeit, deutsches Kulturgut zu verwalten‹, ist zu absurd, um wirklich verletzend zu sein u. in der Seele zu schmerzen: setzt einen aber vor Tatsachen und Probleme, die bewältigt werden wollen.« Die jüngere Tochter Nicki war zu dieser Zeit bereits nach Palästina emigriert, und die Söhne Albi, Felix und Bernhard studierten beziehungsweise waren von den Eltern vorausschauend in Internaten im Ausland untergebracht worden. Waren es diese deprimierenden Nachrichten, die ihn am 21. August an Hedwig Kubin schreiben ließen, daß er »mit gefurchter Stirn in das gräuliche Gewölk, das sich allenthalben zusammenballt«, blikke, und von »einer abgrundtiefen Melancholie«, aus der er trotz seines nicht genug zu preisenden »Buenretiro« nicht mehr herauskomme?

Andererseits konnte er sich dann wieder, was ihn und seine Zukunft betraf, recht unbekümmert zeigen oder versuchte es jedenfalls, wie aus einem Briefwechsel zwischen Hedwig Kubin und ihm hervorgeht. Die Freundin hatte ihn am 22. Juni darauf hingewiesen, daß Pressezeichner sich bis zum 1. Juli 1935 beim »Reichsverband der deutschen Presse« anmelden müßten und er Gefahr laufe, »ausgeschaltet« zu werden, wenn er dem nicht nachkomme. Postwendend weist er mit Entrüstung ihre Empfehlung zurück, da sie ihn mit »Pressezeichnern in einen Topf« werfe: »Ich bin doch hoher Künstler und nicht Bildberichterstatter!! Nicht einmal regelmäßiger Mitarbeiter einer Zeitung oder Zeitschrift! – ich singe wie der Vogel singt und damit basta!«

Im Mai hatte ihn Kurt Otte wissen lassen, daß der Verleger Dr. Hauswedell zu Kubins 60. Geburtstag im darauffolgenden Jahr mit Unterstützung der Hamburger Bibliophilen-Gesellschaft einen Katalog oder eine illustrierte Festschrift herausgeben wolle. »Würden Sie für den Fall, dass dieser Plan verwirklicht werden kann, es übernehmen, vom bibliophilen Standpunkt aus das Kubin-Archiv in einem längeren Artikel zu behandeln? Falls Sie Lust dazu haben, so würde ich meinerseits die Reise finanzieren, damit Sie hier an Ort und Stelle sich eingehend mit der Materie beschäftigen könnten. Eine solche Arbeit ist geplant und ich wüsste (da ich Vorschläge machen sollte) keinen Geeigneteren dazu als Sie, verehrter Freund, der Sie stets mit so liebevoller Anteilnahme das Wachsen dieses Archivs unterstützt und seine Arbeit gefördert haben.«[198] Der Plan des Verlegers scheiterte zum großen

Ärger Ottes an dem Rückzieher der Bibliophilen-Gesellschaft aus finanziellen Gründen, und Otte hoffte, daß der Artikel statt dessen im österreichischen Almanach veröffentlicht würde.

Nachdem sich Otte schriftlich für den 20. August »auf eine Schinkenschnitte« angekündigt hatte, besuchte er anscheinend zum ersten Mal RvH im Feldafinger Starenkasten und wurde dort erstmals mit dem »in höchster, historischer Erinnerung stehenden Hörscheltopf« bewirtet, von dem des öfteren in Briefen enger Freunde die Rede ist. So fragt zum Beispiel Hedwig Kubin einmal an: »Würde es Dir in diesen Tagen (...) passen, mich mit dem berühmten Hoerscheltopf zu bewirten?«[199] Worum es sich bei diesem ominösen Spezialgericht handelte, enthüllte mir Dolores Caballero, Hoerschelmanns »schwarze Lola« und langjährige Freundin: »In den Hoerscheltopf kam alles hinein, was er gerade so vorrätig hatte, und den er mit weiteren Zutaten nach Belieben verlängerte.« So verschwörerisch, wie der Hoerscheltopf in einigen Briefen genannt wird, scheint RvH geradezu eine Zelebration für besondere Gäste daraus gemacht zu haben. Die Gespräche bei Ottes Besuch drehten sich, wie aus den folgenden Briefen hervorgeht, hauptsächlich um den geplanten Archivartikel und einen Aufenthalt Hoerschelmanns in Hamburg Anfang des folgenden Jahres zu »Fischmarkt Archivarstudien«, aber auch um Kubin selbst. Otte muß bei dieser Gelegenheit Hoerschelmann anvertraut haben, wie sehr ihn Kubins Eigenarten und dessen Verhalten bei seinen Aufenthalten in Zwickledt belasteten und unverständlich waren.

Am 1. Oktober kehrte RvH nur für kurze Zeit in die Stadt zurück, um in aller Stille mit Max Unold dessen 50. Geburtstag zu feiern, denn zwei Tage später reiste er zunächst für zweieinhalb Wochen an den Gardasee zu dem Bildhauer Stadelmann. Danach machte er sich auf »in die Einsamkeit in das alte Städtchen Garda, wo es leider viel Regen und Kälte gab. Da habe ich unter grimmigen Bedingungen geschuftet und so recht das entbehrungs- und opferreiche Künstlerleben geführt – mit verstimmtem Magen und Rotwein. Inzwischen waren die Fäden nach Florenz gesponnen, wo Purrmann als Leiter in die Villa Romana eingezogen war und mir ein Gastbett angeboten hatte.« Da die dortige Wohnsituation mit mühsam zu erklimmendem Berg ihn nicht lange hielt, erkundete er allein die Umgebung. Nach einer heftigen Zahnattacke kehrte er jedoch in die Villa Romana zurück, und der Aufenthalt entwickelte sich doch noch zu seiner Zufriedenheit, da Purrmann mit ihm Entdeckungsfahrten unternahm und in Florentiner Weinkneipen gemütliche Abende verbracht wurden, »abgesehen von den unschätzbaren ›Korrekturen‹« des von ihm verehrten Malers.[200] Drei Tage nach seiner Rückkehr von dieser Reise schreibt

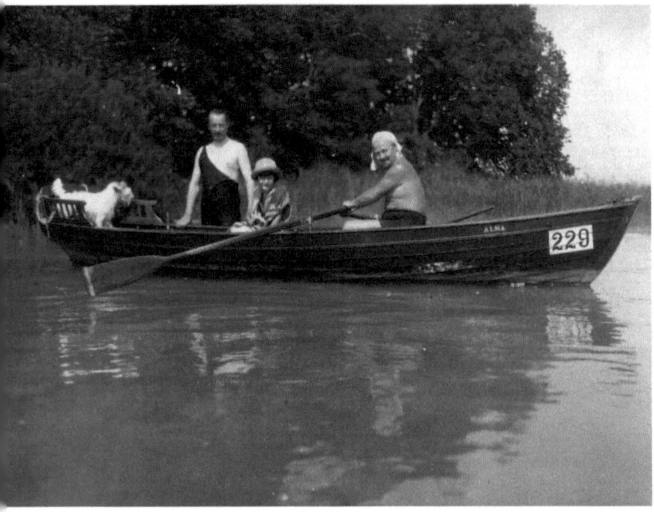

RvH (mit unbekanntem Paar) in Emma Bonns Ruderboot »Alma«

er Kubin von seiner Ruhelosigkeit, die ihn durch die Lande ziehen und neue Pläne machen lasse, »denn von der alten Freude, die einen befiel, wenn man von irgendwo nach München heimkehrte, ist nichts zu verspüren«. Mit Ungeduld wartet er auf den nächsten Frühling, um nach Feldafing hinauszuziehen, im Freien zu malen, möglichst oft und mit großer Begeisterung im Starnberger See zu schwimmen und mit Emma Bonns Boot »Alma« Ruderpartien zu unternehmen, welches er bezeichnenderweise »Osakrameiruah« nannte.

Während Hedwig Kubin immer wieder bei Aufenthalten in München sich mit Hoerschelmann traf oder einen Abstecher nach Feldafing machte, waren die persönlichen Begegnungen mit Alfred Kubin selten geworden, was RvH in einem Brief vom 22. März 1936 zutiefst beklagte: »Vor 10 Jahren besuchtest Du mich in Feldafing! Wann wirst Du Dir mein jetziges Häuschen dort ansehen, wohin ich am 1. Mai überzusiedeln gedenke, um dort den 9ten Sommer zu verbringen!!« Anfang des Jahres war er wieder in Berlin gewesen und hatte erfreulicherweise einiges von dem, was er während des Winters in Münchner Antiquariaten ergattert hatte, verkaufen können. Allzu gerne hätte er auch mal wieder Kubin gezeigt, was er seiner Sammlung an Bilderbogen und Buntpapieren hinzugefügt hatte. Von Berlin war er weiter nach Hamburg gereist, um die geplanten »Fischmarkt-Archivarstudien« zu betreiben. Er hatte Otte bei der Zu- und Einordnung von Material helfen können und mit Wehmut alte Kubin-Zeichnungen und Kindheits- und Jugendfotos betrachtet. In München beginnt er sogleich zu schreiben: »Nun koche ich mit Behagen einen Brei aus alle dem, und wenn er fertig ist, soll man nicht merken, wie schwierig es war, ein einigermaßen wohlschmeckendes Gericht daraus zu machen!«[201]

Schon am 23. April äußert sich Otte begeistert über Hoerschelmanns Text und bittet ihn für das Lokalkolorit um kleine Randzeichnungen: »Keiner hätte Inhalt und Geist des Archivs (...) besser einfangen können und gestalten als

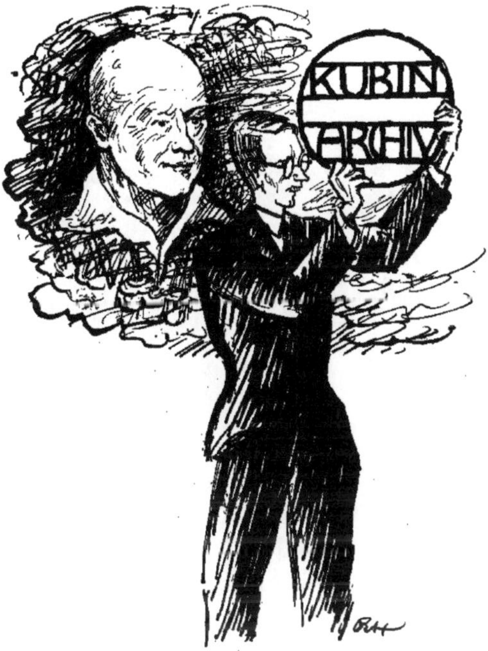

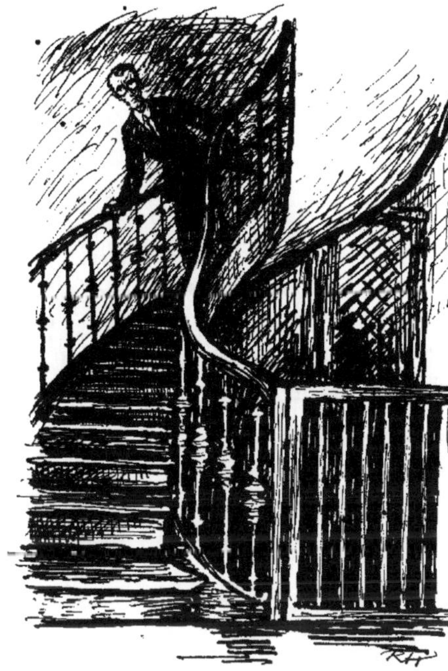

6 Zeichnungen
auf das Kubinarchiv
in Erinnerung an die
Tage der Entdeckungsreisen
darin von
Rolf Hoerschelmann
Mai 1936

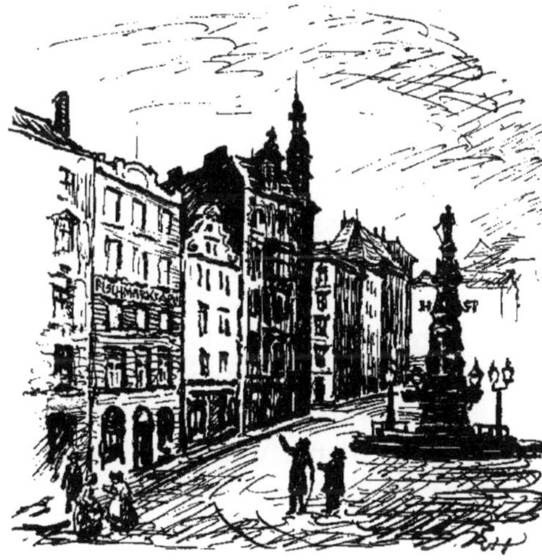

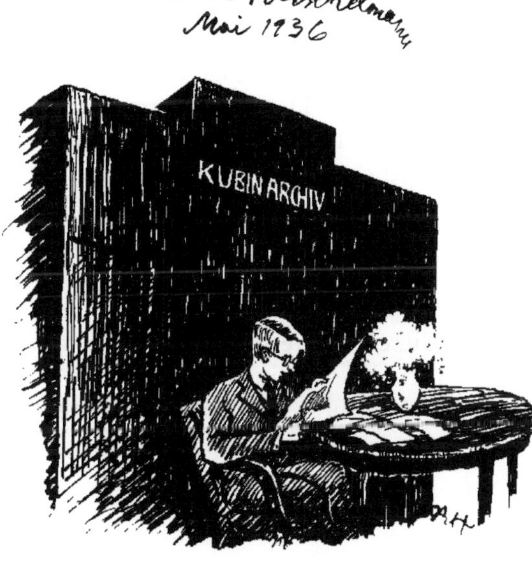

Diese und folgende Seite: Rolf von Hoerschelmann: sechs Randzeichnungen zu seinem Aufsatz über das Hamburger Kubin-Archiv

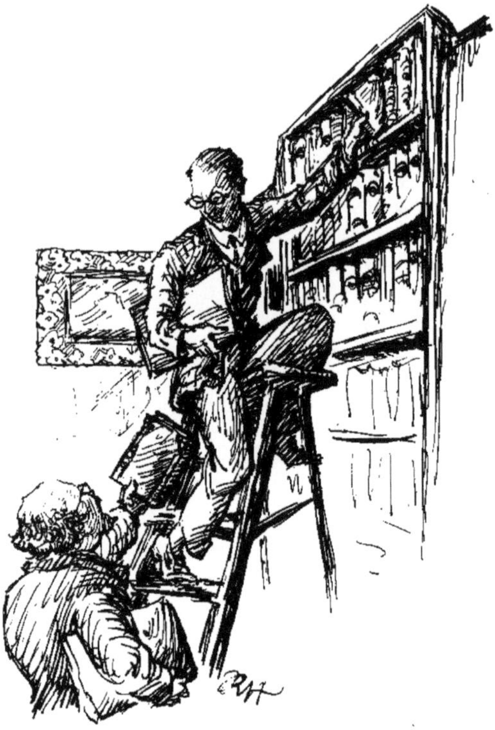

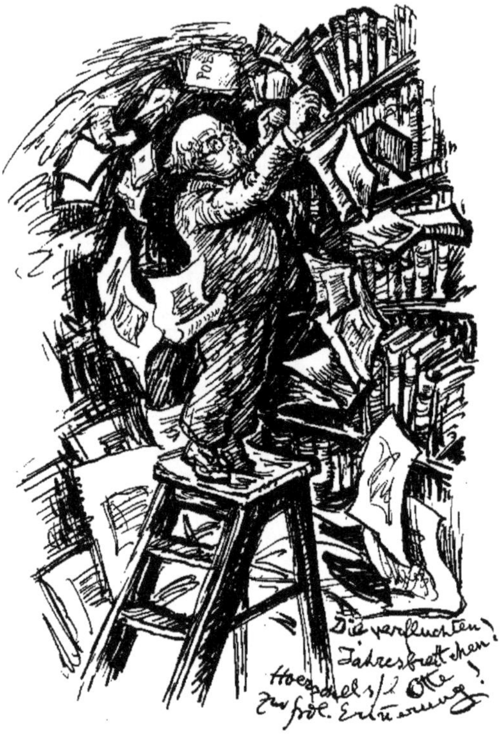

Sie, lieber Hörschel, der Sie zum engsten Freundeskreis Kubins gehören und den ich wohl auch zu denen innerhalb meines kleinen Lebensbereichs rechnen darf, die erkannt haben und fördern, was ich anstrebte und was in Worte zu kleiden mir schwer fällt.«[202] Er gesteht, daß er ohne Absprache mit RvH bereits ein Exemplar nach Zwickledt geschickt habe. Einige Tage später zitiert er erleichtert Hedwig und Alfred Kubins Antwort: »Der Aufsatz von Hörschel ist so ausgezeichnet, dass nicht viel darüber zu sagen ist. Er trifft so gut den mittleren Weg zwischen trockener Gelahrtheit und leichter Plauderei, er betont die freundschaftlichen Beziehungen gerade so viel, dass die kritische Objektivität nicht darunter leidet, kurz, es ist gerade recht so. Ich muss sagen, dass mich das wohl sehr freut, aber nicht überrascht, ich wusste schon, dass er sich vorzüglich mit dieser Aufgabe abfinden werde. (...) Und Alfred: (...) eine <u>wirklich</u> große Freude war mir, wie Hedwig diese Lektüre von Hörschelmanns Schrift zum Archiv. Wahrhaftig, diese hätt nicht besser sein können«.[203]

Am Anfang seines 23 Seiten umfassenden, von Kubin und ihm illustrierten

Aufsatzes stellt Hoerschelmann zunächst den jungen, hoch motivierten Archivgründer vor und spricht ihm, der sich diese verdienstvolle, für die Nachwelt unschätzbare Arbeit zur Lebensaufgabe gemacht habe, seine Hochachtung aus: »Der Künstler mußte nicht nur interessant sein, sondern auch von so magischer Überzeugungskraft, daß sich ein tätiger, dem praktischen Leben und seinen Anforderungen durchaus gewachsener Mann so völlig in den Dienst dieser Arbeit stellen konnte, wie es hier geschah. Es war keine Überlegung, die den jungen Studenten Kurt Otte seinerzeit zu dieser Gründung, die einen wesentlichen Inhalt seines Lebens bilden sollte, veranlasste, sondern eine Berufung.«

Hoerschelmanns anschauliche »Archivführung« und detaillierte Beschreibung des damaligen Bestandes – ein »Mikrokosmos« mit einer »Technik, mit der dieses Reich regiert wird, das eine Verfassung besitzt, wie jedes gutregierte Reich« – sind heute insofern von dokumentarischem Wert, als diese Räume im Zweiten Weltkrieg zerstört wurden. »Wenn wir heute hinaufsteigen in das schmale Patrizierhaus am Fischmarkt, so wird es uns wiederum deutlich, dass hier kein Zufall am Werke war, als dem Kubin=Archiv seine Heimstätte und Zuflucht gerade hier geschaffen wurde. An den Türen der alten Apotheke vorbeigeschlüpft, besteigen wir eine Wendeltreppe und winden uns von Stockwerk zu Stockwerk hoch, um schließlich oben unter dem Dache der Fischmarkt=Apotheke anzulangen, wo sich das Zimmer befindet, in dem nichts anderen Zwecken dient, als von Meister Alfred Kubin auszusagen, von seiner Familiengeschichte angefangen bis zu den letzten Äußerungen seines Wirkens, von der ersten Zeile, die ein Kritiker dem neu entdeckten, Aufsehen erregenden Talente widmete, bis zum kleinsten Abdruck einer Illustration in einer Zeitschrift oder einem Verlagskatalog.

In das Zimmer eingetreten, an dessen Wänden etliche bedeutungsvolle Bilder Kubins hängen, lädt ein behagliches Ensemble von Sofa, Tisch und Lehnstühlen zum Rasten ein, und erwartungsvoll bestaunt der Gast den riesigen, architektonisch wirkenden Schrank, der die Längsseite des Zimmers völlig beherrscht. KUBIN-ARCHIV steht in holzgeschnittenen Antiqualettern auf den dunklen Türen. Die riesigen Flügel öffnen sich, und vor uns steht und liegt zusammengedrängt auf den längst überfüllten Brettern das Sichtbare, das Greifbare, das uns einführen soll in eine Welt, von der man, wie es Kubins kluger Schwager Oskar A.H. Schmitz einmal ausgedrückt hat, am liebsten jedes Sandkorn kennen möchte! Ja, hier und hier allein, in diesem schwarzen Schranke ist alles zusammengefaßt, was nur je Aufschluß geben kann über das Werden eines Menschen und seines epochemachenden Lebenswerkes, das einst von einer Zeit und ihren seelischen und geistigen Problemen künden wird, von einem Künstler, der Seher und Denker war.«[204]

Innere Emigration in Feldafing: »Vom Eremiten aus der Schlucht«

Höchst beunruhigt, ja »von brennender Sorge« um seinen Feldafinger Starenkasten ist RvH im Februar 1937 erfüllt: »In dieser Gefahr bemerkte ich, dass mir nichts mehr wichtiger ist als dieser Ort des oft erprobten Seelenfriedens, und ich stürzte mich in Debatten über erste und zweite Hypotheken etc., um meinem Hauswirt auszureden, dieses Heim zu verkaufen. Er will sich im Allgäu einen Wirkungskreis schaffen, weil er in Feldafing nichts zu tun hat. Das kann ich ihm nicht verdenken. Diese unsichere Lage ist mir scheußlich und verscheucht einstweilen alle Reiselust.«[205] Aus diesem Dilemma erlöst ihn die Münchner Familie Baumann, die das Haus als Sommerdomizil kauft und ihn als Mieter übernimmt. Im April übernachtet er bereits probehalber dort, und im Mai schreibt er an Kubin: »(...) es ist nun so weit, ich sitze mutterseelenallein in meinem Häuschen – die Schlucht lockt mir zur Seite – der Zusammenhang mit der menschlichen Gesellschaft hat sich wieder merklich gelockert. Meine lieben Wirtsleute, die alten wie die jungen, mit denen ich 10 Jahre Freud und Leid geteilt habe, sind einem neuen Leben entgegengeflogen, und ich blieb als unverwendbares Restchen einer früheren Geschichtsepoche trübselig übrig. Dies Alleinsein in einem ganzen Hause ist mir doch etwas Neues und hat was Romanhaftes.« Einerseits drängt es ihn aus München hinaus, andererseits empfindet er auch in Feldafing dann Ruhelosigkeit, und das Gefühl der Vereinsamung läßt ihn manche Briefe von nun an melancholisch »vom Eremiten aus der Schlucht« unterschreiben, woraufhin Kurt Otte ihn mit »Du klagender und trauriger Hiob in Feldafing« anredet.[206]

Vergeblich hatte RvH seinen lieben, alten »Kubus« in den vergangenen Jahren gebeten, doch einmal wieder nach München zu kommen, denn lachen könne man nicht schriftlich, und das Schimpfen bleibe im Brief »allzu monologisch, um einem richtig wohl zu tun!!«[207] Des Freundes bevorstehenden 60. Geburtstag nimmt er zum Anlaß für ein Wiedersehen. Von seinem Besuch berichtet er anschließend Alexander von Bernus: »Der lange geplante Kubin-Besuch, dem sich so vieles entgegen gestemmt hatte, verlief, nachdem noch der Reisetag selber voll teuflischster Zwischenfälle war, schließlich prachtvoll! Ich musste allerdings die Wanderung nach Zwickledt mehrere Stunden, nachdem ich vergeblich erwartet worden war, im Dunkel des Abends alleine antreten und meldete mich beim Nahen durch stimmungsvolles Eulengeschrei. Kubins, an gespenstische Laute wohl gewöhnt – ließen sich nur langsam von meiner vollschlanken Leiblichkeit überzeugen – doch dann war es nach einigen Minuten schon kaum mehr glaublich, dass 7 Jahre verflossen waren, seit ich zuletzt das alte Haus betreten hatte!!«[208]

Als Geburtstagsgabe für den Jubilar und Schöpfer dämonischer Bilder hatten sich die Münchner Freunde etwas Passendes einfallen lassen: »Die hermetischen Väter (...) übergaben mir (...) ein ziemlich großes Stück Holz, das heilige Scheit, in das unsere Zeichen eingeritzt waren, zur feierlichen Übergabe.« Im Nachlaß fand sich Hoerschelmanns handschriftlicher Entwurf »Erster Bericht des Vaters Ralmox über seine Fahrt zum Menschen Vacosum und die Übergabe des heiligen Scheites«, in dem er mit draculesken Motiven seine Fahrt zu einer sagenumwobenen Stätte schildert, wo er als »Vater Ralmox« im Auftrag der »hermetischen Väter in München« dem »Menschen Vacosum, der seinen Wohnsitz in Zwickledt, auch Zwihelet im oberen Österreich hat«, das »heilige Scheit« überbringen soll, mit dessen Hilfe er ihn, unter Einsatz seines eigenen Lebens und geschützt durch eine Knoblauchblütenkette, erlöst.[209]

Diese Geschichte sollte den Eingeweihten lebhaft in Erinnerung bleiben und von Kurt Otte in einem Brief vom 30. April des folgenden Jahres noch einmal aufgegriffen werden: »Hochwohllöblicher Vater Ralmox! Dies wäre von Segen und Wirkung des HEILIGEN SCHEIT zu melden: Am Freitag, den 22. April a.d. 1938 versuchte der Böse dem Hause Zwickledt einen Schaden zu tun, einen Streich zu spielen. Wäre er geglückt, so wäre die ›Ruine‹ Zwickledt (nebst drei Leichen: Alfred, Hedwig, Tilly) würdiggeworden eines Bädeckersternes.–: Um 14.00 Uhr blus ein Orkan und stürzte mit Urgewalt ein Militärflugzeug erdwärts. Dunkelheit. Da erbebten die Drei am Mittagstisch von einem furchtbaren Getöse, es prasselten Steine herab (...) das Flugzeug streifte das Dach von Zwicldet (sic!)!! Und rammte fast das Haus. ›Es war so unheimlich und ging so rasch von statten, dass wir uns geisterbleich anstarrten, ohne zu wissen, was eigentlich los war‹ (...) schreibt der Mensch Vacca sum. Doch das Scheit, das Scheit! Es glühte an und trieb durch Erdböe den Feind davon. Geringer Schaden: das Blechdach auf dem Schornstein löste sich und stürzte – ihn völlig zerstörend – in den Kamin im Zimmer des Weibes des Menschen Vacca sum. So nutzte das Scheit und ... Dank sei dem Menschen Vater Ralmox, der es brachte! Dies meldet demütig und gehorsam der Mensch Archivarius.«

Hoerschelmann war bereits vor dem 10. April über Ostern nach Zwickledt gefahren, denn zum Geburtstag, der mit offiziellen Feierlichkeiten begangen werden sollte, gratuliert er Kubin später schriftlich. Bestärkt von der Bewertung seiner Arbeiten in einer Ausstellung, stellt der 52jährige »kleine Kubin« in seinem Schreiben vom 4. April fest: »Ich glaube, ich bin jetzt über die Periode hinweg, in der bei jeder Besprechung meiner Blätter auch Ihr [sic!] Name genannt wird, und ich habe meine eigene Handschrift herauskristallisiert. (…) Ich danke Ihnen [sic!], dass Sie [sic!] immer so verständnisvoll und freundschaftlich dem gegenüberstanden und es mir nie verargten, dass ich tat, was man ›Anlehnung‹ nennt (…)« In der Vergangenheit will er oftmals selbst davon überrascht gewesen sein, wie sehr seine Zeichnungen der Graphik Kubins ähnelten. So mutmaßte er einmal im Zusammenhang mit Kubins Vignette »Erkenne Dich selbst«, daß ein Fresko in Regen sie beide dazu angeregt haben könnte, und befürchtete anschließend: »Wenige Tage vorher hatte ich genau das gleiche Motiv aufs sorgfältigste ausgearbeitet. (…) Es ist schon toll – und niemand wird nun daran zweifeln, der meine Zeichnung zu Gesicht bekommt, dass ich Dich kopiert habe. Aber Gott ist mein Zeuge!!«[210]

Sein Besuch in Zwickledt hatte beiden Seiten wohlgetan und nicht den Eindruck hinterlassen, daß nach Jahren eine alte Freundschaft aufgewärmt werden sollte. Man habe sie im besten Sinne fortgesetzt, wie Hedwig in einem Brief vom 8. April schreibt, in dem sie ihm besonders dafür dankt, daß er ihren »Meister« mit seiner Anwesenheit abgelenkt und dessen Angst vor »dem 60er« zu überwinden geholfen habe. Nun, da Hoerschelmann wieder einige Tage an ihrem Leben teilgenommen und Einblick gehabt hatte, schüttet sie ihm in mehreren Briefen ihr Herz aus, zumal sie seiner Diskretion und Loyalität gewiß sein konnte. Besonders gekränkt hatte sie, daß Kubin sie bei der Ausstellungseröffnung zu seinem Geburtstag auf keinen Fall hatte dabeihaben wollen und er sich letztlich nur mit ihrem Versprechen, »ganz inkognito zu bleiben, so lange er in Wien blieb«, einverstanden erklärt hatte.[211]

Hoerschelmann, der mit Kubins Eigenarten und kompliziertem Charakter bestens vertraut war, empfand für Hedwig, der er seit nunmehr dreißig Jahren freundschaftlich verbunden war, großen Respekt, da sie »fest auf der Erde stehend, die Abgründe, die ihr zu Füssen gähnen, kennt – aber auch die Gestirne, den Tag, das Zwielicht und die Nacht«, wie er es in seiner Studie »Hedwig Kubin im Spiegel der Kunst Alfred K's« formuliert hat.[212]

Da ihm das angespannte Verhältnis zwischen Kubin und dem sensiblen Otte Sorgen bereitete, hatte er sich, wohl um sich ein besseres Bild machen zu können, an Hedwig gewandt, wie aus ihrem Antwortschreiben vom

10. September hervorgeht: »Du fragst, ob sich A. bei ihm anders gibt, oder ob Kurt seine Art anders empfindet wie Du. Beides ist der Fall. Mit Dir hat A. so viel mehr Berührungspunkte, der Altersunterschied ist nicht so groß, er ist bei Dir nicht nur der gebende, während er bei Kurt immer den ›Meister‹ vorstellen will. Ich habe, wenn die beiden beisammen sind, immer das peinigende Gefühl, dass A. eine ›Rolle spielt‹, und dass beide froh sind, wenn ›das Stück ohne Störung aus ist‹. A. erkennt natürlich die Opferwilligkeit seines Eckermann an, ohne aber Verständnis für seine Bestrebungen zu haben.«

Am 27. Mai 1937 läßt RvH auch Alexander von Bernus wissen, daß er zum zehnten Mal in seinem Häuschen am Buchenwalde eingekehrt sei und jetzt mutterseelenallein darin wohne. Er »horche nachts auf die mannigfachen Geräusche, die aus der Schlucht aufklingen. In die Stadt komme ich kaum mehr, die mir nichts mehr zu bieten hat. Daß inzwischen auch Emil Hirsch, Hans Wolff etc. etc. ihre Läden schließen mussten, wissen Sie natürlich. Wie anregend es geworden ist, können Sie sich denken. Es erinnert ein wenig an Pompeji. Es ist ein gar nicht genug zu preisendes Glück, dass künstlerische Arbeit und Lektüre bisher noch nach eigenem Ermessen stattfinden können. Dazu die Natur, und so wären die Quellen genannt, aus denen noch würdiger Lebensgenius geschöpft werden kann. Geselligkeit bedeutet heute mehr oder weniger gemeinsames Lästern und Zechen – wobei ich letzteres durchaus nicht unterschätze – nur – man hat doch andere Zeiten gekannt. Denen zum Gedächtnis grüßt Sie Ihr Hoerschel.« Seit vielen Jahren habe es keine persönliche Begegnung mehr gegeben, antwortet Bernus beinahe postwendend und erinnert ihn an das 30. Jahr ihrer Freundschaft. »Nur mit Kubin bin ich noch länger befreundet. Das wären jetzt 35 Jahre. Der verdammte Hingang der Zeit!« Es sei an der Zeit, daß Hoerschelmann endlich seine Ehefrau Isa, die kleine Tochter Marina und den neuen Besitz Schloß Donaumünster kennenlerne. Bernus bietet ihm sogar an, »die Reisespesen bis Donauwörth« zu übernehmen und für den Transport mit dem Auto vom Bahnhof zum Schloß zu sorgen, freut sich auf Gesprächsabende, Lesungen aus seinen neuesten Arbeiten und stellt dem Maler verlockende Motive in der Umgebung seines Schlosses in Aussicht.[213]

Wohl spontan entschließt sich der »Eremit aus der Schlucht« im Juni, die Einladung anzunehmen. Die Schloßfeste und das Kommen und Gehen von Gästen gehörten längst der Vergangenheit an, wie Bernus in einem Exemplar von »Sophie Schlosser: Urgroßmutters Kochbuch, Auszüge aus dem Kochbuch der Frau Rat Schlosser«, im Jahr zuvor »in alter Herzlichkeit dem Hoerschel« gewidmet, in den Versen hatte verlauten lassen: »Einst führte man ein großes Haus / und liebte, gut zu essen;– / heut gibt das Kochbuch man heraus / und lebt vom Absatz dessen«. Zufrieden schreibt RvH nach seiner Rückkehr am 25. Juni an Kubin: »In der großen Vereinsamung und Isolierung dieses Zeitalters und speziell dieses Jahres war es schon für mich ein außerordentlich beglückendes Ereignis, Euch nach 7 Jahren wieder aufsuchen zu dürfen. Nun kam nach 9 Jahren die Wiederanknüpfung weitaus verschütteter Beziehungen zu Bernus dazu, den ich eben auf seinem Schloß Donaumünster besucht habe.« Auch dieses Wiedersehen sei erfreulich verlaufen, und er habe das neue Familienleben von Bernus als sehr harmonisch empfunden. Die Tochter sei »das reinste Biedermeierkind«, das Laboratorium werfe vorzügliche Einnahmen ab, Bernus schreibe an einem Prosabuch über seine Lebenserinnerungen und sei wie eh und je mit Umbauten an seinen Schlössern und Villen beschäftigt.

Schon bald darauf schickt Bernus ihm sein Buch »Goldmachen« mit einer Widmung und lädt ihn erneut ein für November: »Sie wären wohl der einzige Gast, denn sonst wollen wir während dieser Zeit Niemand hierhaben. Es könnten schöne lange Leseabende werden – Jedenfalls setzen Sie es in Ihre Dispositionen ein.«[214]

Dieser zweiten Einladung ist Hoerschelmann nicht gefolgt, vielleicht wegen gesundheitlicher Unpäßlichkeit, die Otte nach seinem Besuch im August in einem Brief anspricht und ihn dazu veranlaßt, den Freund an seine Unentbehrlichkeit als »helfender und ratender Weggenosse« zu erinnern. Was RvH damals bedrückte, vertraut er am 10. August Kubin an: »Kennst Du die schöne Novelle von Hermann Hesse: Klingsors letzter Sommer?? Sie beschäftigt mich sehr – zumal wir hier in F. Befürchtung hegen müssen, dass – in anderer Beziehung – dieser Sommer für viele hier der letzte seiner Art ist! Schwermut der Jahreszeiten!! (…) und für mich kommen die bangen Hoffnungen auf eine Südlandfahrt, die es zu organisieren gilt. (…) Reisepläne irren noch ungegoren durch mein Hirn. Wenn's glückt, soll Gardasee, Siena, Florenz, Ascona, Genf, Zürich besucht werden – doch muss vorher die praktische Möglichkeit geschaffen sein. Leider rentieren sich solche Fahrten nicht mehr wie einst, wo ich im darauf folgenden Winter schon die 3fachen Reisekosten wieder gewann: Der Herbst wird mir nun hoffentlich wieder den Pinsel in die Hand drücken.«

Die Monate am Starnberger See waren wieder viel zu schnell vergangen. Es hatte einige glanzvolle Höhepunkte gegeben: »Der Auftrag, den Dichter Rudolf Binding zu malen, führte Leo von König an unseren See. Im schönen

Hotel Elisabeth in Feldafing nahm er Wohnung, und bald kreuzten sich unsere Wege. Eine bis dahin nur flüchtige Bekanntschaft verdichtete sich bald zu herzlicher Freundschaft, zumal auch mein dortiger Freundeskreis den liebenswürdigen Meister hocherfreut in seiner Mitte aufnahm. Ja, Leo von König fand gleich am ersten Tag unseres Zusammentreffens in diesem Kreise ein Modell [Dolores Caballero], das ihn inzwischen zu vielen Bildern begeistert hat. (...) Es trafen sich an blumengeschmückter Tafel zu fröhlichem Mahl König und Binding, Bruckmanns und Hausenstein, Wiegand und Frieda Thirsch, Graf Luckner und wir Feldafinger – die Anekdoten prasselten, und die noch reichlich zur Verfügung stehenden Sektflaschen halfen unsere Begeisterung schüren.«[215]

Die damalige Begegnung mit einem anderen Künstler, der später in der besonderen Gunst Hitlers stehen sollte, erwähnt Hoerschelmann in diesem Zusammenhang in »Leben ohne Alltag« nicht, wohl aber in einem Brief vom 10. August an Kubin, in welchem er auch von jener stimmungsvollen Runde im Hotel Kaiserin Elisabeth erzählt: »Vorher war der Bildhauer Arno Breker da – so wurde man auch in der sonst so ländlichen Einsamkeit vom rauschenden Gang der Ereignisse unterrichtet.« War diese poetische Umschreibung ironisch gemeint, oder hatte RvH das Zusammentreffen mit Arno Breker, der damals mit seinen Skulpturen bereits höchste Aufmerksamkeit auch von offizieller Seite erzielte, vielleicht doch beeindruckt? – Wie dem auch sei, so uninformiert und abgeschottet, wie RvH manchmal den Eindruck entstehen läßt, lebte er in Feldafing keineswegs. Auch wenn er während des Sommers nur wenige Ausflüge nach München unternahm, so wurde er zum Beispiel durch Max Unold auf dem laufenden gehalten, was sich dort in der Kunstszene abspielte. Dezidiert berichtete Unold ihm am 8. August 1937, wessen Bilder in der Pinakothek und in der Sezession inzwischen den Inspektionen zum Opfer gefallen waren und daß er selbst »mit 2 kleinen anständigen Bildern auch hinausgeflogen« war. Anscheinend hatte RvH auch Arbeiten eingereicht, da Unold vermutete, Hoerschelmann könnte »mit Graphik, bei der die Herren meist schon abgekämpft sind, mehr Glück gehabt haben«. Postwendend gab RvH diese Nachrichten an Kubin weiter, und auch daß »das lebensgroße Bildnis seines [Leo von Königs] Neffen, des Tennisspielers Cramm, der Säuberung des Tempels zum Opfer fiel«. Insgesamt aber äußert er sich zu diesen Ereignissen distanziert, als tangiere ihn dies alles wenig, und resümiert: »Hoffnungsvoll und dankbar blickt das Künstlervölkchen in die Zukunft.«[216]

Es sei die Schwermut der Jahreszeiten, behauptet er, die den Ton seiner letzten Briefe von 1937 bestimme. Zweifellos trugen aber auch die schwieriger werdenden Lebensumstände dazu bei. Über seine andauernde Pechsträhne hatte er wohl gegenüber Unold geklagt, da dieser ihm eine kleinere Anleihe anbot, »aber das wird's wohl nicht sein, was Du wirklich brauchst (...)«.[217] Selbst die Möglichkeit, während der Wintermonate an den Treffen der alten Freundeskreise öfter teilnehmen zu können, vermochte ihm über seine Tristesse nicht hinwegzuhelfen und wurde auch kaum wahrgenommen. In ihren Briefen beklagen jedenfalls wiederholt sowohl Max Unold als auch Werner Bergengruen, der seinem baltischen Landsmann gewöhnlich schnurrige, von Galgenhumor gefärbte Schilderungen des Familienlebens, seiner schriftstellerischen Arbeit, der langwierigen Verhandlungen mit Verlagen oder einer momentanen Erkrankung lieferte, daß Hoerschelmann viel zu selten sich sehen lasse. Nicht einmal zu Bergengruens Geburtstagsfeier war er erschienen, wo zwei Schallplatten, »Ein kleines Haus steht zu Braunau« und »Adolf Hitlers Lieblingsblume ist das schlichte Edelweiß«, die Anwesenden amüsiert hatte.

In der Gedonstraße erwarteten RvH der kränkelnde Bruder Harald und die alte Mutter, so daß er am liebsten in den Süden entflohen wäre, aber die Kosten bereiteten ihm Kopfzerbrechen, zumal er fürs liebe Brot schaffen mußte und inzwischen gezwungen war, sogar Woll- und Seidensachen aus Kisten und Kasten zu verkaufen. Auch ein Brief seines Freundes Otte trug sicherlich nicht zu seiner Aufmunterung bei, in welchem dieser ihm völlig aufgelöst seine »geradezu scheußliche Angst« vor der Veröffentlichung des Archivaufsatzes gesteht, da er die bisherige Anonymität des Archivs dadurch plötzlich gefährdet sehen will. Er male sich bereits aus, wie man, »(nicht laut, aber insgeheim) das Archiv und mich verdammen [wird], da meine Arbeit so völlig konträr zum lebendigen Künstler Alfred steht. Und Alfred??: er wird die äußeren Zeugen und Zeugnisse weiterhin geben, das Intime, das Zarte, was allein wertvoll ist, wird er mir nun vorenthalten! (...) <u>Diese</u> Veröffentlichung aber <u>kann</u> das Todesurteil des echten Archivgedanken sein und zum Sammelsurium ›interessanter‹ Dinge <u>um</u> Alfred machen.«[218] Obwohl Hoerschelmann selbst tröstenden Zuspruchs bedurfte, gelang es ihm wieder einmal, dem Freund mit freundlichen Worten seinen Irrtum klarzumachen, wofür Otte ihm postwendend dankte, denn »die Depression, der Koller ist vorüber«.[219]

Hoerschelmanns Fazit am vorletzten Tag jenes Jahres lautete: »Sonst war es (1937) eher tragisch – besonders wenn ich an die Zerstörung Feldafings denke – was für mich bei allem sonstigen Grau die schöne beruhigende Glücks-Oase bedeutete. Wenn mein Verbleiben dort auch einstweilen gesichert erscheint, so ist doch der Park, der Weg am See, der größte Teil der Villenkolonie dem Untergang geweiht. Und noch manches andere.«[220]

Der »rauschende Gang der Ereignisse« war inzwischen auch in seiner ländlichen Idylle sichtbar und hörbar geworden, seitdem die »Nationalsozialistische Deutsche Oberschule Starnbergersee«, eine von SA-Führung und Offizieren der Reichswehr geplante, den Kadettenanstalten ähnliche Erziehungseinrichtung mit Internatsbetrieb, sich im Jahre 1934 dort etabliert hatte. Die Schule und das Internat waren zunächst in verschiedenen Villen untergebracht worden. Leerstehende Villen jüdischer Eigentümer waren von den neuen Machthabern beschlagnahmt, andere mehr oder weniger regulär gekauft worden. Die unübersehbare und unüberhörbare Präsenz der Reichsschüler, die in den ersten Jahren in Reih und Glied, oftmals Marschlieder singend, zu den verschiedenen Schulgebäuden durch das Dorf marschierten und im Parkgelände am See sportlicher Ertüchtigung nachgingen, empfand der Ästhet Hoerschelmann als eine »Zerstörung Feldafings«. In seinem mit 1944/45 datierten Kapitel »Weltgeschichte privat« schreibt er hierzu: »Sehr schmerzlich war im schönen Feldafing die um sich greifende Verwüstung durch die NS-Oberschule, in der viele Hunderte von Jungen, aufs opulenteste ausgestattet, erzogen wurden. Der ganze früher so vornehme Villenort und, was das schlimmste war, der herrliche Park fiel ihnen zum Opfer. Mit kriegerischem Gesang oder wüstem Schreien und Johlen machten die jungen Barbaren die Gegend unsicher (...)«[221] Was die opulente Ausstattung der Schüler betrifft, so kann damit die Unterbringung in den Villen, die zum Teil an bevorzugten Plätzen mit herrlicher Aussicht standen, gemeint sein und, da die Reichsschule eine Sonderstellung mit einer besonderen pädagogischen Struktur hatte und bedeutend größere finanzielle Zuwendung erhielt, daß diesen Schülern in der damaligen Zeit Außerordentliches geboten wurde. Es standen Olympiajollen und Kraftfahrzeuge für Fahrkurse zur Verfügung, Golf, Tennis und Hockey auf den dazugehörigen Anlagen wurden angeboten und sogar Auslandsreisen. Ab 1938 wurde damit begonnen, auf dem heutigen Gelände der Fernmeldeschule und Fachschule des Heeres für Elektronik am südlichen Ortsrand von Feldafing für die Schule eigene Bauten auch mit Hilfe von Häftlingen des Konzentrationslagers Dachau zu errichten. 1939 wurde die Elite-Internatsschule in »Reichsschule der NSDAP Feldafing« umbenannt.[222]

In München hält es Hoerschelmann immer weniger, so daß er jede Gelegenheit wahrnimmt zu entfliehen und zum Beispiel mit Leo von König in der gepflegten, noblen Atmosphäre des Hotels Kaiserin Elisabeth in einem kultivierten Kreis den Silvesterabend feiert. Seine triste Stimmung ist dann zumindest kurzzeitig verflogen, und selbst die anschließende Nacht im Feldafinger Häuschen mit eingefrorener Wasserleitung nimmt er mit Humor, und

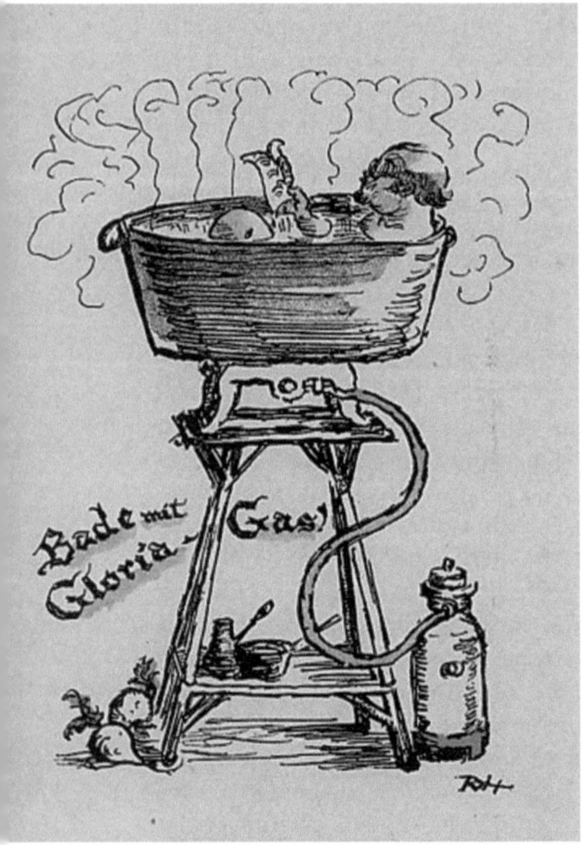

Neujahrskarte und Quittungskarte für 1940 von »Gloria-Gas-Hausversorgung Schaefer & Koch« (Zeichnung von und mit RvH)

»ein warmes Bad im nachbarlichen Hause [Emma] Bonn brachte die Lebensgeister in Ordnung.«[223]

Den Februar 1938 verbringt er zunächst in Hamburg, wo der »Rundkopf mit Brille und wenig Haaren, Dreiecksnase, rötliches Spitzbärtchen zitternd über tatkräftig-flinken Bewegungen«[224] inzwischen auch kein Unbekannter mehr ist seit einer ersten Ausstellung seiner Reisebilder, Motive vom Starnberger See, Kreide- und Federzeichnungen im Februar 1934 in der Kunsthandlung von Dr. Alfred Pauli und Frau Lydia Wallraf. Die Ausstellung war damals sehr positiv in der Presse besprochen worden. Seine Aquarelle enthielten »die ganze Atmosphäre und Lichtfülle des Südens« und hätten »künstlerisches Gewicht durch die Feinheit der Auffassung und eine delikate malerische Belebung«. Als Illustrator und Graphiker, der seine geistigen Ahnen unter den alten deutschen Meistern des 16. Jahrhunderts habe, verfüge er über »eine unerschöpfliche Erfindungsgabe« und erinnere mit seiner kritzelnden Strichfülle und suggestiven Gewalt an Kubin, doch sei er »weit entfernt von der pessimistischen Lebensauffassung und dem Sonderlingshaften Kubins, (…) vielmehr ein zarter, lebensbejahender Lyriker und Romantiker von tiefer, warmer Natursinnlichkeit«. Außerdem hatte es die Hamburger berührt, »ihn, den Berühmten, sagen zu hören: ›Vielen Dank, daß Sie mich kennen!‹«[225] Ähnlich hatte das Resümee des Kritikers zu seiner zweiten Ausstellung im Jahre 1936 gelautet: »Künstlerischer Ernst und menschlicher Humor gehen in seinen kleinen Schöpfungen eine einmalige Verbindung ein; der erstere überwiegt in den reinen Landschaften, die von der Schönheit der Welt zeugen; der letztere kündet sich in den grotesken und phantastischen Arbeiten – sie lehren ein wissendes Schmunzeln über das Kuriose des Daseins.«[226]

Anderenorts bekam RvH bisweilen auch weniger Erfreuliches zu lesen. Seine bei Dr. Becker-Newman am Wallrafplatz in Köln ausgestellten Aquarelle wurden als wenig flüssig, »sondern schwer und fest wie ein Ölbild« beurteilt und eine Reihe von Zeichnungen mit dem Titel »Aus Hoerschelmanns Tiergarten« sogar etwas belächelt.[227] Ein anderer Kritiker gestand ihnen zwar eine gewisse Originalität zu, befand sie jedoch als fern »vom Bezirk der echten Kunst«.[228]

Ausgerechnet das Blatt »Das Sumpfhuhn«, an dessen humorvoller Harmlosigkeit man sich im Jahre 1934 in Hamburg unter dem Titel »Wie sieht ein Sumpfhuhn aus?« besonders erfreut hatte[229], sollte vier Jahre später, wie Hoerschelmann von Kurt Otte erfuhr, bei dessen Archivfotograf als »entartet« beschlagnahmt werden.[230]

Bis Ende März 1938 weilte er wieder einmal in Weimar bei Fräulein von Schnellenbühel, worüber man aber nichts Näheres erfährt. Über Hoerschelmanns brieflich geäußerte Antriebslosigkeit und sein finanzielles Auskommen machten sich einige Freunde inzwischen ernsthafte Sorgen. Kurt Otte versucht den Freund in seinem Vorhaben, die Grimmschen Märchen zu illustrieren, zu bestärken: »Allein die Beschäftigung mit diesem Thema zeigt mir doch, dass Du noch lange nicht, wie Du so trübend schreibst, ein ›ausgebrannter Krater‹ bist.« Elvira Rosin schlägt ihm aus der Ferne vor, ein Kinderbuch zu illustrieren, für das sie den Text schreiben will und bereits einen Verleger in New York interessiert hat, und der Nürnberger Verleger Dr. Fritz Schmitt möchte mit ihm zusammen ein Dichterbuch machen, unter anderem über Dehmel, Sudermann, Rilke, das »mit George schließt«.[231] Vermutlich war er mit dem jungen Verleger, mit dem er bis zu seinem Lebensende freundschaftlich besonders eng verbunden bleiben sollte, in Feldafing bekannt geworden, wo die Eltern von Fritz Schmitts Ehefrau Helma in einer herrlichen, von Richard Riemerschmid bis in Details der Inneneinrichtung gestalteten Villa lebten.

Ausgeglichenheit und Wohlgefühl wollen sich auch in diesem Jahr in Feldafing nicht recht einstellen. Vier Jahre zuvor hatte Hoerschelmann noch weniger resigniert geklungen, als er Karl Wolfskehls Flucht nach dem Berliner Reichstagsbrand in die Schweiz zutiefst beklagt hatte: »Wolfskehls Vorhaben kannte ich seit Jahren, dass er es ausführte, gab mir einen Stich! Der Wandel der Zeiten wird mir noch München entfremden. Der entsetzlichen Negative dieser scheinbar nimmer endenden Tage in der Kunst und im

Denken eine noch gewaltigere Positive gleichbleibend entgegenzusetzen ist mein Hauptbestreben, und mit nimmermüdem Willen gelingt da mancher Sieg.«[232]

Nun, da man von Wolfskehls Emigration nach Neuseeland erfährt und Kubin sich in einem Brief vom 6. August 1938 an RvH fragt, warum er nicht einfach Zwickledt einpacke und auch dahin gehe, da ihn doch »verdammt wenig« zurückhalte, erklärt ihm Hoerschelmann, er hingegen habe beschlossen, sich mehr und mehr zurückzuziehen in ein Leben »im Geiste, nicht in dieser Gegenwart« und »alle persönliche Berührung mit ihren Exponenten« zu umgehen.[233]

Nur Kurt Otte als kompetentem Ratgeber scheint Hoerschelmann seine gesundheitlichen Beschwerden anzuvertrauen, denn nach einer heftigen Zahnschmerzattacke muß er kurze Zeit später über starke Brustbeklemmungen geklagt haben, da Otte ihn eindringlich bittet, sich nicht »allein auf die konservierende Wirkung des Alkohols« gegen Altersbeschwerden zu verlassen, und erneut anbietet, ihm alle von einem Arzt empfohlenen Medikamente zu schicken: »Ich sehe gar nicht ein, warum Du nicht alles versuchen und tun sollst, Dein Dasein ad centum annos zu verlängern und zu erhalten. Ich (und mit mir sicher auch viele andere Deiner Freunde) haben gar keine Lust, auf Dich zu verzichten!! Du musst schon unserem egoistischen Triebe nachgeben und alles tun, um Dir Deine Gesundheit zu erhalten. Ich (und meine noch zu zeugenden Kinder) wollen noch manches Jahr manchen Hoerscheltopf in Feldafing genehmigen! Also: bemühe Dich ein wenig mehr um den corpus hoerschelmanniensis und führe ihm notwendige Ergänzungsstoffe zu. Ich möchte auch noch gar nicht und absolut nicht in Bälde Deine Kubiniana erben, denn ich habe gerade Arbeit genug für ein Jahrzehnt mit den 1000 Briefen, die Alfred unlängst schickte.« Im selben Brief bewundert er den Freund für dessen »mutiges Eintreten und Auftreten im Bund zeichnender Künstler«, worüber man aber leider nichts Näheres erfährt. »Du wirst sicher als Querulant da gelten und Dir manches verpatzen, doch habe ich stärkste Hochachtung vor Deiner mutigen Tat (...).«[234]

Eine Reise nach Italien, die RvH in seinem Reisepaß hatte vormerken lassen, könnte er also möglicherweise aus besagten Gesundheitsgründen nicht angetreten haben. Allerdings gab im September auch Mutter Saschas Gesundheit Anlaß zu allgemeiner Besorgnis. Gegen Ende seines Feldafinger Aufenthalts passierte RvH noch ein schmerzhaftes Mißgeschick. Der Ringfinger seiner rechten Hand geriet in das rotierende Zahnrad des Bootsaufzugs in Emma Bonns Bootshütte. Damit war seinen Ruderpartien um die Roseninsel jäh ein Ende gesetzt worden, was ihn aber nicht vom Briefeschreiben abhalten konnte, wenn auch mit ungelenker linker Hand. Trotz des ungewissen Zustandes der Mutter, so redet ihm Otte zu, solle Hoerschelmann weiterhin Pläne machen. »Unbedingt« solle er Kraft und Mut und Entschluß aufbringen und zu den Oliven fahren. »Jedes Jahr, das Du – in so turbulenter Zeit – dort zubringst, kann das letzte sein!!«[235]

Am 2. Januar 1939 stirbt Alexandrine von Hoerschelmann im Alter von 85 Jahren. Hoerschelmanns Verbleib in der Gedonstraße scheint in Frage gestellt zu sein, da Otte sich am 20. Januar erkundigt, ob er »einen kleinen Starenkasten in der Stadt« gefunden habe. Um so mehr freut er sich für Hoerschelmann, der kein »umpflanzungsfähiger Bohemien« sei, als dessen Altersquartier im Fuchsbau gesichert ist. Im Mai hatten sich Mieter für die zwei bisher von der Mutter bewohnten und möblierten Zimmer gefunden, was für RvH, dem seine Räume mit ihren angehäuften Schätzen heilig waren, allerdings bedeutete, fremde Leute in seiner unmittelbaren Nähe akzeptieren zu müssen, »die sich ziemlich ungeniert bis an die verschlossenen Stubentüren von mir ausbreiten können«.[236] Hoerschelmanns deprimierte Briefe nach dem Tod der Mutter hatten Hedwig Kubin wohl bewogen, den Freund zu Ostern nach Zwickledt einzuladen. Beinahe wäre daraus nichts geworden, da Alfred Kubin, der mehrtägige Besuche immer als eine Beeinträchtigung seines gewohnten Tagesablaufs fürchtete, wegen Kniegelenkbeschwerden ihm wohl zunächst abgesagt hatte. Wie einem Brief Ottes zu entnehmen ist, scheint RvH aber doch für kurze Zeit in Zwickledt gewesen zu sein.

Bei ihrem Besuch im Sommer findet Hedwig Hoerschel in keiner guten Verfassung vor, was ihr großen Kummer bereitet. Nur zu gut weiß sie und erinnert ihn daran, daß er über Jahrzehnte körperlichen Raubbau betrieben habe, wenn er rastlos unterwegs gewesen sei und bei nächtelangen Unternehmungen manchmal bis zur »Bewusstlosigkeit« Alkohol konsumiert habe. Ebenso wie Kurt Otte versucht sie es mit einem Appell an seine Freundespflicht: »Ich sorge mich sehr um Deine Gesundheit, ich habe Dich so nötig und kann Deine treue Freundschaft nicht entbehren. Also aus purem Egoismus verlange ich, dass Du ›auf Deine Gesundheit schaust‹, wie man immer zu mir sagt, denn wir müssen zusammenhalten und wenigstens immer wissen, dass wir noch Freunde haben in diesem Jammertal.«[237]

Wie wichtig und unentbehrlich er als Vertrauter und Ratgeber insbesondere für den 36jährigen Otte geworden war, erweist sich, als dieser in ein fürchterliches Gefühlsdilemma gestürzt wird. Einerseits fühlt sich der Apotheker und Archivar voll ausgelastet, andererseits sehnt er sich schon lange nach einer Partnerschaft und leidet unter der selbstverordneten Archiv-Einsamkeit. Nun steht er vor der Entscheidung, ob er den Schritt wagen und heiraten soll. Hoerschelmann muß sich sehr ausführlich und einfühlsam dazu geäußert haben, denn Otte bedankt sich überschwenglich für die verständnisvolle Anteilnahme und den liebevoll bebilderten Brief. Er habe befürchtet, der Freund würde gerade auf Grund seiner eigenen Erfahrung ein solches Vorhaben schlichtweg als Torheit bezeichnen. Otte, der sich selbst einen »ewigen cunctator« nennt, entscheidet sich dann doch für »die magische und positive Kraft der Sammlung (...). Für eine Untreue daran, ist kein Platz in meinem Hirn! Dessen sei immer und immer gewiss!!!«[238] Außerdem wird er zum Luftschutz eingezogen, und die Sorge um die Existenz des Archivs bei den zu befürchtenden Luftangriffen läßt alles Private in den Hintergrund treten. Nun braucht er Entscheidungshilfe von RvH für die Frage, ob er schon jetzt mit einer Auslagerung beginnen solle, da die Staatsbibliothek Hamburg ihm ein Kellereckchen angeboten habe. Noch hofft man ja, und auch er ist wie viele der Meinung, »dass bald die Kriegsfanfare gen Westen zu ihrem letzten Ton geblasen hat. Auch die Gegenseite wird soviel Klar- und Scharfblick aufbringen einzusehen, dass ein Blutopfer nutzlos ist und niemandem nützen kann.«[239]

»Melancholia« befällt den sonnenhungrigen Hoerschelmann immer dann, wenn das launische oberbayerische Wetter nicht seinen Erwartungen entspricht und er gezwungenermaßen in seinem Starenkasten am Zeichentisch sitzen muß, denn das »sorglos geübte graphische Fabulieren ist fast gänzlich versiegt. Daran erkennt man wenigstens, dass es keine ›Mache‹ ist – sondern ein aufrichtiger Ausdruck der Seele, wenn man freundliche Improvisationen aufs Papier wirft.«[240] Illustrationsaufträge wie zu Werner Bergengruens »Der Tod von Reval« (1939) und »Die Heiraten von Parma« (1940), Alexandre Dumas‘ »Die drei Musketiere« (1939) und Karl von Holteis Jugenderinnerungen »Der unverbrennliche Spanier« (1940) erhält er nur noch selten. RvH vermißt die Inspiration südlicher Landschaften und liebäugelt erneut mit einer Reise nach Italien im Herbst.

Vereinsamt, wie er in manchen Briefen schreibt, hat er die Sommermonate in Feldafing denn doch nicht verbracht. Ein- bis zweimal die Woche war er zu Gast bei Anita Gräfin von Einsiedel in Tutzing. Mit Fritz Schmitt, der einige Zeit Urlaub in Feldafing machte, war er oft beisammen und hat ihr gemeinsames Dichterbuch geplant. Ansonsten besuchte er häufig seine schwerkranke Nachbarin Emma Bonn. Die alleinstehende Schriftstellerin lebte seit 1914 in einer schönen Villa in einem beeindruckend weitläufigen Parkgelände, welches Thomas Mann einstmals außerordentlich imponiert hatte.

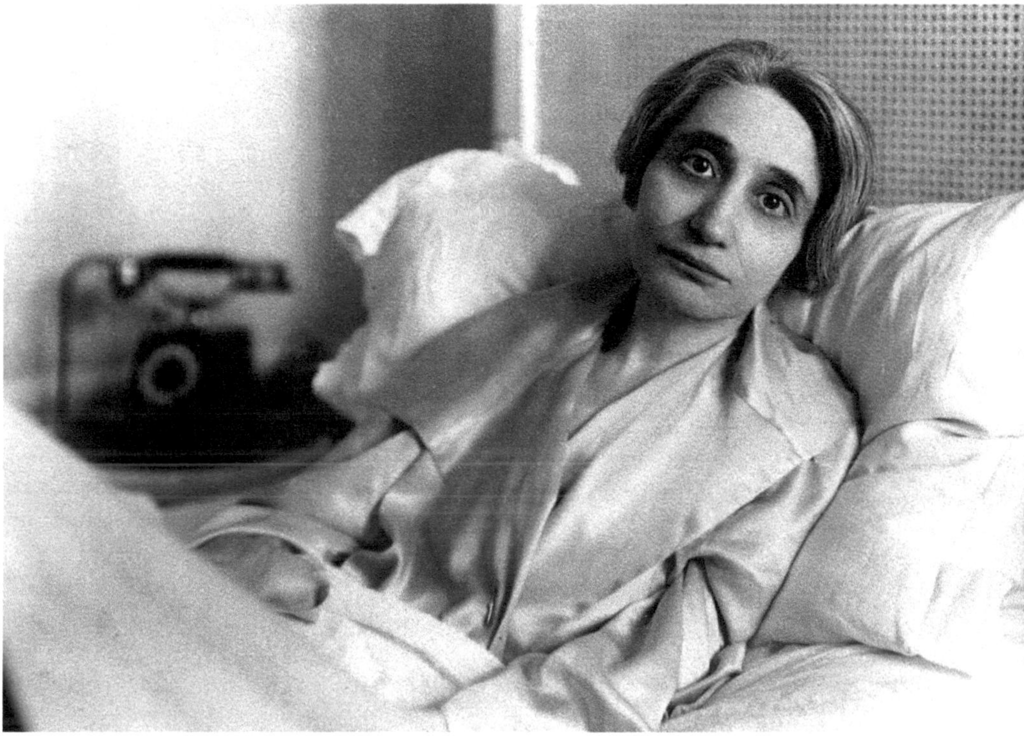

Die deutsch-amerikanische Schriftstellerin Emma Bonn (um 1940)

Emma Bonn, 1879 in New York geboren und jüdischer Abstammung, war als Sechsjährige mit ihrem Vater Wilhelm Bernhard Bonn, der eine große Rolle in der Hochfinanz spielte, und dem zwei Jahre älteren Bruder Max Julius Philipp – die Mutter war im Alter von 23 Jahren bei oder nach ihrer Geburt gestorben – im Jahre 1885 nach Deutschland übersiedelt. In ihrem Roman mit autobiographischen Zügen und dem Titel »Das Kind im Spiegel«, dessen Einband RvH gestaltete, erinnert sie sich ihrer Lebensjahre in New York und der ersten Zeit in Deutschland. Hatten ihre früheren Erzählungen und Romane weniger Thomas Manns Beifall gefunden, so sprach er sich sehr lobend über dieses Buch aus: »Es überbietet an Feinheit der Seelenkunde manches frühere und erschreckt angenehm durch wahrhaftige Neuigkeiten über die wunderliche Existenzform der Kinder.«[241] Schon früh hatte sich bei Emma ein Nervenleiden bemerkbar gemacht, das auch als »Veitstanz«

bezeichnet wird und sich zunächst durch ein Zucken der Gesichts- und Körpermuskulatur bei ihr äußerte. Deshalb ließ Paul Huldschinsky Grüße an »das nette, zuckende Bonnchen« ausrichten, und RvH nennt sie einmal ein »zitterndes Nervenknäuelchen«. Das Leiden Emma Bonns verschlimmerte sich, bis sie bewegungsunfähig – auch von Lähmung ist die Rede – völlig ans Bett gefesselt war. Hoerschelmann bewunderte ihre Haltung, mit der sie ihr Schicksal trug: »Die arme Emma B. die nun von ihrer ganzen Familie abgeschnitten ist benimmt sich großartig und erweckt mein Erstaunen.«[242]

Lange und ausführliche Briefe muß RvH wohl an die emigrierten Freunde geschrieben haben, da diese sich dankbar für die Nachrichten über gemeinsame Freunde und seine kurzweiligen Erzählungen zeigen, während er einiges über deren Neubeginn jenseits des Ozeans erfährt. Freund Hulle versucht Fuß zu fassen als »Interior Decorator« und trifft mit vielen prominenten Emigranten zusammen, zum Beispiel mit Thomas Mann, Frau Katia und Tochter Erika, Bruno und Liesl Frank. Ein Brief von Hulles Ehefrau, die sich um ihre Angehörigen in Deutschland ängstigt, klingt sehr wehmütig, denn Kalifornien sei zum Wohnen herrlich unkompliziert, aber lieben könne sie »dieses wilde, sonderbare und eigentlich hässliche Land« nicht.[243] Weitere Briefe Hulles und Ninis liegen nicht vor, aber aus Thomas Manns Tagebüchern erfährt man, daß Paul Huldschinsky in den folgenden Jahren Katia Mann bei der Inneneinrichtung ihres neu erbauten Hauses in Pacific Palisades und bei Detailänderungen und Renovationen beriet und man gesellschaftlichen Kontakt hatte.

Auch Elvira Rosin fiel ihr neues Leben in den Staaten nicht leicht, während ein letzter vorliegender Brief Arthur Rosins an RvH vom 16. Mai 1939 aus New York positiv klingt: »Sie möchten von America hören. Ich habe gefunden, dass es kaum möglich ist, jemandem ein Bild zu geben, so dass er sich aus der Ferne einen Begriff machen kann. Die Vorstellungen, die Europa von America hat, sind lächerlich falsch, auf fast allen Gebieten. Sie müssen mal zu Besuch herüberkommen.« Döblin weile gerade bei ihnen, und auch Herr Olschki und andere Familienmitglieder seien bei ihnen zu Gast. »Aber daneben Hunderte von guten Bekannten von Ihnen.«

»Ich sehe in keine Zukunft – nur in die Vergangenheit«

Nicht der Krieg, von dem er eigentlich nichts mitbekomme, »als ob er in einem fernen Erdteil stattfände«, sondern die Nachricht vom tödlichen Unfall seiner Jugendfreundin Imogen von Bernus läßt den 54jährigen am 12. September 1939 seinen Entschluß »zum Einsiedlertum und Entsagen« gegenüber Kubin wiederholen. Kubin versteht ihn: » – auch für mich war die Imogen ein Stückchen Erinnerung – ein seltsames Frauenleben mit tragischen Einschlägen geht mit ihr zu Ende (...)«[244] In seiner Rückschau schreibt RvH: »Erschütternd klar war es mir am 1. September 1939, dass der Untergang des alten Europa besiegelt sei und keine Macht der Welt ruhen würde, bis das nationalsozialistische Deutschland am Boden liege. Alle Siege konnten ihm nichts helfen, die Rache war um so unvermeidlicher. Die grauenvolle Selbstherrlichkeit, mit der Hitler und seine Leute sich zum Richter über Leben und Tod ganzer Völkerschaften machten, die Unmenschlichkeiten der Massentötungen und Martern, die im Namen Deutschlands verübt wurden, erweckten Entsetzen und tiefste Scham. Es war keine Ehre mehr, ein Deutscher zu sein.«[245]

Obwohl seine Dachzimmer im Feldafinger Holzhaus bei frostigen Außentemperaturen wenig anheimelnd waren, dehnte er seinen Aufenthalt dieses Mal bis fast Ende November aus und konnte sich auch dann nur schweren Herzens lösen, erklärt er, da ihn die Einsamkeit zu sehr verwöhnt habe. Die Aussicht auf das Zusammenleben mit fremden Menschen in der Gedonstraße zog ihn freilich noch weniger dorthin. Einen letzten Gruß aus Feldafing an Otte schreibt er am 15. November und teilt ihm mit, daß sein Bruder Harald sich einer Bestrahlungstherapie in einem Münchner Krankenhaus unterziehe. Er hoffe, daß dieser noch mal erholt da herauskommen werde. »Ich bin in diesen 3 Monaten, die ich hier allein hause, viel älter geworden! Aber mindestens einmal hoffe ich, Dich bestimmt noch wiederzusehen.«

An Weihnachten und Silvester nehmen sich »Einsiedels, Emma Bonn, Wiegand, Hausensteins, König, Becker, Falckenbergs, Foitzicks (...)« des vereinsamten Junggesellen an, und am Dreikönigstag bereichert er das Stiftungsfest der »Zwanglosen Gesellschaft« mit einem Vortrag über die romantische Zeichenkunst. Zu seiner großen Freude soll dieser Aufsatz als Privatdruck von Alexander Oldenbourg herausgegeben werden. Anschließend flieht er aus dem Eiskeller in der Gedonstraße zu Freunden nach Hamburg, wo er der Sorge um die Beschaffung von Heizmaterial und Dingen des alltäglichen Lebens enthoben ist. Zwar herrscht auch dort eisige Kälte, die für ihn »die kleinsten Spaziergänge zu gefahrvollen Abenteuern« werden lassen, wie er am 11. Januar 1940 an Emma Bonn schreibt, aber er ist entzückt von dem Anblick der zugefrorenen Alster und Kanäle, auf denen sich die Menschen tummeln. Er nützt den Aufenthalt zu »einer Generalüberholung des Körperlichen (...) und ging (...) zu einem sehr sympathischen und klugen Doktorchen«, von dem außer der vor neun Jahren richtig erkannten Nephrosklerose eine Herzerweiterung diagnostiziert wird. »Einige Mittel, die stark an Sprengstoffbezeichnungen erinnern, werden empfohlen, die mich so sehr störende Korpulenz muss mit Diät in Schach gehalten werden – eine Heil-Fastenkur würde mir gut tun – was aber im eigenen Heim nicht durchführbar ist.« Außerdem berichtet er, habe er eine Frau kennengelernt, deren Leben diametral entgegengesetzt zu Emma Bonns Leben sei, da sie die ganze Welt bereise, Vorträge mit Filmvorführungen halte und von Notlandungen, Staubstürmen und »allerhand Räubergeschichten zu erzählen« wisse, »aber wenn ich ganz ehrlich sein soll: eine halbe Stunde an Ihrem Bett gesessen, wenn Sie gut beieinander sind und sich über irgendetwas sehr amüsieren oder sehr ärgern, ist mir ebenso interessant und geht mich doch weit mehr an. (...) Auch hier spricht man meistens von Kohlen und Punkten. Politische Meinungen und Prophezeiungen gehen ebenso auseinander wie im Süden des Reiches. Hoffnungslosigkeit und Hoffnung halten sich die Waage.«

Wahrscheinlich hatte Hoerschelmann nicht freiwillig den Arzt konsultiert, und die Diagnose scheint mehr seine Freunde als ihn alarmiert zu haben, denn sie setzen alles daran, den Widerstrebenden von der Notwendigkeit einer Kur zu überzeugen, wie aus einem weiteren Brief vom 1. Februar an Emma Bonn hervorgeht: »(...) dankbar schreibe ich auch heute, gerührt über eine ganz geheimnisvolle Fügung. Als hätte Ihr Freundesherz geahnt, was über mich beschlossen worden ist, haben Sie sich zu der Gruppe hilfreicher Freunde gestellt, die mich gesund machen wollen – so ferne das möglich ist. Hinter meinem Rücken hat der Dr. Klinger, der mich untersuchte, mit Praesents [Hoerschelmanns Hamburger Freunde, bei denen er wohnt] und Otte gesprochen und sie veranlasst, mich zu einer Kur nach Pyrmont, wo ein Dr. Buchinger sehr bewährte Heilfastenkuren vollführt, einzuladen. Ich war sehr dagegen eingenommen, und langsam sehe ich nun ein, dass ich nicht das Recht habe, eine Möglichkeit von mir zu stoßen, so lange mein

Befinden den Freunden, mit denen ich lebe, Besorgnis einflößt! Ich habe also schweren Herzens mein Billet umschreiben lassen und fahre nicht nach Berlin, wo ich froh erwartet werde – sondern in das fremde Sanatorium, vor dem mir graust. Dass ich nichts essen soll, macht mir keinen Kummer, sehr viel nehme ich bei meinem privaten Leben auch nicht zu mir – dass ich aber Abends doch vermutlich ohne den alkoholischen Trost bleiben soll und doch schlafen, das will mir nicht gefallen – sonst habe ich mich drein ergeben und hoffe nur, dass ich mit diesem Schritt nicht endgültig in den Stand des Patiententums gerate. Es wäre mir weitaus lieber, die Kümmernisse und Wehsale, die das Älterwerden mit sich bringt, mit mir alleine abzumachen und die Welt damit nicht zu beschäftigen. Ich fahre also Montag ins Ungewisse, Kalte, Freudlose (…)«

Kubin erhält bald darauf einen Brief aus Bad Pyrmont, in dem RvH in der für ihn typischen Sorglosigkeit und mit Galgenhumor den Beginn seiner Kur schildert. Er komme sich vor, als lebe er auf einem anderen Stern, der »von einem Ernährungsfanatiker mit leicht sektiererischem Einschlag« mit einer Mischung aus »Traktätchen, Kitschbilder[n], Hitler, Rudolf Steiner, Christus, Paracelsus und Rilke« beherrscht werde. Die Häuser trügen Namen wie »Blumenhaus, Wiesenhaus (…)«, und er bewohne das »Lavendelzimmer (…) was mich sehr beruhigt, wenn ich vom Lokus komme, was heute öfters vorkommt, da meine einzige Mahlzeit aus ¾ Liter Glaubersalz bestand. Nun beginnt eine Fastenzeit, die aus mir einen Jogi machen soll. Spaß muss sein! (…) als ziemliche Ausschweifung dann und wann eine Kartoffel (…). Ich kann meine lasterhaften Gedanken nicht ganz unterdrücken, dass dieser Grad allgemeiner Gesundheit, der auf diese Weise entstände, eine unerhörte Armut auf der anderen Seite ergebe, an geistigen Originalen, an künstlerischer Produktion, an der ganzen Buntheit und allem Reiz des kulturellen Lebens. Na, wir wollen sehen, was ich vom alten Adam in die künftige Epoche der Sublimierung hinüberrette! Ich fürchte mehr, als Dr. Buchinger recht ist!«[246] Ähnliches wird er Otte berichtet haben, da dieser sich vorstellt, wie der »Hoerschelballon zusammenschrumpft und Falten kriegt«.[247]

Aus einer Gewichtstabelle der Klinik, die Hoerschelmann aufbewahrt hat, geht hervor, daß er am 5. Februar mit einem für seine Körpergröße beachtlichen Gewicht von 72,5 kg angetreten war. In den ersten Wochen purzelten die Pfunde, bis er 63,8 kg auf die Waage brachte, und nach einer weiteren Woche »Normaler Aufbau« verließ er die Kuranstalt am 1. März mit 65,8 kg.

Langanhaltenden Erfolg sollte die Fastenkur allerdings nicht bringen, zumal Hoerschelmann auf Dauer wenig bereit war, vor allem auf geistige Getränke

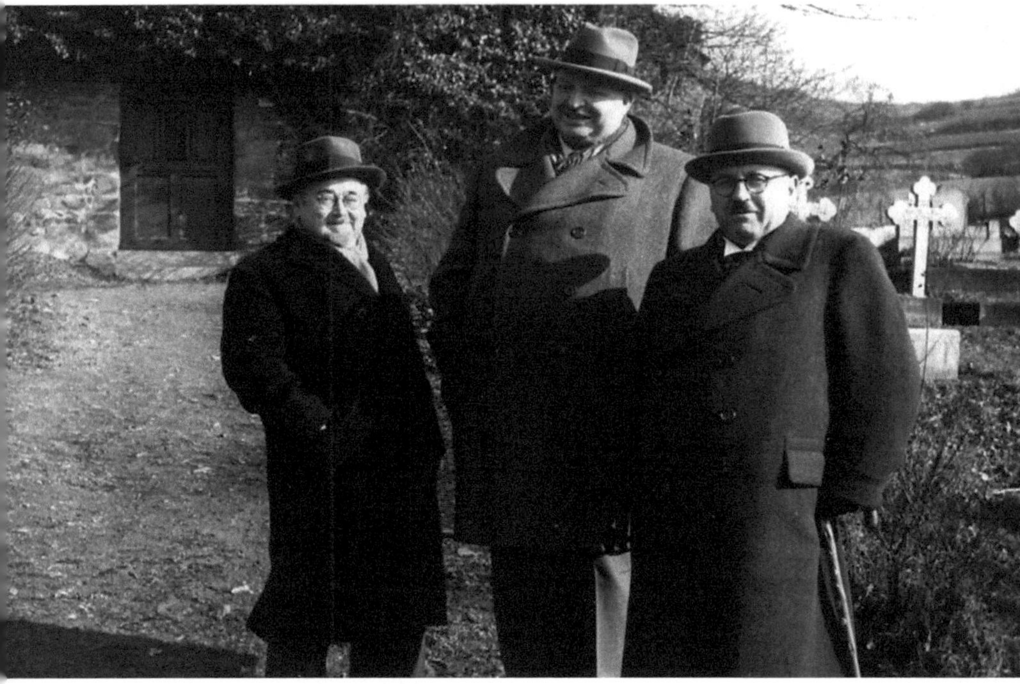

Rolf von Hoerschelmann (links) mit zwei unbekannten Mitpatienten bei seinem Kuraufenthalt in Bad Pyrmont im Februar 1940

zu verzichten, und sich weiterhin gern ein Schokolädchen genehmigte, also nach kurzer Zeit seine gewohnte Lebensweise wiederaufnahm. Bücher, Alkohol und andere irdische Genüsse blieben für ihn Lebenswürze, die nach seiner Überzeugung aller künstlerischen Kreativität nur förderlich war. Auch Otte glaubte wohl nicht daran, daß der Freund sich seiner Gesundheit zuliebe anhaltend disziplinieren würde, und bittet ihn, zumindest eine Zeitlang an seiner Kostumstellung festzuhalten bis zu einem »sicher doch sich ereignenden Sündenfall«. Seinen 55. Geburtstag feiert RvH im Familienkreis seines Freundes Fritz Schmitt in Rückersdorf mit einem »Fastenfesttag« nach.

Nach den oft melancholisch gefärbten Briefen der vergangenen Monate freut sich Kurt Otte, den die Einfälle und die häufig illustrierten Briefe des Freundes immer in höchstem Maße entzückt hatten, einmal wieder ein typisch »hoerschelmanneskes« Schreiben zu erhalten: »Sehr geehrter Herr Zentralapotheker! Wunschgemäss ging mir Ihre Sendung einer kleinen Penatensalbe zu, die inzwischen von meinem Herrn Penaten persönlich bar bezahlt wurde. Wenige Tage später erfolgte Ihrerseits eine neue Salbensendung und zwar größeren Umfangs, die ich nicht bestellt habe. Ihrer schroffen Zahlungsanforderung kann ich infolgedessen und unter folgenden Erwägungen leider nicht Folge leisten: ist die Salbe so heilsam, wie Sie in Ihren Propaganda-Drucksachen behaupten, so genügt mir zur Heilung meiner Gebresten ein kleiner Bruchteil der kleinen Sendung – ist die heilende Wirkung der Schmiere aber so gering, dass die ganze Portion ohne nennenswerten Erfolg aufgebraucht wird, dann fällt es mir doch im Traume nicht ein, eine noch bedeutend größere Packung desselben wertlosen Stoffes anzuschaffen, zumal mir dadurch nicht unerhebliche Kosten zu entstehen drohen. Ich stelle Ihnen also die zweite Sendung insofern wieder zu Ihrer Verfügung, als Sie bereit sind, sie persönlich abzuholen und zu treuen Händen zu übernehmen. Für eventuelle Schäden durch Hochwasser, Erdbeben, Aufruhr und sonstige Vergeltungsmaßnahmen komme ich selbstverständlich nicht auf. Ich kann Ihnen nur so weit entgegenkommen, als ich mich bereit erkläre, die Dosen an einem kühlen Orte zu lagern, soferne nicht andere Maßnahmen mich zwingen, über den zur Verfügung stehenden Lagerraum zu bestimmen. Heil Hitler! Rolf von Hoerschelmann Nephrosklerotiker«.[248]

Im Mai wird RvH von Alexander von Bernus für einige Sommerwochen nach Schloß Donaumünster eingeladen. Die Ernährungsfrage gestalte sich bei ihnen durch den Garten, einen Hühnerhof und zwei geschlachtete Schweine sehr günstig: »Sollten Sie also in Feldafing knapp sein, so können Sie sich hier wieder etwas herausfuttern.« Er müsse ihn allerdings bitten, da der Krieg die Einnahmen seines Laboratoriums erheblich reduziert habe, mit RM 2,50 täglich für seine Verköstigung aufzukommen. »So viel brauchen Sie auch schließlich zu Hause. Und hier haben Sie alles, was Sie bedürfen und mehr.«[249] Das Angebot scheint Hoerschelmann nicht angenommen zu haben, aber sicherlich nicht aus Diätgründen.

Es ist der 13. Sommer, den er in der Schlucht verbringt, und den Briefen der Freunde Werner Bergengruen und Max Unold kann man entnehmen, daß er selten beziehungsweise gar nicht zu den Treffen der alten Freunde nach München kommt, auch nicht an Ausflügen der »Zwanglosen« teilnimmt.

Er arbeitet an einem neuen Vortrag, »Gedanken über die künstlerische Phantasie«, wie er am 11. Mai Kubin berichtet, und es sei das fünfte Mal, daß er sich zu ihm, dem Künstlerfreund, äußere. Besonders beschäftige ihn die problematische Gleichsetzung von Erfindungsgabe und Phantasie. Kubin schickt ihm auf Wunsch »eine Lithographie, die bis auf 2 Stück vergriffen ist (…) weil sie der interessanten Problemstellung (…) zu entsprechen scheint – die Du da formulierst, aber nehme bitte das Uferstädtchen, das in scheinbarer Anspruchslosigkeit das vertiefte Gefühl manches künstlich Frohes angesprochen hat – als Gabe lieber alter Freund.«[250] Diesen Vortrag will RvH seinen »lieben Freunden Alfred Kubin, Kurt Otte, Fritz Schmitt« widmen, wofür ihm herzlich gedankt wird, und Fritz Schmitt plant mit ihm den Druck in kleiner Auflage.

Auch wenn sich RvH schreibend in seine Klause zurückzieht und beharrlich verkündet, in seinen Schluchtwinkel dringe das Zeitgeschehen nicht und solle auch nicht, kann er sich dem, was in seiner Nähe passiert, nicht verschließen und erlebt mit, wie Emma Bonn drangsaliert wird, indem ihr zunächst das Halten ihres Terriers verboten wird und sie ihr Silber abliefern muß. Fassungslos scheint er Anfang Juni Werner Bergengruen berichtet zu haben, der sich in einem Antwortschreiben vom 10. Juni darauf bezieht: »(…) natürlich tu ich gern Alles für E.B., – wobei ich mir bewusst bin, wie wenig hier selbst ›Alles‹ ist. (…) Ich schreibe ihr direkt und natürlich so, wie es hier einzig in Frage kommt. Sie gehört für mich zu den Menschen, um derentwillen ich dauernd ein schlechtes Gewissen habe, das ab und zu akut wird, sei es aus Anlässen wie dem vorliegenden, sei es ohne einen äußerlich erkennbaren Grund.«

Außerdem dringt das Zeitgeschehen auch durch die Freundesbriefe in seinen Starenkasten, wenn zum Beispiel Otte ausführlich von seinen Nachtdiensterlebnissen als Luftschutzwart, vom grausigen Anblick der in der Luft explodierenden englischen Bomber und der schweren Flak über Hamburg schreibt. Von Max Unold, der inzwischen beengt durch zahlreiche Einquartierungen lebt, erfährt er von der Reglementierung des Münchner Kunstbetriebs und durch Fritz Schmitt von der Furcht eines Vaters von zwei kleinen Buben vor seinem Einberufungsbefehl und von der sich immer schwieriger gestaltenden Verlagsarbeit. Wie unendlich wichtig Hoerschelmanns einerseits anteilnehmende und andererseits im Plauderton gehaltene Briefe zu jener Zeit für die Freunde waren, kann man ihren dankbaren Briefen entnehmen.

Nach wie vor ringt Otte mit sich um die Auslagerung des Archivs und verschiebt die Entscheidung von einem Tag auf den anderen: »Die Chance, dass etwas gerade diesen zwei Quadratmetern passiert, ist geringer als einem Eisenbahnunglück zum Opfer zu fallen. Darum lasse ich einstweilen noch alles an seinem Platze.«[251] Hoerschel hat ihm sogar Dispens vom Briefeschreiben und vor allem von der Bekümmerung um seine Person erteilt, da der Apotheker sich trotz allem immer noch bemühen will, für ihn Walnüsse in Hamburg aufzutreiben. Wann immer Otte jedoch einen Zettel zur Hand und eine Pause hat, gibt er seinem Bedürfnis nach, sich »auszuplaudern (...). Ich träume mich immer gen Feldafinger Mittagstopf, sobald die Bombendetonationen mich zwingen, ein ›Innenleben‹ zu führen (...) was mit Deiner und aller Freunde *(Hilfe! Eh)* glücklich gelingt.«[252] Am 26. Juli verkündet er auf einem Wehrmachtzettel an RvH seinen »Jubiläumstag«. Er habe seinen 40. Bombenangriff heil überstanden, was ihn wieder zum Planen ermutige, so daß er sich für September zum Hoerscheltopf anzumelden gedenke. In einem »Dankbrieflein« vom 23. September versichert er anschließend dem Freund, sein Kurzbesuch in Feldafing habe mal wieder bestätigt, daß er bei ihm »eine Ruhestätte« habe, »trotz aller äußeren und inneren Turbulenz«.

Trauer und Erschütterung empfinden Hoerschelmann und Kubin gleichermaßen über die Nachricht von Paul Klees Tod. »Mein lieber Rolfus – das ist furchtbar was Du da sagst, dass unser alter Freund Klee entschwand – vor 2½ Jahren war er an Folgen einer Grippe sehr krank, aber als ich ihm zum 60. (18.XII. v. J.) glückwünschte, schien er völlig ruhig und hoffnungsreich – überhaupt – eine klassische Ruhe war ihm zu eigen – im Gegensatz zu Kandinsky hatte Klee eine völlig sachliche Basis, als er den Schritt in die künstlerische Irrealität tat. (...) In Klee (...) muss irgendeine arabische Blutmischung von Mutterseite her gelebt haben – als er noch Bart trug, sah er in seinem (...) Ernst ja aus wie ein Wüstenscheich – und ihm ging das Herz auch auf bei nordafrikanischen Kunstprodukten (...). Friede seiner Asche! – Wie mich dieser Heimgang schmerzt!«[253]

Ende September fühlt sich RvH »manchmal in der Rolle des von Ludwig Richter und Anderen dargestellten Salon-Eremiten, denen allerhand Gutes zugetragen wird ...« Seit drei Wochen genieße er den Logierbesuch seiner Freundin Lola Noeggerath, die wieder einmal verwitwet sei und trost- und anschlußbedürftig. Sie sei aber keineswegs das einzige weibliche Wesen, das ihm am Starnberger See Gesellschaft leiste, wie er in einem Brief vom 2. Oktober Kurt Otte andeutet: »Meine Daphne ist gezeichnet und sehr viel holziger geworden trotz mancher Variation, als es meine Vorgänger sahen – aber wenn ein Mädchen sich in einen Lorbeerbaum verwandelt, so muss notgedrungen auch ihr süßes weiches Weiberfleisch dran glauben, und ihre weiße Haut wird Schaden leiden!! Dafür kommen jetzt ein paar Mägdelein (in Erinnerung an schöne Sommerstunden im verschwiegenen Schlucht-Winkel) die keine Holzhaut haben sollen!«

Nach seiner Rückkehr in die Gedonstraße arbeitet er emsig weiter an seinem Vortrag und hat dazu Anschauungsmaterial von Bosch bis Kubin an die Wände gehängt. Er freut sich, seine Italienaquarelle von 1937 und Starnberger-See-Bilder bei Heinemann am Lenbachplatz ausstellen zu können. Weniger erfreut zeigte er sich später, nachdem dort nur 14 von ungefähr 44 Arbeiten verkauft worden waren.

Großen Kummer bereitet ihm der Zustand seines Bruders, der, von hohem Fieber befallen, dahinsieche. Anita Gräfin Einsiedel und die Feldafinger Freunde Georg und Ruth Koch laden ihn an den Weihnachtstagen ein, wofür er sich bei letzteren bedankt mit der Zeichnung eines Harfe spielenden und singenden Hoerschels, »in dankbarer Erinnerung an die Stunden am Feldafinger Kamin, wo meine ›Träumereien an Schwabinger Kaminen‹ so greifbare Gestalt gewannen!« Emma Bonn schenkt ihm einen elektrischen Ofen für die kalte Gedonstraßen-Wohnung.

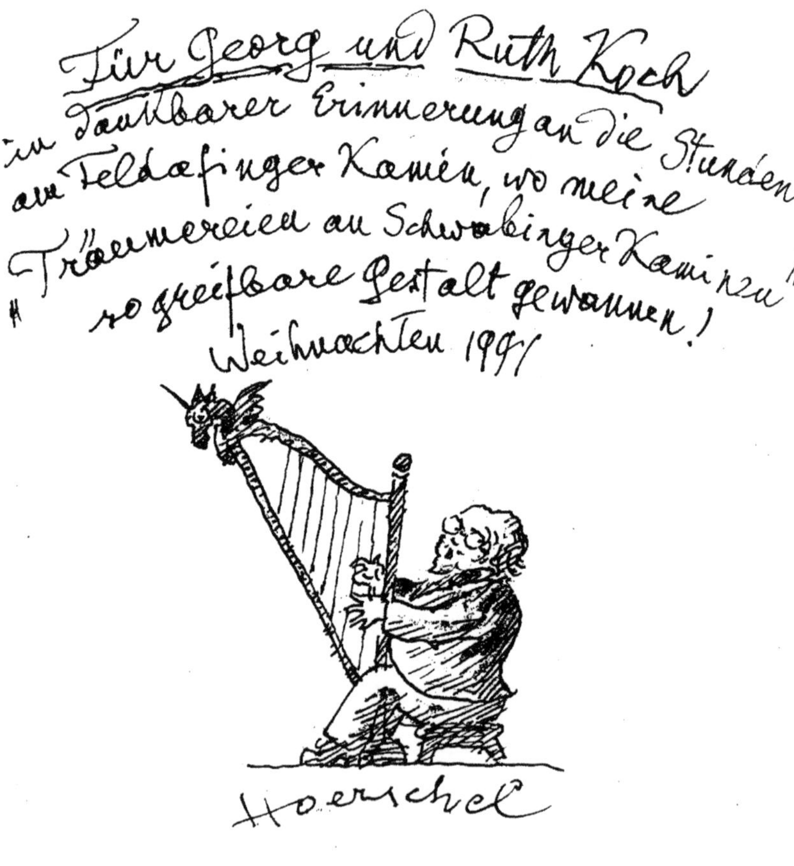

Dort, inmitten seiner angehäuften Schätze, befallen ihn im Februar 1941 Schwermut und Wehmut. Carl Georg von Maassen, der einzig übriggebliebene Bibliophile aus früheren Zeiten, »wo das Sammelwesen und die damit verbundenen Freuden und Sorgen Gemeingut einer ganzen Freundesschar waren«, war Ende des Jahres verstorben. Nun mache er immer öfter die Erfahrung, daß nur mit seinen Erklärungen andere überhaupt etwas erkennen würden, klagt er gegenüber Kubin am 1. Februar, und es stimme doch melancholisch, wenn man keine Erben habe. »Es ist also ein ziemliches Rätsel, was dermaleinst damit geschehen soll (...) vor allem die platzraubende Masse – die Bücher und Mappen – in denen jedes Blättchen einen Sinn und gewissen Wert hat.« Ende Januar hatte er noch geplant, für einige Wochen in Berlin bei Lola unterzuschlüpfen, um Kohlen zu sparen und sich von ihr umsorgen zu lassen, aber wahrscheinlich war er wegen des bedenklichen Zustandes seines Bruders nicht gefahren.

Das Gefühl von Vereinsamung und der auf ihn lastenden Bürde der Familienhinterlassenschaften wird noch verstärkt, als sein Bruder am 9. Februar 1941 seiner Krankheit erliegt. Aufrichtig betroffen vom Tod Haralds sind auch Erwin und Margherita Rosenthal, die auf ein letztes Visum warten, um in die Staaten zu emigrieren. Da man aus Erwin Rosenthals Brief einiges über Harald von Hoerschelmann und das Verhältnis der Brüder erfährt, soll diese Passage ungekürzt wiedergegeben werden: »Ich bin zu sehr unter den Spannungen dieser Tage reduziert worden, als dass ich würdig zu sagen vermöchte, dass Dir mehr als je in so trauriger Stunde unsere Freundschaft gehört – ich möchte die ganze gesammelte Kraft meiner Seele verspüren, die ich Dir sage: wie unendlich wertvoll uns das Bild des nun verstorbenen Bruders in der Erinnerung lebt. Der Arme muß grauenhaft gelitten haben – welch ein Leid auch für Dich, das mitangesehen und mitgefühlt zu haben! Harald war ein wunderbarer Mensch – und wenn auch gerade die Nächsten und eben auch Du es wahrlich nicht immer leicht mit ihm hatten – welch eine Würde, welche Kraft des Geistes gingen von ihm aus, wie viel herrlichste Gesinnung und selbst Wärme wusste er zu verbreiten! Und wie klang sein Klavierspiel durch unser Haus – genial, wie alles, was er formulierte und formte! Wie schade, dieser Erscheinung nie wieder begegnen zu dürfen! (...) Aber in uns lebt er als der herrliche Einsame und Eigenbrötler – und als der zuverlässigste, großartige Freund. Margherita musst Du für heute entschuldigen. Ihren Anteil kannst Du Dir ohnehin vorstellen, ihre Trauer und ihre Sorge um Dich, der Du nun noch einsamer geworden bist.«[254]

Der 56jährige Hoerschelmann sieht sich vor die Aufgabe gestellt, alles allein regeln und sich um den Nachlaß kümmern zu müssen, denn auch von der Mutter stehen in der Wohnung noch Kisten und Kästen mit z.T. antiquierter Kleidung, Fächern etc. Einen Großteil davon kann er an die »Bühnen der Hauptstadt der Bewegung« verkaufen, und Otto Falckenberg freut sich am 12. Juli, »dass wir Deine schöne Sammlung alter Kostbarkeiten erworben haben«. Bis auf einen kleinen Rest vernichtet RvH Familienbriefe, wobei ihm ganz wehmütig wird, weil er an die Kindheit in Dorpat und immer wieder an den großen Garten dort erinnert wird. Es sei der Geruch des Moders, der ihn bei alldem anwehe. Das »Kramen in der Vergangenheit«, so tröstet ihn Hedwig Kubin, mache »elegisch«, wie sie es selbst nach dem Tod ihres Bruders erlebt habe. »Auch bei Dir wird es wieder besser werden, wenn Du einmal ›durch‹ bist. Dann kommt wieder die schöne Zeit in Feldafing, wo Du leichter alles Drückende abschütteln kannst als in der Stadt.«[255]

Sehr früh bezieht er wieder sein »Buenretiro«, auch wenn es dort auf Grund niedriger Temperaturen noch recht ungemütlich gewesen sein muß, wie Hedwig Kubin vermutet. Den Wunsch nach einem »Trösteinsamkeit=Brief« vermag sie ihm nicht zu erfüllen, »wo ich doch selbst so trostbedürftig wäre«. Auch an einen Besuch in München könne sie momentan gar nicht denken, aber er solle ihr schreiben, woran er den größten Mangel leide: »Das Nötigste haben wir noch, wenn auch an nichts Überfluss. Was enthält denn jetzt wohl der Kriegshörscheltopf? Ob ich da noch einmal mitesse?«[256]

Das Drückende dort abzuschütteln, wie Hedwig es ihm gewünscht hatte, gelingt ihm nicht. »Grosse Sorgen macht mir meine arme Nachbarin, der man nun auch den arischen Arzt resp. seine Vertreterin verboten hat. Das ist ein furchtbarer Schlag, wenn man so (sowohl körperlich als seelisch) auf die tröstliche Hilfe angewiesen ist. Auch ich verliere durch das Wegbleiben der vertretenden Ärztin einen angenehmen Umgang und die Möglichkeit, per Auto zur Stadt oder von der Stadt heraus zu kommen.«[257]

Am 6. Juni schreibt er Kubin, er komme sich vor »wie die Leute in der Taucherglocke 900m tief – die Ungeheuer der See glotzen durch die Glasscheibe – noch hält sie!« In dem Gefühl, es noch immer besser zu haben als viele andere, versorgt er Kurt Otte und Fritz Schmitt mit Büchern, Zeitungsartikeln, schickt seine Vorträge und verwickelt sie über all das in einen gedanklichen Austausch, den die beiden ansonsten vermissen: »Es tut gut, dann und wann davon zu hören, dass es das alles auch noch gibt, denn man (ich) wird eben sehr durch anderes abgelenkt und abgetötet.«[258] – »Alles was von Dir, ›der Anderen Seite‹, kommt, ist Oase und Frieden!«[259]

Wie sehr beneidet Otte den Freund um dessen friedliche Einöde. Im März war das Haus neben der Fischmarkt-Apotheke von drei Bomben getroffen worden, in ihrem Haus Decken heruntergekommen und Türen herausgeflogen, und Otte selbst war durch den Druck gegen eine Zimmerwand geschleudert worden, aber unverletzt geblieben. Die zunehmende Bombardierung Hamburgs versetzt Otte in Panik: »Seit drei Tagen rast dieser nächtliche Vernichtungstaumel über der Innenstadt. (...) Wir retten, was nicht niet- und nagelfest ist aus dem Hause in die Parkallee. (...) Wird morgen früh die Apotheke noch sein? (...) Ich gebe den Teil des Archivs fast für verloren, der noch im Hause im ersten Stock ist: die Bücher. – Wo soll ich denn damit auch hin? (...) Es ist einfach grauenhaft, wenn Du das alles sähest. Die Petrikirche vor allem macht mir – ich gestehe das ruhig – Tränen!«[260]

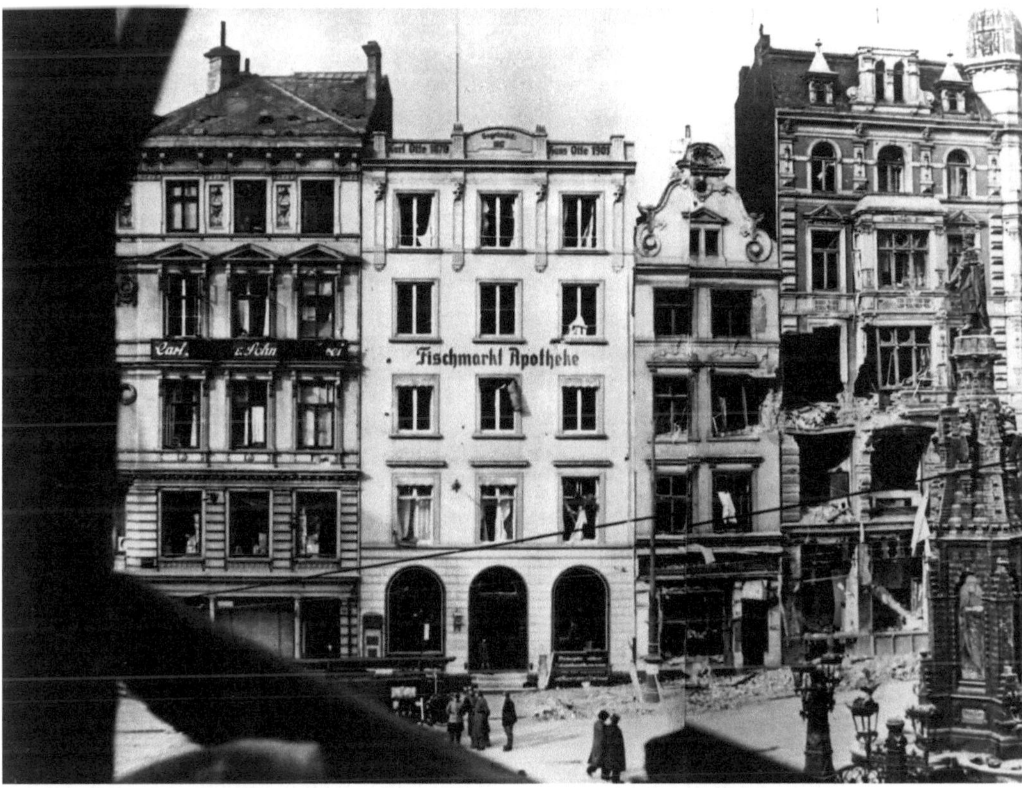

Die Hamburger Fischmarkt-Apotheke im März 1941

Hoerschelmanns Briefe, oft mit erheiternden Zeichnungen versehen, wie Ottes Antworten zu entnehmen ist, trösten und muntern auf. »(…) mit 100 000 Tonnen Walnusssäckchen kann ich nicht und nie vergelten, was Du Lieber mir Gutes antust und in Engelsgeduld mit mir ausharrst! – Ja.: ›Bitte recht freundlich‹ (…) ich will es versuchen und die Sprüchlein, die Du mir wohlassortiert präsentierst, mir zu Herzen nehmen und mit eisernem Griffel (…) mir auf die Brust tätowieren lassen (…) in Spiegelschrift, um sie ›gegebenenfalls‹ rekapitulieren zu können! – Sei innigst bedankt für den im Kubin-Janusumschlag heute dargebotenen Freundesgruß, der so echt, wahr und aufrichtig angenommen wird, wie er von Dir mir gereicht wird!«[261]

Inzwischen versucht Otte allein mit seinem alten Vater, den Betrieb der Fischmarkt-Apotheke aufrechtzuerhalten und die Räume im ersten Stock für das Bücherarchiv wiederherzurichten. Den Inhalt des Archivschranks hat er vorsichtshalber nun doch ausgelagert und führt »ein Leben ohne Archiv vor dem wie ein hohler Zahn anzuschauenden neupolierten und neuversilberten Archivschrank«.[262] Die momentan einzige, nette Abwechslung sei eine Art literarischer Salon, der sich in seiner homöopathischen Abteilung treffe auf eine Zigarette und einen Wermut und über dies und das rede. »Ganz amüsant und zwanglos ist dieser Stammtisch, der meist am Vormittag sich einfindet. Und ich mixe dabei meine Tröpflein. (…) 10-Minuten-Gäste sind Ivo Hauptmann, Carl Albert Lange (…)«[263] Trotz ausdrücklichen Verbots hat Otte den zerstörten Innenraum der St.-Petrikirche gefilmt und schon befürchtet, daß der Film konfisziert worden sei. Er war irrtümlich einem Soldaten in Bulgarien geschickt worden. »<u>Das</u> sind Aufnahmen geworden, die einmal historischen Wert haben können.«[264] Der nächtliche Luftschutzdienst läßt ihn sich danach sehnen, einmal wieder ausschlafen zu können, und er beneidet Hoerschelmann, dem es gelinge, »durch die Hingabe an die Griechen das Gegenwärtige zu überbrücken!«[265]

Wie RvH bereits am 3. April 1941 Kubin mitgeteilt hatte, nahm er sich Heraklit zum Vorbild, in dem er »den klügsten Sterblichen gefunden zu haben« glaubte: »›Angewidert vom politischen Leben zog er sich in die Einsamkeit zurück und lebte hier seinen hohen Gedanken.‹« Kubin, der ebenso den apokalyptischen Zustand der Welt als ein »verworren albdruckhaftes Chaos« empfand, konnte ihm nur beipflichten: »Du treibst Philosophia und gelahrte Disziplinen und von den <u>objektiven</u> Weisen, da hast Du recht, kam keiner <u>über</u> Heraklyt hinaus – die Lehrer des ›Subjektiven‹ vergessen dann wieder solche Erlebnisse.«[266]

Von nun an will sich Hoerschelmann jener Welt widmen, die »wie vieles zu fast märchenhafter Vergangenheit wurde«[267], und mit dem Phänomen des

Überdauerns in der Kunst beschäftigen, denn »glücklicherweise bleiben die erfreulichen Eindrücke länger haften als die düsteren, und darum halte ich mich heute nirgends lieber auf, als in dem Reich der Erinnerungen«.[268] Otto Falckenberg, dem er sein Vorhaben mitteilt, beneidet ihn um sein »zurückgezogenes Chronisten-Dasein, wie Du es mir schilderst (mit dem ich leider durch Beiträge von Photos, Programmen oder anderen Drucksachen nicht dienen kann, da ich leider niemals systematisch gesammelt habe).«[269]

Möglicherweise wurde Hoerschelmann zu dieser Erinnerungsarbeit angeregt, als er das Vorwort schrieb für einen 1942 erschienenen Nachdruck jener im März 1904 von Franziska Gräfin von Reventlow, Oscar A.H. Schmitz und Franz Hessel verfaßten Zeitschriftenparodie, »Der Schwabinger Beobachter«. Einen weiteren Anstoß könnte der intensive und oft höchst kontroverse Austausch über jene Zeiten gegeben haben mit dem Urologen, Hofrat Dr. Felix Schlagintweit, der in den Kreisen »Scholle«, »Simplicissimus« verkehrt hatte, Mitglied des legendären »Cococelloclubs« gewesen war und damals an seinem Buch »Ein verliebtes Leben« arbeitete. In einem ersten vorliegenden Brief Schlagintweits an RvH vom 29. Mai 1941 geht es zunächst um Hoerschelmanns Beurteilung von Stefan George: »Einen schöneren Brief hätten Sie mir nicht schreiben können. Es ist geradezu ein Vorwort zu einem Werk das: Stefan G. und sein Kreis in seiner Bedeutung für die heutigen Deutschen heißen könnte. Für mich ist Ihr Satz: ›So ist das Niveau, das er geschaffen hat, vielleicht wichtiger und dauerhafter, wie das Kunstwerk – er hat für unsere Zeit etwa die Rolle gespielt wie Klopstock für die Seine!‹ geradezu eine Offenbarung oder vielmehr eine Bestätigung dessen, was ich über St.G. und seinen Kreis denke.« Damit scheint Hoerschelmann allerdings keineswegs übereingestimmt zu haben, da er auf der letzten Briefseite notierte: »Inzwischen von mir natürlich in vielen Punkten energisch widerlegt! R«

Während seiner Arbeit am »Schwabing«-Aufsatz teilte er sich in zwei Briefen im Juli auch Ina Seidel mit: »Nicht für eine Veröffentlichung (wohl für einen Vortrag in geschlossenem Kreise) bestimmt, schreibe ich selber nun auf, was ich von Schwabing weiß. Dem Schwabing, wo Großes gedacht und vieles verwirklicht wurde. Es ist eine schöne Beschäftigung – und der Sammler in mir findet eine lohnende Aufgabe, die verschollenen Bilder und Dokumente zusammen zu tragen.«[270] Zu seiner Freude hatte er biographische Gemeinsamkeiten mit Ina Seidel entdeckt: Beide hatten baltische Vorfahren, wurden 1885 geboren, hatten 1895 den Vater verloren, sich 1899 in Tölz aufgehalten und als Kinder die gleichen Bücher, »über Gockel, Hinkel und Gackeleia und Leberecht Hühnchen«, gelesen.[271] Nachdem er die Schriftstellerin darauf aufmerksam gemacht hatte, daß es Aufzeichnungen von Maximin gebe, und diese offensichtlich für sie besorgt hatte, legte er einem Brief vom 10. Juli eine Zeichnung bei und weiß, wie Ina Seidel sich dafür revanchieren könnte: »Sie würden mir eine große Freude machen, die beiliegende Zeichnung anzunehmen. Sollten Sie den Eindruck gewinnen, dass ich noch etwas bei Ihnen ›gut habe‹, so sei verraten, dass ich mir das Buch Ihrer Jugenderinnerungen sehr wünsche!« Sein Wunsch wurde umgehend erfüllt, wie einem folgenden Brief zu entnehmen ist: »Ein wunderliches Zögern hat mich jahrelang veranlasst, mit Ihrem Kindheitsbuch zu warten, bis ich es nun von Ihnen selbst erhielt, wofür ich Ihnen herzlich danke. Lachen Sie mich nicht aus, aber ich musste gestern Phonodorm nehmen, um einschlafen zu können – so aufgewühlt war ich nach der Lektüre. (…) Sie werden verstehen, dass mir Ihr Buch mehr als ein liebes oder gutes Buch gewesen ist und bleiben wird.«[272]

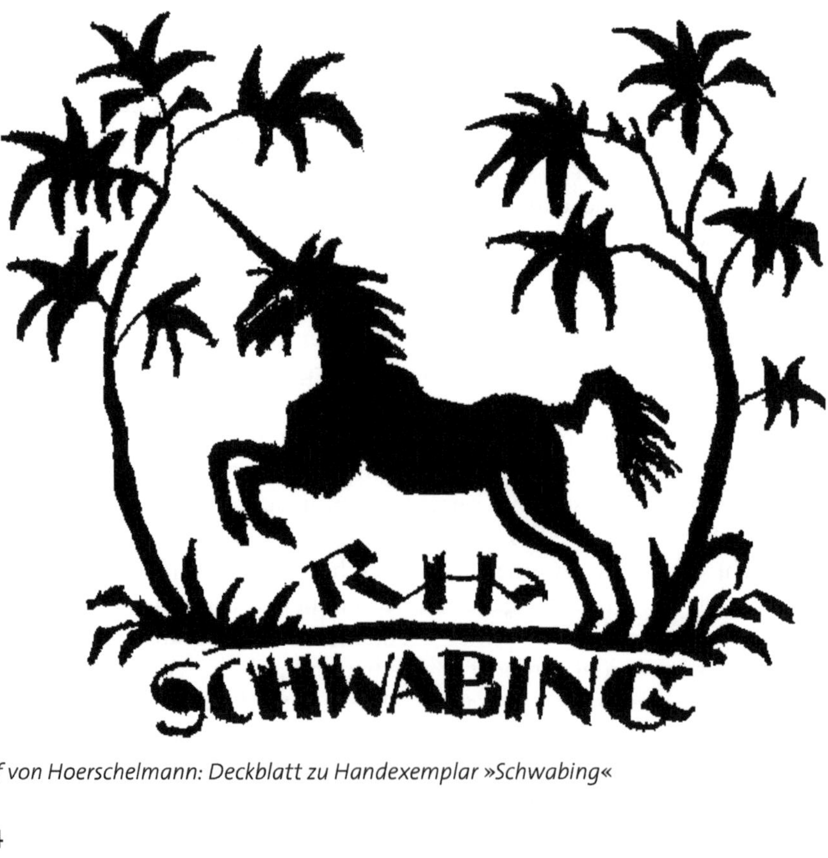

Rolf von Hoerschelmann: Deckblatt zu Handexemplar »Schwabing«

Nach dem Erhalt von Hoerschelmanns Schwabing-Aufsatz hatte sich Kurt Otte »mit großer Spannung in die Lektüre dieses jüngsten Kindes Deiner forscherisch-historischen Muse gestürzt« und ließ ihn umgehend seine Eindrücke wissen: »Es ist (für mich) der bisher lebendigste Vortrag, den Du gearbeitet hast, in guter Mischung gibst Du Historisches und Anekdotisches. Als ich begann, sprang der Funke gleich über, ich war gefesselt, und das, obwohl ich zunächst Furcht hatte – ich gestehe es offen – vor der Beschwörung dieser Schattenwelt (aus einem Widerstreben heraus, das aus meiner allzu langen Beschäftigung nach Rückwärts (Archiv!) zu erklären ist. Aber dann erkannte ich doch, dass auch ich irgendwie in jene Welt eher gehöre als die, in der ich heute leben muss. (...) die schöne Aufgabe, die Du Dir gesetzt hast, als ›Alterswerk‹ des Historikers Hoerschelmann in einem archivähnlichen Gebilde der Memorist Schwabings zu sein. – Des Sammler Hoerschelmanns Lebensaufgabe. Übrigens eine seltene Mischung, dass ein echter Künstler voll der reinsten Phantasie zugleich nach rückwärts einen guten Historiker abgibt! (...) Der Aufsatz als ganzes ist für mich der Beginn einer kommenden Arbeitsperiode, nicht ihr Abschluss! Das ›dicke‹ Buch über Schwabing musst Du erst noch schreiben!«

Eine kritische Anmerkung macht Otte allerdings zu Hoerschelmanns Darstellung von Georg Fuchs, dem Jugendfreund von George und Wolfskehl, da sie sein »schonendes mehr, als angreifendes Gemüt« errege, und er gibt dem Freund zu bedenken, daß er nicht nur Fuchs, der doch noch lebe, sondern auch sich selbst vielleicht mit der Erwähnung von dessen Zuchthausgeschichte schade: »Du könntest es ohne Nachsicht tun, wenn er tatsächlich ein Buch über diese düstere Episode geschrieben hat. Wenn es aber nur ein ›er soll‹ ist, so riecht es nach Rache ob seines minderwertigen Ergusses über Schwabing. Seine Zuchthausaffaire hat ja gar nichts mit seiner Schwabinger Note zu tun! Das liegt viele Jahre (Jahrzehnte) zurück, viele wissen es sicher nicht einmal mehr: Ein direkter Zusammenhang mit dem Thema ›Schwabing‹ besteht nicht. Es ist vielleicht eine geringere ›Untat‹ gewesen, warum er brummen musste, als sein bösartiges Buch über Sch. Dieses heftig anzugreifen und anzuprangern, steht Dir frei, ja ist Deine Pflicht als Schwabinger Historiker, jene Episode hervorzerren aber bringt nicht nur ihn, sondern vielleicht auch Dich in Misskredit.«[273] Wie aus dem folgenden Brief Ottes hervorgeht, hatte er vermutet, bei jener Zuchthausaffäre von Georg Fuchs, »zeitweiliger Schwiegervater von O.A.Schmitz«, habe es sich um ein »Privatvergehen (...) a la 175, 176 §§« gehandelt, und sein Einwand resultierte wohl vor allem aus der Sorge um die Verbindung zu Hedwig Kubins Bruder. Obwohl Hoerschelmann ihm unverzüglich erklärt haben muß, daß es sich dabei um eine »politische Affäre« gehandelt habe, und Otte seine Bedenken daraufhin zurückzog, streicht der »Schwabinger Historiker« den Absatz über Georg Fuchs, wie ein Typoskript im Nachlaß belegt, das er den Freunden Fritz und Helma Schmitt an Weihnachten desselben Jahres überreicht. Bei der Bearbeitung seines Buchs »Leben ohne Alltag« hat Hoerschelmann später den Absatz über Georg Fuchs jedoch wieder eingefügt: »Mit einiger Unlust erwähne ich *Georg Fuchs*, den eifrigen Gründer, der als Jugendfreund von George und Wolfskehl, zeitweiliger Schwiegervater von O. A. H. Schmitz, stets unter den großen Schwabingern wohnte, wenn auch nicht zu ihnen zählte. Er war Schriftsteller, Kunstreferent, Gründer des Künstlertheaters und schließlich Hauptbeteiligter in einem politischen Skandalprozeß, der ihn ins Zuchthaus brachte. Über diese düstere Episode soll er ein gutes Buch geschrieben haben. Leider wollte er aber auch seine Kenntnisse um die Münchener und Schwabinger Zustände um die Jahrhundertwende verwerten und gleichzeitig als nunmehr staatserhaltendes Element in Erscheinung treten. So ist trotz vieler netter Anekdoten ein höchst verworrenes und verlogenes Buch entstanden, das den Anschein erweckt, als hätten Lenbach, Stefan George und Georg Fuchs Arm in Arm das Dritte Reich eingeleitet. Die Verquickung der Lenbach-Zeit mit Schwabing ist gänzlich sinnlos und anachronistisch, eine Schilderung Schwabings ohne Erwähnung Wolfskehls, die dem Autor untragbar schien, ganz und gar fragmentarisch und falsch.«[274]

Resigniert und sehr melancholisch schreibt der Eremit aus der Schlucht am 30. Juli 1941 an Kubin: »Ich sehe in keine Zukunft – nur in die Vergangenheit. Würde am liebsten in diesem Herbst mit den welken Blättern vergehen!« Wie er den folgenden, besonders schneereichen Winter überstand und die Festtage verbrachte, erfahren wir dieses Mal nicht, nur daß er die nächste sich bietende Gelegenheit wahrnahm, aus der Stadt zu flüchten, um sich in Tutzing mit »Einsiedels, Hausensteins, König, Beckers, Philipp Hart« zu treffen – »es wurde Boccia gespielt und manch fröhliches Wort geplaudert, trotz Gräuel und allen Schrecken, die einen erschüttern«.[275] Den Starenkasten beziehen konnte er zu seinem Leidwesen erst Ende Mai, da in der Gedonstraße geräumt werden mußte und sich seine beengte Wohnung in ein ungemütliches Bücherlager verwandelt hatte, wie er am 13. Mai 1942 Kubin wissen läßt: »Der letzte Vormittag, an dem der alte Fuchsbau gastlich und menschenwürdig wirkte, für lange Zeit! Nun werden Schränke auf und ab gestemmt werden, unzählbare Büchermassen Tische und Ecken füllen, Staubkaskaden sich ergießen! Nach einem erholenden Wochenende in Tutzing und Feldafing muss ich noch mal zurück in die Staubhölle, um dann hoffentlich in der nächsten Woche ganz hinaus zu können.«

In dem folgenden ausführlicheren Brief »nach langer schmerzlicher Pause« am 31. Mai an Alfred und Hedwig erklärt er dann, wodurch das Chaos in seinem Fuchsbau entstanden war: »Es ist gerade 1 Monat her, dass unsere liebe treue Freundin Jenny v. Sch. verstarb. Es war ein erstaunlich großer Abschnitt in meinem Leben, den dieser Tod bewirkte, denn sie galt mir doch ebensoviel, als wäre sie Haralds Gattin und Rechtsnachfolgerin gewesen, und ihre Kenntnisse unserer Familie und unseres Besitzes waren für mich in hohem Grade erleichternd. Mit ihrem Verschwinden bin ich also erst wirklich ganz allein geblieben und bis zum letzten verfügungsberechtigt über alles und jedes – aber leider auch verfügungsverpflichtet! Und so erwuchs mir nicht nur die Pflicht alles was von uns im III. Stock lagerte (und das war nicht wenig) dort zu räumen und darüber zu bestimmen – denn unten bei mir war es immer noch eher zu voll, als dass ich neuen Kram brauchen konnte. Also hieß es radikal sein, und ich war radikal und entfernte aus dem Hause alles, was zu meinem Lebensabend nicht mehr vonnöten ist. Vor allen Dingen leider die alte große Bibliothek, die ich zum großen Teile aus frühesten Kindertagen her kannte und die für mich der Quell und Inbegriff deutscher Geistesbildung war. Nur weniges verleibte ich meinen Beständen ein. Schließlich war es nach 3-wöchentlicher anstrengender Arbeit so weit, dass 2 athletische Männer des Versteigerungshauses Ruef in pausenloser 3stündiger Arbeit 110 Nummern heraustrugen, wobei oft genug 12 Gegenstände auf eine Nummer kommen. Nun war ich befreit von ungeheurem Ballast und ohne die Neuordnung ganz durchzuführen, floh ich am Donnerstag vor Pfingsten ins Grüne.«

Hoerschelmanns Freundeskreise in München hatten sich deutlich gelichtet, und er klagt Otte, daß er den geistigen Austausch mit den alten Weggefährten früherer Zeiten schmerzlich vermisse. Nichts Aufheiterndes kann der Hamburger Freund ihm berichten, da ihn tagsüber »die stetig wachsende Zahl mehr oder minder hysterischer Pillenschlucker«, nachts die Luftschutzdienste und die zermürbende Angst um die Fischmarkt-Apotheke und das Archiv belasten, nachdem Lübeck so furchtbar zerstört worden war und Hamburg den schwersten Angriff in der Nacht vom 26. auf den 27. Juli erlebt hatte.

Auch in Feldafing »wartete neue seelische Inanspruchnahme« auf Hoerschelmann, wie er Kubin am 31. Mai berichtet: »Alle Verträge, die meine kranke Nachbarin geschlossen hatte, um für ihre karg bemessene Lebenszeit das ihr so bitter notwendige gewohnte Haus bewohnen zu dürfen, wurden hinfällig, und sie, die seit 13 Jahren gelähmt nur noch wie ein zitterndes Nervenknäuelchen in der Matratzengruft lag, zur Räumung ihres Hauses und Besitzes aufgefordert. Keinerlei Verhandlungen konnten an dem grausamen Beschluss etwas ändern, sie wurde mit unbekanntem Ziel davongebracht – denn auch das Krankenhaus, das normalerweise ihre Zufluchtsstätte gewesen wäre, ist evakuiert worden. Bisher weiß ich ihren Verbleib noch nicht, zweifele aber nicht daran, dass ihre Tage gezählt sind. Auch das ist von größtem, einschneidenden Einfluss auf mein hiesiges Dasein. Seit nun 15 Jahren Nachbar, sonntäglicher Mittagsgast, Benutzer von Boot und Badezimmer, Teilhaber am Gemüsegarten, hatte ich das Landleben so völlig darauf abgestellt, dass ich ganz umdenken und umdisponieren muss. So ist mir hier wie in der Stadt seelisch wie leiblich furchtbar viel genommen worden. Und was dafür gegeben??«

In einem nächsten Brief vom 6. Juni erfährt Kubin, daß die »Zwanglosen« sich zu einem Forellenessen im nahegelegenen Mühltal treffen werden, »was heutzutage doch ein seltenes Ereignis sein dürfte. Hoffentlich auch Bergengruens, dem ich von den Schicksalen Emmas berichten will! Er hat sich sehr freundschaftlich um sie gekümmert und weiß noch nicht, dass sie ins Exil wandern musste. Inzwischen ist der erste Transport mit den Schwerkranken abgefahren. Das Lager ist bei Leitmeritz, was mich, ob mit oder ohne Grund etwas tröstlich stimmte. Aber es ist doch höchst grauenvoll – die treue und löwenmutige Schwester Josefa hört nicht auf, um ihre Befreiung zu kämpfen!«

Eine nationalsozialistische Reichsorganisation, »Das Braune Band von Deutschland«, hatte Emma Bonns Villa und ein zweites Haus, das ihr gehörte [heute Seestraße 13], bereits im September 1940 gekauft. Es ist zu vermuten, daß Christian Weber, ein einstmaliger Pferdeknecht, der nach der Machtübernahme zu einem von Hitlers Statthaltern in München aufgestiegen und dessen Duzfreund und Mitglied dieser Organisation war, die Deportation Emma Bonns veranlaßt hat, denn nach Aussage von Hedwig Schultheiß, der Tochter der damaligen Hausmeisterin Anna Hundhammer, sei dieser »Pferdenarr von Daglfing« unmittelbar danach dort aufgetaucht. Ihrer Familie sei von einem Tag auf den anderen verboten worden, vom unterhalb der Villa liegenden Gärtnerhaus [an der heutigen Possenhofener Straße] durch den Park zu gehen und den oberen Ausgang zu benutzen. Ein am 1. September 1941 von Schwester Josefa, die Emma Bonn jahrelang betreut hatte, ausgestelltes Zeugnis besagt, daß Anna Hundhammer »ihren Posten wegen Besitzwechsel aufgeben« mußte, und Hoerschelmann teilt in demselben Monat Kubin mit, daß Schwester Josefa, die letzte Statthalterin im Hause Bonn, den Schluchtweg verlassen werde. Mit seiner Befürchtung, daß die Tage der deportierten, schwerkranken Emma Bonn gezählt seien, sollte Hoerschelmann recht behalten. Nur soviel konnte in Erfahrung gebracht werden, daß die Schriftstellerin noch nach Theresienstadt transportiert werden sollte und anscheinend auf dieser Fahrt gestorben ist.

Schwermut, Antriebslosigkeit und ein Gefühl des Ausgebranntseins machen Hoerschelmann sehr zu schaffen: »Die Arbeitslust ist da – die Fähigkeit mich zu konzentrieren schlecht! Zuviel Gedanken lassen einen nicht zur Ruhe kommen. Eher kann ich schreiben als zeichnen – es ist mehr wie erinnern – und ich habe den Drang, Erlebtes oder Erkanntes zu formulieren – der Drang, neue Bilder zu machen, wird dagegen schwächer. Anders wäre es, wenn die italienischen zarten Farben, Toskana und Umbrien, mich wie ehedem in Ekstase versetzten – in farbiger Beziehung schreckt mich leider die so lieb und vertraut gewordene Umgebung hier nur ab! Die Fülle innerer Bilder, über die ich in Deinem Falle so oft staunend berichten konnte, wird bei mir vom Winde verweht. Liege ich erholungsbedürftig am Waldsee, genieße ich in vollen Zügen, dass die Natur die alte geblieben ist und die altmodischste erquickende Wirkung tut – aber ein Mühlrad dreht sich im Kopfe und ist nicht zum Stillstehen zu bringen. Tröstlichen Zuspruchs und freundlicher Unterhaltung bin ich recht sehr bedürftig. – vergesst es nicht.«[276]

Wenige Tage später scheint er einigermaßen den Tiefpunkt überwunden zu haben, denn es gibt für ihn Erfreuliches zu berichten, und er macht wieder Pläne: »Nun hoffe ich, da einesteils die Münchner Neuordnung halbwegs geschafft ist, andererseits hier die Wogen sich über den aufregenden Strudeln glätten, an die Arbeit gehen zu können. Ich werde wohl einstweilen mehr zeichnen – 2 Aquarelle konnte ich am gleichen Tage nutzbar verwerten: für das eine 30 Flaschen Wein eintauschen, für das andere die mir bisher geliehenen Möbel hier im Häuschen in mein Eigentum bringen. So freute ich mich der nützlichen Verwendung und werde auch künftig sehen, ob solcher Tauschverkehr möglich ist. Einen Teil des Geldes, das ich für die Bibliothek erhielt, verwandte ich auf einen Schlag für ein Päckchen Zeichnungen von Schwindt, Oliviers, Wasmann, Oberländer, Wagenbauer, Dillis. Möge keine englische Bombe mich um die Früchte 40jähriger Sammeltätigkeit betrügen! Mein Vortrag über das Sammeln alten Papieres wächst an – vielleicht kann ich mal als Fortsetzung über Erfahrungen mit den modernen Künstlern und Kollegen sprechen. Von Toulouse-Lautrec bis Picasso, Slevogt, Kubin, Unold, Gross (…) Ach, möge Ruhe und Seelenfriede für so friedliche Pläne erhalten bleiben (…) trübe Aussichten! Dennoch hast Du Recht! Umbringen wollen wir uns nicht lassen – aber seine Ruh' braucht man dazu! Drum von Einsiedelei zu Einsiedelei treue Grüße – Rolfus.«[277]

Nach der Rückkehr in die Gedonstraße findet er dort allerdings weder Ruhe noch Muße, da seine ansonsten still gewordene Klause einen regelrechten Weihnachtsbetrieb erlebt: »Ich bemühe mich, allerdings bisher ziemlich vergeblich, meine Arbeitsruhe vor den Anforderungen des Stadtlebens zu verteidigen. Das glückliche Schicksal ein Steckenpferdreiter, in diesem Fall ein Sammler, zu sein, hat in vorgeschrittenem Stadium den Nachteil, nicht mehr allein sich seiner Erfolge freuen zu können, sondern sie mit einer gewissen Allgemeinheit teilen zu müssen.«[278] Er kann einiges verkaufen, allerdings zu seinem größten Kummer nichts dafür kaufen, zum Beispiel, was ihm am liebsten wäre, »den Inhalt eines Weinkellers«. Anscheinend auf Hedwigs Anfrage erklärt er: »Zur Frage meiner schriftlichen Erinnerungen kann ich nur kapitelweise in jedem Vortrag, der sich ja an alte und kluge Männer wendet, einen geistigen Komplex von meiner Seite aus durchleuchten. AMÜSANTE Jugenderinnerungen zu schreiben, wäre mir nie gegeben. Ich habe auch eigentlich keine. Das Thema wäre in diesem Falle in der Bildungswelt der baltischen Gelehrtenfamilien oder ›Litteraten‹, wie man bei uns sagte, zu finden. Der Vortrag dieses Jahres ist inzwischen in einer in 7 Exemplaren angefertigten Luxusausgabe nach Zwickledt gerollt. Ich hielt ihn 3 mal in diesem Herbst. Und der für 1943 ist auch schon da! Wie wird die Welt wohl aussehen, wenn mein Termin gekommen ist? Werden wir dann wissen, was die Uhr geschlagen hat? Anno 1943 gibt es 2 Abreißkalender, in denen ich bildlich vertreten bin – auch recht spannend, unter welchen Umständen wir die betreffenden Daten erleben!!«[279]

Das Jahr 1943, vor allem dessen zweite Hälfte, sollte ihm noch weniger die gewünschte Arbeitsruhe bringen und »spannender« werden, als er es sich vorzustellen vermochte. Im Januar scheint ihn der Direktor des Germanischen Nationalmuseums Nürnberg in der Gedonstraße aufgesucht zu haben, da dieser ihm am 19. Januar dankte im »Nacherlebnis Ihres Fuchsbaus, der eine wahrhafte Schatzgrube darstellt, (…) gerade die Jahrzehnte am Museum haben mir den Umfang und die Bedeutung alles privaten Sammlertums für das allgemeine und öffentliche Sammelwesen, ja überhaupt für die Geschmacksbildung und Erziehung ganzer Generationen nachdrücklich gezeigt. (…) Ich habe in der kurzen Zeit bei Ihnen, wie ich glaube, viel gelernt und Sie haben mir schon durch die Art, wie Sie Ihre Lieblinge bei sich unterbringen und die Anschaulichkeit, mit der Sie im geschriebenen und gesprochenen Wort ihre Eigenarten verkünden, so viel Vergnügen und Anregung verschafft, dass mir das, wie ich hoffe, für den Umgang mit unserem Kupferstichkabinett wie der Bibliothek zugute kommt.« Er würde es sehr begrüßen, wenn der Sammler bald einmal nach Nürnberg käme und seine Fachkenntnisse dem Museum zur Verfügung stellen könnte. Wegen Hoerschelmanns umfangreicher Sammlung von Bilderbogen wandte sich der Verleger Ernst Heimeran an ihn, da dieser eine diesbezügliche Publikation für Kinder plante, die vom Reichspropagandaministerium als kriegswichtig angesehen würde.

Zu seinem Geburtstag schickt ihm Hedwig Kubin ein Paket mit Äpfeln und eine Dose Tomaten und bedauert, daß sie wegen ihrer Überlastung durch die Kriegsverhältnisse so wenig zum Schreiben komme und Münchenfahrten für sie zu beschwerlich geworden seien. Letztes Jahr, so erinnert sie sich wehmütig, sei man noch bei Hoerschel mit Unolds bei Flakmusik zusammengesessen.

Nachdem Hoerschelmann seiner »Meldepflicht auf Grund der Verordnung über die Meldung von Männern und Frauen für Aufgaben der Reichsverteidigung vom 27. Januar 1943 nachgekommen ist«, scheint er bereits im April nach Feldafing hinausgezogen zu sein. Otte berichtet nämlich in einem Brief vom 27. April, daß der Berliner Verleger, passionierte Sammler, Bibliophile und langjährige Freund Alfred Richard Meyer, bekannt unter dem Pseudonym »Munkepunke«, ihn aus einem vorüberrauschenden Zug »am Feldafinger Bahnsteigpfad philosophisch gelassen wandeln« gesehen und ihm ohne Erfolg heftig zugewunken und zugerufen habe. Außerdem versichert er Hoerschelmann, der nach längerer »Schweigezeit« Ottes »einen Freundschaftsbrief« verlangt habe, daß ihrer beider »Interessensband« niemals gefährdet, aber sein »Fluchtgefühl nunmehr bis ins Extremste gesteigert« sei, es ihn nicht einmal mehr nach dem fernen Archiv verlange [die Archivkisten standen mittlerweile im Keller der Staatsbibliothek], und, auch wenn es frivol klingen möge, »ein vernichtender Donnerschlag doch wie eine Erlösung wirken könnte gegen diese sich fast stündlich steigernde Gewissheit, dass er doch eines Tages kommen muss und kommen wird«. Der Donnerschlag sollte nur allzu bald erfolgen.

Die ersten Wochen in Feldafing will Hoerschelmann mit Lust völlig Einsiedler gewesen sein, bis auf ein Zusammentreffen in Starnberg mit Hermann Uhde-Bernays, Annemarie Suhrkamp, Ina Seidels jüngerer Schwester Mirl, Ina Seidel nebst Mann und die Tutzinger Sonntage im Kreis von Anita Gräfin Einsiedel und Leo von König. In den folgenden Briefen an verschiedene Freunde kann er dann von einer besonderen Ehre und Auszeichnung, die ihm zuteil wird, berichten, über deren Zustandekommen er aber nichts verlauten läßt. Hoerschelmann, der in seinem Leben von Künstlerfreunden oft gezeichnet und gemalt worden war, hatte sich damals in den Kopf gesetzt, auch von Leo von König gemalt zu werden. Der Porträtist namhafter Persönlichkeiten habe Hoerschelmanns Ansinnen zunächst rundheraus abgelehnt, verriet Dolores Caballero, woraufhin Hoerschel sie folgendermaßen bedrängt habe:

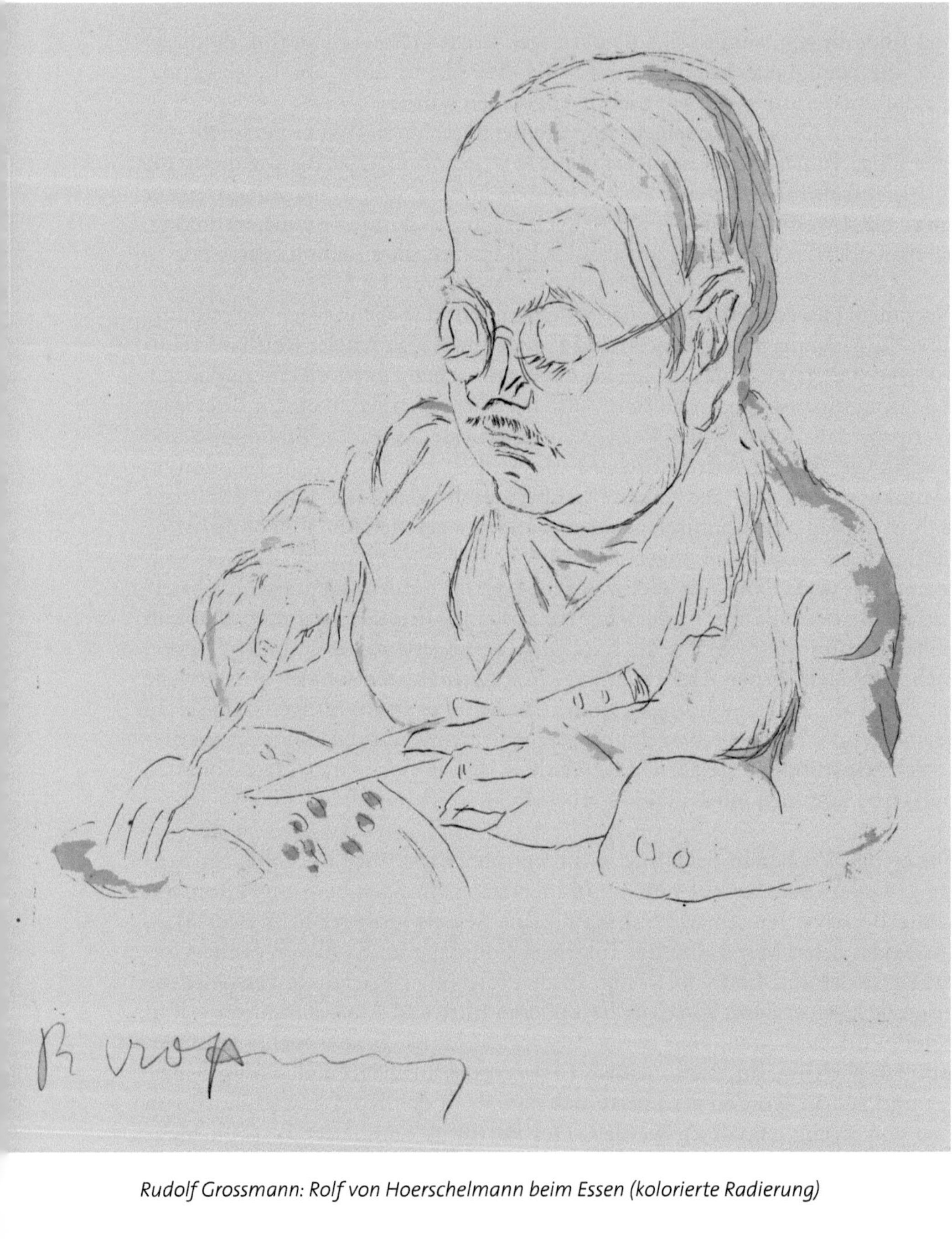

Rudolf Grossmann: Rolf von Hoerschelmann beim Essen (kolorierte Radierung)

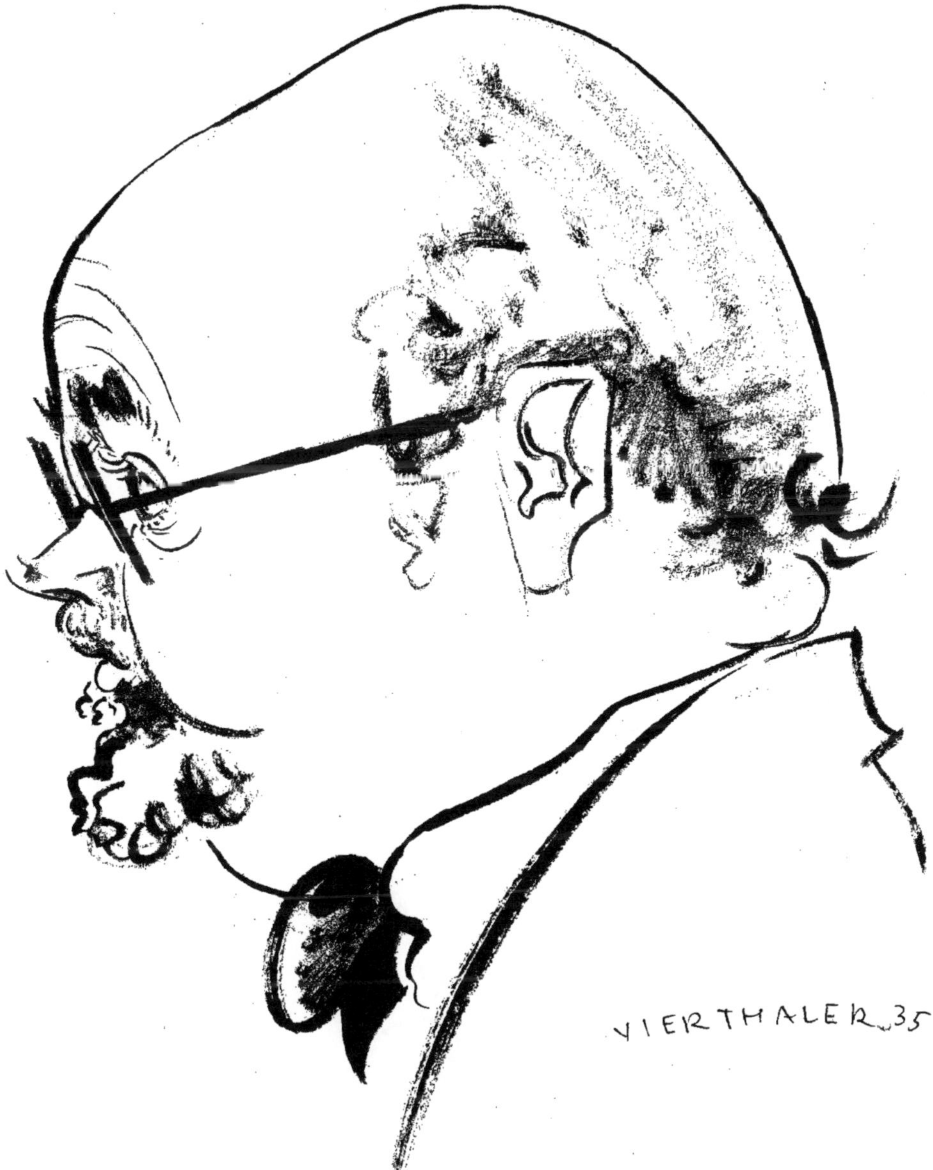

Rolf von Hoerschelmann (Tuschpinselzeichnung, signiert »Vierthaler 35«)

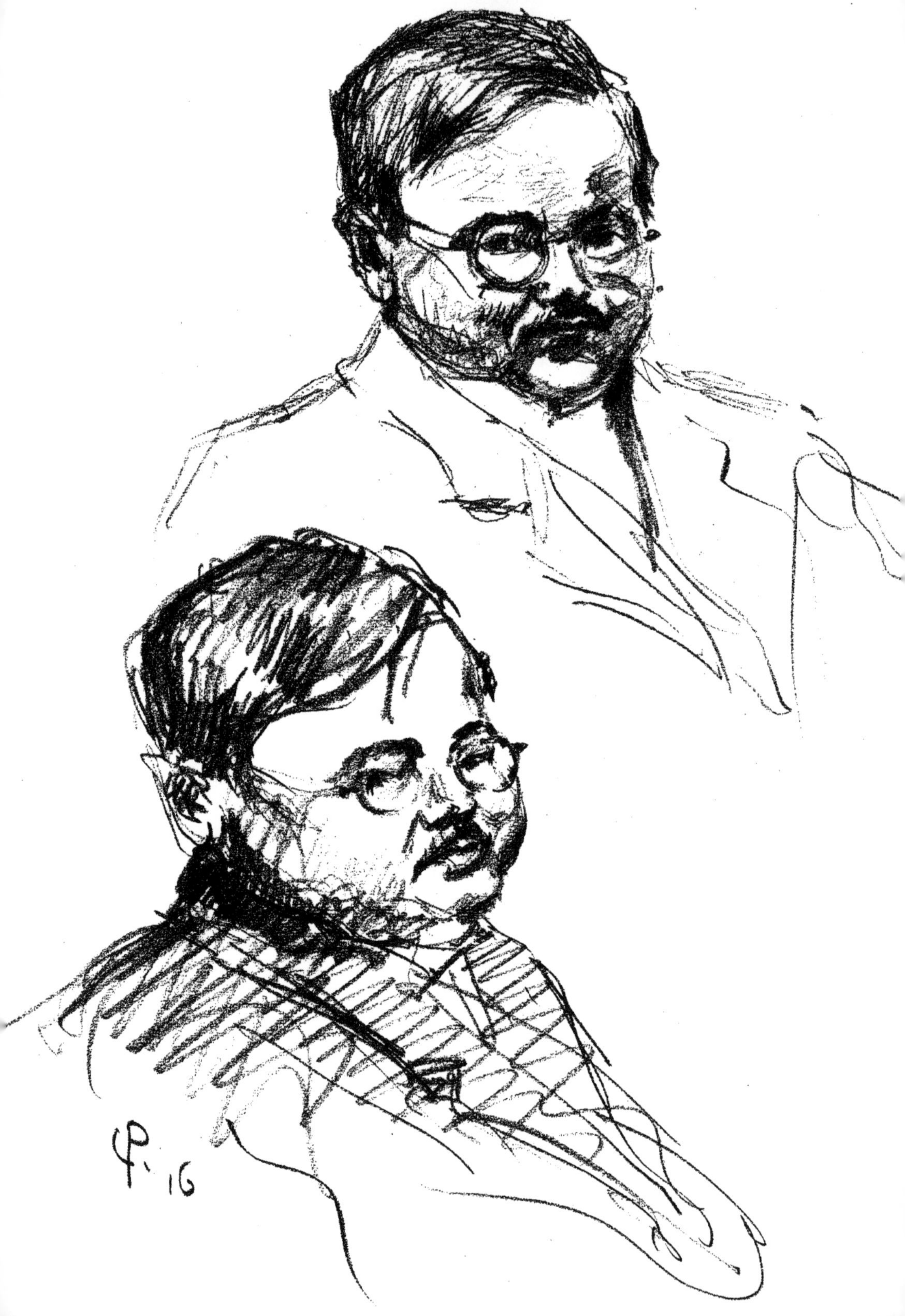

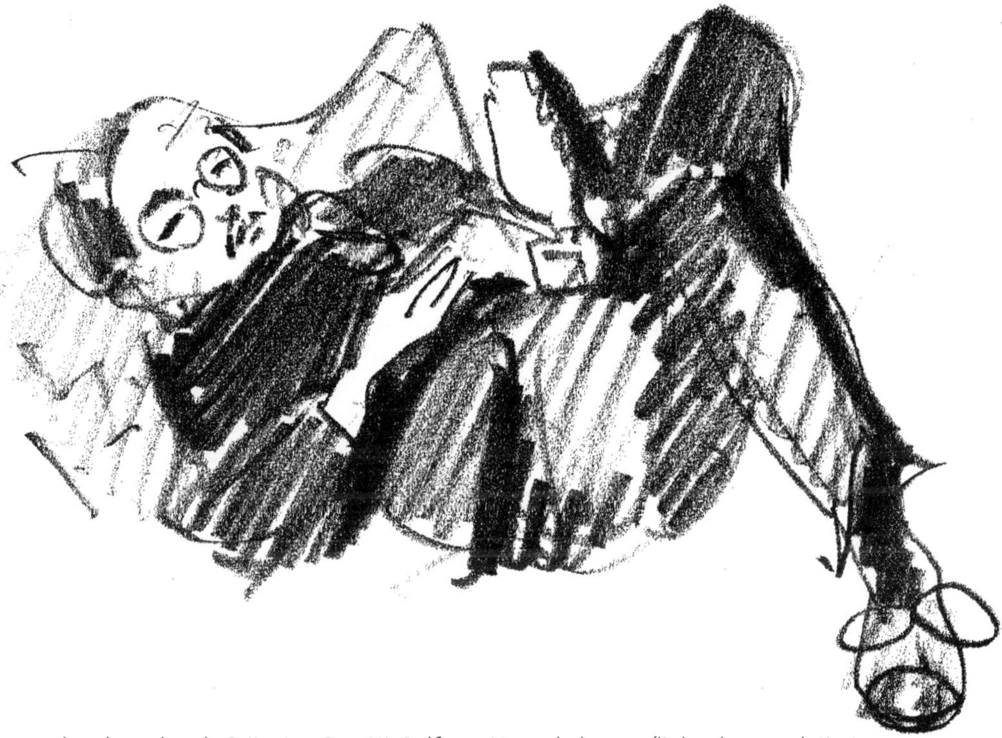

Diese und vorhergehende Seite: Leo Posetti: Rolf von Hoerschelmann (links oben: undatiert, links unten: 1916, oben: undatiert, Beistiftzeitung)

»Lola, jetzt will ich Ihnen etwas sagen. Sie haben den Leo von König durch mich kennen gelernt, und ich bestehe darauf.« Was sei ihr anderes übriggeblieben, als ihren Einfluß auf Leo von König geltend zu machen.

Von »Hoerschelmännchens« Unnachgiebigkeit und Hartnäckigkeit konnte mir die 94 Jahre alte Dame einiges erzählen. Einmal sei sie zum Beispiel dabeigewesen, als Hoerschelmann junge Männer, die in seiner Nähe am Starnberger See Musik abspielten, in strengstem Ton aufgefordert habe, diese Ruhestörung unverzüglich einzustellen. Sie habe regelrecht die Luft angehalten und befürchtet, man würde den kleinen Mann packen und kurzerhand in den See werfen, aber nichts dergleichen sei geschehen. Sogar ohne Widerspruch seien die jungen Leute seiner Aufforderung nachgekommen. Solch ein autoritäres Auftreten habe der gute Hoerschel durchaus bringen können, und mit zunehmendem Alter sei er schon ein rechter Kauz geworden. So habe sie miterlebt, wie ihm anläßlich eines Geburtstages von ihrer Freundin, Anita von Einsiedel, nachdem sie beide bei strömendem Regen von Tutzing in den Feldafinger Schluchtweg gewandert waren, ein Buch aus der Bibliothek der von Einsiedel überreicht worden sei und er nur gemeint habe, daß er sich dieses keineswegs, sondern ein ganz anderes gewünscht hätte. Anita von Einsiedel, zunächst sprachlos, habe ihm erklärt: »Das Buch, das Sie sich gewünscht haben, ist eine ganz wertvolle Erstausgabe, ein Geschenk meines Mannes, das ich nicht hergebe.« Alles in allem aber sei Hoerschel ein ausgesprochen charmanter Gesellschafter und geistreicher Plauderer gewesen, und unvergeßlich war Dolores Caballero eine seiner Wortschöpfungen geblieben. Als sich einmal eine Tutzingerin über einen Streich ihres Sohnes aufgeregt habe, sei Hoerschels Kommentar dazu gewesen: »Diese Frau hat einfach keinen Seelencharme.«

RvH bekam auch dieses Mal seinen Willen und berichtet Kubin am 30. Juli, daß er an sieben Nachmittagen zum Modellsitzen in Tutzing gewesen sei und nun sogar zwei sehr schöne Bilder entstanden seien. »Das eine bekomme ich. Das ist milde und freundlich, sehr ähnlich – das andere, an dem König viel mehr liegt, ist etwas frech, grotesk und bewegt.« Zu Leo von König soll er anschließend gesagt haben: »Wenn ich einmal im Jahr ein ernstes Gesicht mache, so haben Sie diesen Augenblick erwischt.« Was Hoerschelmann anscheinend nicht erfahren hat, jedoch aus dem Werkverzeichnis Leo von Königs von Alexandra Bechter aus dem Jahr 1958 hervorgeht, ist, daß dieser insgesamt vier Porträts von ihm gemalt hat. Bisher konnte nur herausgefunden werden, daß Hoerschelmann sein Bild der Städtischen Galerie im Lenbachhaus vermacht hat, das zweite im Besitz der Familie von König verblieb und ein drittes sich in unbekanntem Privatbesitz befinden soll.

Hoerschelmann wird allein die Tatsache, daß Leo von König zwei Porträts von ihm anfertigte, mit großer Genugtuung erfüllt haben, da ungefähr zur selben Zeit Kurt Otte und in Folge auch Alfred Kubin von Ivo Hauptmann gemalt wurden. Voll Stolz ließ er verschiedenen Freunden Ablichtungen der Porträts zukommen, wie man aus deren Briefen erfährt: »Mein [Kurt Ottes] Urteil: sowohl das künstlerische Format, wie auch dem geistigen Gehalt nach überragt es (für mich ... subjektiv) das andere (...). Hier kommt der Denker, der Forscher, der Grübler zum Durchbruch, während das andere mir gar zu sehr das – auch vorhandene – bohemienistische Element fixiert. Trotzdem: sie ergänzen sich, die beiden Porträts. Aber die ›Einheit‹ R.v.H. harrt noch der portraitistischen Erfüllung!«[280] Etwas anderer Meinung war Werner Bergengruen: »Das bessere Konterfei gabst Du mir tröstlicherweise bei meinem letzten Besuch; dennoch ist auch das Bankdirektorat nicht zu verachten, beide ergänzen sich prächtig.« Mit zufriedenem Schmunzeln

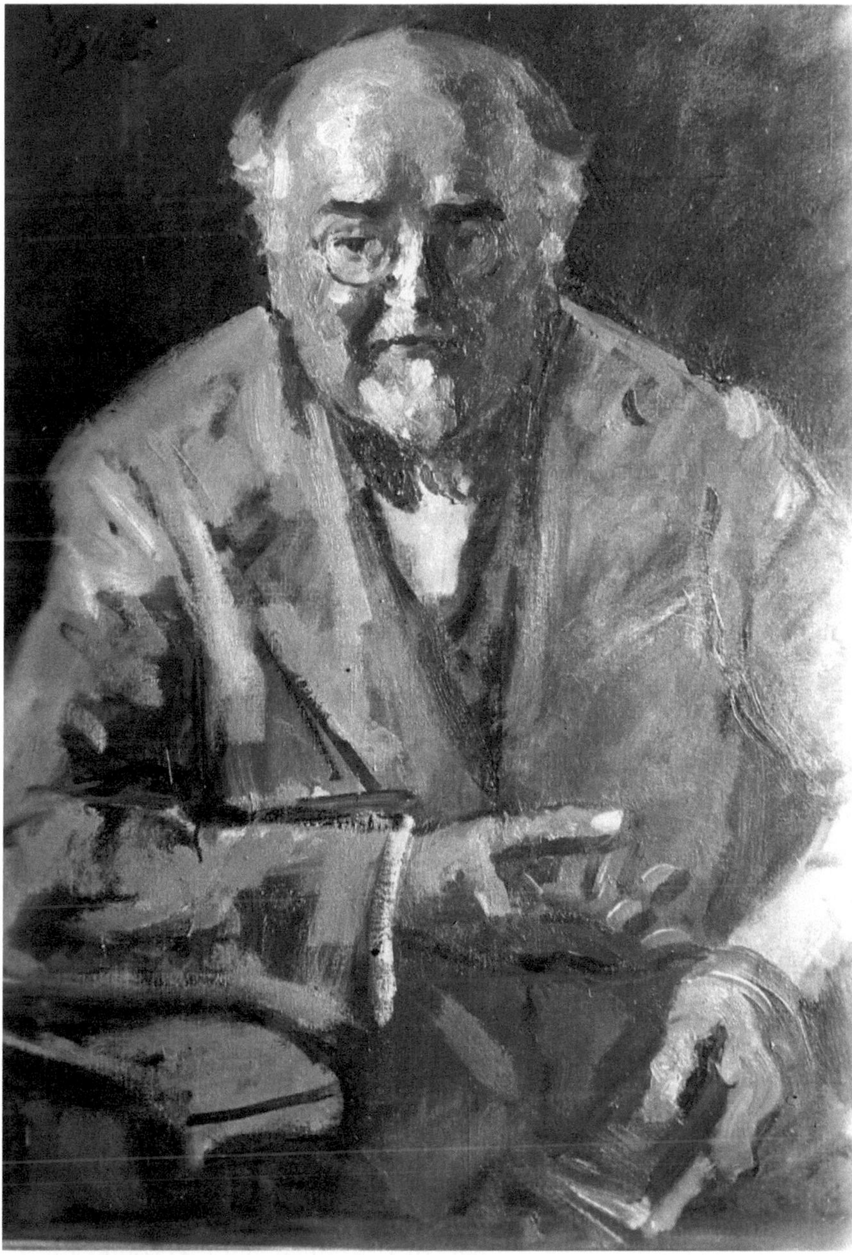

Leo von König: Rolf von Hoerschelmann (1943)

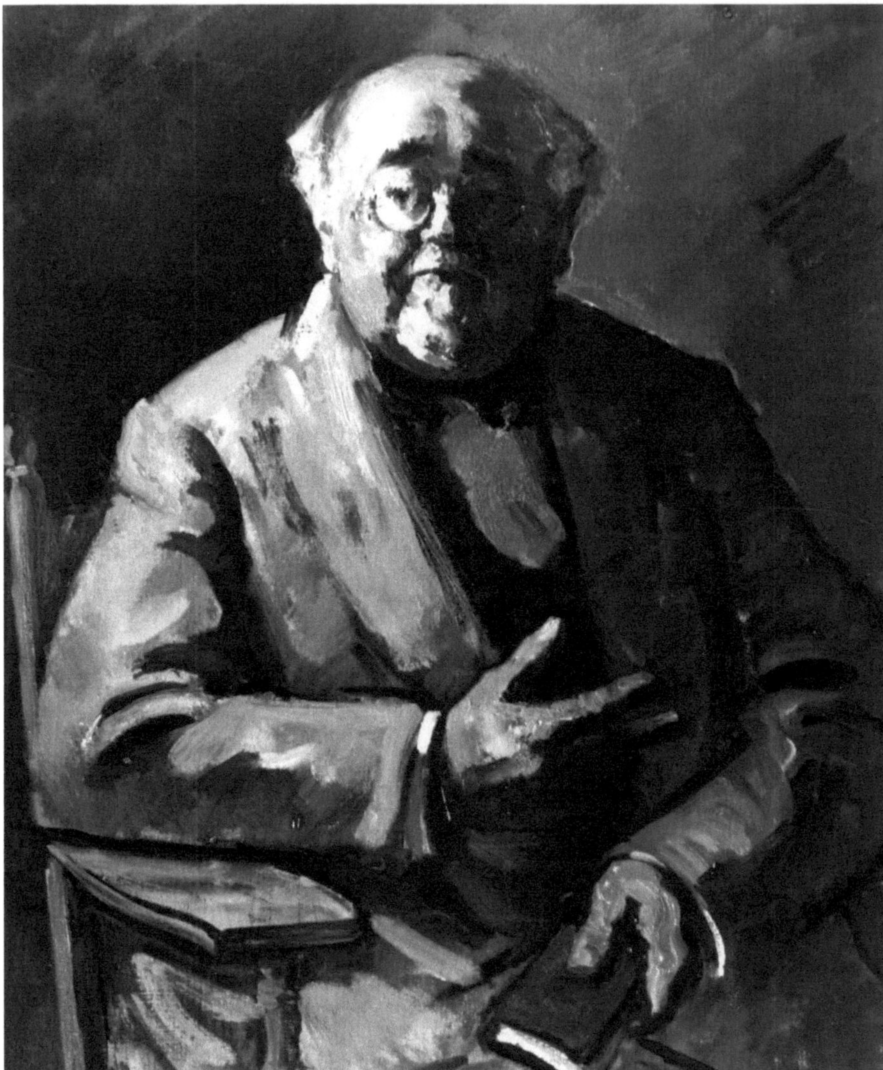

Leo von König: Rolf von Hoerschelmann (1943)

wird Hoerschelmann die Bemerkung Bergengruens gelesen haben, der vorgab, es nun noch weniger verschmerzen zu können, mit Leo von König kein »Entrevue« gehabt zu haben, da er doch auch durchaus »pittoresk« sei.[281]

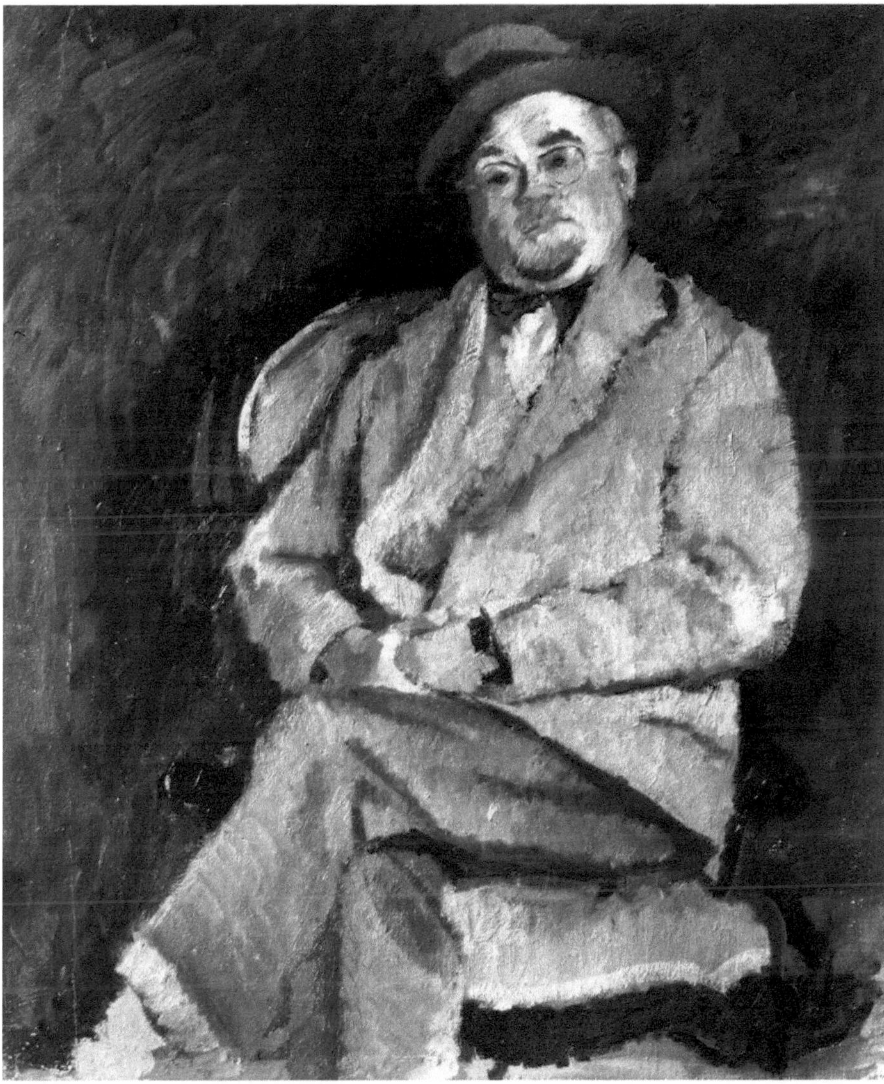

Walter Becker: Rolf von Hoerschelmann (undatiert)

RvH wurde in der Folgezeit noch zwei weitere Male porträtiert, zunächst von dem auch in Tutzing lebenden Maler Walter Becker, verheiratet mit Yvonne von König, Tochter von Leo von Königs erster Ehefrau Mathilde.

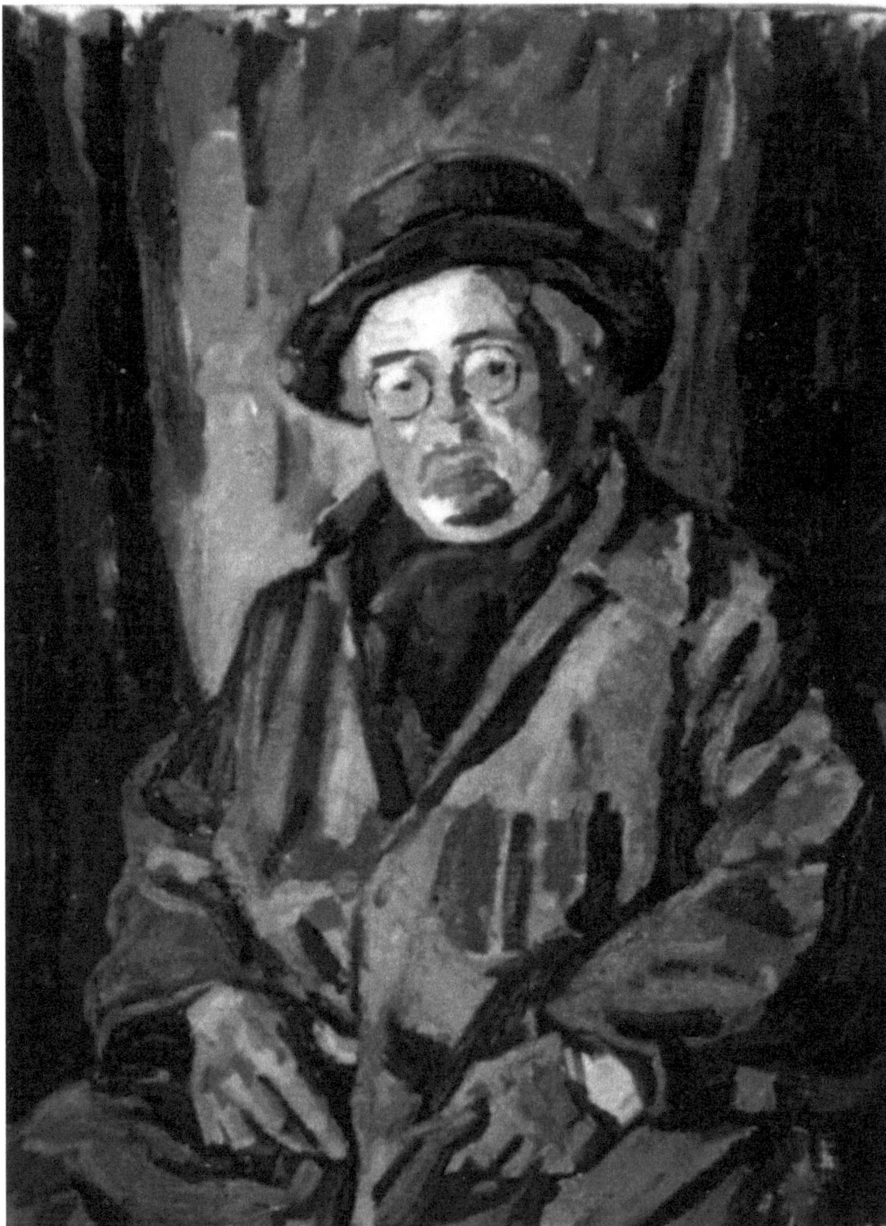

Lothar-Günther Buchheim: Rolf von Hoerschelmann (1945)

Beckers Porträt, meinte Otte, spiegele vor allem Hoerschelmanns »geistigen Habitus wieder. Vor allem das – wenigstens nach außen zur Schau getragene (und berechtigte) Selbstvertrauen. (Ob es innerlich so ist, beurteile ich lieber nicht).«[282] Im März 1945 saß er in Hut und Mantel dem jungen Feldafinger Maler Lothar-Günther Buchheim Modell. Dieses Porträt zeigt Hoerschelmann weder als Bohemien noch als grübelnden Bankdirektor, sondern den rundlichen, kleinwüchsigen Mann mit den ihm eigenen forschend blickenden Äuglein hinter runden Brillengläsern und fein gezeichneten Gesichtszügen.

Bombenkrieg – Der »Fuchsbau« in Flammen

Noch am 17. Juli 1943 hatte Otte an den Freund geschrieben: »Dein Brief mit den altehrwürdigen Schriftzeichen Deines Vaters gibt mir Kunde, das Du ein freundlich-gemessenes Dasein lebst. Du hast Recht: wir machen mehr eine schöne Täuschung aus unserem Da-Sein, soweit es bisher unbehelligt blieb, im übrigen denke ich an das Wort, das Du lange vor dem Führer prägtest: wir können froh sein, wenn wir ›überleben‹. (...) eines ist immer noch geruhsamer Pol!!: die Korrespondenz mit Dir und mit Zwickledt.« Zwei Wochen später wurde Hamburg durch den von dem Archivar lang befürchteten »Donnerschlag« zerstört: »Un-un-unvorstellbar, wer das nicht am eigenen Leibe erlebte.« Einen ersten Bericht ließ er von Hedwig Kubin an die nächsten Freunde versenden:

»3.VIII.43 auf der Flucht. Es ist aus und vorbei. Heute morgen um 8 Uhr, nach dem verheerendsten Angriff ging der Fischmarkt in Flammen auf. Hunderte verbrannten und wurden erschlagen. Um 11 Uhr krachten Haus und Apotheke zusammen. An eine Rettung war nicht zu denken. Papa und ich retteten uns selbst und ein kleines Köfferchen. Wurden im Lastkraftwagen fortgeschafft, nun im Flüchtlingslager Reinbek. Papa versucht morgen sich nach Bahrenfeld durchzuschlagen, wo, so arg gefährdet, auch Mama mit Hilde und den Kindern haust. Die Archivkisten ruhen nun in der toten, verpesteten Leidensstadt Hamburg. Sehe ich das je wieder? Existiert es überhaupt noch? Morgen versuche ich mich nach Ahrensburg durchzuschlagen (...) über Lübeck. Es ist aus und vorbei mit aller Archiv- und Fischmarktherrlichkeit. Wir sind arme flüchtende, ums nackte Leben besorgte Wesen. Ich weiß nicht mehr ein noch aus. Nichts anzuziehen, kaum Wasser, nichts, nichts! Euer müder Kurt.«

Hedwig Kubin fügt hinzu: »Mein lieber Rolf, auch an Deine Adresse bat mich Kurt, eine Abschrift seiner Zeilen zu schicken. Du wirst ja gerade so unruhig auf Nachricht aus Hamburg warten. Nun ist also die Katastrophe gekommen! Ich habe nichts Günstigeres mehr erwartet, seit ich Montag in Passau mit Hamburger Flüchtlingen gesprochen habe, die Schauerliches berichtet haben. Wenn nun nur noch Mutter und Schwester mit den Kindern mit dem Leben davon gekommen sind, müssen wir alle froh sein.«

Der Vater habe noch die beiden Hauptmann-Porträts aus der brennenden Apotheke retten können, aber »die Originale in den drei chinesischen Holzrahmen: der Pilger, der Tod holt den Zeichner und der tote Kardinal«, Korrespondenzen, das »Kriegsspiel«, das er einen Tag zuvor aus dem Bibliothekskeller geholt hatte, um es in seiner Nähe zu haben, und die Literaturkartei seien verlorengegangen. Hoerschelmann bietet ihm spontan an, ihn bei sich aufzunehmen. Doch wie Hedwig richtig vermutet, erweist sich Ottes Entschluß, in Hamburg zu bleiben und sich der Situation zu stellen, als das Beste. Schon nach wenigen Tagen hat er erreicht, daß die Fischmarkt-Apotheke als lebensnotwendig anerkannt und ihnen ein neuer Laden Ekke Brandstwiete/Fischmarkt zugewiesen wird. Am 9. August wendet sich der Archivar bereits wieder mit einer Bitte an Hoerschelmann: »Nun sei herzlichst bedankt für alle Güte und Liebe. Wenn ich's nötig habe, mache ich natürlich Gebrauch davon. Im Augenblick aber muss ich hier den Platz verteidigen. (...) Aber verhilf mir langsam (und kaufe für mich auf meine Rechnung) zu einer kleinen neuen Bibliothek: Th. Mann, Wassermann, Stefan Zweig usw. usw.«

Er sei total ergraut, schufte sich ab, aber »mit ungeahnter Kraft«, und sende »Hilfeschrei auf Hilfeschrei« zur Rettung der Archivkisten im Keller der Staatsbibliothek. Zu aller Überraschung findet der bisherige »cunctator« in dieser Situation die Entschlußkraft, eine Bindung einzugehen. Wie wichtig ihm dennoch auch dieses Mal Hoerschelmanns Zustimmung ist und welche Erleichterung es für Otte bedeutet, daß der Freund auf die knapp formulierte Benachrichtigung von seiner Heirat wohlwollend reagiert, spricht immer wieder aus den folgenden Briefen: »Du hast recht: es ging alles etwas ungewöhnlich zu in der letzten Zeit: die Katastrophe, die rasche Heirat ohne Aufgebot von einem Tag zum anderen, die daran anschließende Hochzeitsreise gen St. Peter (...) ich war doch etwas bänglich, wie Du alles aufnehmen würdest, kannte ich doch Deine kritische Einstellung von einem anderen Fall her (und wie gut war es, dass Du mir damals so freundschaftlich geholfen hast, aus der Verwirrung, in die ich geraten war, herauszufinden!), doch nun war ich umso glücklicher, als ich Dein liebes Hochzeitsschreiben mit der herzlichen Beilage des alten Glückwunsches las. Ich glaube, dass Du anders hättest schreiben müssen, wenn Dir anders als froh über mein Tun zumute gewesen wäre. Denn Deine Zustimmung (auf die ich recht bänglich doch größten Wert legte) klingt mir so positiv im Gemüt, dass nun auch ich annehme, dass Du nicht nur ›Ja und Amen‹ zu allem sagst, sondern nur ›Ja‹ sagen kannst.« Hilde, so erfährt Hoerschelmann, stamme aus Schlesien, sei eine sanfte, stille, aber tatkräftige Frau und habe Otte in den vergangenen Wochen in unnachahmlicher Weise beigestanden. Sie sei seine absolute Ergänzung: »Christiane Vulpius, doch von meiner Seite mehr als eine (…) wie ich eben im Lexikon las (…) Gewissensehe. Und dann soll nun die hübsche Postkarte ›Die glückliche Familie‹ die Du mir noch vor meiner Heirat geschrieben hast, ein gutes Omen sein. Ich habe Dir auch sonst für so schrecklich viel zu danken, dass ich fürchte, doch dies und jenes zu vergessen. Denn ›Dies und Jenes‹ ist alles so wertvoll und liebevoll von Dir erdacht, geschrieben und zusammengestellt, (…) Deine Briefe mit den Angeboten, mir so praktisch helfen zu wollen. Natürlich und mit allergrößter Freude nehmen wir Dein Angebot im Hochzeitsbrief an, uns mit altmodischer Grandezza und Dingen helfen zu wollen (…)« – Vieles hat er verloren, aber zum Glück nicht die 500 Briefe von Kubin, die er immer mit sich »herumgeschleppt« hatte. Im übrigen versucht er sich damit zu trösten, was der Freund ihm einmal gesagt habe: »›Das Haus ist unsterblich‹, und wenn auch die Atmosphäre verloren ging, so blieb die historische Erinnerung.«[283]

Ottes Berichte über das zerstörte Hamburg mit seinen Toten und Obdachlosen lassen Hoerschelmann noch am 2. Oktober in einem Gefühl der Dankbarkeit an seine Freundin Hedwig schreiben: »Dass wir noch leben, noch in unseren alten liebgewonnenen Räumen sind, ist heutzutage schon etwas Besonderes (…). Wir gehören ja auch mit Haut und Haaren schon einer versunkenen, verklungenen Welt an, und das Schicksal möge so viel Humor haben, uns noch etwas zu schonen!«

In der folgenden Nacht auf den 3. Oktober 1943 wurde der Fuchsbau Opfer »eines Donnerschlags« über München: »Nach einem Kegelabend, 1 ½ Stunden später, brach die Kriegsfurie über uns herein. Da die Schießerei ausnahmsweise stark war, ging auch ich in den Keller, hielt es aber nicht lange dort aus. Die Unkenntnis, was oben passiert, war zu quälend. Im Treppenhaus erwischte mich gerade die heftigste Erschütterung, und die Fenster klirrten um mich herum. Im Korridor der Wohnung watete ich durch ein Gemengsel von Glasscherben und nach hinten, wo es nicht so schlimm war. Allerdings in Schlaf- und großem Eckzimmer fast alle Scheiben kaputt, im Arbeitsz. aber alles heil. Dann ging ich auf die Gedonstr., die noch menschenleer war, obgleich schon viele Häuser brannten. – Um 3 kam die Entwarnung (…)«[284]

Anteilnahme und große Betroffenheit löste die teilweise Zerstörung des legendären Fuchsbaus vor allem bei denjenigen aus, die damit unvergeßliche Erinnerungen verbanden, wie bei Hedwig Kubin: »Mein lieber alter Freund Rolf, für Deinen so überaus lieben und herzlichen Brief zu meinem Geburtstag sowie für die hübschen Biedermeierkarten nach Blättern aus Deiner Sammlung wollte ich Dir gerade herzlich danken, als Deine niederschmetternde Karte kam, die uns von dem Unheil, das über den Fuchsbau hereingebrochen ist, benachrichtigte. (…) Ich hoffe ja, dass sich noch so manches, das Du vermisst, wieder unversehrt finden wird, aber wie lange wird es dauern, bis wieder alles in Ordnung ist wie früher und Du Dein gewohntes Leben wieder aufnehmen kannst. Ein Glück nur, dass Du den Feldafinger Starenkasten hast und somit nicht obdachlos bist. Man kann sich ja trotz Deiner anschaulichen Schilderung nicht vorstellen, wie so eine Zerstörung wirken muss, mir war Deine Wohnung immer so eine Insel des Friedens inmitten des aufreibenden Stadtgetümmels. Meines tiefen Mitgefühls brauche ich Dich ja nicht zu versichern, das weißt Du doch von selbst, wie sehr ich an Deinem Geschick Anteil nehme und wie leid mir um alles ist, was zerstört wurde. Und diese Dreckwühlerei, die Dir nun wieder bevorsteht! Und wie lange wird es dauern, bis das wieder hergestellt ist? Es ist einfach furchtbar. Ich hoffe nur, dass es Dir gelingt durchzuhalten, dass Du den Mut nicht verlierst und dass Du auch gesundheitlich aushältst. (…) Lieber Rolli, nimm es nicht so schwer und schau nur, dass Du uns gesund erhalten bleibst, das ist und bleibt die Hauptsache. Bedrückend ist, dass man seinen Freunden nicht einmal helfen kann, aber in München wirst Du sicher hilfreiche Hände und Herzen haben, die sich Deiner annehmen. (…) Ist doch der andere Teil der Wohnung noch bewohnbar? Denn wenn es kalt wird, kannst Du doch nicht in Feldafing bleiben! Besteht keine Einsturzgefahr, wenn die Außenmauer ein so großes Loch aufweist? (…) Erinnerst Du Dich, wie wir die Bombennacht am 8/9 November 40 oder 41, das weiß ich nicht mehr, in Deinem Zimmer verbrachten ohne auch nur in den Keller zu gehen. Wie harmlos war das doch gegen heute!«[285]

Für den »Anfang vom Untergang des Abendlandes« hielt es Dr. Felix Schlagintweit, »dass wir zwei uns über die uns so tief bewegenden Schwabinger Dinge aus solchen hässlichen Zeitumständen heraus nicht aussprechen können«, und bot ihm das Du an: »Hoerschel, Hoerschel, dieser Name macht mich frei von manchem Grame, so frei, dass ich so frei bin zu Rolf von Hoerschelmann von nun ab ›Du Hoerschel‹ zu sagen, mit dem Versprechen die dazugehörige Festfeierflasche nachzubringen, wenn ich Dir wieder einmal die Hand drücken kann.« Allzu gerne hätte er auch darauf angestoßen, daß sein Buch »Ein verliebtes Leben« erschienen war und Hoerschelmann es positiv kommentiert hatte.[286]

»Lieber Hoerschel, lieber Rolf«, schreibt Kurt Otte am 26. Oktober, »am eigenen Leibe es erlebt zu haben, lässt mich begreifen, was Du eben leidest!

Beide Seiten Deines Janusbriefes sprechen eine erschütternde Sprache. Wenn Dir auch die Reparatur sichtlich Kopfzerbrechen und Angstträume macht, so darf ich doch hoffen, dass das viele wertvolle Material Dir (und uns!!) erhalten bleibt!«

Wie man Hoerschelmanns handschriftlicher Auflistung der zerstörten Einrichtungsgegenstände im Nachlaß entnehmen kann, war der Schaden größer, als er im ersten Moment angenommen hatte: ein großer zweitüriger Kleiderschrank, ein einfacher Bücherschrank, ein »Boule-Schrank. Kostbares Altertum«, ein Sofa, eine »Kristallkrone«, ein Lehnstuhl, ein elektrischer Ofen, vier Matratzen, eine Waschwanne, Gardinen für drei Fenster, zwei große und ein kleines Ölbild im Goldrahmen – von ihm angegebener Wert: 7500 Reichsmark. Andere dort nicht aufgeführte Verluste schmerzten den Sammler allerdings weitaus mehr, wie er am 14. Oktober an Katharina Kippenberg schreibt: »(...) die einzige vollständige Goetheausgabe und besonders viele Büchlein kleinen Formats, die in einem köstlichen Bouleschrank standen, der restlos pulverisiert wurde! Tagelang wurde im Schutt gegraben – wie in Pompeji. Ein riesiges Loch in der Mauer, durch das ein Erntewagen einfahren könnte, lässt Wind und Wetter freien Zugang in die Wohnung! Es ist furchtbar und höchst ungemütlich! So winzig die Objekte sind, so tun mir doch besonders leid die kleinen Bände Inselbuch, Irrgarten der Liebe, Schall u. Rauch, Die 11 Scharfrichter u.s.w., deren komplette Serie ich immer mit Vergnügen in die Hand nahm, die ganz zerrieben wurden! Wieviel kleiner Kummer neben dem großen und schweren, der die Welt bedrückt!! Abschiedsstimmung! (...) melancholische Grüße (...)« Diese Erfahrung, daß ihm unwiederbringliche Schätze, »die Früchte seines Lebens«, deren Besitz und Erhalt ihm einmal über alles gegangen war, mit einem Schlag genommen werden konnten, scheint ihn in seiner Tendenz des inneren Rückzugs nur noch mehr bestärkt zu haben, wie aus einem Brief vom 20. Mai 1944 an Anton Kippenberg zu dessen 70. Geburtstag hervorgeht. Hoerschelmann erinnert darin an das Jahr 1909, in dem er die große Freude hatte, »dem Leiter des inbrünstig verehrten Inselverlages zu begegnen, dessen Interesse ich damals wohl nur dadurch erregen konnte, dass ich mich als Besitzer der ›Neuen Lieder‹ der Klettenberg vorstellen konnte! So waren denn gleich die beiden Themen ins Gespräch gebracht, die unser Leben so vielfach und segensreich verschönt und bereichert haben, und als wir anno 11 uns in Paris an der Vitrine mit Holbeins Probedrucken wiedersahen, war auch Rilke dabei – und es kam wieder eine große, schöne Bereicherung ins Leben, wofür Ihnen zu danken der heutige Tag der rechte und erwünschte

Termin sein dürfte. Wünschen können wir uns aber heute nicht viel mehr, als dass uns die Erfahrungen des Lebens instandsetzen mit Stolz und heiterer Gelassenheit, aus Wirklichkeit, Träumen und Humor eine Weisheit erwachsen zu lassen, die uns das Weiterleben im Glauben an ein geistiges Reich ermöglicht. ›Hätte ich mit Darstellung der Welt gewartet, bis ich sie kannte, so wäre meine Darstellung Persiflage geworden‹.«

Am 26. Oktober teilt ihm das Kriegsschädenamt mit, sein »Antrag wegen Ersatz von Fliegerschäden« würde bearbeitet, aber es gibt keine weiteren Unterlagen, aus denen hervorgeht, ob und in welcher Höhe er entschädigt wurde, nur die Mitteilung ungefähr ein Jahr später, am 28. September 1944, daß man ihm rückwirkend eine Mietminderung von zwanzig Prozent zugebilligt habe und er bis auf weiteres pro Monat nur 108 Reichsmark zu zahlen habe.

Hoerschelmann scheint jedoch unmittelbar nach der Bombennacht entschieden zu haben, seinen Feldafinger Starenkasten zum endgültigen und alleinigen Wohnsitz zu machen: »Jeder Besuch in der Stadt ist eine seelische Erschütterung (…) Ich selber will <u>nichts</u> als meinen Frieden und bin sträflich uninteressiert an allem öffentlichen Tun. (…) In der Gedonstr. habe ich nun auch hinten Mieter, die mir viele Mühe abnehmen, um die ganz oder halb verfallenen Räume wieder bewohnbar zu machen. Das kommt meiner Arbeitskraft zugute und den stillen Stunden, die ich mit Büchern verbringe – aber meine Rechte an dem alten Fuchsbau, in den ich vor 38 Jahren einzog, schwinden merklich dahin. Welch eine Fülle von Erinnerungen ist in diesen Mauern eingeschlossen (…)«[287] Unbeirrt hält er an seinem Entschluß fest, auch als Fritz Schmitt Bedenken wegen der notdürftigen Beheizung der Dachzimmer äußert und ihm Winterasyl in seinem Haus anbietet. Am 8. November schreibt er an Kubin: »Nun ist der erste Wintertag des ersten Winters da, den ich in meinem Starenkasten an der Schlucht wohl oder übel verbringen werde. (…) 20 Kisten, Koffer und Rollen, Körbe und Pakete rollen unter fremdes Dach aufs Land (…)« Zu seinem Bedauern habe er wenig männliche Gesellschaft, erfreue sich aber statt dessen der Obhut freundlicher Damen, die ihn »nähren« und für die er Lesungen und Vorträge veranstalte. Bei einem jener Vorträge oder bei einer späteren Veranstaltung habe Hoerschelmann einmal, wie Dolores Caballero erzählte, die damalige Gastgeberin in arge Verlegenheit gebracht, als er unter den Anwesenden eine ihm fremde Dame entdeckt habe. Unerbittlich habe er Anita Gräfin Einsiedel vor die Wahl gestellt, entweder verlasse die ihm Unbekannte unverzüglich den Raum, oder man müsse auf seinen Vortrag verzichten. Ihrer Freundin sei nichts anderes übriggeblieben, denn so sei der Hoerschel eben gewesen.

Äußerst selten kommt er nach München, nicht nur weil er sich dem Anblick der zerstörten Stadt nicht aussetzen will, auch weil ihm die Fahrt mit der Eisenbahn zu umständlich und beschwerlich geworden ist. Eine der wenigen Ausnahmen ist die traditionelle Feier am Dreikönigstag, das 107. Stiftungsfest der »Zwanglosen«, das mit Champagner am Kleinhesseloher See begangen wird. Der Freundeskreis in seiner Nähe und die Einladungen zu Geselligkeiten im Feldafinger Tennishotel von Georg Siedhoff (sog. Villa Rosa, heute Seestraße 16), wo er unter anderem Eugen Roth, Wilhelm Emanuel Süskind, Bele Bachem und ihren Ehemann, Günther Böhmer, trifft, scheinen ihm völlig zu genügen. Auch dem untergetauchten Schriftsteller Wolfgang Koeppen wird er dort begegnet sein, der zu jener Zeit im Souterrain der herrschaftlichen Villa, in seinem geheimnisvollen »Kellerloch«, wohnte.[288]

Der Sammler als Vortragskünstler: »Bücher und Dichter«

Am 24. August 1944 schreibt RvH an Hedwig Kubin: »Ich bemerke, dass ich von meinem Fuchsbau innerlich abrücke und ihn nur noch als Speicher betrachte. Wer hätte das gedacht?? Ein Leben in Schwabing ist nicht mehr vorstellbar. (...) Ich bin ja eh schon zum Aktuarius sagenhafter Vorkriegszeiten geworden.«

Sehr bestärkt wurde er in der Rolle des Bewahrers und einzigartigen Bekenners einer Münchner Zeit, die Kurt Otte »immer und immer auch geistige Heimat war«[289], durch die begeisterten Reaktionen von Freunden und Zeitgenossen auf seine damaligen Aufsätze und Vorträge, die mit Hoerschelmanns posthum erschienenem Buch »Leben ohne Alltag« glücklicherweise erhalten wurden. Nachdem er bereits seinen Aufsatz »Schwabing« aus dem Jahre 1941 Hans Carossa hatte zukommen lassen – »Wieder einmal lese ich in Ihrem bezaubernden grünen Schwabing-Heft und gedenke dabei Ihrer freundlichen Einladung, Sie einmal aufzusuchen«[290] –, gehörte jener wohl zu den ersten, denen er seine neueste Arbeit schickte, da Carossa am 17. November 1943 schreibt, er habe nun schon zum zweiten Mal »Bücher und Dichter« gelesen, und auch er wende sich zunehmend lieber der Vergangenheit zu als der Gegenwart. Voll des Lobes ist Max Unolds Brief vom 1. Februar 1944: »Also, Deinen Vortrag hab' ich kürzlich zum zweitenmal gelesen und mich wieder sehr daran erquickt. Du schlägst auch anderen aus der Runde [wahrscheinlich die »Zwanglosen«] das Thema vor: ich glaube kaum, dass einer so fesselnd darüber berichten könnte, ganz abgesehen davon, dass wenigen Bücher und Dichter so zum Erlebnis wurden wie Dir, der außerdem Gelegenheit hatte, mit so manchem bedeutenden Zeitgenossen zusammenzusein und Gedanken zu tauschen. Was seinerseits eine Gabe des Umgangs mit Menschen, ein nicht zu unterschätzendes Talent voraussetzt. Aus alle dem ist der Aufsatz entsprungen und deshalb so ungemein flüssig geworden, selbstverständlich in der Aneinanderreihung der wechselnden Gestalten. Daß die Komposition nicht so einfach vonstatten ging, wie es sich jetzt liest, kann ich vielleicht besser als mancher andere beurteilen – aber man merkt es nicht! Es ist Dir da ein Dokument gelungen, das, sollte man meinen, auch der Nachwelt etwas zu sagen hat; sie kann daraus entnehmen, wie ein Gebildeter unserer Generation die Dichtung und Literatur jener Dezennien aufnahm und verarbeitete – ein nicht geringes Verdienst und, eben reiner großen Unparteilichkeit wegen, wertvolles Material für künftige Kulturkritiker.«

Besonders wichtig wird RvH wie immer die Resonanz aus Zwickledt gewesen sein: »Deine beiden Vorträge ergriffen mich schon deshalb mächtig, weil Du Namen und Zustände darin zitiertest, die ich größtenteils selber auf ihre Echtheit durch eigne Vergangenheit miterlebte – Fare well! Aber wie stolz unsere Freude Solches!!! mit eignen Sinnen verspürt zu haben, einst! Wenngleich es grober Handfertigkeit längst entschwunden ist. Deine Stilform sagt, was Du mitteilen wolltest unübertrefflich – auch Hedwig las vor mir die zwei Schriften. Ich begreife, dass besonders jüngere Menschen da staunend zuhörten.«[291]

Uneingeschränkte Anerkennung äußert auch Otto Falckenberg in einem Brief zu Hoerschelmanns 59. Geburtstag: »(...) zugleich mit dem üblichen, aber von mir ehrlich gemeinten : Ad multi annos! – Zugleich muß ich aber (...) aussprechen, wie ausgezeichnet ich Deinen Vortrag finde. Ich habe ihn zweimal (das eine Mal vor-)gelesen mit wahrem Genuß. Bekümmert hat mich nur, dass in meinem Buch Rilke nur mit ein paar Begegnungen allzu sehr nebenbei erscheint. Er war für mich ein Lebensmeister, persönlich. Du hast ihn aber wohl besser gekannt. Rilke, Mann, Wedekind, – alles großartig bei Dir.«[292] Mit ebenso anerkennenden Worten zu Wolfgang Petzets Buch »Otto Falckenberg«, in dessen Kapitel »München« der Schwabinger Archivarius im Mittelpunkt steht, scheint sich RvH revanchiert zu haben, wie aus Falckenbergs Brief vom 1. Juni 1944 hervorgeht: »Mein lieber Rolf, ich glaube, Du weißt gar nicht, eine wie große Freude Du mir mit Deinem Brief gemacht hast! Denn ich weiß: Du bist mein freundschaftlichster, zugleich aber strengster und klügster Kritiker. Daß das Buch diese Feuerprobe bestanden hat, macht mir erst richtige Freude daran. Und an ›Schwabing‹ (...) hast Du kaum etwas auszusetzen!? Wie mich das mit Stolz blähte!«

Den folgenden Vortrag »Allotria« ließ Hoerschelmann einer offenbar neuen Korrespondenz-Bekanntschaft, Karl Albin Bohacek, bereits im Manu-skript zukommen. Der Ingenieur aus Halle, der sich in einem seiner ersten Briefe an RvH als Besitzer einer der wohl umfangreichsten Sammlungen über das Thema George und seinen Kreis vorgestellt hatte, bedankte sich am 4. September überschwenglich dafür: »Muss ich Ihnen sagen, mit welchem Interesse und mit welcher Freude ich Ihre Zeilen gelesen habe? Ist es vielleicht nicht nur eine gewisse Autoren-Eitelkeit, wenn Sie Ihre so anregenden Erinnerungen mit der Befürchtung abbrechen, den Leser zu langweilen? Denn Sie wissen doch ganz bestimmt auch selbst, dass diese Arbeit für die Leser, die davon wirklich angesprochen werden, dann gar nicht lang genug sein könnte. Wann wird jemals die Erinnerungsfreude Ihrer Altersgenossen und die Wissbegier von uns Jüngeren gesättigt sein können? Glauben Sie mir, wir können gar nicht genug Einzelheiten über diese so lebendigen Münchner Jahre erfahren. Sie sehen, das Ergebnis einer jeden Arbeit von Ihnen ist bei uns Unbescheidenen die immer erneute Mahnung und Bitte, nur ja aufzuschreiben und zu bewahren, was Ihnen überhaupt in den Sinn kommen kann.«

Zu seinem 59. Geburtstag erhielt Hoerschelmann einen schwermütig klingenden Brief von Hedwig Kubin, die in den vergangenen zwei Jahren immer noch auf ein Wiedersehen gehofft hatte und nun nicht mehr daran zu glauben vermag. Eindringlich versichert sie ihm, daß ihre Schweigsamkeit nichts mit einem Nachlassen ihrer Gefühle für ihn zu tun habe, sondern mit den deprimierenden Lebensumständen und ihren gesundheitlichen Beschwerden, und wünscht ihm, er möge den Tag im Freundeskreis verbringen, »so vergnügt wie möglich. Ich hoffe wenigstens, dass man Dir hilft, den Tag angenehm zu verbringen, und dass Du Dich an fremden Feuern wärmen kannst und nicht selbst den Tag mit einheizen beginnen musst. Ich denke wirklich häufig in Liebe und mit inniger Anteilnahme an Dich, wenn ich es auch nicht oft äußere, und möchte gern wieder mit Dir plaudern. Wann wird das einmal wieder möglich sein?«

Wie und mit wem er diesen Tag gefeiert hat, erfahren wir zwar nicht aus seinem Antwortschreiben vom 2. März, aber andere interessante Details über seine neue Lebenssituation, mit der er sich zu arrangieren scheint: »Liebe Freunde! Der ›höchste Feiertag des Jahres‹ wurde von Euch so glanzvoll gefeiert und eingeleitet, dass ich dankerfüllt und herzlich erfreut zu Euch eile – brieflich. Der Rübezahl ist ein so urechtes, gewachsenes Gebilde wie ein Wurzelstock – merkwürdig, einmalig und dennoch erstaunlich glaubwürdig. Daneben die ausgeführteste Bleistiftzeichnung, die ich kenne und – nun besitze! Meine Kubinmappe leckt sich die Lippen und schnurrt behaglich in ihren Bart – sie hat einen guten Winter gehabt!! Wie ihr Besitzer und Hüter auch, der dem Geschick recht sehr dankbar ist, dass es ihn beizeiten lehrte, hier draußen Wurzel zu schlagen, wo nun weitaus heftigere Heimatgefühle lebendig sind als im alten München. Das ist nicht mehr die Stadt unserer Jugend, die Stadt des Frohsinns, der Anregung u.s.w. Grau, lustlos und verlassen sind die alten Stätten der Erinnerung, wenn sie nicht etwa schon, wie das Café Stephanie, seit Monaten in wüsten Trümmern daliegen und grausam pittoreske Ruinen bilden. Ich habe nun auch Falckenberg u. Unold mitgeteilt, dass ich einstweilen nicht zum ›Stammtisch‹ komme. Die dauernden Alarme machen z.Z. die nächtliche Heimfahrt und das Erreichen des Bahnhofs für mich zu strapaziös. Es ist ein Trost, dass die Zwanglosen um 5 Uhr tagen, da komme ich mit dem 8 Uhr Zug noch fort und habe die beste Anregung. Hier ist ein meist weiblicher Freundeskreis, der mich liebevoll umhegt – doch sind auch einige recht kraftvolle Mannspersonen angetreten, wie der junge Lothar Günther Buchheim. Maler, Photograph und Kriegsberichterstatter – ein junger Schlagetot voll Unternehmungslust, Talent und Frohsinn. Wenn der mal zu Dir kommen sollte, was er sich sehr wünscht, so wirst Du einige großartig anregende Stunden verbringen. Er hat sich in Feldafing am äußersten Waldrand eine sehr geschmackvolle Räuberherberge eingerichtet, wohin er nach seinen wilden U-bootfahrten etc. heimkehrt, Kaffee, Cognak, Bücher und Kuriositäten mitbringend – wie ein alter Kaptein. Dabei ist das Bürschchen ganze 26 Jahre alt! Liebling des Suhrkamp-Verlags.

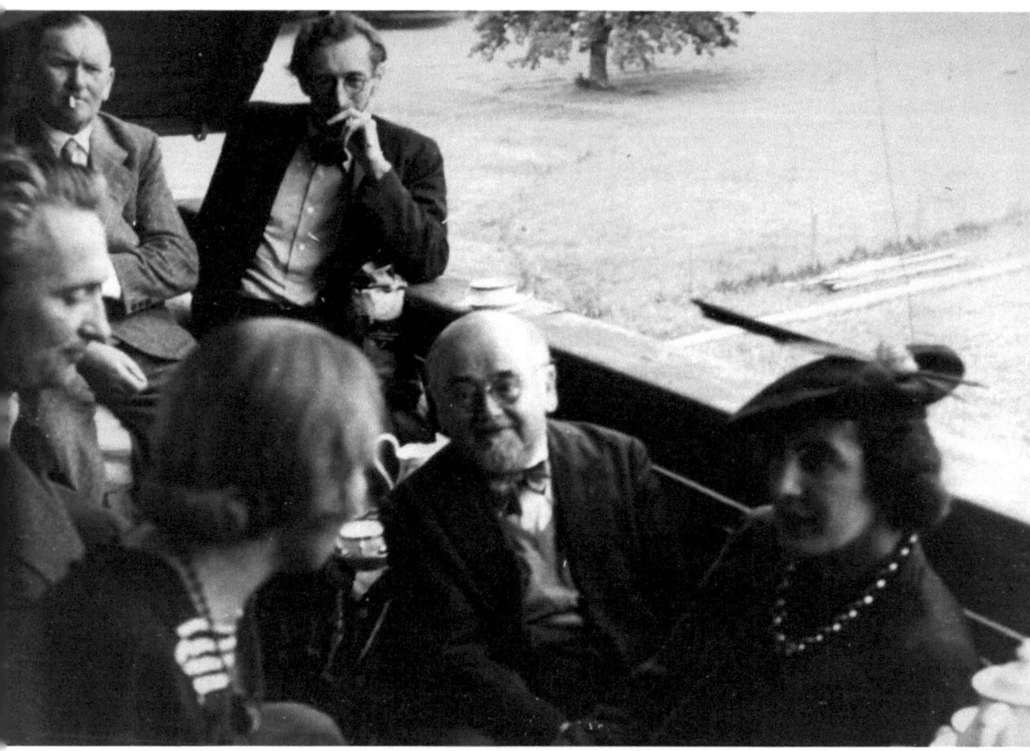

Zu Besuch bei Lothar-Günther Buchheim: Rolf von Hoerschelmann, Dolores Caballero (rechts) und Ernst Penzoldt im Hintergrund (Foto von Lothar-Günther Buchheim)

Eine andere höchst interessante Persönlichkeit ist Dr. Carolus Eller, Spezialist für Bulgarien, Liebling des Zaren Ferdinand, der nun abwechslungshalber 10 Monate in Norwegen war! Von dem werde ich Dir noch öfter zu berichten haben. Wir arbeiten sogar ein wenig zusammen. Er wohnt sehr schön in der Ohmstrasse mit Robert Purrmann. (...) König leidet an ›Spasmen‹ und schreibt sehr trübselig aus der Klinik: wenn es so weiter geht, sitze ich Pfingsten auch noch hier! Das ist so besonders tragisch, weil gerade Haus und Atelier nach langer Arbeit fertiggestellt waren und neue Arbeit zu eigenem Behagen einsetzen sollte. Nun kommt der liebe Alte ganz von Kräften. Ganz große Freude und langandauernde Beschäftigung verursachte mir der Katalog der Rieder Ausstellung. (...) Ich nahm den Katalog und den von der Albertina und manche Drucksache mit nach Tutzing, wo im Freundeshause Drummer eine neue Kubinpflegestätte im Entstehen ist. Mein Freund Max Drummer war begeisterter Leser aller Bücher von O.H.S. und somit schon auf dem Wege, als wir uns fanden und nun allwöchentlich zusammentreffen. Solltest Du mal einen kleinen Gruß für ihn haben (etwa Zeitungsausschnitt mit Oskars Totenmaske) oder dergleichen, würde sicher große Freude herrschen. Meiner lieben Hedwig Gruß und Kuss. Sie braucht nie, was mich betrifft, Befürchtungen zu hegen wegen Wenigschreibens u.s.w. Wir werden uns hoffentlich nun nicht mehr missverstehen – und den vergangenen 40 Jahren noch einige in herzlichstem Zusammengehörigkeitsgefühl folgen lassen. In alter Treue und Liebe Euer Rolfus.«

Auch einem Schreiben vom 16. Mai an Hans Purrmann läßt sich entnehmen, daß es Hoerschelmann gelang, sich in das Unabänderliche zu schicken und »sein eigenes Leben zu führen«, was ihn mit Befriedigung erfüllte. »Sie können sich wohl vorstellen, dass ich nun sehr selten noch zur Stadt fahre. Ich habe immer weniger dort zu suchen! Was ich an Büchern, graphischen Blättern und kleinen Bildern in meine 2 Zimmer hier unterbringen konnte, habe ich um mich versammelt und freue mich des leidenschaftlich innigen Kontakts mit den Denkmalen vergangener Kulturen. (...) Übriggebliebene Aquarelle aus Paris, Florenz, Langenargen und Sanary erinnern mich herzlich an gute Tage gemeinsamer Arbeitsamkeit (...)«

Wie die besonders umfangreichen Briefkonvolute einiger Korrespondenzpartner aus jenen Jahren dokumentieren, suchte man, den Mangel an persönlichen Begegnungen durch kontinuierlichen und ausführlichen schriftlichen Austausch auszugleichen. Einer von ihnen war der schon erwähnte Dr. Felix Schlagintweit in Urfahrn am Chiemsee, der nach seinen Lebenserinnerungen ein Buch über Franziska Gräfin zu Reventlow plante. Wie man – bedauerlicherweise – nur den Briefen Schlagintweits entnehmen kann, gingen die Meinungen der beiden über eine wahrheitsgetreue Darstellung der Gräfin sehr auseinander. In seiner Argumentation scheint sich Hoerschelmann vor allem darauf berufen zu haben, sie tatsächlich gekannt und Beispiele ihrer legendären Untreue und Skrupellosigkeit persönlich erlebt zu haben. So hatte sie ihm einmal Manuskripte und Briefe von August Strindberg, die sie von Frank Wedekind erhalten haben wollte, anvertraut, um sie Antiquariaten anzubieten. Furchtbar peinlich war es dann für die Gräfin und RvH, als Strindbergs Witwe diese plötzlich zurückforderte, denn der Antiquar Emil Hirsch hatte die Manuskripte inzwischen verkauft, und nun drohte die Witwe mit gerichtlichen Schritten. Irgendwie scheinen die beiden glimpflich davongekommen zu sein, wie man aus einem erleichterten und dankbaren Schreiben der Reventlow an Hoerschelmann schließen darf.[293] Vielleicht ein letztes Mal hatte sie sich im Jahre 1911 aus der Schweiz an RvH gewandt, mit der Bitte um Illustrierung der Geschichte »Herr Fischötter« und Vermittlung derselben an Hanns von Gumppenbergs Zeitschrift »Licht und Schatten«. Im Jahr darauf bedankte sie sich für seinen »riesig netten Brief«, gestand ihm, das Schreiben sei ihr »ein unangenehmes Handwerk« und viel lieber täte sie »schwarze und weiße Kleckse machen«.[294]

Unumwunden erklärte Hoerschelmann zuletzt dem eifrig recherchierenden Schlagintweit, der sich einiger intimer Entdeckungen rühmte, daß er den Zeitpunkt für ein solches Buch über die Reventlow für gar nicht günstig halte und daß dafür sicherlich keine Papiergenehmigung erteilt werde. Der Hofrat wollte sich jedoch durch keinen von Hoerschelmanns Einwänden beirren lassen, vielmehr bedankte er sich für dessen kritische Worte: »Dein Brief in seinem prachtvollen Zorn um die Reinhaltung des Andenkens unserer Fanny ist eigentlich Dein schönster Brief, den Du mir bisher geschrieben hast. Ich stecke ihn mir eigens an den Spiegel, wenn ich über unsere Heldin nachdenke.«[295]

Einen außerordentlich emsigen Korrespondenzpartner hatte RvH in Dr. Max Drummer, Direktor und Vorstandsmitglied der Pschorrbrauerei, gefunden. Ihm, dem freundschaftlich Vereinsamten, schrieb Drummer am 2. Mai 1944, habe im letzten Drittel seines Lebens ein freundlicher, einsichtiger Geist nun Hoerschelmann zugeführt: »Wie groß ist der Dank im Angesicht dieses Glücks, Sie, lieber, bester Hoerschel, gefunden zu haben, den Weggenossen durch finstre Zeit, den Freund und Lehrer, den Spender schönster und frohester Gaben, den Förderer, Anreger und Grillenvertreiber.« Im Tutzinger Haus von Max Drummer und seiner Frau Irma war Hoerschel ein stets willkommener Gast. Nach Jahren des Konzertierens als Oratoriensängerin war Irma Drummer mit ihrem Mann 1928 am Starnberger See seßhaft geworden und erfreute dort einen kleineren Wirkungskreis mit ihrer Kunst.

Wegen eines rätselhaften Infekts mußte Max Drummer nahezu zwei Jahre in verschiedenen Kliniken verbringen und schrieb in dieser Zeit dem Freund in kurzen Abständen mehrseitige, klein und eng beschriebene Elaborate, da ihm der gedankliche Austausch mit Hoerschelmann »nicht nur Bedürfnis, sondern auch ein Stück Lebensinhalt« geworden war, zum Beispiel über Hermann Hesses Romane, insbesondere über das »Glasperlenspiel«, ein von beiden gleichermaßen hochgeschätztes Werk. Der diesbezügliche »Drummerbrief« wurde von Hoerschelmann sogar an Otte weitergegeben, der ihn wiederum im Hamburger Freundeskreis kursieren ließ. Dieser Roman des von RvH sehr verehrten Dichters sollte von großer Bedeutung bleiben bis an sein Lebensende. Die ihm von Hermann Hesse zu Weihnachten 1943 geschenkte zweibändige Ausgabe, die er keinesfalls in die Ferne schicken wollte – »Lieber mein linkes Bein!«, ließ er Fritz Schmitt im Dezember 1944 wissen –, vermachte er dann auch testamentarisch Max Drummer. Angeregt durch das »Glasperlenspiel«, widmete sich Hoerschelmann intensiv dem Werk Jacob Burckhardts, der Vorbild gewesen war für die Figur des Pater Jakobus, erfahren wir aus einem Brief an Hans Purrmann: »Mein literarischer Umgang konzentriert sich immer leidenschaftlicher auf die Bücher und Briefe Jacob Burckhardts, die eine unendliche Anziehungskraft haben!«[296]

Nach längerer Pause gab es auch wieder brieflichen Kontakt mit Alexander von Bernus, nachdem dieser von anderer Seite über die Zerstörung der Gedonstraße informiert worden war. Bernus seinerseits hatte die totale Vernichtung seines Stuttgarter Hauses durch den Angriff am 7./8. Oktober 1943 hinnehmen müssen. Sein Laboratorium habe er glücklicherweise früh genug nach Schloß Donaumünster verlegt gehabt, und den weitgehenden Verlust seines Mobiliars könne er verschmerzen, schreibt er an RvH, aber bitter habe ihn die Vernichtung seiner Bibliothek mit Frühausgaben der Romantiker und zeitgenössischer Literatur mit vielen Widmungsexemplaren getroffen. Er legte seinem Schreiben eine Ausgabe seines autobiographischen Buches »Wachsen am Wunder« bei, eine »bibliophile Seltenheit«, da es von der Reichsschrifttumskammer bis dahin nur fürs Ausland freigegeben worden sei. Nun sei ein neues Gedichtbuch, »Das Goldene Vlies«, in Vorbereitung, aber es müsse noch gedruckt werden, und dafür stünden die Aussichten schlecht. Nach diesen aktuellen Nachrichten unterbreitet der zeitlebens leidenschaftlich gern planende 62jährige Dichter Hoerschelmann sein neuestes Vorhaben. Er habe das sogenannte »Neckarhäuschen« am Auffahrtsweg zum Stift immer weiter ausgebaut und zuletzt im Jahre 1934 vollständig renoviert – »kurzum: das Haus ist eine hinreißende, keineswegs so kleine Villa geworden«. Nach seiner letztwilligen Verfügung sollte seine Tochter Marina dies erben, allerdings mit der Auflage, die drei vorderen Räume im Parterre als »Alexander von Bernus-Archiv« einzurichten und sie der Öffentlichkeit zugänglich zu machen. Ein Raum sollte ausschließlich »Bernus'iana« enthalten, »die beiden anderen Räume sollen der zeitgenössischen Dichtung gewidmet sein, also ab 1900 etwa: George, Rilke, Hofmannsthal (von dem ich so gut wie nichts habe), Dehmel, Mombert, Schnack, Kubin, Lechter, Hoerschel und die Schwabinger Schattenspiele und so weiter und so weiter gewidmet sein. Ich möchte so eine Sammlung schaffen, die wirklich ein bleibendes und signifikantes Denkmal der Dichtung der Zeit 1900–1933 darstellen soll und die beliebig durch Hinzukommen weiterer Stücke aus dieser Zeitepoche erweitert und vervollkommnet werden kann, sodass mit der Zeit eine wertvolle Erinnerungsstätte entstünde. Die Nähe von Heidelberg, das ja im Lauf der Jahre immer näher heranwächst, bietet Gewähr dafür, dass diese Sammlung viel besucht werden u. bleibendes Interesse finden wird. (...) Und nun frage ich Sie, Hoerschel: Wollen Sie nicht, gleich mir, eine letztwillige Verfügung dahin treffen, dass der Teil Ihrer Sammlung, welcher die Dichtung von 1930–1933 enthält, diesem Archiv zufallen soll, gleichgültig ob Sie oder ich zuerst sterben? Ich weiß, Ihre Sammlung nach dieser Richtung hin ist eine sehr reichhaltige und die Zuwendung derselben dieser Erinnerungsstätte würde eine wesentliche Bereicherung und Vervollkommnung derselben bedeuten, zumal jetzt, wo mir so viele Widmungsexemplare in Stuttgart verbombt sind. Die Schaffung dieser Stätte wäre ein bleibendes Denkmal auch unserer persönlichen Stiftszeit und darüber hinaus die Errichtung einer kleinen Kulturstätte um viel Wesentliches gesammelt hinüberzuretten in eine ganz neue Zeitepoche. – Ich bevollmächtige Sie auch, falls Sie dieses oder jenes Stück aus dieser Zeit jetzt noch finden und kaufen können, dieses für mich zu tun. Sollten Sie selbst dieses oder jenes jetzt oder in absehbarer Zeit verkaufen wollen, so bieten Sie es bitte mir zuerst an. Das gilt übrigens auch, wenn Sie Bücher der Romantik oder frühe Goetheausgaben abzugeben gedächten. Ich bemerke zum Schluss ausdrücklich: Nicht ich persönlich lege Wert darauf, Besitzer dieses Archivs zu werden, es ist vielmehr eine posthume Sache, deren Vorbereitung jedoch nur ich voll und ganz betreiben kann und die ich mir darum heute schon angelegen sein lasse. – So, Hoerschel, nun wissen Sie Bescheid – lassen Sie sich's durch den Kopf gehen und dann schreiben Sie mir Antwort.«[297]

Nachdem er den Kontakt zu Bernus wohl inzwischen abgeschrieben hatte, bedankt sich RvH ausführlich und überschwänglich: »Selbst von den 20 ›reichsdeutschen‹ Lesern können unmöglich alle sich mit so leidenschaftlicher

Inbrunst auf Ihr Buch gestürzt haben, wie der Unterzeichnete! Eine nicht geringe Rolle spielt dabei der Umstand, dass ich das Stift, dessen Manen Sie dieses Buch geweiht haben, noch in dem ursprünglicheren, dem Bilde, das Sie zeichnen, ähnlichen Zustand gesehen und bewohnt habe. Das Denkmal, das Sie Stift Neuburg gesetzt haben, das auch in meinem Leben eine epochemachende Bedeutung hat, ist Ihnen wunderbar gelungen. Ich sehe und ich rieche Räume und Korridore, Schränke und Winkel, Garten, Hof und Park! Bemerkenswert ist überdies, wie Sie Ihr unverwechselbar Eigenes zu erhalten verstanden und nicht aus sich einen Idealknaben, nicht aus Ihrer Prosa eine Idealprosa machten (…). Möge bald der Tag kommen, da der erste und der zweite Band dieser unschätzbaren Lebenserinnerungen und Zeitbilder in unsere unbevormundeten Hände gelegt werden können. Die Summe der nun vorenthaltenen Bücher wächst schon erstaunlich an – ich bekomme schöne und wichtige Manuskripte zu lesen – und bedaure es manchesmal schmerzlich, sie wieder hergeben zu müssen! Umso größer ist mein Dank und meine Freude, dass ich Ihr Buch behalten darf. Ich habe es schon zweimal ganz durchgelesen – daher auch die Sorgfalt! Meine Bibliothek und meine Sammlungen sind zur Zeit leider in furchtbarer Zerstreutheit, mir selbst großenteils unzugänglich. Verpackt, verschickt, in Kisten und Kommoden – es ist furchtbar. Aber wie jammere ich erst um Ihre verbrannten Bücher! Das geht mir unendlich nah – und furchtbar traf mich die Nachricht von der Vernichtung des Goethehauses. Befürchtet hatte ich's wohl, doch nicht gewusst. Fluchwürdige Epoche!! Mir selber sind wichtige und schöne Möbel verloren gegangen, der größte Teil der von mir illustrierten Bücher und viele Bände kleineren Formates, die in einem herrlichen alten Schrank standen. Im ganzen nicht viel Unersetzliches (bis auf den Schrank). Man wird sehr abgehärtet, und wenn ich an die paar tausend Bände denke, die heute noch in der Gedonstraße stehen, so muß ich mich wohl oder übel auf ihren Verlust gefasst machen. Zum Lesen wird mir ja der hier befindliche Rest für meine alten Tage genügen! (…) Sehr gerne werde ich etwa gesichtete, käufliche Bücher dieser Art Ihnen melden – aber wie selten ist das der Fall!! Als ich die für mich entbehrlichen Teile der Bücher Haralds abgab, habe ich zum letzten Mal verkauft! Heute freut man sich schon über jede kleinste Doublette als Geschenkartikel!! Und bares Geld ist ein unnützer, unverwendbarer Ballast! Lieber Alek – Ihre bemerkenswerte Sendung und Ihr Archivplan werden hoffentlich zur Folge haben, dass wir etwas häufiger voneinander hören, als in den letzten Jahren! Sie haben manchen Brief und manche Drucksache unbeantwortet gelassen – das hemmt immer wieder den Gedankenaustausch. Mit einem Mal ist aber dann alle alte Nähe wieder da. Das kleine blaue Marienleben und das Stift-Neuburg-Buch von Ihnen und

Lutz habe ich immer hier und habe es oft in der Hand! Die Erinnerung ist in meinem Dasein der fruchtbarste Besitz und zu den geliebten Erinnerungen gehören die Stiftsjahre – das wissen Sie.«[298]

Hoerschelmann muß dem Brief ein Lichtbild von seinem Leo-von-König-Porträt beigefügt haben, was von Bernus allerdings nicht sonderlich gewürdigt wird: »(Kommt ins Archiv; eigentlich müsste das Original zur Abteilung: Schwabinger Schattenspiele) Ach Hoerschel: war das eine Zeit!«

Während er Hoerschelmanns »Schreibfehlerberichtigungen« ohne Einschränkung zustimmt, erklärt er ihm zu seinen inhaltlichen Beanstandungen: Seine Adoption durch den Bruder der Mutter habe er deshalb nicht erwähnt, weil sie formal schwierig unterzubringen gewesen sei. Das Buch beginne ja erst mit seinem vierten Lebensjahr, und nach seinem »zeitlichen Hingang« könne ein Literarhistoriker dies anfügen. Hinsichtlich der Beschreibung des »Goethezimmers« auf Stift Neuburg setzt er ihm auseinander, »weil es in der Form wie Sie es kannten, noch gar nicht bestand damals: die Bilder hingen damals verteilt auf alle Wohnräume, das Goethebildnis stand einmal (die meiste Zeit) auf einer Staffelei in der Bibliothek, im Winter in meines Vaters Arbeitszimmer.« Mit einem erneuten Vorschlag begegnet er der verhaltenen Äußerung Hoerschelmanns zum Archivplan: »Von Ihren Nachlassbestimmungen ist wohl das ›Schwabinger Archiv‹ dasjenige, das für das AvB-Archiv am weitest gehenden in Betracht käme, denn das enthält wohl vor allem die Namen derer, die dem Stiftspreis zugehört haben: Wie wäre das, Hoerschel, wenn Sie George, Wolfskehl und vor allem alles, was die Schwabinger Schattenspiele betrifft, aus dieser Sammlung herauszögen und dem AvB-Archiv zudächten? Und auch einen Teil Ihrer eigenen Sachen ... Lassen Sie sich das nochmals durch den Kopf gehen!« Außerdem fordert er Hoerschelmann auf, sich »doch einmal einen Ruck« zu geben und ihn mal wieder auf Schloß Donaumünster zu besuchen. Es sei jetzt sechs oder sieben Jahre her, daß sie sich zuletzt gesehen hätten. »Und wir wollen wirklich jetzt in dauernder Verbindung bleiben; ich werde mich auf meine alten Tage noch bessern. Nur bedenken Sie meine viele Arbeit: Laborator, Dichterische Arbeit und nicht zuletzt auch Leben und im Winter auch noch Heizen wegen fehlender männlicher Bedienung!« Der von Hoerschelmann dezent angemahnte kontinuierliche Gedankenaustausch sollte trotz des von Bernus angekündigten guten Willens nicht zustande kommen, vielleicht, weil Hoerschelmann weder seiner Einladung gefolgt ist, noch eine Zusage gemacht hat hinsichtlich des geplanten Schwabing-Archivs. Laut Hoerschelmanns Testament vom 13. April 1945 hat Bernus lediglich alle Zeichnungen von Stift Neuburg erhalten.

Im Oktober 1964 trug Alexander von Bernus, wenige Monate vor seinem 85. Geburtstag, dem Verleger Fritz Schmitt als »eine Herzenssache« an, eine überarbeitete Neuausgabe der »Schattenspiele« mit fünf bis sechs Silhouetten-Bildern zu erweitern, die mit »Pan« betitelt und dem gemeinsamen Freund Rolf von Hoerschelmann gewidmet werden sollte.[299] Doch auch daraus wurde nichts, da Alexander von Bernus am 6. März 1965 verstarb.

War das Stichwort »letztwillige Verfügung« in Bernus' Brief für Hoerschelmann Anlaß gewesen, darüber nachzudenken, was tatsächlich einmal mit seinem Nachlaß geschehen sollte? Nachdem sich Otte und Hoerschelmann in den vergangenen Jahren gegenseitig, allerdings inoffiziell, als Testamentsvollstrecker verpflichtet hatten, scheint er sich nun in dieser Hinsicht an Fritz Schmitt gewandt zu haben, da dieser in einem Brief vom 26. Mai 1944 ihm versichert: »Was Du in Sachen Deines Testaments verfügst und was etwa dermaleinst an mich herantreten sollte, wird mir eine heilige Verpflichtung sein.«

Nichts mehr für Herz und Seele biete ihm München, erklärt RvH, als Max Unold sich besorgt nach den Gründen seines Fernbleibens erkundigt. Im Schloß Seeseiten des Freiherrn von Simolin in Seeshaupt bekomme er mehr an Büchern und Bildern zu sehen. Freiherr von Simolin, so erfährt man in Reinhard Pipers Erinnerungen, verehrte vor allem Max Beckmann und besaß wunderbare Bilder. »Bei ihm waren die ›Zigeunerin‹, das große Fischstilleben, Felsen am Meer, die Gestürzte Kerze, das Selbstbildnis mit der Glaskugel versammelt.«[300]

Der Freundeskreis am Starnberger See bot ihm ausreichend Abwechslung und wurde durch Otto Falckenberg, der nach Starnberg zog, noch erweitert. Hoerschelmann war ihm noch bei der Wohnungssuche behilflich gewesen, aber anscheinend stand er dessen neuer Lebensgefährtin wegen des großen Altersunterschieds oder aus anderen Gründen nicht eben wohlwollend gegenüber und hatte in seiner typischen Eigensinnigkeit daraus wohl keinen Hehl gemacht. Um so erleichterter zeigt sich Falckenberg, als der alte Freund seine Bedenken schließlich hintanstellte und er ihm nach einer längeren beiderseitigen Schreibpause für die »warmen, getreuen Geburtstagswünsche« danken konnte: »Gerade in diesen letzten Tagen (...) nahm ich mir vor, Dir zu schreiben, als Dein so besonders herzlicher Brief ankam, in dem Du nicht nur mich, sondern ›uns‹ einlädst, Dich zu besuchen. Damit ist der Bann gebrochen und ich kann Dir sagen, dass mir recht wohl dabei wird.« Die wieder ins Lot gebrachte alte Freundschaft und die neue Nachbarschaft, schlug Falckenberg vor, sollten mit »Ersatz-Kaffee (nebst guten Marmeladenbrötchen) und anschließend einem einfachen anständigen Abendessen« bei ihnen alsbald gefeiert werden.[301]

Sehr viel seltener als in den vergangenen Jahren erhielt er Post von Kurt Otte, der sich danach sehnte, einmal wieder Hoerscheltopf essen zu dürfen, und bei dem die Schicksalsschläge kein Ende nahmen. Seine Frau hatte eine Fehlgeburt erlitten, seine Schwester war plötzlich gestorben, er zum Vormund der drei Kinder bestellt worden, von denen er den 16jährigen Neffen bei sich aufnahm, und bei einem Angriff wurde außerdem seine Notapotheke beschädigt. Er freut sich über ein von Hoerschelmann zugesandtes Foto, das »mit größtem Vergnügen auf meinem provisorischen Schreibtisch postiert. (…) Die [sic!] Foto (…) zeigt Dich mir zwar etwas sorgenfältig, aber doch recht gesund und – wie es scheint – auch recht stabil. Du siehst gut balanciert und gar nicht resigniert drein!«[302]

Aber was kann eine momentane Ablichtung, auf längere oder manchmal auch kürzere Zeit gesehen, tatsächlich aussagen? Der plötzliche Tod von zwei Freunden in seiner näheren Umgebung hatte Hoerschelmann besonders heftig getroffen. Am 20. April 1944 war Leo von König einer schweren Krankheit erlegen und ganz überraschend Dr. Helmut Sack in Feldafing gestorben, mit dem RvH und Fritz Schmitt unter anderem eine unvergeßliche Fahrt nach Weltenburg unternommen hatten. Eintragungen und Zeichnungen Hoerschelmanns im Gästebuch der Familie Sack erinnern an ihre langjährige Freundschaft, zum Beispiel eine kolorierte Zeichnung anläßlich seines ersten wohl feuchtfröhlichen Besuchs im Juli 1933, die Hoerschelmann, von einem riesigen, schwarzen Kater verfolgt, zeigt und die er selbst mit »Vivat sequenz« unterschrieben hat. Auf Postkarten an die daheimgebliebene Ehefrau Grete Sack hat er in Versen Bericht erstattet, als die drei »frech gewordenen Männer« einmal nach Norden gezogen waren, und ebenso von einer Salzachfahrt in Dr. Sacks Automobil mit dem Namen »Lina« im September 1934. Im März 1935 hat er Herrn und Frau Sack sein aufrichtiges Beileid zu »Lina's Himmelfahrt!« bekundet, mit einer entsprechenden Zeichnung und den Zeilen: »wahrlich ich habe dieser Maschine, und zwar zum ersten Mal im Leben passierte mir es, die Sympathie wie für ein lebendes Wesen entgegen gebracht.«

Gelegentlich, aber für Hoerschelmanns Bedürfnis nach Nähe viel zu selten, kam Fritz Schmitt für einen Kurzbesuch in den Starenkasten. Die übrige Zeit mußte mit Briefen überbrückt werden, von denen zu beiderseitigem Bedauern immer wieder einige verlorengingen, was den zwischen seinen vielen Verpflichtungen sich aufreibenden Verleger, Familienvater und Sol-

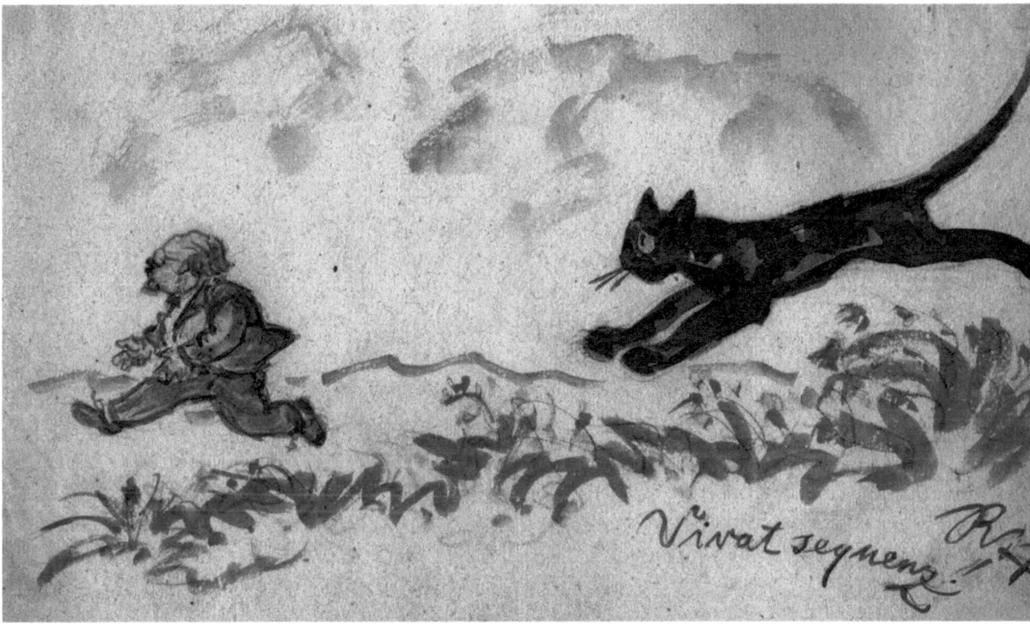

Rolf von Hoerschelmann: »Vivat sequenz!« (kolorierte Zeichnung aus dem Gästebuch der Familie Dr. Sack in Feldafing)
Rolf von Hoerschelmann mit Dr. Fritz Schmitt

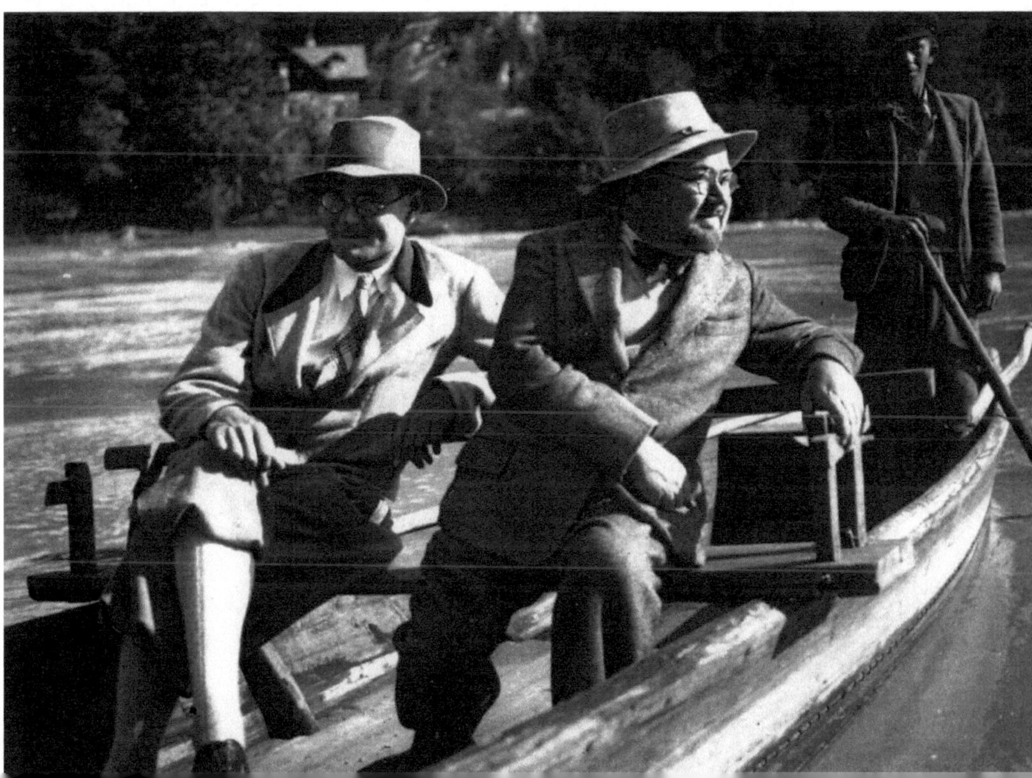

daten besonders bekümmerte, da ihm Hoerschelmanns Briefe »über viele grämliche und deprimierte Stunden« hinweghalfen. Die Gelassenheit den äußeren Geschehnissen gegenüber, die er sich mit »einiger Kunstfertigkeit anerzogen habe«, dankt Fritz Schmitt am 3. Dezember 1943, sei »in erster Linie eine Frucht« von Hoerschelmanns Umgang und Vorbild. »Bei allen düsteren Gedanken an die Zukunft und gescheiterten Hoffnungen bleiben die persönlichen Bindungen als unantastbarer, kraftspendender Fundus. Das Gedenken umgibt einen mit einer körperlich spürbaren Wärme, und die Gemeinsamkeit des Denkens sichert die Gelassenheit unwägbaren Schicksalen gegenüber. Wie froh bin ich wieder darüber.«[303]

Sehr abgeklärt schreibt Hoerschelmann am 27. April an Kubin: »Aber mehr und mehr wird der Eindruck bestärkt, dass die Formen des Erdendaseins nicht das eigentliche Leben umfassen und dass es eine Existenz im Geiste gibt. Wehe denen, die das nicht erfahren.«

Auch hinsichtlich Hoerschelmanns gesundheitlicher Stabilität täuschte das Foto, das er Otte geschickt hatte. Er litt zum damaligen Zeitpunkt bereits unter gravierenden Herzbeschwerden, wie wir unter anderem aus Ernst Penzoldts Nachruf wissen: »Er musste in den letzten Jahren, die Hand auf seinem kranken Herzen, zuweilen stehen bleiben, um Atem zu holen, was er liebenswürdig tarnte, als geschähe es nur, um einem eben gesprochenen Satz verweilende Bedeutung zu geben.« Anfang Dezember erleidet er einen ersten schweren Anfall. RvH wendet sich um Rat an seinen Hamburger Apothekerfreund, der ihm »Nitrolingual oder Nitroglycerinkompretten« schickt: »Aber nur dann, wenn es gar nimmer gehen will mit dem Schnaufen, darfst Du sie nehmen. Es ist das stärkste Mittel, an das Du Dich keinesfalls gewöhnen darfst (…)«[304] Zum 8. Dezember, also kurz nach diesem Anfall, wird der Volkssturmangehörige R.v.H zu einer ärztlichen Untersuchung befohlen. Der schriftliche Befund lautet: »schwere Herzinsuff., Angina pect. Der Vg. R.v.Hoerschelmann gilt nach ärztl. Feststellung vom 8.12.1944 als ausgemustert. Er ist vom Dienst im Deutschen Volkssturm befreit.« Diesen Zettel »mit der rätselhaft anheimelnden Inschrift« trägt er nun immer bei sich, und der Befund ist ihm »lieb und wert«, auch wenn er einräumen muß: »Die Reise nach München ist noch für mich gänzlich unmöglich. Das Umsteigen in Pasing erfordert Körperkräfte, Wehrhaftigkeit und Härte, die mir als staatlich anerkanntem Krüppel nicht mehr zuzumuten sind. – Aber im Inneren hat sich manches geklärt und hilft nun weiter, das Grauenvolle dieser Gegenwart zu überwinden, was allerdings leichter gemacht wird, wenn man sich abseits halten kann, wie es mir vergönnt ist.«[305] Weihnachten feiert er »mit Aufbietung aller Seelenkräfte so nah von den trostlosen Trümmern der alten lieben Stadt« in Tutzing, teils bei seiner Freundin Anita Gräfin Einsiedel, teils bei der Familie Drummer, und am Neujahrstag hofft er, mit Falckenberg und Uhde-Bernays zusammenzutreffen.

Nachdem der »Aktuarius sagenhafter Vorkriegszeiten« in den vergangenen Jahren Zeitgenossen lebhaft erinnert und jüngeren Generationen eine nahezu versunkene Welt vorgestellt hatte, beschäftigte er sich als nächstes mit der Frage, »warum nur *ein* Teil des künstlerisch Geschaffenen auf die Nachwelt kommt und späteren Geschlechtern noch etwas bedeutet, während ein anderer Teil der Vergessenheit anheimfällt«. Seinen Gedanken zu diesem Thema gibt er den Titel »Vom Überdauern«, ein vielsagender Titel im Kriegsjahr 1944. Angeregt worden sei er, der »mit nahezu sechzig Jahren zwar bewundernd und liebend zu Gottfried Keller und Jacob Burckhardt, zu Theodor Storm und Fontane aufblickte«, durch die erstmalige Auseinandersetzung mit dem Werk Paul Heyses: »Ich bin in meinem Leben, das sich nebenbei gesagt, noch elf Jahre lang zu Heyses Lebzeiten am gleichen Orte abspielte, nie in Versuchung oder auf den Gedanken gekommen, etwas von ihm zu lesen. Altersgefährten erging es, wie ich noch kürzlich feststellte, nicht anders. Was für ein Phänomen lag hier vor? Ich machte die Probe und entlieh mir Bände Heysescher Novellen und Poesien, die alle sehr gut gemacht waren. Aber ich ermüdete bald und vermisste das eigentlich Wesentlichste am Kunstwerk, das auf rätselhafte Weise Zwingende, Anziehende – das *Dämonische*.«[306]

Baron Simolin schickt er seinen Aufsatz mit folgendem Begleitschreiben: »Wie oft und wie gerne ich an Sie und unsere für mich so ungewöhnlich genussreichen Plauderstunden gedacht, habe ich leider nicht merken lassen! Die Zeichen des Untergangs unserer Kulturwelt mehren sich so rasch, dass man weder als Chronist noch als Moralist sein Sprüchlein dazu zu sprechen sich unterfängt. Nun habe ich die Abschrift einer kleinen Betrachtung da, die ich Ihnen gerne als Beispiel einer, wie ich wohl weiß, der Ihren in vielem sehr unterschiedenen Geistesbeschaffenheit unterbreite. Da wir andererseits so <u>manche</u> Berührungspunkte haben, freut es mich um so mehr, gewisse Punkte zur Diskussion zu stellen. Mehr ist ja das kleine Elaborat nicht, als ein Versuch einige wenige Gedankengänge notdürftig unter einen Hut zu bringen. Den Ehrgeiz, etwas Neues und sehr Gelungenes gemacht zu haben, habe ich ja nicht! Aber es ist der beste Trost in der sonst so abgrundtiefen Melancholie, in die man versinken möchte – sich Gedanken zu <u>machen</u>! Ein Schuft gibt mehr als er hat!«[307] Postwendend bedankte sich Baron Simolin für Hoerschelmanns »Lebenszeichen« und den »besinnlichen Aufsatz«.

Auch er sei in früheren Jahren »gar nicht neugierig« auf Heyse gewesen, von dem die ältere Generation mit einiger Bewunderung gesprochen habe, und mithin sei ihr beider Urteil wohl bezeichnend für ihre Generation.[308]

Hoerschelmanns These »Vom Überdauern« und seine Schlußfolgerungen werden in mehreren Briefen angeregt diskutiert und erlangen vollste Zustimmung von den Freunden Fritz Schmitt, Felix Schlagintweit und Hedwig Kubin, die als junges Mädchen Heyse »mit großer Begeisterung« gelesen hatte und ähnlich Hoerschelmann sich nun gelangweilt fühlte: »Ich glaube wohl, dass Du die richtige Ursache davon entdeckt hast, ich konnte es mir auch nie erklären.«[309]

Die Ruinen von München und ein feuchtfröhliches Geburtstagsfest

Im Dezember 1944 nehmen die Luftangriffe zu. Der Überflug englischer Bomber und amerikanischer Flugzeuge ist zu hören, und die Bewohner von Feldafing sehen mit Entsetzen, wie sich der nächtliche Himmel über München glutrot färbt. Das Jahr 1945 beginnt RvH mit einer Wanderung durch das »total vernichtet[e]« München: »Es war ein furchtbar eindrucksvoller Tag, als ich bei 16 Grad Kälte in einem Auto ohne Fenster hineinfuhr – an der Ruine von Unolds Haus vorbei zum Sendlinger Tor. Dort begann meine Fußwanderung durch die Schutthalden, durch die sich kleine Gebirgspfade zogen – man fühlte sich auf dem Monde und nicht mehr in der alten seit 42 Jahren so lieb vertrauten Stadt. Das Gewölbe der Frauenkirche ist eingestürzt, und die ausgebrannten Türme wird man zum Teil abtragen müssen. Der Donisl ist nicht mehr. Meine Wohnung fand ich noch vor und rettete (...) ein paar Flaschen mit lebenswichtigem Inhalt!«

Der Anblick der zerstörten Stadt läßt ihn mit noch größerer Zufriedenheit und Dankbarkeit sein beschauliches Leben im Starenkasten zunächst fortsetzen, wie er Fritz Schmitt am 12. Februar schreibt: »So sitze ich also in meiner Klause wie ein alter Kriegsmann, der lange, lange schon Schwert und Rüstung ablegte, um ein gottgefälliges Leben zu führen! Die Bücher und der Meinungsaustausch mit Freunden sind um diese Jahreszeit der ganze Trost. Die Natur ist infolge der Schneemengen mehr vom Fenster aus zu genießen, da mein Herzinsuff. das Stapfen durch meist ungeräumte Wege ziemlich zur Plage macht. Die Arbeit fließt nach langer Pause wieder in einiger Behaglichkeit, trotz ewiger Kälte im Zimmer. 9 Grad Reaumur ist seit Wochen die gewohnte Temperatur geworden. Vor Weihnachten war der Andrang kunstbegeisterter Käufer geradezu lächerlich und empörend. Jetzt kommen unterhaltendere Besucher: Falckenberg, Hausenstein, Buchheim und Neulinge, deren Namen Dir nichts sagen. Wir planen ein schönes Hauskonzert zu meinem 60. Geburtstag, einen Schubertabend bei Teuffels, und Irma Drummer probt mit Begeisterung und herrlichem Gelingen! Möge uns diese kleine Freude noch gegönnt sein.« Außerdem habe er sich vorgenommen, »mit einigen George-Vorlesungen der allzu sehr ins Kraut schießenden Rilkemode entgegen[*zu*]treten. Es ist wunderlich zu sehen, was die Mode ausmacht! Georges Name wird fast unbekannt im Publikum, während die schwierigsten, ans Unverständliche grenzenden Verse von Rilke Soldaten und Mädchen vertraut sind! Das wurmt mich, obwohl ich selber Rilke liebe und verehre.« Die angekündigten Vorlesungen scheint er im Hotel Kaiserin Elisabeth, in dem ein Lazarett eingerichtet worden war, gehalten zu haben, da sich in seinem Taschenkalender vom Jahre 1945 an einigen Tagen der Eintrag »Lazarett« findet.

Die ständigen Fahrplanänderungen bei der Eisenbahn und die eingestellte Paketzustellung lassen ihn reichlich pessimistisch seinem 60. Geburtstag entgegensehen: »Glücklicherweise habe ich durch Lektüre und Meditation das Rüstzeug erworben, über Alles dieses hinwegzukommen – wenn mir der Friede meiner Hütte und der Schlaftrunk gewährleistet bleibt. Und die Bücher.«

Ehrungen und Festlichkeiten, die ihm zuteil wurden, sollten ihn letztendlich dann doch zufriedengestellt haben. Am 27. Februar würdigte der »Land- und Seebote Starnberger See« »seine phantasievolle und reiche Federkunst, (...) die feine, von den Romantikern genährte, konzessionslose frohe und sichere Begabung und Naturverbundenheit« des vielgereisten Malers, »eine der bedeutendsten Sammlungen besonderer Prägung und mit ihr das oft angesprochene fachliche Wissen (...). Und endlich gehört zu seiner Künstlersendung auch jene in sich beglückte wahre Lebenskunst, deren Geheimnis das Wissen und Nutzen des ›Schönen‹ ist und die sich in der Vielfalt echter, herzwarmer Menschlichkeit erfüllt.« Auch andere Zeitungen gedachten des Geburtstags des Graphikers und Sammlers.

Wie schon vor zehn Jahren nahm die Galerie Günther Franke auch dieses Jubiläum als »ein nobile officium«, Hoerschelmanns Arbeiten auszustellen. Sein Freund Walther Foitzick begrüßte den Kreis erlesener Gäste und eröffnete die Ausstellung, in der ein Querschnitt seines 40jährigen Schaffens gezeigt wurde: angefangen mit einer Bleistiftzeichnung des Debschitz-Schülers von 1904, über Blätter, mit denen RvH »in den Bann Kubins« getreten sei, bis zu späteren Zeichnungen in der Anlage eines deutschen Spätromantikers und seinen Aquarellen.

Nachdem bereits am Vormittag des 28. Februar 14 Gratulanten ihn aufgesucht hatten, stellte die Geburtstagsfeier am Abend im Haus der Familie von Teuffel mit 32 Personen, wie er in seinem Taschenkalender genauestens vermerkt hat, den Höhepunkt dar. Einige Gäste hatten zu ihrem Bedauern absagen müssen, zum Beispiel sein so viel jüngerer Freund »Carolus«, Dr. Karl Eller, der ihm schriftlich dankte für viele beglückende Nachmittage und »die Ruhe und Menschlichkeit, die Du in so reichem Maße zu verschenken vermagst«. Max Unold, »wütend« über die schlechten Zugverbindungen, denkt »tief betrübt« am Abend des 27. Februar an ihn und das geplante Zusammensein und kann ihm bloß in Gedanken die Hand zum Sechzigsten drücken. Auch Dr. Carl Hegener, dessen »Herz nach dem Erleben einer gemeinschaftlichen Andacht verlangt« hätte, übermittelte seinen Geburtstagswunsch schriftlich an den »liebste[n] Herzinsuff«, »dass Sie nicht mehr mit dem Gedanken eines Abschlusses Ihres Lebenswerkes spielen, sondern erkennen, dass Sie in dieser verrohten Zeit eine Aufgabe zu erfüllen haben, die Ihre Kräfte verdoppelt, und dass Ihr Schaffen dabei von der Liebe und dem Verstehen Ihrer Freunde begleitet wird.«

Ebenso entschuldigten sich Wilhelm Hausenstein und seine Frau Margot, da »wir uns in keinem größeren Kreise zeigen, aus einer grundsätzlichen Erwägung, zu der wir vor Jahren einmal Anlass gefunden und die wir, wie um unsretwillen, so um der anderen willen, auch weiterhin zu respektieren für richtig halten müssen«. Hoerschelmann möge als Sechziger dem ganzen Dezennium die Treue halten. »Nicht als ob wir die Aussicht mit einer 70 etwa limitieren wollten; sondern wir halten es mit weiland Leo XIII., der, als ihm einer seiner Kardinäle ein weiteres Jahrzehnt zu den erreichten acht Jahrzehnten wünschte, erstaunt zurückfragte, weshalb er der Generosität des lieben Gottes denn eine Grenze ziehe? Halten Sie es, lieber Hoerschel, also mit Seiner Heiligkeit!«[310] Und »statt Blumen in blumenloser Zeit« übermittelte Wilhelm Hausenstein Gedichte von Paul Verlaine und Charles Baudelaire, während die zugehörige Flasche am folgenden Wochenende bei einer Nachfeier im kleinen Kreis geleert werden sollte, wo Margot Hausenstein dann eine charmante, kleine Ansprache hielt: »Mesdames, Messieurs, Chers Amis. Sie wissen alle um diesen Tisch, dass mein geliebter Mann eine gewandte Feder führt; sie ist geschmeidig, voller Kunst, nobel und frei; aber, dieser zum Trotz, wenn der rechte Moment es verlangen würde, will seine Zunge versagen, kann sich nicht am Gaumen rühren, lässt den bekannten Autor im Stich! Darum, lieber Rolf von Hoerschelmann, will ich als ›palliatif‹ dienen und meinen Mund vorschieben, und er soll Sie, lieber Freund, heute Abend preisen in allen Ihren Eigenschaften, die wir an Ihnen lieben: Ihre Wachheit und grenzenlose Begierde an allem Schönen auf dieser Welt, Ihr Wissen, Ihre Kenntnis um so Vieles, Ihre immerwährende Jugend, die sich ständig ausdrückt in dem Feuer der Begeisterung, glühend in Ihrer Brust, und, dies hole ich aus meinem Frauenherz und möchte es gerne betonen, Ihre wahrhafte Treue in der Freundschaft. Nun muß ich zwei Mal danke sagen, den so sehr verehrten, lieben Gastgebern – und Ihnen, lieber Freund Hoerschel-

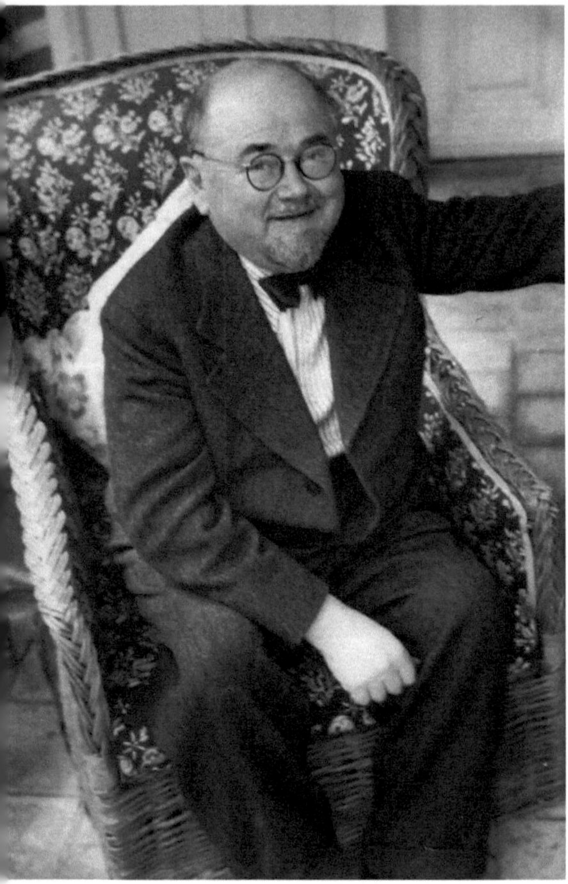

Rolf von Hoerschelmann um 1940

mann, der, ganz einfach und schlicht, uns etwas sehr Großes schenkt: da zu sein und in dieser Schwarzen Zeit hell und musisch zu leben.«[311]

Die Geburtstagsfeier mit dem angekündigten Hauskonzert der Altistin Irma Drummer und Kitty von Teuffel am Flügel ist dann für RvH sicherlich mehr als eine kleine Freude gewesen. Sehr gerührt wird RvH über »ein Geschenk des armen Grafen Yorck an Leo« gewesen sein, eine Flasche Rotwein, die ihm Anna von König durch Dolores Caballero »als einen Gruß von Leo« überbringen ließ. Die Festrede auf den Jubilar hielt Max Drummer, der ihm später eine Abschrift zukommen ließ, mit der Bitte, den Inhalt nicht allzu kritisch zu beurteilen, da »nur der Schelm mehr gibt als er hat. Bis zu Deinem Siebzigsten hoffe ich so sehr an Weisheit gewonnen zu haben, dass auch die humorvolle, heitere Seite zum Tage kommt.«

Drummers Hommage hob vor allem ab auf Hoerschelmanns seltene Gabe, Freundschaften zu erhalten, seine Gelassenheit und weise Ernüchterung dem Leben gegenüber, seinen nie versiegenden Humor und sein großzügiges Teilnehmenlassen an allem, was ihm selbst Freude bereite und wertvoll dünke.[312] Feuchtfröhlich, also ganz nach Hoerschelmanns Geschmack, scheint das Fest außerdem gewesen zu sein, wie er in Dankschreiben an verschiedene Gratulanten berichtete, was von einem Schreiber, der ihn als »Baron« titulierte, etwas doppeldeutig damit kommentiert wurde: »Sie haben wirklich die Gabe der Biene, aus jeder Blume Honig zu saugen.«

Wie Hoerschelmann allerdings befürchtet hatte, wurde das ein oder andere ihm zugedachte Geschenk zunächst nur angekündigt, weil einige Gratulanten der Post nicht trauten bzw. weil »die 20g Post alles unterband«, wie seine alte Weimarer Freundin, »der Pips«, schrieb, die schon alle Zutaten für etwas Krokant aufgehoben hatte. »Jetzt muß man sich damit begnügen, den alten Freunden 'ä warmes Wörtchen – ›Ofen‹ zu sagen (…)« An Gratulationsbriefen ergoß sich hingegen eine wahre Flut über seinen Starenkasten. Freunde in der Ferne hatten wohlweislich frühzeitig ihre Post auf den Weg nach Feldafing gebracht, wie die »unwandelbar getreue alte Freundin Hedwig«, die ihm ein schönes, von Alfred ausgesuchtes Blatt für einen besseren Zeitpunkt versprach und zwei ihnen von Hans Carossa gewidmete Gedichte in Abschrift beilegte: »Die ›Verse an das Abendland‹ bitte ich Dich aber, nicht weiter zu verbreiten, denn der Dichter schrieb, dass sie noch nicht vollendet sind und noch der Nacharbeit bedürfen.« Daran hat Hoerschelmann sich anscheinend nicht gehalten, denn Karl Albin Bohacek bedankt sich für einen Brief vom 28. März und »den beigelegten Carossa und besonders auch für die Abschrift des Gedichtes, das er Ihnen zum 28. Februar widmete. Beide Gedichte haben auf mich einen sehr starken Eindruck gemacht, und ich bin Ihnen besonders dankbar für ihre Bekanntgabe. Ihrem Wunsche wird natürlich peinlichst entsprochen.« Einen »mindestens 40% Orangeschnaps (…) als kleinen Tröster« hatte Kurt Otte vorsorglich einen Monat zuvor abgeschickt, wünschte, Hoerschelmann möge ihnen »noch ein Weilchen erhalten« bleiben, und fügte reichlich trübsinnig hinzu: »(…) es ist zu einem Geburtstag ein ungewöhnlicher, aber heute doch zeitbedingter Wunsch (…) einen ebenso überraschenden wie sanften Wechsel von dieser Erde fort in jene verklärte Welt, die nun schon so viele Freunde aufgenommen hat.«

Werner Bergengruen, der keinerlei Risiko eingehen wollte, Hoerschelmann in seiner Erwartung zu enttäuschen, kündigte ihm pfiffig vorab an: »Mein voluminöser Geburtstagsbrief, noch beschwert durch einen Posten Gedichte (›ff. wie gehabt‹) überschreitet die Zwanziggrammgrenze sehr wesentlich. Er wird aus diesem Grunde und auch, weil zwar vieles an Post, aber doch nicht alles verloren geht, auf mehrere Couverts verteilt (im Ganzen 5), die an verschiedenen Tagen abgehen sollen. Mir sind soviel Briefe verloren gegangen, dass ich mich ob dieser Vorsichtsmaßregeln keiner albernen Besorgtheit und Pedanterie anzuklagen brauche. (…) Lebewohl und schimpfe nie wieder, ich ließe Dich ohne Post. Es ist umgekehrt: die Post läßt Dich ohne mich.«

Aufmunternd für den Freund, der in der Vergangenheit so oft von Vergehen und Lebensmüdigkeit gesprochen hatte, unterhaltsam und amüsant, was Hoerschelmann noch mehr schätzte, war der portioniert verschickte Geburtstagsbrief abgefaßt: »Bereits heute mache ich mich daran, auf meinem ehrenvollsten Briefpapier geburtstäglich Deiner zu gedenken. Ich wähle jedoch diesen frühen Termin nicht um der Symbolik des aschenbestreuten Hauptes willen (obwohl sich hieran auch manche recht tröstliche Meditation anknüpfen ließe: denn ist nicht Asche ein hervorragendes Reinigungsmittel? (...) Aber auch der düngenden, Wachstum befördernden Kraft der Asche soll gedacht sein), sondern mit Rücksicht auf die gänzliche Unmöglichkeit, die Laufzeit eines Briefes von hier nach Feldafing zu berechnen. Sollte dennoch dieser Glückwunsch erst zum 70. Geburtstag eintreffen, so nimm das als Zeichen dafür, dass meine Gesinnungen die Jahrzehnte überdauern und von allen geschehenden und noch zu erwartenden Veränderungen der im Grunde doch so tröstlich unveränderbaren Welt nicht betroffen werden können. (...) ich hätte mich auch so gern unautorisiert zum Sprecher zahlloser bekannter und unbekannter Menschen aufgeworfen, um Dich, etwa in der Frankfurter Zeitung oder der Deutschen Rundschau der Liebe der Mitwelt zu versichern. Nun, das hat die Providenz aus einstweilen noch nicht eindeutig aufgehellten Gründen anders gefügt, und militant, wie ich gesonnen bin, sage ich mit der altvertrauten soldatischen Redensart: ›Was geblasen ist, wird geritten.‹ Und zugleich halte ich an meiner alten Überzeugung fest, daß, was gegenwärtig geblasen wird, noch nicht die Posaune des Jüngsten, ja nicht einmal des vorjüngsten Gerichtes ist, (wenn ich auch noch nicht herausgebracht habe, welches Gebläse den Teufel zwingt, gerade uns zu reiten, – aber wenigstens das Galoppsignal scheint der unbekannte Trompeter ja nun gegeben zu haben!) sondern dass auch Pans Syrina, die Hirtenflöte und die Schalmei der Jahreszeiten wieder unverstört und unübertönt werden geblasen werden. Mögen sie Dir noch viele Jahre hindurch ins Gehör gehen! Sie können ja gewiß sein, dass für sie kein besserer Ort gefunden werden kann. Da bin ich denn wieder bei meinem alten, lyrisch so zahllose Male abgewandelten Lieblingsthema, dem von der Unverwüstlichkeit der Schöpfung angekommen und da Du für mich und ungezählte andere zu den Fundamentalinstitutionen der Schöpfung gehörst, so bin ich gewiß, dass Du auch an dieser Unverwüstlichkeit partizipierst. ›... wirst Honig, Asche und Wein in neuen Verwandlungen kosten, und kein Ende wird sein.‹ (...) Gott befohlen, mein lieber, alter Hoerschel! Wir wollen uns wiedersehen, und sei es auch auf den Trümmern der Welt.«[313]

Mit »Herrn Bo, einem Elefanten und den beiden Nasenböhrern«, Illustrationen zu einem Kinderbuch, gratulierte Siegfried von Vegesack, dazu mit einem Auszug aus einem neuen Gedichtzyklus, Ergebnis »einer lyrischen Sturzgeburt (...), – in acht Tagen und Nächten 51 Gedichte«. Als »einer der letzten wahrhaft abendländischen Menschen« und »Bannerträger (...), die selbst Ende und Untergang verklären«, beglückwünschte ihn der Schriftsteller Alfons Freiherr von Czibulka. Der Geschäftsführer und die am 27. Februar versammelten »Zwanglosen« empfanden es »in dieser furchtbaren Zeit doppelt schmerzlich, dass wir Sie nun schon seit Monaten wegen der traurigen Verkehrsverhältnisse entbehren müssen; ich darf sagen: wir entbehren Sie; Sie waren ein so treuer Besucher unserer Zusammenkünfte die ganzen Jahre her und haben uns so viel gegeben, dass Ihr Fehlen einen großen Verlust bedeutet. Und nun werden Sie 60 Jahre alt und wir können Sie bei diesem wichtigen Schritt in höhere Regionen nicht verbeiständen!« Ein »stupendes Fest größten Stiles in der ›Brennessel‹ von langer Hand vorbereitet« wäre nach Meinung des Malers Hugo Troendle Hoerschelmanns Ehrentag angemessen gewesen. Aber in diesen Zeiten könne man nur hoffen, irgendwann eine entsprechende Nachfeier zu halten, zu der es dann vielleicht auch wieder Wein geben werde.

Herzlich gefreut haben wird ihn der gereimte Glückwunsch des Verlegers Reinhard Piper: »Dem Sechzigjährigen! / Im Schrecken der Alarme, / in Zeiten voll vom Harme / begeht mit altem Charme / im Gratulantenschwarme / Geburtstag Rolf von Hoerschelmann. / Da kann auch ich nicht fehlen! / Wenn auch die Brände schwelen, / schrei ich aus voller Kehlen: / ›Erheiterer der Seelen! / Lang lebe Rolf von Hoerschelmann!!‹ Nehmen Sie bitte einstweilen diesen heute im Luftschutzkeller verfertigten Brief als Geburtstagsgruß an. Ein schöner Brief wird baldmöglichst folgen. Mit Dank für unvergessliche gemeinsame Stunden und den herzlichsten Wünschen Ihr Reinhard Piper«.[314] Selbst Annemarie Suhrkamp, in schwerer Sorge um ihren Mann, hatte an seinen Geburtstag gedacht: »Liebster Rolly – Du hast morgen Geburtstag! O Rolly, wie lang kennen wir uns doch schon. Wenn uns die Landschaft erhalten bleibt da unten an den Seen und ein paar Menschen, darum flehe ich oft. Du wirst's gehört haben: Der Peter ist wieder da, und wir kämpfen um sein Leben. Ich habe heute 18 Krankenhausnächte hinter mir, mit durchschnittlich zweimal Alarm. Für das was hier ist reicht Eure an Bayern saturierte Phantasie nicht aus. (…) Dies Jahr war eine Hölle. Dein alter Mirl.«[315]

Alles hat Hoerschelmann aufgehoben, von Kindern gemalte Karten und Bilder, Schreiben vom »Oberbürgermeister der Hauptstadt der Bewegung«, vom Ortsgruppenleiter Feldafing und vom Kulturamt, das sich bei der Gelegenheit nach seiner hoffentlich geretteten und sichergestellten Sammlung erkundigte, zahlreiche Briefe, Karten von alten Bekannten, zu denen während der Kriegsjahre wenig oder gar kein Kontakt bestanden hatte und die, durch Pressemitteilungen aufmerksam gemacht, noch nachträglich gratulierten und gleichzeitig ihrer Hoffnung auf weiteren Kontakt Ausdruck gaben. Diese völlig unerwarteten Lebenszeichen werden Hoerschelmann gefreut, aber auch erschüttert haben mit ihren Berichten über persönliche Schicksalsschläge und unersetzliche Verluste. Günter Böhmer, der »eigentlich alles verloren« hatte und nun »mit dem Hut in der Hand auf Reisen, zumeist in Berlin, in Kellern und Ubahnschächten, ganz im Zwielicht einer schattenhaften demi monde« lebte, bat um Nachsicht: »Viel zu spät und in ehrlichem Hader mit meinem Gewissen finde ich mich jetzt fast außerstande, zu Deinem 60. Geburtstag jene Ehrungen auszusprechen, die der Würde Deiner Jahre und Deiner Verdienste angemessen sind, und die auch alle die herzliche Neigung auszudrücken vermögen, die wir dem Kunstwerk Deines Lebens schulden. Eine lange kniefällige Andacht dem Herrn zum Lobe, dass er Dich zum Glück derer, die Dich verehren und lieben, in die Welt berief.«[316]

Was aber mag Hoerschelmann empfunden haben, als er nach so vielen Jahren auch einen Brief von Maiki erhielt, in dem von Reue und Beschämung über ihr Verhalten ihm gegenüber die Rede ist? Da dieses Schreiben vom 11. Februar 1945 das einzig vorliegende seiner geschiedenen Frau im Nachlaß ist, soll es hier nahezu ungekürzt wiedergegeben werden: »Lieber Hoerschel! Unter den Gratulanten zu Deinem 60. Geburtstag, will ich, wenn auch leider verspätet, doch nicht fehlen. Meine Wünsche für Dich zu präzisieren, fällt mir in diesen Zeiten nicht leicht, aber sie schließen alles Gute und Schöne ein. Schon oft hatte ich in den letzten Jahren den Antrieb, an Dich zu schreiben, aber es schalteten sich dann immer wieder Hemmungen ein, die schwer zu überwinden waren. Es ist eine so lange Zeit vergangen, und ich kann gar nicht ahnen, wie Du mir gegenüber eingestellt bist und ob Du überhaupt von mir was hören willst. Aber nun möchte ich die Gelegenheit doch benützen, um Dir zu sagen, dass meine Gedanken und Gefühle für Dich die allerfreundlichsten und dankbarsten sind. Du stehst in meinem Leben unverrückbar als ein Mensch, der immer ritterlich und selbstlos zu mir war, und das Schicksal fügte es so, dass ich gerade diesem Menschen Schmerz bereiten und undankbar mich zeigen musste. Du kannst überzeugt sein, dass mir das immer schmerzlich war und mit der Größe des Abstandes immer schmerzlicher wurde. Vieles, was ich seither im Leben hinnehmen musste empfand ich deshalb als gerechten und verdienten Ausgleich.–

Seit etwa zwei Jahren lebe ich hier am Chiemsee im Exil mit meinem nun 10jährigen Buben. Landschaftlich ist es so schön und idyllisch, wie es nicht schöner sein könnte, aber die sonstigen Umstände sind doch recht schwierig. Ich habe vergeblich versucht, wieder in das Feldafinger Haus zu ziehen. (...)

Mein Bub Uli ist ein ungewöhnlich begabtes Kind. Besonders musikalisch, ist er seinen Jahren weit voraus und spielt Mozart und Bach. Ich habe hier draußen ein kleines Zimmer für mich mit dem geretteten Flügel und einer schönen alten Kommode. Auf ihr steht übrigens stets die zweibändige Inselausgabe von Goethes Gedichten, die Du mir schenktest, sowie die hübschen Ausgaben von Gotthelf und der Angelus Silesius. Vielleicht erinnerst Du Dich, dass Du mir am Grundlsee einmal ein schwarzes Maniküreetui schenktest. Dies habe ich noch immer treulich in Gebrauch. Unter den sehr wenigen geretteten Büchern von mir sind auch die Dichter und ihre Gesellen und der Stifter. – Seit Anfang dieses Jahres hat sich bei mir ein recht lästiges organisches Herzleiden eingestellt, das mir schon recht zu schaffen machte und meine Isoliertheit hier draußen durch eine erzwungene Unbeweglichkeit besonders fühlbar macht. Wir sind 4 Kilometer von der Bahn und Priem entfernt und beinahe ähnlich abgeschnitten wie am Grundlsee. Für Uli ist es ein weiter Schulweg. Anfangs brachten Abstecher nach Salzburg noch ein wenig Abwechslung und Ausweitung. (...) Wenn Du es magst, will ich Dir gern wieder schreiben, aber wenn Du es nicht willst, auch das verstehen. Und so will ich in Unwissenheit der Gefühle, die Du mir gegenüber hegst, diese eigentlich nur als Glückwunsch gedachten Zeilen beschließen. Ich grüße Dich, Maiki.«

Mit dem Schreiben seiner Danksagungen wird Hoerschelmann einige Zeit beschäftigt gewesen sein, da man davon ausgehen darf, daß er diese nicht pauschal abfaßte. Ein Problem stellte allerdings für ihn der Weg zum Postamt dar: »Wir haben hier den Eindruck, als sollte die Welt in Schneemassen begraben, untergehen! Ich bringe es nicht mehr fertig, zu Fuß auf die Post zu gehen, und Vater Struppler [sein Arzt] warnt vor Anstrengung – leugnet andererseits aber die gefährliche angina pectoris – nennt sie spastica, woran ich nicht viel Erleichterung verspüre.«[317]

Ina Seidel, die ihn eine Woche nach seinem Geburtstag trotz privater Probleme ihres nachträglichen »Mitjubel[s]« versicherte, vertröstete auch wegen des 20-Gramm-Limits, ihm zu einem späteren Zeitpunkt »die drei kleinen Bücher, die ich Ihnen als geringste Gabe gern überreicht hätte (...) (Es sind drei kleine Romantikerbiographien – Brentano – Bettina – Arnim – die ich als Hausaufgabe für den Cotta Verlag übernahm)« zuzuschicken, »wenn Sie sie nicht inzwischen vielleicht hier abgeholt haben, was hübsch für uns, für Sie aber doch wohl nur eine Strapaze wäre«.[318] Postwendend antwortete er: »Hochverehrte liebe Frau Ina! Wie herzlich erfreuten Sie mich durch Ihren Glückwunsch, der noch mit der wunderbaren Nachricht der Befreiung des

Peter bereichert war. Ich ahne nicht, ob Mirl meinen Gruß nach der Albrechtstrasse in Potsdam erhielt, und ob sie noch da lebt. Wenn den beiden doch nur eine kleine Zeit der Erholung vergönnt wäre anstatt der Schrecken und Nöte. Besteht keine Aussicht, dass Sie herkommen?? Wollen Sie nicht versuchen, liebe gnädige Frau, die Büchlein, die Sie mir so freundlich zugedacht haben, der Post anzuvertrauen? Ich erhielt eine Anzahl Doppelbriefe und Päckchen – und auf die nahe Entfernung ist doch wohl keine Gefahr? Mein Zustand macht es mir leider ganz unmöglich, Ihren Berg zu ersteigen, solange Eis und Schnee noch agieren – und ich sehne mich doch so sehr nach der dortigen Seelennahrung. Sonderbarerweise war ich durch Lektüre letzthin viel nach China verschlagen und will gerne wieder heim! Schöne Gedichte kamen von Hesse, Bergengruen, Carossa. Ein Schubert-Abend krönte mein Fest. So war's noch einmal wirklich schön!!«[319] Da der Weg nach Feldafing für die gleichaltrige, schwer gehbehinderte Schriftstellerin eine ebensolche Strapaze darstellte, schickte sie dem Ungeduldigen bald darauf »das Freundespaar Achim und Clemens«, nicht jedoch das Bettina-Büchlein, was von Hoerschelmann in einem Dankschreiben mit einer beigelegten Graphik fein angemerkt wurde: »Bettine, das Kind, hat sich natürlich verspätet! Hoffentlich nicht auf dem ›Prinzenweg‹ [Straße in Starnberg] verlaufen!«[320]

Trotz Schneemassen und ungemütlicher Temperaturen in seinem Starenkasten wird sich Hoerschelmann glücklich geschätzt und geborgen gefühlt haben, wenn er Ottes und anderer Freunde Berichte zu lesen bekam. Das »Himmelsauge der bayerischen Seen« noch einmal wiedersehen zu dürfen, sehnte sich in Berlin Annemarie Suhrkamp, die nach ihrer Ausbombung siebenmal die Wohnung hatte wechseln müssen und im April immer noch um ihren Mann bangte, der »netto einhundertsechs Pfund« wog und »seit sieben Wochen im Krankenhaus vom Dachgeschoss in den Keller und wieder hinauf geschleppt« wurde.[321] Und Hedwig Kubin schrieb ihm: »Flüchtlinge aufnehmen ist ja immer noch viel besser, als selber fliehen zu müssen, und ganz ungeschoren kommt wohl keiner durch diesen Krieg. So wollen wir bisher nicht klagen.« Die Bomben fielen nun auch schon zwei Kilometer entfernt von ihrem Haus. »Ob man sich noch einmal wiedersieht in diesem Leben? Ich habe oft solche Sehnsucht nach den guten alten Freunden.«[322]

Kriegsende in Feldafing: KZler in der NS-Oberschule, plündernde Displaced Persons und ein Besuch von *officer* Klaus Mann

Den ersehnten friedlichen Tagen sollten noch Ereignisse vorausgehen, von denen keiner etwas in dem bisher weitgehend verschont gebliebenen Feldafing ahnen konnte und die den Ort dramatisch veränderten. Hoerschelmann vermerkte in seinem Taschenkalender in Stichworten: 28.4. »Falscher Alarm (Putsch)«; 29.4. »Krieg! Nacht der Panzer!«; 30.4. »Einnahme Münchens«; 1.5. »Stiller Vormittag (Panzer)«; 2.5. »Amerikaner in Feldafing«; 4./5.5. »Unruhe in Feldafing! Kazettleute!«; 7.5.»Bedingungslose Kapitulation Deutschlands!«; 9./10./11.5. »Franzosen! Einquartierung«; 26.5. »Die Franzosen abgezogen!«; 8.6. »Tutzing: Grosse Not, Evakuierung«; 10.6. »Tutzing b Anita. Evakuierungsgespräch. Überfall im Park!«; 16.6. Evakuierung v. Anita in Tutzing«; 22.9. »Kazettler im Hotel Elisabeth! Aufregung wegen 17 Villen«.

In seinem Kapitel »Weltgeschichte privat« schreibt er dazu, allerdings auch sehr verkürzt, daß »die jungen Barbaren« in Feldafing am Kriegsende verschwunden waren und daß »die vielen Neubauten den befreiten Dachauer Sträflingen eingeräumt wurden. Im übrigen wurde Feldafing zum Lazarett und statt des Hakenkreuzes dominierte das rote Kreuz. Jene durch einen Zufall gerade in unserer Gegend zur Freiheit gelangten Ka-Zetler, wie man die politischen Häftlinge aus den Konzentrationslagern nannte, machten für uns die Tage des Kriegsendes zu sehr unruhigen und aufregenden, da die verhungerten, meist jüdischen Unglücklichen sich über die Ortschaften ergossen, um teils demütig, teils unverschämt nach Nahrungsmitteln, Kleidungsstücken, Fahrrädern usw. zu fahnden. Die Zustände erinnerten einige Tage lang an einst gelesene Indianergeschichten. Gleichzeitig zogen die Reste der berüchtigten SS durch die Ortschaften, mit der Absicht, sie gegen die anrückenden Amerikaner und Franzosen zu verteidigen. Sie mußten also verjagt werden, was meist den Ärzten der Lazarette gelang. So entstanden auf einmal die verschiedensten Fronten, und die einrückenden Amerikaner, die französischen Panzergruppen wurden manchen zum Schutz, manchen zum Verhängnis, denn Evakuierung der Villen, Plünderung und Beschlagnahmungen wurden alltägliche Ereignisse. Tagsüber gab es Bilder von pittoresker Phantastik, wenn die Franzosen inmitten ihrer Panzer einen bäuerlichen Obstgarten bevölkerten, Wäsche wuschen, erlegte Rehböcke ausnahmen, abkochten und selbstverständlich dazu Radiomusik erklingen ließen.«[323]

Tatsächlich hatte sich folgendes am 29. April 1945 abgespielt: Aus einem Eisenbahnzug mit rund fünfzig Viehwaggons, welcher anscheinend längere Zeit zwischen Feldafing und Tutzing gestanden war, wurden ungefähr 3500 Häftlinge, größtenteils Juden aus verschiedenen Konzentrationslagern, von amerikanischen Soldaten befreit. Nach einer ersten ärztlichen Versorgung wurden sie in den Häusern und Baracken auf dem Gelände der Reichsschule untergebracht, und jeder Feldafinger Haushalt mußte Betten und Kleidung zur Verfügung stellen. Das Feldafinger Displaced-Persons-Lager wurde in der Folgezeit zum Anlaufpunkt der Überlebenden verschiedener Nationalitäten, so daß dort zeitweise 6000 bis 6500 Menschen in acht Steinhäusern und einigen Baracken lebten. Es herrschten chaotische Verhältnisse im Camp und im Ort, da es Schwierigkeiten bei der Lebensmittelversorgung gab und infolgedessen zu Diebstählen und Plünderungen einiger Läden kam. Eine vom Commander genehmigte Einwohnerwehr stellte Posten vor die Geschäfte, eine Security-Police patrouillierte ständig zwischen Lager und Dorf und griff rigoros durch.[324]

Einmal hätten Männer in abgerissener Kleidung auch an die Tür des Schluchtweghäuschens gepocht und ungestüm nach Fleisch verlangt, erzählt Helga Biersack, die Tochter der damaligen Eigentümer, und da habe ihr der kleine Hoerschel, mit einem Schürhaken bewaffnet, sehr energisch geholfen, die Männer durch das Flurfenster abzuwimmeln, denn Fleisch hätten sie doch selbst keines gehabt, und Gemüse aus ihrem Garten hätten die Männer nicht haben wollen.

Ebenfalls lebhaft erinnern kann sie sich an einen Besucher in amerikanischer Uniform, der eines Tages die Treppe zu Hoerschelmanns Dachwohnung hochstieg. Es war Klaus Mann, der, laut Kalendereintrag Hoerschelmanns, ihn am 12. und 25. Mai aufsuchte und in einem Brief vom 16. Mai 1945 seinem Vater darüber berichtete: »Der einzige alte Bekannte, mit dem es mir gelungen ist, Verbindung aufzunehmen, war Zwerg Hoerschelmann. Ich fand ihn in Feldafing, wo er seit 10 Jahren lebt. Unnötig zu sagen, dass er sich über meinen Besuch wahnsinnig gefreut hat (…), und er zeigte mir sofort all die neuen Stücke seiner Sammlung – einschließlich der Geschichte im ›Life Magazine‹ und andere Mann-Reliquien, die er während der 12 Unglücksjahre gehütet hat. Er war wirklich ganz süß und rührend in der ihm eigenen

Art – und sicher ist er, und ist es immer gewesen, durch und durch ein Anti-Nazi. Dennoch klingt es irgendwie merkwürdig, wenn er sagt, er habe noch 1936 oder 1937 geglaubt, Hitler würde ›gute deutsche Kunst‹ fördern, und dass er erst, als die Nazis all die guten Gemälde aus den Galerien entfernten, das Üble des Regimes erkannt hätte. Auch entschuldigt er Leute wie Otto Falckenberg, der zum ›Intendanten‹ gemacht und vom Führer öffentlich gepriesen wurde, aber laut Hörschl in seinem Wesen unverändert geblieben ist – nur an seiner Kunst interessiert, an der Rettung bestimmter kultureller Werte, fanatisch loyal seinem Theater gegenüber etc. In ganz ähnlichen Worten sprach er über W. E. Süskind, der ebenfalls irgendwo am Starnberger See sitzt, verheiratet, Vater von zwei Kindern. Sein letzter Beruf war der eines literarischen Redakteurs an der ›Krakauer Zeitung‹ in Polen, unter der Schirmherrschaft des berüchtigten Gouverneurs Frank. Doch Hörschl schwört, dass auch W. E. S.[üskind] in Ordnung sei – lediglich an der Kunst interessiert und so weiter. Was soll man da sagen? Was kann man da tun? Hörschl sagt, wir seien nicht in der Lage, zu urteilen. Sie hätten gelitten, seien in Gefahr gewesen, hätten verzweifelt gesucht, wenigstens gewisse Reste der großen deutschen Tradition zu retten, wären so wenig Kompromisse wie möglich eingegangen und hätten einem geheimen, immer gefährdeten Kreis von Nicht-Nazi-Intellektuellen angehört. Das mag ja alles so sein, jedenfalls habe ich es bis jetzt abgelehnt, Süskind oder Falckenberg zu sehen.«

Im Rückblick in »Leben ohne Alltag« wird nicht erwähnt, da heißt es ganz allgemein: »Unerwartete Besuche von Freunden, in der Uniform der amerikanischen Soldaten, brachten mir wieder die erste Berührung mit der Außenwelt, von der ich acht Jahre lang abgeschlossen gewesen war. Lebhafte Gespräche vermochten langsam die eingerissene Kluft zu überbrücken. Das Verständnis für unsere Situation im Lande, für unsere Bemühungen, ein geistiges Leben aufrecht zu erhalten, ohne das wir diese langen Jahre nicht ertragen hätten, dafür, dass wir ein gefährliches Leben lebten und mehr zu verteidigen hatten als unsere persönliche Freiheit, war schwer zu wecken. Leidenschaftlich wird die Frage der Mitschuld erörtert. Mein Standpunkt ist dieser: Kein als Deutscher geborener auf dem ganzen Erdenrund hat das Recht, sich der Mitverantwortung zu entziehen. Mitschuldig aber kann man nur jene nennen, die *nicht* ununterbrochen gegen den Nationalsozialismus nach ihren besten Kräften gekämpft haben. Möge es uns beschieden sein, noch einmal als Europäer in einem friedlichen Europa zu leben und unser Leben menschenwürdig und lebenswert zu finden!«[325]

»Ein Brief an Franz Werfel« – auch in Feldafing wehrt sich die innere Emigration

Wahrscheinlich war Hoerschelmann durch Klaus Mann zum ersten Mal mit Fragen konfrontiert worden, die nun häufig gestellt und ihn nachhaltig beschäftigen sollten. In der Woche vom 18. bis 24. Juni verfaßt er einen »Brief an Franz Werfel«, in dem er sich vehement verwahrt gegen die in dem Text »Franz Werfel richtet Botschaft an das deutsche Volk. Los Angeles, 16. Mai« erhobenen Vorwürfe.

Franz Werfel richtet Botschaft an das deutsche Volk.

Los Angeles, 16. Mai.

»Es ist eine furchtbare Prüfung, durch die Ihr durchgehen müsst, deutsche Menschen, eine Prüfung ohne Muster und Beispiel in der Weltgeschichte. Nicht, dass Eure stolzen Armeen zerschlagen und gefangen sind, nicht, dass Eure ›blühenden Städte‹ in Trümmern liegen, nicht, dass Millionen von Euch, aus ihren verkohlten Wohnstätten vertrieben, obdachlos und hungrig über die Landstrasse wandern, nicht in all diesem materiellen Elend, so grauenhaft es auch ist, liegt die furchtbare Prüfung, der Ihr unterworfen seid. Dasselbe Elend, das Euch jetzt hohläugig durch Ruinen jagt, habt Ihr den andern Völkern Europas kalten Herzens selbst bereitet und habt Euch nicht einmal umgesehen nach dem Jammer, der Euer Werk war. Die Völker haben diesen Jammer überdauert. Und auch Ihr werdet den Jammer überdauern, unter einer einzigen Bedingung freilich, dass Ihr Eure Seele rettet, und dies ist die furchtbare Prüfung, und die grosse Frage: ›wird Deutschland seine Seele retten?‹

Die Grundbedingung für diese Seelenrettung ist objektive Erkenntnis des Geschehenen und subjektive Erkenntnis der Schuld. Deutsche Menschen, wisst Ihr, was durch Eure Schuld und Mitschuld geschehen ist in den Jahren des Heils 1933–1945? Wisst Ihr, dass es Deutsche waren, die Millionen und Millionen friedfertiger, harmloser, unschuldiger Europäer mit Methoden umgebracht haben, die den Teufel selbst schamrot machen würden? Kennt Ihr die Bratöfen und Gaskammern von Maidanek, den Jauchenberg verwesender Mordopfer in Buchenwald, Bergen-Belsen und hundert anderen Höllenlagern sonst? Wisst Ihr von den Dünger- und Seifenfabriken, die in der Nähe mancher Lager errichtet wurden, damit Menschenfett und Menschenknochen der Volkswirtschaft nicht verloren gehen? Habt Ihr gehört von der Frau des Lagerkommandanten, die transparente Lampenschirme aus Menschenhaut als ›Heimschmuck‹ bevorzugte? Viele von Euch erbleichen und wenden sich ab und murmeln: ›Was habe ich zu schaffen damit‹, Das ist es ja gerade. Ihr habt zu schaffen damit, jeder einzelne unter Euch. War jemals die Weltgeschichte das Weltgericht, das Gottesgericht, so war sie es jetzt und hier. Habt Ihr nicht mit Eurer ›Volksgemeinschaft‹ geprahlt, in welcher das Individuum nur ein fanatisches Atom ist, das bedingungslos dem Ganzen dient? Nicht einzelne Verbrecher haben also jene Greuel begangen, sondern die Volksgemeinschaft in Person, wo das Ganze für jeden und jeder für das Ganze einsteht. Das Verbrechertum des Nationalsozialismus und die unsagbare Verrohung des deutschen Wesens sind logische Folgen der frechen Teufelslehren, die vom ›Recht des Stärkeren‹ schwärmen und behaupten, Recht sei einzig und allein das, was dem Volke, das heisst ein paar Bonzen und Gaunern nützt. Nichts kann es ungeschehen machen, dass Ihr diese Teufelslehren nicht nur angenommen, sondern ihnen zugejubelt und sie mit Feuer, Eisen und Blut verteidigt habt, und dass in Eurer Hütte ausser dem Pastor Niemöller kein einziger Mann sichtbar wurde, der Gott mehr fürchtete als die Gestapo. Niemals hat ein unheroischeres Geschlecht mit heroischer Weltanschauung geprotzt. Das ekelerregende Benehmen Eurer Führer, Bonzen, Generale u.s.w. offenbart vor Euren Augen nun die ganze Lüge.

›Tröste, tröste, mein Volk!‹ ruft der Prophet Jesajah in der Bibel, der Ihr Euch vielleicht jetzt zuwenden werdet. Jedes Volk besitzt seinen ›Trost‹, den ihm keine Niederlage rauben kann. Es sind die guten Geister, die aus ihm im Lauf der Geschichte hervortraten, um vor Gott und der ›Welt für seinen Wert und seine heilige Bestimmung zu zeugen. Deutsche Menschen, in dieser schrecklichen Stunde der Prüfung gedenket mit Demut und Dankbarkeit Eurer heiligen und grossen Geister, die in der Ewigkeit für Euch zeugen. Sie allein können die Schmach von Euch nehmen, im Angesicht Gottes, der alles vorübergehen lässt und so auch in dieser Stunde.«[326]

Brief an Franz Werfel.
Eine der kümmerlichen Zeitungen, die uns nach langem Darben Nachricht bringen sollten von der Teilnahme der Aussenwelt an unserem Schicksal, enthielt unter der Überschrift »Franz Werfel richtet Botschaft an das deutsche Volk« eine Kundgebung von Ihnen, die so enttäuschend ist, dass es unmöglich scheint, dazu zu schweigen! Man könnte aus Ihren Zeilen schliessen, dass Sie ebenso wenig von den Deutschen wissen wie so mancher amerikanischer Junge, der sich mit naivem Stolze für einen besseren Menschen hält als jeden Europäer.

Aber Sie, Franz Werfel, können es in der kurzen Zeit nicht vergessen haben, dass es in Deutschland eine Schicht von Menschen gibt, die den Geist nicht verraten können, weil er ihnen wichtiger ist als Leben und Freiheit, Menschen, die sich nicht schuldig gemacht haben des Verrats dieses Geistes als sie unter furchtbar schweren Bedingungen im Lande bleiben mussten, während ihre glücklicheren Gesinnungsgenossen in die freie Welt zogen. Glücklich trotz allen Ungemachs insofern, als sie der kämpfenden Front entrückt nun in der sicheren Ferne ihren Meinungen Ausdruck geben konnten, ihren Bedürfnissen entsprechend sich entwickeln und betätigen konnten. Sie waren von Niemand abgesperrt, als vom Nationalsozialismus. Alle Anregung Theater und Film, freier Gedankenaustausch über Kontinente hinweg. Kunst und Literatur stand ihnen nach Wunsch zur Verfügung, von der unterhaltenden Zeitschrift bis zur wertvollsten Neuerscheinung. Ich weiss es sehr wohl welch ein Trost aus diesen Quellen strömt. Das alles gab es für uns auf viele Jahre nicht mehr, die wir dennoch schuldig oder schuldlos waren wie jene, die auf die Reise gehen konnten. Denn waren wir bis dahin schuldlos gewesen wie sie, wodurch wurden wir nun schuldig? Inwiefern könnte andererseits der Besitz einer Schiffskarte, die Möglichkeit im fremden Lande sein Brot zu verdienen, jemanden von Schuld frei machen? Schöner wäre es gewesen ferne dem Nationalsozialistischen Deutschland im Lande Kalifornien zu weilen, das steht fest. Wie viele, unzählig viele Gründe es geben konnte auf solche Reise verzichten zu müssen, erübrigt sich wohl aufzuzählen. Dass nicht wenige es aber auch vorzogen, statt sich in Sicherheit zu bringen, nicht zu weichen, Deutschland nicht im Stich zu lassen, ist denkbar.

Es ergab sich also für die Daheimgebliebenen die Pflicht sich treu zu bleiben, welche Opfer es auch kostete. Denn die Menschen jener Schicht, von der ich spreche haben sich nicht gebeugt, haben keine Konzessionen gemacht, haben das Gute verteidigt und vor dem Untergang zu retten versucht, was irgend möglich war. Man vergesse doch nie, dass überhaupt kein Unternehmen, kein Verlag, keine Zeitung, kein Theater weniger beobachtet und überwacht war, als das andere. Innerhalb dieser Welt standhaft gegen alle empörenden Zumutungen unbeirrt seinen Weg zu gehen, das geistig Wertvolle weiterhin zu pflegen und den zeitgenössischen Schund und Schmutz zu bekämpfen war wohl eine Aufgabe, die mehr Mut und Gesinnung verlangte als aus dem Lande zu gehen. Ihr fragt, warum habt Ihr, wenn Ihr nicht emigrieren konntet, Eure Arbeit nicht eingestellt, warum habt Ihr mit Eurer Arbeit die Kulturkulisse der Nazis gestützt? Man könnte ebenso gut fragen, warum habt Ihr das Brot des dritten Reiches gegessen, die Luft des dritten Reiches geatmet? Das eben hielten wir für unsere Aufgabe, an der Front zu leisten, was möglich war und *nicht aus sicherer Ferne den Kampf mit guten aber wirkungslosen Ratschlägen zu begleiten. Und es war eine ungleich grössere Erquickung aus der Schweiz, aus Holland und Amerika ein neues Buch zu empfangen als die wiederholten Winke, wir sollten das Joch abschütteln. War es so schwer sich vorzustellen, wie viele Hunderte und Tausende bei Tag und bei Nacht keinen anderen Gedanken im Kopf hatten als den mitzuhelfen, dass der Tag der Freiheit erscheine? Wieviele Opfer sind hoffnungslos jenen Tag mitzuerleben gefallen! Ihr wisst nur von Pastor Niemöller. Er war es nicht allein, der Mut bewiesen hat und dafür litt. Viele werden ohne ehrendes Gedächtnis für alle Zeiten vergessen sein. Für sie wurden einst die Konzentrationslager gegründet.*

Sie füllten zu Hunderten und Tausenden die Baracken. Sie fielen den Kugeln, den Knüppeln ihrer Henker zum Opfer – man vergesse doch nicht diese namenlosen, unbekannten Soldaten, die oft nicht mehr gewagt hatten, als wir, die dem Untergang glücklich entronnen: Kritik, Propaganda, Aufwiegelung.

Nicht Jeder hat das Zeug zum Attentäter und die Mordorganisationen der Partei spotteten aller Versuche, Vorbereitungen und Pläne. Wir vernehmen noch kein Wort der Anteilnahme an den furchtbaren Verlusten, die das anständige Deutschtum nach dem 20. Juli 1944 erlitt. Ob beteiligt oder nicht an den Vorbereitungen zu dem Attentat – was nur irgend verdächtig war eine bessere Zukunft herbeizuwünschen wurde vertilgt und keiner unter uns hatte nicht Freunde und Bekannte unter den Verhafteten, Erschossenen, Gehenkten.

Wichtiger als Mord war der geistige *Kampf. Wielange er dauern könne, ob und wann er zum Siege führe war nicht abzusehen, Erfolge und Misserfolge wechselten sich ab. Unverdrossen dem Geist, sich und seinen Freunden treu zu bleiben war die Parole. Das war leider nicht Jedermanns Sache. Geltungstrieb, Ruhmsucht und Prunksucht haben manchen begabten und manchen unbegabten Künstler verführt um die Gunst der Mächtigen zu buhlen. Das waren Verräter. Sie verrieten ihre Kunst wie ihre Freunde. Sie werden heute bittere Tränen vergießen und sich keines guten Gewissens erfreuen. Lassen wir sie. Aber wenn wir unter uns waren, das waren gute, schöne Stunden. Man schloss sich näher aneinander als je Emigranten in der Heimat. Ob diese Menschen nicht in ihrer jahrelangen Gemeinsamkeit stützend, bewahrend, tröstend manches heilige Feuer vor gänzlichem Erlöschen behütet haben? Wessen haben sie sich zu schämen? Und wer ist ihr Richter? Jedenfalls nicht der Ratgeber aus der Ferne. Ich hörte von Besuchern der Anblick Münchens hätte in seiner trostlosen Furchtbarkeit alle Vorstellungen übertroffen. Sollte das, was wir durchgemacht haben bis sich dieses Bild ergab, nicht auch ein Wort der Teilnahme wert sein? Übersteigt es nicht vielleicht auch die Vorstellungen, die man sich draussen machte?*

Die Leiden, die von Menschen erduldet werden, sind nicht abzuschätzen und mancher spürt sie erst am eigenen Leibe. Ebenso ist es mit der Empörung. Ich erinnere mich noch sehr lebhaft der leidenschaftlichen Debatten mit jüdischen Freunden, die das Leben im Lande hier noch ganz erträglich und unsere Klagen ein wenig übertrieben fanden. Erst als das Feuer das Dach des eigenen Hauses ergriff, verliessen sie das unwirtliche Land.

Dass die Entwicklung in Deutschland zu einem Kriege führen musste, war vorauszusehen – nicht aber, was dieser Krieg für Formen annehmen würde und noch weniger, was für alle menschliche Passungskraft übersteigende Greuel schliesslich die ohnmächtig gewordene Regierung, keine Hemmung mehr kennend, veranlassen würde. – Diese durch die Eroberung und Befreiung Deutschlands zu Tage getretenen, himmelschreienden Zustände in den Lagern waren der deutschen Bevölkerung genau ebenso unbekannt, wie den schon in früheren Jahren entlassenen Sträflingen, den einzigen Menschen, die uns einiges berichten konnten. Die Massenmorde nahmen anscheinend zu Ende des Krieges unvorstellbare Formen an. Dass selbst einigermassen orientierte Parteigenossen davon wussten halte ich für unwahrscheinlich. Wer der Propaganda im Lande erlag war natürlich leicht zu betrügen! Dass in unseren Kreisen beglaubigte Tatsachen mit tiefster Verzweiflung zur Kenntnis genommen und nach Möglichkeit zur Aufklärung harmloser Mitbürger verwendet wurden ist selbstverständlich. Gegen keine Phrase hatten wir mit mehr Empörung zu kämpfen wie gegen das allzu oft gehörte »man muss auch nicht Alles glauben!«

Verehrter Franz Werfel! Diese Anrede ist keine Floskel, denn wir verehren Ihre Werke und unter den im Freundeskreis kursierenden am häufigsten verliehenen Büchern stehen die 40 Tage und das Lied der Bernadette mit an erster Stelle. Umso mehr verletzt ein so gedankenloses Wort wie das von der Volksgemeinschaft, der wir alle angehörten. Diese sogenannte Volksgemeinschaft zu entlarven war seit zwei Jahrzehnten ebenso sehr unser Bestreben wie das Ihrige. Es mag einen Richterstuhl geben vor dem wir Alle schuldig sind – aber der Richter macht keinen Unterschied zwischen Zuhausegebliebenen und Emigranten!

RvH

Juni 1945[327]

Anscheinend ließ RvH beide Texte nur in einem internen Kreis kursieren, da sie in mehreren Kopien im Nachlaß vorhanden sind. Im September bedankte sich Ria Drevermann aus Mittenwald für die Zusendung und sein »offenes

Wort« und meinte, er solle »den Brief doch noch veröffentlichen, dass Werfel inzwischen gestorben ist, tut m.A. nach nichts zur Sache, der Brief geht ja alle an. Ich darf doch den Brief vorlesen, nicht wahr?«[328] Und Karl Albin Bohacek versicherte ihm am 22. Dezember, er habe »mit voller Zustimmung Kenntnis genommen, obwohl ich nicht überzeugt bin, dass er Werfel und die anderen Emigranten umgestimmt hätte oder umstimmen würde«.

Man darf davon ausgehen, daß jene Streitfrage in seinem Freundes- und Bekanntenkreis leidenschaftlich diskutiert wurde, nicht zuletzt angeregt durch die Rede von Thomas Mann im Mai, kurz nach der Kapitulation. Hoerschelmann erlebte, wie Beziehungen und Verbindungen auf einmal brüchig wurden, zum Beispiel innerhalb ihres »Tutzinger Knabenkränzchens«. Ein Mitglied nach dem anderen zog sich zurück aus dieser Gemeinschaft, die sich einst zusammengefunden hatte, »um angesichts der erschütternden Tatsache katastrophalen Zusammenbruches unserer äußeren Lebensverhältnisse Halt zu finden, sich neu zu orientieren und demnächst in gemeinsamem Suchen jene Wege zu beschreiten, die möglicherweise einer neuen Zukunft entgegenführen«. Auf Drummers Frage, wie man diese Gemeinschaft am Leben erhalten könne, antwortete RvH: »(...) wenn jeder seine Stunde wahrnimmt, den Mund auftut und seine Überlegungen laut werden lässt.« In vielen Fällen war die Kluft unüberbrückbar geworden, schrieb ihm Wilhelm Emanuel Süskind aus eigener Erfahrung. »Ferner sprach ich Golo Mann, während Erika, als wir einander von ferne erblickten, zu erkennen gab, sie wünschte mich nicht zu kennen – eine ziemlich törichte Reaktion.«[329]

Wie unverstanden und zu Unrecht verurteilt sich Hoerschelmann und seine Kreise damals fühlten, brachte auch Wilhelm Hausenstein in seinem Artikel »Bücher – frei von Blut und Schande. Ein Wort an Thomas Mann« zum Ausdruck, den RvH als Sonderdruck der »Süddeutschen Zeitung« vom 24. Dezember 1945 »Mit herzlichen Gedanken für 1946! Ihr WH« erhielt. Dieser Artikel war eine Erwiderung Hausensteins auf den ersten Teil von Thomas Manns »Brief nach Deutschland«, der im Gegensatz »zum zweiten, sich vornehmlich an die Deutschen wendenden versöhnlichen Teil [am 9. Oktober in der Süddeutschen Zeitung veröffentlicht] (...) sehr kategorische, auf Abwägung verzichtende Anklagen« enthielt. Thomas Mann erwähnt diesen Artikel übrigens unkommentiert am 18. Januar 1946 in seinem Tagebuch: »Durch Speyer den Hausenstein'schen Artikel über die literarischen Leistungen in Deutschland zur Hitlerzeit.« Offenbar hat er keine großen Einwände gegen den Text gehabt.

In den Pilzen mit Wolfgang Koeppen und ein Schreiben von Olaf Gulbransson

Über Mangel an Besuchern, Einladungen und Abwechslung konnte sich Hoerschelmann wahrlich nicht beklagen, wenn man sich seinen kleinen Taschenkalender vom Jahre 1945 durchliest. Nur sehr selten findet sich der Eintrag »zuhaus« ohne Nennung irgendeines Besuchers, und Kubin berichtete er am 3. April, daß sich neuerdings im »Schluchtweghäuschen« die Besucher die Klinke in die Hand gäben, da sich herumgesprochen habe, welche Schätze, vor allem Kubin-Blätter, man dort zu sehen bekomme. Allzu gerne würde er jedoch mal wieder die »Weide wechseln«, da hier der »Funke nicht mehr recht zündet. (...) gerne würde ich in friedlichen Tagen z.B. den Chiemsee besser kennen lernen (...) weiter gehen meine Reiseträume nun nicht mehr! Die Sehnsucht, noch mal Oliven zu malen, wird sich infolge körperlicher Unzulänglichkeit kaum noch stillen lassen!« Vermochten ihn die Motive seiner Umgebung auch nur wenig zu reizen, so ließ es ihm dennoch offensichtlich keine Ruhe, da er an vielen Tagen in seinem Kalender »Aq« [Aquarellieren] »gez.« [gezeichnet] vermerkt hat. Am 12. Mai nahm er »Bad 1« im Starnberger See, und danach numerierte er buchhalterisch durch bis zu »Bad 41« am 22. September. Am 14. Mai und 4. August wurden mit Georg Siedhoffs Hilfe Bücherkisten und Teppiche aus der Gedonstraße nach Feldafing geschafft, wovon man einiges in der Garage der Villa Bonn lagerte.

Während der Sommermonate war er laut Taschenkalender häufig mit Wolfgang Koeppen zusammen, der wegen der Einquartierung französischer Soldaten in der Siedhoff-Villa seine Souterrainwohnung hatte räumen müssen und anscheinend Unterkunft bei der Familie Koch gefunden hatte, denn Ruth Koch erhielt Koeppens im Juni 1961 erschienenes Buch »Reisen nach Frankreich« »in Dankbarkeit zugeeignet für die Zeit nach dem Mai 45«. Am 3. September liest man in Hoerschelmanns Kalender von einer »Pilzpartie m Köppen«, am 5. September heißt es »Pilzvergiftung« und dann an mehreren Tagen »Krank!« Dr. Struppler und Emma Bonns ehemalige Krankenschwester Josefa kümmerten sich um ihn, und außerdem hatte er »viel Besuch«. Von jener Pilzvergiftung wußte auch Ernst Penzoldt zu erzählen: »Und es passt zu ihm, dass er im Walde lustwandelnd einst einen großen Pilz fand, an Gestalt ihm ähnlich und ihn feierlich vor sich her nach Hause trug, um ihn

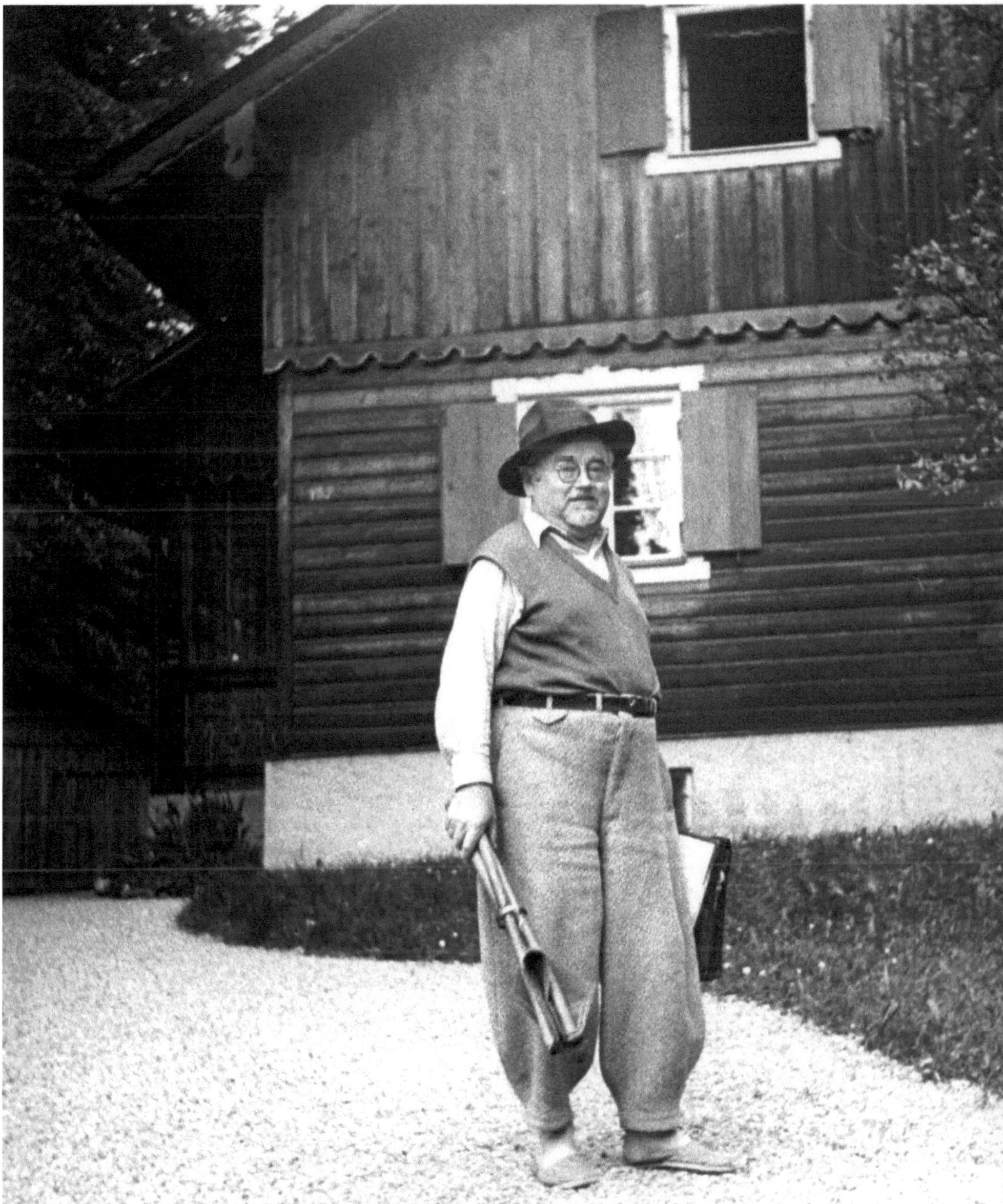

Rolf von Hoerschelmann vor dem Feldafinger Schluchtweghäuschen (um 1945)

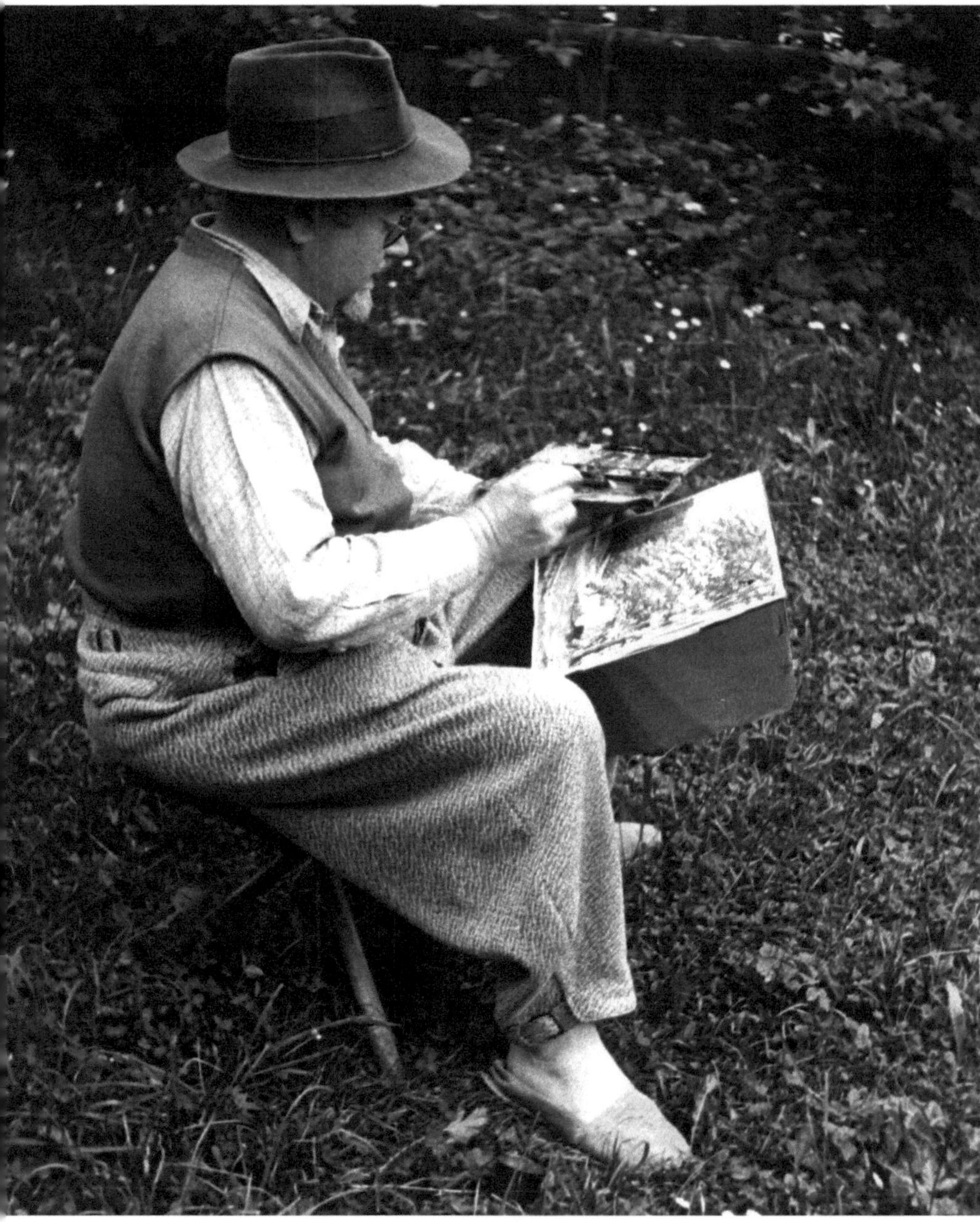

Rolf von Hoerschelmann im Garten des Schluchtweghäuschens

zu braten. Und wieder passt es zu ihm, dass das, was er für einen Steinpilz gehalten, ein Satanspilz war, der ihm schlecht bekam. Er konnte es nicht fassen, dass dieses ästhetisch so schöne Exemplar nicht sollte essbar sein.«[330] Am 23. Oktober hat Hoerschelmann wieder »Holz gehackt«, am 5. November »Holz gestapelt« und zwischendurch auch »Reisig« gesammelt. Seltsamerweise findet sich kein Eintrag zu einem Rundfunkinterview mit ihm, das von Felix Schlagintweit in einem Brief vom 14. Oktober und anderen Korrespondenzpartnern erwähnt wird.

Für die erste Zeit nach Kriegsende liegen so gut wie keine Briefe vor, da der Postverkehr weitgehend zum Erliegen gekommen war. Es wird RvH sehr bedrückt haben, wochen- beziehungsweise monatelang vergeblich auf Nachrichten warten zu müssen und nicht zu wissen, ob und wie seine engsten Freunde das Kriegsende überlebt hatten. Ein erstes »Friedensschreiben« von Fritz Schmitt erhielt er Ende Juni, und am 14. Oktober schrieb Felix Schlagintweit nach langer Pause: »Jetzt erst wagen sich die Freunde wieder an die Briefe und auf die Post und stellen mit Verwunderung fest, dass man noch am Leben ist.« Von Kurt Otte liegt für die zweite Jahreshälfte lediglich eine Geburtsanzeige vor: »Ulrich Hans Hermann, geboren am 26. September 1945 in Hamburg«, und ein recht ausführliches »Weihnachtsbrieflein«, bereits am 9. November geschrieben, in dem er den Empfang des Glückwunschgrußes bestätigt »zur Geburt des Söhnleins Ulrich, dessen Name damit wenigstens die Vokale von Kubin birgt«. Der junge Vater hat zwar »Spaß an Weib und Kind«, versichert aber dem Freund, daß er darüber wie immer bemüht sei, »die anderen Funktionen nicht hintanzusetzen, sondern auch weiterhin die ›Belange‹ und Fahne des Kubin-Archivs hochzuhalten, auch wenn die Schwierigkeit enorm ist, ja es fast unmöglich erscheint, das begonnene Werk wenigstens in seiner ursprünglichen Form herzustellen. Wann wird das Haus am Fischmarkt, dem ich oben wieder in der Stadtmitte das Archiv einverleiben möchte, erstehen???? Es ist ja nur noch ein Rumpfarchiv, aber beim Gedanken, dass es ganz hätte pulverisiert und atomisiert werden können, freue ich mich des bestehenden Dreiviertelteiles (...) ob wir den wenigstens über diese Zeit, die in ihrer Turbulenz noch lange nicht abgeschlossen uns erscheint, retten können (...) ???«

Im September wandte sich Ina Seidel mit einer Bitte an ihn. Ihr schwerkranker Mann lag damals schon den vierten Monat im Krankenhaus, und ihr Sohn befand sich in englischer Gefangenschaft. »Sie haben wohl nicht zufällig ein paar gute englische Schmöker, die Sie mir auf irgendeine Weise leihweise zukommen lassen könnten? (Englisch – nicht in Anpassung an die neue Ära, sondern weil dies von jeher die einzige Sorte war, die wirklich ablenkend leicht u. gut zu lesen war, was ich jetzt brauche.)«[331]

Eine Woche später bedankte sie sich herzlich für sein ausführliches Antwortschreiben: »Bitte machen Sie jetzt aber gar keine Bemühungen in dieser Richtung, denn leider hat sich der Zustand meines Mannes verschlimmert, ich bin nun fast den ganzen Tag bei ihm im Krankenhaus und auch für diese Art von Lektüre zu müde, die mir in dem letzten, durch sein schweres Leiden und durch andere Sorgen (– ganz abgesehen von den großen, allgemeinen –) verdunkelten Jahr zuweilen Entspannung verschaffte.«[332]

Am 15. Oktober dankte sie ihm für die »erwiesene wohltuende Teilnahme« zum Tode ihres Mannes.

Ein Brief ihrer Schwester Annemarie erreichte RvH Ende November: »Welches große Verlangen habe ich, Euch alle wiederzusehen, und die bayerische Landschaft, aber vorläufig existiert für mich noch keine Möglichkeit, eher für Peter; er hat, wie Du gehört haben wirst, als erster Verleger in der engl. Zone die Lizenz erhalten. Wir bewohnen nach vielen Irrfahrten zum ersten Mal wieder ein hübsches Haus mit heilen Fensterscheiben, in welches unten der Verlag installiert wird. Es geht sehr rege bei uns zu, leider haben wir bis jetzt nur einen einzigen Ofen, und wohnen und arbeiten wie Proletariers alle zu Klump, nebst Sekretärinnen und Besuchern und Futternapf, so etwas macht die innigsten Beziehungen fragwürdig. (…) Es fehlte öfters nicht viel daran, und Du hättest Deinen alten Mirl nicht wiedergesehen. Wir haben uns ja durchgebissen, aber laborieren noch immer an den Folgen.«[333]

Sehr überrascht wird Hoerschelmann gewesen sein, als er zu der Zeit seiner Pilzvergiftung das offizielle Schreiben eines Rechtsanwalts erhielt, in dem er um eine Besprechung ersucht wurde, Olaf Gulbransson betreffend, der ihm selbst dazu folgenden Brief schrieb: »Lieber Rolf von Hörschelmann! Es ist mir zu Ohren gekommen, selber habe ich es nicht gehört, dass Sie in unserem Lautsprecher ausgesagt haben sollen, dass unter den Künstlern die sich der ›Bewegung‹ angeschlossen haben – auch der Gesinnungsgenosse Olaf Gulbransson wäre. Im Jahre 33 ist mir was Ähnliches passiert – von einem alten Hausfreund Walter von Hattingberg. Er war Bildhauer – konnte aber nicht viel – hat sich gleich durch die ›Bewegung‹ zum Stadtrat aufgeschwungen und hat sich in einer Sitzung veranlasst gefühlt ›als Offizier – und Mann von Ehre‹ gegen mich aufzutreten. Durch alle die Schikanen die ich damals erlebt habe – wo meine 60jährige Ausstellung geschlossen wurde – wäre es wohl am einfachsten gewesen, dass ich meinen Hut aufgesetzt hätte um nach Norwegen zu fahren – und wäre damals sehr willkommen. Aber meine Gesinnung war nun einmal meine Wahlheimat Bayern nicht zu verlassen. Ja – Ja – wie ich das nun von Ihnen gehört habe – habe ich es nicht gut glauben können, denn wir kennen uns ja seit Ungererbad – also seit 40 Jahren. Und so viel ich weiss haben wir miteinander nie was gehabt. In normalen Zeiten hätte ich vielleicht nicht diesen Brief geschrieben. Aber – nun kann ich nicht umhin, ich muss Sie um eine Erklärung bitten. Wenn man sich so lang gekannt hat, kann das sicher nicht so schwierig sein. Mit dem allerbesten Gruss Ihr alter Olaf Gulbransson.«[334]

Hoerschelmann scheint unverzüglich schriftlich Stellung genommen zu haben, da sich der Anwalt nach einem Besuch in Tegernsee am 18. Oktober dafür bedankte und versicherte: »Sowohl Olaf wie ich haben aber von vorneherein angenommen, dass Sie daran unbeteiligt sind. Ihr ›Schwabing‹ hat mir die Bahnfahrt nach Tegernsee zu einer großen Freude gemacht. Ich habe ja auch noch in die damalige Zeit etwas hineingeschmeckt, und außerdem ist Ihre Abhandlung ganz entzückend geschrieben. (...) Wenn Sie mir noch gelegentlich mitteilen würden, was ich jetzt weiter in der Angelegenheit Olaf unternehmen kann, wäre ich Ihnen sehr dankbar.« Es folgte außerdem ein erleichterter Gulbransson-Brief mit zwei einander schüttelnden Händen, in dem RvH auch wieder geduzt wird: »Geliebter Höerschel [sic!]! Also Gott sei Lob und Dank stammt es nicht von Dir. Ich habs auch so schwer glauben wollen. Aber wenn einer kommt und sagt – ›Er hat es im Laut-Sprecher gehört‹ muss ich Dir doch schreiben. In normale Zeiten hätte ich Dir nicht damit geplagt. Meine Frau war bei Dir um Dich persönlich auszufragen – Aber Du warst ja in Feldafing. Deswegen ging sie zu unser alten Freund Petzl. Ich hab nun geläsen von Deine einwandfreie Unschuld! Ich hab noch nicht alles gelaesen. Ich finde es so schön. Ein fabelhafter Grabstein über das alte geliebte Schwabing. Ich läs dann nachher weiter – wollte Dir bloss schnell noch diese paar Worte schreiben. Herzlichst Dein alter (gezeichnet: Nasenlöcher mit zufriedener Mundlinie)«.[335] Wie eng die beiden tatsächlich befreundet gewesen waren, erfährt man von Hoerschelmann nicht. Nur einmal erwähnt er den Künstler im Zusammenhang mit dem »Simplicissimus« in seinem Kapitel »Begegnungen«: »Olaf Gulbransson wurde auch durch seine durchaus ungewöhnliche, an den Urzustand der Menschheit gemahnende Figur zu einer großen Sehenswürdigkeit, zumal wenn er in seiner *Lieblingstracht*, dem *Adamskostüm*, in den Zweigen seiner alten Bäume am Schwabinger Bach herumstieg.«[336] Eine Zeichnung, die Gulbransson in besagtem Adamskostüm neben RvH zeigt, hatte der Künstler ihm mit folgenden Worten gewidmet: »Das R. von Hörschelmann zu meine Krankenbeinlager kam, sich opferte und in die Sonne Model sas für die gute ›Mappe‹ wird dankend bestetigt Olavus Gulbranus.«

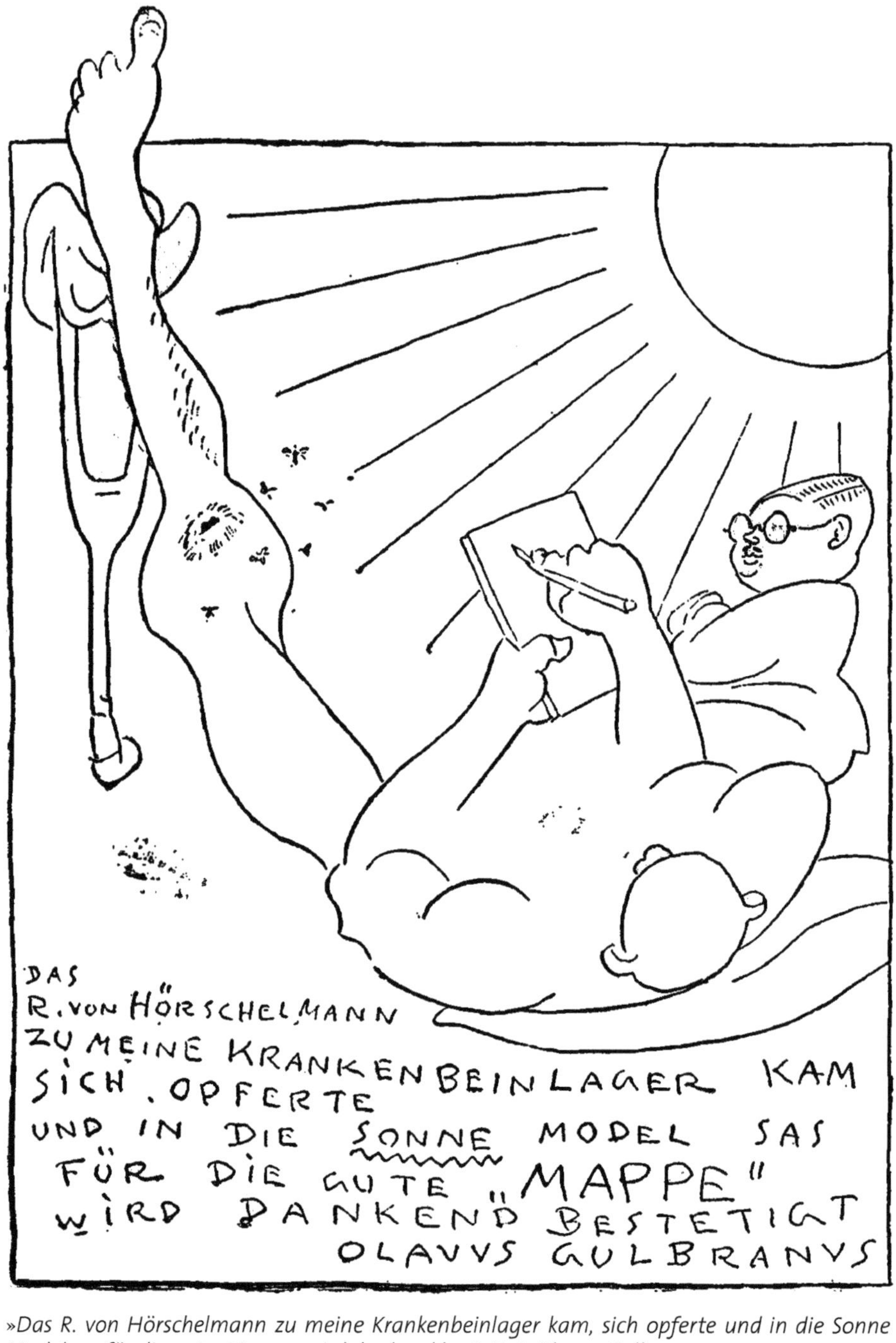

»Das R. von Hörschelmann zu meine Krankenbeinlager kam, sich opferte und in die Sonne Model sas für die gute ›Mappe‹ wird dankend bestetigt. Olavus Gulbranus.«

Herbst des Lebens

Anläßlich des 70. Geburtstags des Kunstschriftstellers Hermann Uhde-Bernays veröffentlichte die »Süddeutsche Zeitung« einen Artikel von RvH, der allerdings durch eine kleine Verschwörung zustande gekommen war, wie ein undatierter Brief im Nachlaß enthüllt, von Wilhelm Hausenstein diktiert und von seiner Frau Margot mit violetter Tinte geschrieben: »Lieber Hoerschel, Sie wissen, dass ich meine bald fünfzigjährigen Beziehungen zu Uhde=Bernays abgebrochen habe. Dies konnte mich nicht hindern, der Süddeutschen Zeitung zu sagen, dass Uhdes 70. Geburtstag (m.W. am 30. Oktober) im Blatt unbedingt signalisiert werden muß. Ich habe für Dr. Schoeningh das Material und die Gesichtspunkte in Stichworten ganz kurz skizziert, für innerredaktionellen Gebrauch. Inzwischen aber hat sich in mir der Gedanke verstärkt, dass der Artikel nicht in der Redaktion geschrieben werden kann, sondern von einem Manne außerhalb geschrieben werden muß, der von Uhde eine gewachsene Vorstellung besitzt. Dabei fiel mir sofort Hoerschel ein. Schoeningh autorisiert mich, Sie um zwei Feuilletonspalten zu bitten; mehr könne es bei dem sehr kleinen Blatt leider nicht sein. Ich denke, es ist Ihnen recht, wenn ich meine Stichworte hier beilege, obwohl sie kaum etwas Neues finden werden. Ihr Ehrenwort, lieber Freund, dass Sie Uhde gegenüber keine Silbe davon verlauten lassen, dass ich in dieser Sache eine Initiative hatte. Wenn ich einmal eine so alte Freundschaft aufgebe, dann bleibt sie aufgegeben. Es darf unter gar keinen Umständen auch nur der leiseste Anschein entstehen, ich wollte ›einlenken‹.«

Der ahnungslose Jubilar bedankte sich noch am selben Tag für den »freundlichen, warm empfundenen Nekrolog« und freute sich auf ein »angenehmes Wiedersehen« mit Hoerschelmann bei der bevorstehenden Geburtstagsfeier mit über »60 Personen. Ich lese ›Erinnerungen an Salzburg‹. Hölscher spielt. Für genügend Wein ist gesorgt.«

Am 27. November verließ RvH erstmals nach langer Zeit seine Klause für eine kleine Reise. Die bereits erwähnte Ria Drevermann hatte ihn am 24. September zu einem Vortrag nach Mittenwald eingeladen: »Ihre Themen sind ja so zahlreich. Herrlich über einen solchen Reichtum an Wissen zu verfügen, und da der Humor Ihre geistige Haltung ist, wie ich zu meiner Freude merkte – denn die Gabe ist so selten – so glaube ich ›Weltgeschichte privat‹ oder ›Schwabing‹ oder ›Bücher und Dichter‹ wären die richtigen Themen. Bitte verstehen Sie mich richtig: die Mischung von Humor mit Melancholie, Kennzeichen des genialen Menschen, repräsentiert eine Note, die in unsern Vorträgen sehr selten sein wird (denn wer hat sie?), dass Ihr Vortrag sicher von ganz besonderer persönlicher Eigenart sein wird. Daher große Freude und Dankbarkeit allerseits.«

Hoerschelmanns Auftritt war ein voller Erfolg und das Auditorium hingerissen, wie man einem Zeitungsartikel entnehmen kann: »›Schwabing‹ in Mittenwald – Es war ein Ereignis von seltsamem Zauber, als Rolf von Hoerschelmann, Gast der vierten Mittenwalder Kulturveranstaltung, in sprachlicher Eindringlichkeit und meisterhafter Gewichtsverteilung zwischen humorvollster Anschaulichkeit und gedankenreicher Tiefe jene Welt heraufbeschwor, die unter dem literarischen Kennwort ›Schwabing‹ nunmehr in die Geschichte eingegangen ist. Daß es sich hierbei weniger um einen ›geographischen Begriff‹, sondern vielmehr und eigentlich um einen ›Gemütszustand‹ handelte, der die leidenschaftlichsten schöpferischen Geister der Jahrhundertwende ergriff und einte, wurde aus der Gestaltenfolge und -fülle ersichtlich, die der Redner, einer der letzten von ihnen, in farbigen Porträts erstehen ließ. Die Verschiedenartigkeit all dieser Männer und Frauen verband als Gemeinsames das Feuer eines gesteigerten Lebens, das auch im bacchantischen Taumel phantastischer Feste den uralten Traum stolzen Menschentumes noch einmal zu vollem Glanze herbstlicher Verklärung entzündete.

Alle Stadien und Stufen dieses echt deutschen ›Sturms und Drangs‹ mit seinen Anfängen im Wolzogenschen ›Ueberbrettl‹, das bereits ›den Rahmen des Biedermeierlichen‹ sprengte, mit der Gründung der satirischen Zeitschrift ›Simplizissimus‹, die Weltruf erlangte, mit den einzelnen Gruppen und Grüppchen der berühmten ›Elf Scharfrichter‹, der ›Insel‹ und anderer bis zur feierlichen Scheitelhöhe in den Hymnikern und Orphikern um Stefan George, fanden eine Interpretierung aus berufenstem Munde. Hoerschelmann verstand es, seine Hörer dank der unmittelbaren Kraft seiner Schilderungskunst bis zuletzt in atemlosem Bann zu halten. Er wirkte gleichzeitig als Chronist und Poet. Führte mit sicherer Hand durch die vielfältigen Bestrebungen des oft Widerstreitenden, die als letztes den Expressionismus Franz Marc's auslösten. Was hier in vollendeter Schönheit starb, rundete das Bild einer Epoche abendländischen Kulturwollens, die mit dem ersten Weltkrieg zu Ende ging.«[337]

Nachdem der Postverkehr wieder in Gang gekommen war, erhielt er mehr Post denn je. In Vergessenheit geratene Bekannte, die durch jenes Rundfunkinterview auf ihn aufmerksam gemacht worden waren, meldeten sich wieder bei ihm, zum Beispiel Else Limmer-Leuchs, eine Freundin von Wolfskehl und Ernst Gundolf, die an »einen sehr lustigen Duldbesuch« im Jahre 1911 mit ihm und Wolfskehl erinnerte. Aus allen Briefen spricht die Freude, mit Hoerschelmann, dessen Name allein längst Versunkenes wiederbelebe, sich von nun an schriftlich austauschen zu können, und Dankbarkeit über Hoerschels ausführliche und inhaltsreiche Antwortschreiben, die der fast erblindeten Else Limmer-Leuchs »neuen Mut und neuen Aufschwung« zu geben vermochten.[338] Sammlerfreunde aus vergangenen Tagen erkundigten sich besorgt nach seinen Schätzen und schilderten ihm, wie sie ihre eigenen gerettet bzw. was sie verloren hatten. Er wurde gebeten, Kopien von seinen Vorträgen und von Zeitungsartikeln zu schicken, nach Büchern und Quellen befragt, wo man Verlorenes wiederbekommen könnte, nach dem Verbleib, dem Schicksal, den Adressen von gemeinsamen Bekannten und Freunden.

Hoerschelmann war von jeher nicht nur dafür bekannt gewesen, daß er Kontakte pflegte, sondern auch Augen und Ohren offenhielt, ein Umschlagplatz für Neuigkeiten war. In einem »innigen, kurzen Schnellgruß« fragt Werner Bergengruen bei ihm an: »Außer Persönlichem von Dir wüsste ich gern etwas Literatur- und Verlagsklatsch aus München und dem ›Reich‹ überhaupt. Alleswisser, lasse etwas von Dir hören, ›wenn es gibt die Gelegenheit‹, wie der Chor der Helene-Episode singt. Grüße alle Freunde, – zwanglose und solche, die noch von irgendwelchen Zwängen geplagt sind.«[339] Für einen Alleswisser hielt ihn auch Max Unold, den »sie zum Präsidenten des Berufsverbandes [Bildender Künstler] gepresst« hatten und der es unheimlich fand, »wer alles jetzt Maler sein oder werden will« und ihm jederzeit dankbar war »für Hinweise, Nachrichten und Gerüchte: von vielem hört man am wenigsten, wenn man im Zentrum sitzt.«[340]

Was Hoerschelmann, der in den vergangenen Jahren immer wieder vorgegeben hatte, mit seinem aktiven Leben abgeschlossen zu haben, sichtlich neu belebte, war vor allem die Tatsache, daß plötzlich wieder Verleger und Antiquariate Verbindung zu ihm aufnahmen. Er wurde aufgefordert, eigene Arbeiten für eine erste Auktion des Antiquariats Dr. Ernst Hauswedell in Hamburg zu schicken und Doubletten oder entbehrliche Blätter von Kubin der Berliner Galerie Gerd Rosen anzubieten. Dr. Kurt von Oerthel von der kunstgewerblichen Zeitschrift »Der Weltbürger« in Starnberg hatte auch Hoerschelmanns Rundfunkbeitrag »lebhaft interessiert (...). Können Sie nicht einmal aus Ihren Erinnerungen an Thomas Mann etwas für unsere in Vorbereitung befindliche kulturelle Zeitschrift ›Der Weltbürger‹ schreiben? Ferner suche ich Einzelbilder aller Art aus der literarischen und künstlerischen Zeit vor 1933 zur Veröffentlichung. (…) Wenn Sie an unseren Bestrebungen teilnehmen würden, eine kulturelle Zeitschrift echt demokratischen Charakters zu schaffen, so wäre ich Ihnen zu besonderem Dank verbunden.«[341] Es wurde ihm angeboten, seine Aquarelle und Zeichnungen in Baden-Baden auszustellen und bei einer neuen farbigen Kunstzeitschrift mitzuarbeiten: »Abgesehen von zeichnerischen Arbeiten, um die ich Sie bitten würde, würde ich mich sehr freuen, wenn ich darin in einigen Fortsetzungen Auszüge aus dem von Ihnen vorbereiteten Memoirenwerk (Erinnerungen eines Münchener Sammlers), von dem Sie mir vor Jahren erzählt haben, bringen könnte.«[342] Auch Fritz Schmitt wollte seinen lang gehegten Plan der »Dichterbilder« endlich realisieren, bat Hoerschelmann, sich außerdem Gedanken zu machen über Illustrationen und Ausstattung zu einem weiteren gemeinsamen Projekt, einer Novellensammlung der Romantiker und Realisten in mehreren Bändchen, und schlug ihm ein Reiseskizzenbuch vor mit Zeichnungen und Bildern, in Verbindung mit seinem »Reisen«-Vortrag.[343] Hoerschelmann stürzte sich in die Arbeit, als wollte er es sich noch einmal beweisen, obwohl es ihn gesundheitlich über Gebühr belastete. In seinem Kalender liest man an vielen Tagen: »Herz!!«, »Magen!« und »Müde«.

Freunde und einige Auserwählte, die von ihm zur ersten Friedensweihnacht mit einem Sonderdruck seines Vortrags »Allotria« bedacht worden waren, dankten mit anerkennenden Worten, zum Beispiel Max Unold: »Was hat Dein Aufsatz über Allotria nicht alles geweckt an Erinnerungen vergangener, untergegangener Zeiten! Herrlich, dass Du so vieles davon behalten hast, nicht weniger, dass es Dir gelang, eine so prächtige Form dafür zu finden. Wenn ich mir die Aufgabe vorstelle, die es zu bewältigen galt, stehen vor mir alle Schwierigkeiten des spröden und kaum zu fassenden Stoffes: um so mehr bewundere ich die Lösung, die Du fandest, in der jetzt alles leicht und doch mit der nötigen Betonung herauskommt. Sogar vom Gespensterfest ist ein Begriff gegeben, ein Bild, von dem anzunehmen ist, daß es auch im Nichtteilnehmer einen Eindruck hinterlässt. (…) Kurzum, nochmals ein famoser Beitrag zu Deinen ›Schattenbildern‹! Von einzigartigem Wert als Material für künftige Kunsthistoriker der Jahre vor 1914.«[344] Und in einem weiteren Brief vom 29. Dezember kommt er noch einmal darauf zurück: »Deine Darstellung ist ganz ausgezeichnet, so recht im Ton getroffen, nirgends zu lang und schwerfällig: man ist überzeugt, dass es auch die amüsiert, die nicht dabei waren – (wie es freilich auf Leute der jetzigen Generation wirken möchte, kann unsereiner sich kaum vorstellen, vermutlich scheint es ihnen fremd und unglaubhaft. Ob sie uns beneiden? – vielleicht!)«

Max Drummer, der zwar nicht einer jüngeren Generation angehörte, hatte aber ähnliches in seiner Jugend nie erlebt, was er zutiefst bedauerte: »Wieder der feine, noble, ansprechende Stil und das anschauliche Berichten von dem Treiben schöpferisch-vitaler Menschen in einer hochgemuten Zeit. Wesentliches daraus war mir durch Dich selbst bereits vermittelt worden, aber ich nehme das Heft immer wieder gerne vor und versenke mich gedanklich in die Mentalität dieser überschäumend, frohgemuten Menschen, deren Tun heute wie ein Traumgebilde anmutet oder wie ein Aspekt einer anderen glücklicheren Welt. Nie in meinem Leben, selbst nicht in meiner Jugend, habe ich solch unbeschwertes Menschsein, solche Laune zu Schabernack kennengelernt. Gelegentlich in unserem Bauernstübchen zeigte Freund Hoerschelmann diese Seite seines Wesens, die zur Schelmerei und Spitzbüberei hinneigt und glücklicherweise aus dieser schillernd-frohen Jugendzeit herübergerettet ist.«[345]

Ein »Allotria«-Exemplar hatte RvH auch dem Verleger Heinrich F.S. Bachmair geschickt, der ihm daraufhin vorschlug, daraus ein Buch mit Illustrationen zu machen. Außerdem bot er ihm an, für eine kleine Weihnachtsausgabe die Eichendorff-Novellen »Das Marmorbild, Die Glücksritter, Schloss Dürande« mit Streubildern zu illustrieren. Zuvor müsse allerdings eine amtliche Genehmigung eingeholt werden, die vom Feldafinger Bürgermeister befürwortet und vom Landrat an die Militärregierung weitergeleitet werden müsse, was Hoerschelmann auch umgehend mit einem Schreiben vom 11. Mai 1946 befolgte: »Hiermit ersuche ich höflichst um die Bewilligung, meinen künstlerischen Beruf als freischaffender Landschaftsmaler und Illustrator weiter ausüben zu dürfen. Nach mehrjährigem Studium in München bin ich seit 1907 als Maler und Graphiker tätig und bin z.Z. mit der Erledigung mehrfacher Aufträge deutscher Verleger beschäftigt, wozu ich nunmehr eine Lizenz benötige.«[346] Bereits einen Monat später erhielt Bachmair 32 Illustrationen und wollte mit Hoerschelmann als nächstes die Illustrierung eines Kalenders besprechen. Die amtliche Bestätigung seiner »Tätigkeit als freischaffender Künstler (Kunstmaler und Graphiker)« durch das Landratsamt wurde RvH allerdings erst am 27. September 1946 ausgestellt.

Das Leben kam wieder in Gang, und Hoerschelmann hätte beim Treffen der »Zwanglosen«, so wurde erzählt, einen frischen und lebensbejahenden Eindruck gemacht. Die ihn allerdings öfter sahen und denen er sich vielleicht auch anvertraute, wußten um seinen in Wirklichkeit sehr desolaten Gesundheitszustand, wie zum Beispiel aus einem Brief Drummers hervorgeht: »Arbeite indes nicht zuviel und gönne Dir auch mal Ruhe. Mit Bedauern und Sorge hörte ich nämlich von Irma, dass Dir Dein Leiden wieder mehr Unpässlichkeit verursacht und wie gerne hätte ich gehört, daß Du Dich auch einmal dem Arzte überantwortest.« Auch er werde, wie sie alle, Kraft und Nerven brauchen angesichts neuer Überraschungen, Prüfungen und Aufgaben. Sehr beunruhigt äußert sich auch Fritz Schmitt am 27. Dezember: »Ist es eine Folge der winterlichen Unzuträglichkeiten – wohin soll denn das führen bei zunehmender Kälte? Ich sinne unentwegt, wie dem abzuhelfen ist. Vor allem will ich aber meine Fahrt nach Feldafing, die ich für die nächste Zeit geplant habe, so schnell wie möglich ins Werk setzen, um nach Dir sehen zu können.« Die Weihnachtstage verbrachte Hoerschelmann bei verschiedenen Freunden an einem warmen Ofen, wo ihm sicher »etliches von dem erträumten Glühwein oder sonst dergleichen« beschert wurde, wie Max Unold am 29. Dezember und auch Lola Noeggerath ihrem Freund gewünscht hatten. Silvester feierte er laut Kalendereintrag anscheinend feuchtfröhlich »in der Apotheke (E. Bonnhaus)« – die damalige Lazarettapotheke war in der Villa von Emma Bonn untergebracht –, denn an Neujahr hat er einen »Kater« und geht »früh zu Bett«.

Betriebsumstellungen im Verlag durchkreuzten immer wieder Schmitts Reisepläne, und so harrte Hoerschelmann noch am 17. Januar 1946 auf den lang ersehnten Besuch des Freundes, mit dem es so viel zu besprechen gab: »Lieber Fritze. Die tägliche frohe Erwartung Deines Auftauchens, wozu mich Deine letzten Zuschriften berechtigten, wurden heute durch einen Besuch von Vater Carl beendet, um nicht zu sagen, betrogen, was unhöflich klingen könnte. Um so mehr bedauerte ich es, als ich gerade Dir geschrieben hatte, daß ich hier in der Turnhalle ausstellen werde (Veranstaltung des Lazaretts) wozu ich Dein Erscheinen erhoffte. Nun kommen auch noch die Wahlen dazu – also genug Sensationen für die nächste Zeit, worüber allerhand zu sagen gewesen wäre. Ein sehr nettes Mittagessen hatte ich neulich bei Herrn Exminister Dr. K.A. Lange, was unsere freundschaftlichen Beziehungen durchaus befestigte. Am 6ten Januar haben wir Zwanglosen sogar wieder in alter Herzlichkeit unsere 3 Königsfeier abgehalten, was wirklich ein herzerquickliches Fest war, an dem sich Ernst und Scherz, Speise und Trank aufs erfreulichste abwechselten. Der Ernst insofern, als unserem durch den Strang hingerichteten Freund Sperr die gebührenden Gedenkworte gewidmet wurden. Das gab dem ganzen Zusammensein dieses mal eine feierlichere und bedeutsame Note. Hier ist es furchtbar kalt, und ich sehe mit Grauen den viel zu kleinen Bestand an Heizmaterial dahinschwinden. Ich las Josef Gregors Shakespeare, der zwar kein schönes, aber doch sehr lehrreiches Buch ist. Eifrige Shakespearelektüre schließt sich daran.«

Die winterlichen Verhältnisse scheinen dieses Vorhaben begünstigt zu haben, wie aus einem anderen Brief Hoerschelmanns hervorgeht: »(…) – gerade ist der Sturm dabei, mit dem Winter etwas aufzuräumen. Ich sehe das mit Befriedigung – denn die kalte Jahreszeit und der vereiste Boden sind mir sehr feindlich, und mir fehlen die geeigneten Waffen, ihn zu bekämpfen. Mein friedsames Gemüt ist im übrigen gerade dabei, sich an blutigen Gräueln über alles Maß zu delektieren – denn der große Shakespeare, der mich seit Wochen im Banne hält, ist <u>kein</u> Pazifist und <u>kein</u> Demokrat! Seine Verachtung der Menge ist kolossal (…) und im Blute zu waten männliche Tugend.«[347]

»Dass man Shakespeare lesen will, scheint irgendwie in der Luft zu liegen«, bestätigte ihm Karl Albin Bohacek, und Hoerschelmanns schriftlicher Klage, seines geliebten Rotweins schmerzlich zu entbehren, konnte er nur beipflichten. Offenbar traf Bohacek, dem Hoerschelmann Fotos, Artikel und Vorträge geschickt und zur Reproduktion zur Verfügung gestellt hatte, in diesem Brief mit reichlich selbstgefälligen und pedantischen Hinweisen, wie er und seine Freunde in Halle »schonend« und »säuberlich« zu archivieren pflegten, RvH an einer äußerst empfindlichen Stelle. Jedenfalls beeilte sich Bohacek, in einem folgenden Brief vom 26. Februar Hoerschelmann zu begütigen: »Es tut mir leid, wenn Sie in meiner Bemerkung über die Aufbewahrung der Sammlungsgegenstände eine Kritik gesehen haben wollen, an die ich gar nicht dachte. Mein Wunsch war bloß, Ihnen zu zeigen, wie ich es hier halte und sozusagen eine Anregung auch zu Ihnen gehen zu lassen. Mir ist Ihre Art, wie Sie zu den Dingen gekommen sind, völlig verständlich, wenn auch nicht aus meiner Wesensart heraus, die mehr und schon seit Beginn auf das systematische Sammeln ausgerichtet ist. Aber Sie haben vollkommen Recht, dieses ›aus Spaß‹ heraus Zusammentragen ist viel natürlicher und wir Nachkommen müssen uns ja auf jeden Fall dankbar dafür erweisen, dass überhaupt jemand in dieser Form die Zeugnisse einer vergangenen Zeit aufbewahrt hat.«

Das Interesse des kritisierten Archivarius an einem weiteren Briefkontakt mit Bohacek scheint danach erloschen zu sein, da keine weitere Korrespondenz vorliegt.

Zumindest in der Wesensart, die das Sammeln und Archivieren betraf, stand ihm Kurt Otte doch sehr viel näher, denn der war wieder »fanatisch bei der Sache« und bemüht, die erhaltene Sammlung aus »der Bunkerenge und der Bunkerluft« zu befreien und in einem Zimmer seiner beengten Wohnung unterzubringen. Außerdem gab er RvH nach wie vor das Gefühl, als Ratgeber gebraucht und geschätzt zu werden: »Ich habe ein Angebot bekommen, unter Übernahme allen vorhandenen Materials ein Archiv zu bauen für und von (...) Ernst Jünger. Ich habe nicht zugesagt. Was E.J. für Kubin bedeutet, habe ich im großen und Ganzen beisammen, ansonsten ist diese Persönlichkeit eben nicht gerade beliebt. Was meinst Du? Sollte ich aus historischer Perspektive heraus doch das Jüngerfach des Kubinarchivs vergrößern?«[348] Wir wissen nicht, was RvH ihm geantwortet hat, nur daß Otte sich zunächst dagegen entschieden hat: »Nur insoweit als da ›Kubin‹ berührt wird, kann mich dieses Werk berühren. Er gehört zu den Dämonen, die wieder imstande wären, der Jugend eben gar nicht passable Eindrücke zu oktroyieren. Wer die Jugend leiten (nicht führen!) soll, ahne ich nicht, E.J. möchte ich nicht ohne weiteres dafür eingesetzt wissen.«[349] Die Frage beschäftigte ihn jedoch noch mehrere Monate: »Hier tobt in Norddeutschland ein intensiver Kampf rings um die Figur Ernst Jünger, die mich in ihrer Berührung mit Kubin interessiert. Heute rief Verleger Rowohlt an, ihm die Rundbriefe Jüngers, die er herumschickt, zur Kenntnis zu bringen.«[350]

Weitaus mehr belastete Kurt Otte allerdings die Sorge um den Verbleib in ihrer kleinen Notwohnung, in deren einziger Stube neben der Schlafkammer am 14. Februar mittags um zwölf Uhr das Archiv Einzug gehalten hatte. Wie ein Damoklesschwert hing die mögliche Zwangsräumung über der kleinen Familie und dem Archiv, bereitete ihm schlaflose Nächte und ließ ihn befürchten, daß seine Familie und Bücher in einer Baracke enden könnten. Von seinem geretteten Archiv sah vieles recht ramponiert aus, aber in Anbetracht der Tatsache, daß die Sammlung auch zu einem Häufchen Asche hätte werden können, »siegt der optimistische Triumph und die Freude, in den Haufen wühlen zu können. Und es war eine große Wiedersehensfreude mit den Dingen. Jubelnd zog ich aus einer Kiste auch die kleine eiserne Kassette hervor, die Deinen Bericht der Fahrt gen Zwickledt – in pergamentener Hülle – barg, den Du mir anno 1938 im Auftrag der hermetischen Väter übergeben hast! Schützt auch weiter das Archiv, das war ja die Aufgabe, nicht das Haus vor dem Verderben zu retten! Und diese Aufgabe wurde gelöst! – Ich fand auch die Mappe unversehrt, die Deine Bilderbriefe an mich, den Menschen Archivarius enthielt, so dass mir nur die kleine Zeichnung von Eckermanns Grab (dem Efeublatt!) verloren gegangen ist!«[351]

Gerade hatte Otte alles eingeordnet in eigens angefertigten Regalen und damit begonnen, anläßlich des bevorstehenden 70. Geburtstages von Kubin Briefe zusammenzustellen für die Maximiliansgesellschaft und Material für eine geplante Ausstellung, erging ein verzweifelter Hilfeschrei an den Freund: »Lieber Hoerschel, ich flehe Dich an, so Du eine Möglichkeit kennst, mir (uns) zu helfen (...)«[352] Wenige Tage später: »(...) die Würfel sind gefallen: gestern abend wurde das Gebiet der englischen Enklave grenzenmäßig bekannt gegeben. (...) Und so geht nochmals der Hilferuf gen Feldafing: hast Du Verbindungen zu einer maßgeblichen amerikanischen oder englischen Kunststelle (...)« Wenn er mit Familie dort nicht wohnen bleiben dürfe, möge man ihm doch drei Räume zuweisen, so daß er seine Arbeit am Archiv für den international anerkannten Kubin fortsetzen könne.[353] An Weihnachten bangte er noch immer.

Ottes erster Gast im provisorischen Archiv war ein alter Freund Hoerschelmanns gewesen, Alfred Richard Meyer »Munkepunke«, der alles in Berlin verloren hatte und in einem Bunker hauste. Der Hoerschelmann-Nachlaß enthält skurrile Gedichte, die der in vielem RvH geistesverwandte Munkepunke ihm widmete, u.a. »Dank an Rolf von Hoerschelmann – Die Wundertuete Hoerschelmann / kam eben unbeschädigt an. / Sie breitet ihren Reichtum aus / und überstrahlt das ganze Haus, / das plötzlich in der Sonne liegt. / Eheu – der Winter ist besiegt! / Nun frisst man wochenlang sich durch / als alter bibliophiler Lurch / und schnuckert dort und schnäbelt hier / und fühlt sich schließlich als Spalier / mit neuen Blüten angetan. / Das Wort sie sollen lassen stan: / Der Hoerschel ist ein Hoerschelberg! / Dem, der da klopft, wird aufgetan! / Der ›Kleine‹ ist am großen Werk, / an dem er uns beteiligen lässt, / mit dem er uns gar heiligen lässt, / dass wir Verluste schnell verschmerzen / und dankbar sind im tiefsten Herzen. – PS. Noch eine heiße Bitte kühn: / Wo steckt mein Werner Bergengruen? / Den Zyklus ›Capri‹ ich verlegte, / den nun der Feuerbrand wegfegte.« –

»Auch Ringelnatz war in Lübeck zu Gast. / Man zeigte ihm alles: das Was, Wo und Wie, / zuletzt die Trave. Er hat Castelli am Kopf gefasst, / mit der Frage umhalst: ›Und wo ist die Travestie?‹«[354]

Hoerschelmann muß wiederholt in Briefen über die unerträgliche Kälte in seinem Starenkasten geklagt haben und über die Unmöglichkeit, wegen der Schneemassen und der vereisten Wege im Winter 1945/46 das Haus zu verlassen. Jedenfalls bittet ihn der immer noch in Kastl bei Amberg mit einem fiebrigen Infekt kämpfende Max Drummer eindringlich am 17. Januar, seiner Gesundheit und den Freunden zuliebe, die ihn doch »wie das tägliche Brot« bräuchten, einen mehrwöchigen Aufenthalt im Kloster in Erwägung zu ziehen, und versucht den Maler mit einer Schilderung der reizvollen Umgebung zu locken. Es ist fraglich, ob RvH sich einen solchen Aufenthalt finanziell hätte leisten können, wenn wir in einem Brief vom 1. Februar an Fritz Schmitt lesen: »Leider beginnt die materielle Seite des Lebens wieder eine Rolle zu spielen, nachdem das Finanzamt mit ganz unerwarteten Ziffern mit vielen

Voraus- und Nachzahlungen sich bemerkbar macht. So soll ich mehr als 2000 M. ›sogleich‹ zahlen!! (...) Ganz gut, dass ich dazu gezwungen werde, wieder etwas aktiver zu werden, denn – falls denn nun das neue Leben tatsächlich wieder beginnen soll, muss ich ja nolens volens auch dabei sein. Es war sehr verführerisch, alles als abgeschlossen und der Vergangenheit zugehörig zu betrachten, was von irgend einem Wert und Interesse war. Mit dem schwindenden Winter wird sich auch meine Gesundheit bessern (...). Ich schreibe fast immer ab, wenn ich jetzt Bestellungen bekomme – und will nur Sachen machen, die mich was angehen und die ich zu können glaube! So will ich natürlich ganz besonders gerne einen Novellenband für Dich machen und hoffe, Du gibst mir einen Dichter. Ich schlage einen Phantasusband von Tieck vor: der blonde Eckbert, der Runenberg, die Elfen – sieh Dirs an und sage Deine Meinung. Ferner: Arnim, Hauff, Eichendorff, Contessa. Jedenfalls märchenhafte und nicht realistische Stoffe.«[355] Überglücklich stimmte Schmitt allem zu, wußte er doch, daß Hoerschelmann aus der Planung reizvoller Projekte Energie schöpfte, und auch für ihn stellte es eine erfreuliche Perspektive im Ausgleich zur schnöden verlegerischen Arbeit für die »Brauwelt« dar.

Geradezu beflügelt berichtet RvH dem Freund am 28. Februar 1946, seinem 61. Geburtstag, von neuen Aktivitäten und einer Ausstellung seiner Arbeiten in Feldafing, »ein von mir gar nicht erhofftes und vorhergesehenes Ergebnis (...). Die Feldafinger waren kauflustig und begeistert! Aber ich bin die ganze Ernte von Herbst und Winter los, was mir andererseits sehr leid tut! (...) Ich habe seit einigen Wochen übrigens ein neues Steckenpferd: ich halte einen Kunsthistorischen Kursus. Meine Zuhörer sind junge Angestellte des Lazaretts. Es ist für mich sehr anregend, aber auch sehr anstrengend – denn das riesengroße Material in Gruppen zu fassen und jeweils eine leitende Idee damit zu verbinden, strengt den Kopf erstaunlich an. Leider passierte es mir, bei der italienischen Kunst Leonardo da Vinci ganz zu vergessen. Die jungen Leute wollen immer exakte Schlagworte, die man sich aufschreiben kann, und ich will das Gegenteil: geistesgeschichtliche Zusammenhänge und Ideen. Es ist ein alter Kampf. Gestern wob ich den Phantasus-Vortrag hinein, der aber zu viel unbekannte Namen enthielt. (...) Mein alter Freund Fred Ottow gibt eine Kinderzeitschrift ›Das junge Herz‹ heraus, das gut zu werden verspricht. Da hoffe ich lebhaft mitzuarbeiten.«

Zu seinem Bedauern wurde daraus nichts. Im Dezember schickte man ihm seine Illustrationen zu Selma Lagerlöfs »Brunnen der weisen Männer« und Zeichnungen für eine Advent- und Weihnachtsausgabe mit bereits angefertigten Klischees wieder zurück, weil dem Verleger die Lizenz durch die Amerikanische Nachrichten-Kontrolle wieder entzogen worden war.

Mit Hoerschelmanns Eigenwilligkeit und Unbeugsamkeit mußte selbst der ihm treu ergebene Max Drummer leidvolle Erfahrung machen. Wie aus dessen Briefen hervorgeht, hatten seine »sektiererische[n] Neigungen« und Affinität für Rudolf Steiner, worüber sich der ans Krankenbett Gefesselte in weitausholenden schriftlichen Auslassungen erging, bei Hoerschelmann großen Unmut und Widerwillen hervorgerufen und eine Tendenz des »Auseinanderentwickelns oder gar Auseinanderstrebens« spürbar werden lassen. Bemerkenswert ist, wie Drummer in einem Brief vom 3. Februar Hoerschelmann Brücken baut, um einen endgültigen Bruch zu vermeiden: »Und nun hast Du mit viel Güte und nicht geringerem Verständnis das scheinbar Trennende erkannt, hast Dinge in's richtige Licht gerückt und unsere Beziehungen wieder in das ihnen allein zukommende Geleise gebracht. Du hast Dich dabei in dem menschlichen Format gezeigt, in dem ich Dich immer bewundert habe und in welchem Du bestimmt ganz in meine und meiner Lieben Erinnerung eingehen wirst. (...) Dein sehr ausgeprägter und durchgebildeter Sinn für das Echte und qualitativ Wertvolle ist mir natürlich wohlbekannt und entspricht Deinem in seltener Konsequenz verfolgten Streben auf allen Gebieten des Lebens, zumal der Kunst, das Reine, Wahre und Reife zu finden, was zugleich Ausdruck und Beweis ist eines wundervoll geläuterten Geschmacks wie auch einer bereits erreichten Erhabenheit des Denkens. Es kann kein Zweifel bestehen, dass Du nach diesen Richtungen hin auf Alle, die wir das Glück und die Ehre haben, uns zu Deinem Freundeskreis zu rechnen, bereits weitgehenden Einfluß genommen hast. Du bist uns in der Tat, Führer und Lehrer und so wir Dich in dieser Eigenschaft und in dieser besonderen Bedeutung für uns anerkennen, sollen und müssen wir nicht nur Deinem Geschmacksurteil vertrauen, sondern tun auch gut daran, es anzuerkennen und uns zu unterwerfen. Denn es wäre eine ebenso große Verkennung Deiner Person als eine gröbliche Missachtung des Dir innewohnenden Strebens, unterstellen zu wollen, dass es Dir nur darauf ankäme, Recht zu behalten.« Drummers Brief endet hier beileibe nicht, sondern ergeht sich noch in seitenlangen Erklärungen zum Sektierertum, dem Hoerschelmann »die Fehde angesagt« habe. Hoerschelmann scheint die in schmeichelhafter Bewunderung versteckte kritische Anmerkung des Freundes allerdings bemerkt und mit einem selbstkritischen Ansatz eingelenkt zu haben, wie man aus dem folgenden Brief Drummers vom 18. Februar schließen kann: »Du sagst, dass Du überhaupt nur mit Humor zu ertragen seiest und bindest die Hoffnung daran, dass uns dieser im Verkehr mit Dir nie ausgehen möge. (...) Singuläre Erscheinungen, zu welchen die Münchner Geschichte dereinst auch den Hoerschel zählen wird, haben das Recht, von Zeit zu Zeit ›schwierig‹ zu sein oder einen ›Grant‹ aufzulegen.«

Zu seinem 61. Geburtstag hatten ihm Irma und Max Drummer in Abwesenheit gewünscht, daß sich RvH »eine nicht mehr zum Versiegen kommende Rotweinquelle« erschließen und das gesellschaftliche Leben im Kreise seiner bevorzugten Freunde und »Busenfreundinnen« wieder in Gang kommen möge. Zumindest im Ansatz war einiges in Erfüllung gegangen, denn der getreue Otte hatte ihm am 20. Februar nicht nur eine erste Ausgabe von »Die Zeit« mit Ivo Hauptmanns Aufsatz »Mein Vater« geschickt, sondern auch einen »Oh-range Gruss – auf 50% geeicht«, und Freund Schmitt hatte vorab durch seinen Schwiegervater eine »Rarität« in Form einer roten Flasche überbringen lassen, die, wie Hoerschelmann an seinem Geburtstag schreibt, »ihre heilsame Wirkung [hat] – 3 Abende lang und Du darfst nicht böse sein, dass ich den Abschied des Lebensjahres statt des Anfangs eines neuen damit feierte. Das alte hatte es nötig!!« Außerdem hatten die Schneestürme der vergangenen Tage endlich aufgehört gehabt, so daß er sich anläßlich seines Wiegenfests »durch Schneematsch, aber bei Sonnenschein und Vogelsang« zu Fuß nach Tutzing aufmachte, »wo die verlassenen Mägdlein mich etwas feiern wollen«.

Die Freunde können nur staunen über Hoerschelmanns neuen Elan und Unternehmungsgeist, wie Felix Schlagintweit am 4. Juli festellt: »Vier Wochen lang lese ich immer wieder Deine von der Tätigkeit und Geistigkeit Deines Schluchtlebens überquellenden Zeilen, denen ich aus meinem Säulenheiligenleben vom Chiemseestrand nichts ähnliches gegenüberstellen kann. (...) Deine Begegnungen mit alten und neuen Zeitgenossen sind so schön und anregend von dir erzählt, dass ich dich um dies Auskosten nur beneiden kann.«

Auch Max Unold bewundert ihn am 3. April: »Bei Dir und um Dich herum begibt sich immer mancherlei, und viele Fäden laufen bei Dir zusammen.« Sicherlich wird Hoerschelmann einigen Freunden auch nicht vorenthalten haben, daß ihm Reinhard Piper im März seine Lebenserinnerungen als Manuskript geschickt hatte, wie aus Briefen vom 18. und 28. März hervorgeht: »Lieber Herr Piper! Das wohlbehaltene Manuskript kam in meine ausgestreckten Hände, und es bedurfte nicht Ihres erhobenen Zeigefingers. Aus alter Gewohnheit lese ich ein zweibändiges Werk gerne von Anfang des ersten Bandes an, und ich habe auch in diesem Falle die Methode als richtig erkannt. Die ersten 75 Seiten haben mir ganz ausgezeichnet gefallen, und Penzlin erinnerte mich in manchen Dingen an Dorpat, wenn wir auch eine richtige Universität hatten. Ich freue mich herzlich auf die behagliche Lektüre des Ganzen und werde den Gesamteindruck getreulich zu Papier bringen. Allerherzlichsten Dank dafür, dass Sie mich teilnehmen lassen an dieser Freude.« Bereits zehn Tage später hat er das Manuskript aufmerksam und kritisch gelesen: »Nun schicke ich Ihnen mit dem aufrichtigsten Dank Ihre dicken Manuskripte wieder, die selber hinzutragen mir nicht mehr möglich ist wegen ihrer Schwere. Die Lektüre war in jeder Hinsicht eine reine Freude für mich, und ich begrüße von Herzen Ihren Entschluß, nun zur Drucklegung zu schreiten. Ihr Buch ist hochinteressant aus menschlichen und aus stofflichen Gründen. Besonders natürlich für Bücherfreunde! Natürlich nehme ich an, dass der Beginn der wirklichen Verlagstätigkeit im eigenen Verlag noch hinzukommt! Der erste große Erfolg und der erste Misserfolg – das haben Ihre Leser verdient! (...) Zu ausführlich ist gelegentlich meiner Meinung nach die Beschreibung Ihrer Kollegen (b. W. Weber!). Einzuwenden habe ich sonst nur, erstens dass Sie dem trefflichen Hengste Rosinante sein Geschlecht nicht gönnen und ins Weibliche transponieren, zweitens dass Sie Heinrich Heines Grab auf den Pere Lachaise platzieren. Es ist auf dem kleinen Montmartrefriedhof. Also nicht auf dem gleichen wie Berlioz. Meine Jugenderinnerungen von Dresden sind auch zu Papier gebracht. Mein Großvater hatte eine prächtige Wohnung auf der Johann-George-Allee 12, deren Duft ich noch in der Nase habe, wenn ich will!!! Dass Dostojewski einst so nahe davon gewohnt hat, habe ich noch nicht bemerkt. Die Tieckschen Geschichten aus dem Phantasus habe ich gerade zur Illustration erwählt. Es freut mich zu erfahren, dass Sie sie auch so schätzen. Wie viele Berührungspunkte gibt es also – es ist gar nicht zu fassen! Dass Ihre frühe Verlagszeit von ganz besonderem Interesse sein wird, ist selbstverständlich. Bitte bald den fehlenden Teil!!!«

Kurzum, das Schluchtwegleben war wieder mit Tätigkeit ausgefüllt. Er erhielt Aufträge, zeichnete Vignetten für den »Zwiebelfisch«, arbeitete an Illustrationen für die literarische Monatsschrift »Das Karussell« sowie für die Novelle »Der weiße Büffel« von Ernst Wiechert, die im Oktober als Vorabdruck in der neuen Zeitschrift »Weltbild« erschien. Auch als Sammler war er wieder gefragt, zum Beispiel von dem Schwabinger Verleger Dr. Ernst Heimeran, der ihm am 28. März ausrichten läßt, »dass er sich sehr auf die praktische Zusammenarbeit freue und sich nach seiner Rückkehr alsbald auf Sie ›stürzen‹ würde. Einstweilen schicke er Ihnen Grüße von Hesse, der sehr bitter geworden sei, aber Hoerschelmann, Penzoldt und Suhrkamp ausdrücklich ausnehme.«

Lebensfreude und Tatendrang sprechen auch aus Hoerschelmanns Geburtstagsbrief an Alfred Kubin vom 5. April: »Mein lieber alter Kubus.

Ein Jahr ist vergangen, ohne dass ich eine Zeile von Dir sah. Nun will ich hoffen, dass dieses Eis gebrochen ist und grüße Dich zum Geburtstag in alter Treue und Herzlichkeit. Mehrere, mindestens 3 Briefe habe ich Euch im Laufe dieses merkwürdigen Jahres gesandt und erfuhr dennoch von Euch nie, ob Ihr sie erhalten habt. Ich glaube aber doch, und so wird es nicht mehr nötig sein, noch mal die kriegerischen Ereignisse des vorigen Frühjahrs aufzuwärmen. Noch ist hier die alte Ruhe nicht wieder eingekehrt, und der Ort, der durch manche Zufälle zum Brennpunkt wirrer Ereignisse wurde, trägt nicht das alte Gesicht. Was mich persönlich betrifft, kann ich von Glück sagen! Das Ende der Nazis war so heiß herbeigesehnt, dass ich dankbar und froh bin, es erlebt zu haben. Dass ich noch keine Nachrichten aus dem Ausland erhielt, war eine herbe Enttäuschung. Die Arbeit hat manche überraschende Blüte gezeitigt, und man kann von einer neuen Epoche sprechen. Eine Ausstellung vor einigen Wochen vereinigte 110 Originale hier in einem großen hellen Raume, das war auch für mich eine stattliche Übersicht. Ich wollte, ich hätte die Sachen noch – aber sie wurden gierig entführt. Durch Kapsreiters hast Du hoffentlich den kleinen grünen Scherz ›Allotria‹ erhalten, der Vielen erstaunlich viel Freude gemacht hat. Ich bekam einen ganzen Band Briefe daraufhin. Besonders die gelehrten Freunde waren begeistert. Ich werde nun im kommenden Jahre als Autor auch an die Öffentlichkeit treten müssen. Ein Büchlein über Toulouse-Lautrec ist schon in Arbeit, und später sollen die gesammelten Vorträge herauskommen. Na – das regt mich nicht mehr auf. Das Aquarellieren im Freien ist doch die wichtigste malerische Sparte und war nicht immer sorgenlos zu vollführen. Sehr viel fruchtbare Mühe macht mir ein kunsthistorischer Kursus, den ich für junge Lazarettangestellte abhalte. Das war auch für mich lehrreich und anregend. Da kommst Du auch vor – und das Herzeigen ist natürlich ein Hauptreiz! Die vielen Zeitschriften, die allmählich eintrudeln, befriedigen noch nicht. Den neuen Simpl habe ich noch nicht gesehen. Ich sehe Hausensteins, Julius Hess, Walter Becker, komme aber selten in die Stadt und könnte ganz darauf verzichten. (…) Im Mai lese ich noch einmal in Mittenwald vor (…)«

Auch dieser zweite Vortrag in Mittenwald, dieses Mal über »Bücher und Dichter«, hieß es später, sei von »erlesenster ›psychographischer‹ Erzählerkunst« bestimmt gewesen und »mit stürmischem Beifall aufgenommen« worden.

Endlich, wenn auch nicht postwendend, erhielt RvH das langersehnte Lebenszeichen aus Zwickledt mit nachträglichen Glückwünschen zum Geburtstag: »Mein lieber Rolfus – Viel kann ich nicht schreiben – und die nach wie vor geltenden Mitteilungen in den bisher früheren Botschaften gelten nach wie vor als aktuellst: es ist alles anders!«[356] Im Juli schrieb Hedwig dann ausführlicher, nachdem ihr zugetragen worden war, daß Hoerschelmann sich von ihnen sehr vernachlässigt fühle. Nicht mehr wie in früheren Briefen äußerte sie, die sich durch die alltäglichen Anforderungen und Altersbeschwerden sehr überanstrengt fühlte, ihre Hoffnung auf ein Wiedersehen mit dem Freund und den Wunsch, noch einmal bei ihm zum Hoerscheltopf eingeladen zu werden, als ob die fast 72jährige nicht mehr daran zu glauben vermochte.

Milde Frühjahrstemperaturen, die Aussicht, bald »die Badesaison« eröffnen zu können, und auf »viel Besuch«, z.B. von einer alten Freundin aus Hamburg, und »den Logierbesuch meines alten Freundes Baron Münchhausen« ließen RvH »mit Schwung« an die Arbeit gehen.

Außerdem hatten sich für die nächste Zeit mehrere geschäftliche Besucher bei ihm schriftlich angemeldet. Ein graphischer Mitarbeiter wollte aus seinen Arbeiten auswählen für die neue Kulturzeitschrift »Prisma«, die es sich zum Ziel gesetzt hatte, mit einer Mischung von Abbildungen arrivierter moderner Künstler und von »vielleicht in der Welt noch nicht so berühmten deutschen Künstlern (...) dem Ausland vorzuführen, dass der Kampf um künstlerische Ausdrucksform in Deutschland trotz aller Gleichmacherei des vergangenen Jahrzehnts nicht zum Stillstand gekommen ist (...)« Eine Dame des Verlags »Das Karussell« bat ihn, sich »seelisch« auf ihren Besuch vorzubereiten. Von der Redaktion »Münchener Tagebuch« wollte ihn jemand noch einmal in diesem Jahr »überfallen (...), um in Ihren gesammelten und geschaffenen Schätzen in egoistischer Weise zu wühlen«. Außerdem wäre es an der Zeit, endlich auch Hoerschelmann in der Reihe »Münchner Illustratoren« zu präsentieren. »Aber auch aus Ihren reichen kulturgeschichtlichen Schätzen graphischer und anekdotischer Art würde sicher viel für uns Geeignetes zu holen sein.« In der Hoffnung, »dass Sie wertvolle Fingerzeige geben könnten und zahlreiche Verbindungen hätten«, ersuchte ein früheres Mitglied des deutschen Exlibris-Vereins in Berlin um eine Einladung, da er eine ähnliche Vereinigung in München wieder ins Leben rufen wollte.

Hoerschelmanns ungebrochene Betriebsamkeit hielt auch während der Sommermonate an, erfuhr Fritz Schmitt: »Alle paar Tage kommt Jemand (...) Fühlung zu nehmen wegen einer neuen Zeitschrift. Ein gutes Münchner Kunstblatt ist ja auch wirklich vonnöten. Aber die eigentlich zentrale wirkungsvolle Persönlichkeit fehlt noch.« – »Ich habe enorm viel für die vielen neuen Zeitschriften zu zeichnen. Am meisten interessiert mich einstweilen Das Prisma (...) Ich habe viele Mühe mit den an die 10 Stellen verteilten auswärtigen Blätter – meine ausgeflogenen Kinder im Auge zu behalten!«

Im Oktober und November war er immer noch »kolossal« beschäftigt mit Illustrationen und wünschte sich, mal wieder etwas für sich arbeiten zu können. Doch neue Projektangebote lockten: »Heimeran war stundenlang da und nahm meinen gesamten schriftlichen Nachlass mit. Wolln sehn, was daraus wird!!« – »Auch Bachmair winkt wieder mit einem böhmischen Waldstoff. Eines Tages wird es heißen: Schluss, kein Papier mehr!! Drum carpe diem!« Außerdem sei ihm eine Ausstellung seiner Arbeiten in Starnberg angeboten worden.

In der zweiten Jahreshälfte wurde der Verlegerfreund mit Briefen und Postkarten geradezu überschüttet, da es um die Fertigstellung des »Phantasus« ging und Hoerschelmann nicht müde wurde, Vorschläge zu machen für die Bildergröße und den Druck und Korrekturen anzumelden: »Für Dein prächtiges Hinterwörtchen zu unserem Phantasus herzlichsten Dank und einige Bemerkungen, die Dir nicht unwillkommen sein mögen. So einwandfrei diese Seiten in literargeschichtlicher Hinsicht sind, so scheinen sie mir zum Teil für unser romantisches Märchenbuch zu überfüllt. Titel und Details können dem Orientierten entbehrlich scheinen, den Laien hingegen verwirren. Der einzige Zweck – die Bedeutung unserer Phantasusgeschichten zu klären, würde an Durchschlagskraft gewinnen, wenn Du auf S.2 und S.4 je ein paar Zeilen streichst. Ich erlaube mir, sie anzumerken. Dies ist eine schmerzlose Korrektur, die nur verbessert. An 3 anderen Stellen habe ich mich an einzelnen Worten gestoßen, worüber mich mit Dir zu unterhalten, für mich auch ohne den direkten Anlass von Wert ist! Auf S.2 das von mir mit einem Fragezeichen versehene Wort ›archaisierend‹. Das finde ich nicht richtig. Mit der kargen und strengen Größe, mit der wir das Wort ›Archaisch‹ verbinden, hat doch wohl die Formenfreude der Romantiker nichts gemein. Altertümlich ist noch nicht archaisch – und durch Spielerei und Liebhaberei entsteht überhaupt nie nicht einmal wahrhaft archaisierende Kunst. Der Ausdruck ist zu schwerwiegend. Auf S.3 sagst Du, im Pts. lebe noch der romantische Geist. Wir betonen doch sonst gerade, dass die Freude der typisch romantischen Motive hier zuerst in Erscheinung tritt – warum dann das Wörtchen ›noch‹? Auf S.4 oben scheint mir das doppelt gebrauchte Wort ›Kräfte‹ nicht ganz geschickt. Bis auf die letzte Ausstellung handelt es sich also nur um einige kleine Striche mit dem (symbolischen) Rotstift, und es entsteht Dir keine neue Mühe.«[357] – »Halte es nicht für Getue, wenn ich Dir versichere, dass die 3 Blätter durch die Vergrößerung ganz entschieden gewonnen haben und jetzt erst meiner Vorstellung entsprechen. Sie werden nun auch besser drucken! Ich freue mich auf das Buch und hoffe, dass Du gut vorwärts kommst.«[358] – »(…) ob auch schon für den Tieck das Nichterscheinen vor Weihnachten droht? Ich denke doch, dass Du bei Deinen Druckern genügend Autorität und Einfluss hast, um solches Pech zu verhindern. Bei Bachmair ists leider nicht ganz vorhanden. Doch müht sich der redliche Bücherwurm so aufopfernd, dass ich auch da nicht mit Vorwürfen komme, sondern mich in philosophischer Heiterkeit übe. Aber es ist schon ärgerlich, wenn man selber sein möglichstes pünktlich tat!!«[359] – »Lass mich nicht im Stich mit ca. 20 Phantasiebus – es wäre schrecklich!«[360]

Man kann sich lebhaft vorstellen, wie schrecklich es für Fritz Schmitt nach diesem monatelangen Schriftverkehr gewesen sein muß, als er RvH kurz vor Weihnachten die Hiobsbotschaft übermitteln mußte, daß wegen Kohleknappheit und Strommangels der Druck beim besten Willen nicht mehr zu schaffen gewesen war.

Erfreulicherweise war das Büchlein über Henri Toulouse-Lautrec in der Sammlung »Meisterwerke der Kunst« im Filser-Verlag mit 32 Abbildungen noch vor Weihnachten fertig geworden. Hoerschelmann bringt in der Einführung seine lebenslange Bewunderung zum Ausdruck für Toulouse-Lautrecs Werk, seine »treffsichere Erfassung einer charakteristischen Linie, einer Bewegung« und die einzigartige »Finesse der Griffelführung«. Was er in seinem Kapitel »Vom Überdauern« als seinen höchsten Anspruch an ein künstlerisches Werk formuliert hat, sei hier gegeben: »(...) das eigentlich Wesentlichste am Kunstwerk, das auf rätselhafte Weise Zwingende, Anziehende – das *Dämonische*«.[361]

Mit intimer Kenntnis beschreibt er die Verführungen des Fin de siècle und mit dem Gespür desjenigen, der sich dem früh kränkelnden und kleinwüchsigen Künstler mit »der Maske von Witz, Blague und Zynismus« verwandt fühlt: »Er, der beste Kamerad unter Männern, fühlte sich im Kreise schöner Frauen der Gesellschaft geniert. Vor den öffentlichen Mädchen, die oft so gutmütige Wesen sind, fürchtete er sich nicht – und sie wieder spürten bald den vornehmen Kern in der unansehnlichen Schale und achteten ihn.«[362]

Nach diesem »Debut als Autor im Buchhandel« stürzt er sich schwungvoll auf ein nächstes Buchprojekt mit dem Titel »Brennessel – Porträtsilouetten von E.M. Engert«, für das er auch die Einleitung schreibt. In diesem Büchlein läßt Hoerschelmann noch einmal klangvolle Namen wie Karl Wolfskehl, Dr. Felix Noeggerath, Heinrich Fürmann, »der sagenhafte Gründer und Leiter jener vorstädtischen Pension glorreichen Angedenkens«, vorüberziehen. Es sind die Namen der Stammgäste jener legendären Schwabinger Kneipe, in der es »anheimelnd nach Rauch und Alkohol roch, wo wenige Lampen mattes Licht verbreiteten und wo man immer Freunde und Bekannte traf«. Einige lebten 1946 bereits nicht mehr, die in »briefmarkengrossen Bildnissen (…) in der Schwemme der Brennessel über dem Getäfel der Bänke prangte(*n*), und die Stadt München hat durch ihren Verlust einen Schaden erlitten, von dem sie noch gar nichts weiß«. Auch derer gedenkt er, deren »geschnittene« Köpfe dort nicht vertreten gewesen seien, zum Beispiel des Malers Josef Futterer: »Er war es, der eines Nachts mit einem Stückchen weißer Kreide den Sankt Brennessel auf die dunkle Wand neben der Toilette zeichnete – ein Originalfresko, das mit einer Glasplatte bedeckt, dem Zahn der Zeit trotzen sollte; aber wer konnte damals schon voraussehen, mit welch sulphurischen Mitteln dieser Zahn eines Tages oder Nachts anrücken würde?«

Zu sehen waren dort einstmals gewesen die Kopfsilhouetten des Wirts, »Vater Loibl«, des Architekten Moestl, »der sein ein wenig gehemmtes Ausdrucksvermögen durch kräftige Stöße des rechten Ellenbogens gegen die Täfelung zu unterstützen pflegte«, der Philosophen Walter Strich und Paul Stern, des Geigers Hugo Birkigt, von Väterchen Rössler, »und ich kann es nicht leugnen, meine Wenigkeit. Damals war die Brennnessel ein stilles, sehr gemütliches Eckchen, und es wurde mit einem Mal laut und aufregend, wenn z.B. mit starker Schlagseite Joachim Ringelnatz oder Oskar Maria Graf hereinsegelte. Hier sei auch des Reiser Hans gedacht, der manchmal vom Amazonenstrom oder von dem Peruanischen Hochland einen kleinen Ausflug nach Schwabing unternahm, seinem Geburtsort, wodurch allein er schon eine Ehrentafel verdient hat. Das konnte sonst keiner von sich behaupten. Nicht weit von ihm setzten sich die Brüder im Apoll Willy Seidel, Peter Scher, Roda Roda und schließlich fast immer kurz vor der Polizeistunde Carl Georg von Maassen, der gute Geist jeder Kneipstube, der anregendste Plauderer über Küche und Keller, über Bücher und Dichter. Aber wenn er in große Fahrt geriet, blieb es nicht beim Plaudern. Dann konnte es wohl vorkommen, dass er auf dem Tische stehend Volksreden hielt oder Chöre dirigierte, besonders erfreut, wenn auf einem anderen Tische auch Einer stand, der seinen Schiller ebenso im Kopfe hatte wie er. Wie sang Ernst Stadler einst: ›das waren Stunden, die wir für alle Seligkeit Mariae nicht tauschen wollten.‹ Vorbei, vorbei! Auch Max Halbe war dabei.«

Dann läßt er die Damen folgen, »die uns nie im Stiche ließen. An ihrer Spitze Lotte Pritzel, die ihren Ruhm nicht minder ihrem geistreichen Witz, als ihren unvergesslichen zarten Puppen verdankt, die aus Wachs geformt, in seidene Stoffe gehüllt, mit Spitzen und Goldstickereien geziert, köstliche und erlesene Kunstwerke darstellten. Ihr Gatte, Dr. Gerhard Pagel, und dessen Schwester Marianne, Menschen von Geist und Originalität, ließen keine

Unterhaltung in banale Geleise gleiten. Emmy Hennings müssen wir, der Wahrheit die Ehre gebend, in die Gefilde von Kathi Kobus' Simplicissimus verweisen, (...); doch blieb uns aus jenen Regionen Marietta treu, die heute Marietta di Monaco heißt. Ach, Marietta (...) Sie kam in guten und in schlimmen Tagen, auf Gummipneus und auf schiefen Gummisohlen; immer bereit, mit Lust und Liebe von der Partie zu sein, wenn's hoch herging, und unverdrossen, wenn's niedrig her ging! (...) Neben ihrer zierlichen Figur taucht die riesengroße von Toni Huber auf. Bester und zuverlässiger Kamerad ihrer Freunde! Toni, heute Toni Gödel, sei gegrüßt in weiter Ferne! Anita Ring, schöne Statthalterin in Laune und Treue, beschließe den Reigen (...). Der ungekrönte König der in der Brennnessel einkehrenden Maler ist Hugo Tröndle – jeder Zoll ehrfurchtgebietende Autorität. (...) Um ihn scharen sich die Kollegen von der Palette Oskar Cöster, Buchty, Reichel, Schrimpf, der Bühnenbildner Erkens, den auf dem Heimweg von hier der Tod durch ein Auto überfiel, und Ludwig R. Grossmann, der geniale Blagueur, der mit gallischem Esprit und einer unheimlichen schauspielerischen Begabung die gesamte Corona zweier Gaststuben dupierte.« Hier traf man Theaterleute wie Steinrück, Otto Wernicke, Rudolf Hoch, Berta Bronsgeest, Lieschen Seidel und August Weigert, der den Stammtisch »Die blaue Distel« begründete, »einen Staat im Staate«, sowie Arnold Weiß-Rüthel und den Bildhauer Emil Krieger.[363]

Neben den vor Geschäftigkeit atemlos klingenden Briefen und Postkarten an Freund »Fritze« gibt es aber auch Schreiben, die anderes aussagen, wie ein Brief vom 30. Juli an Kubin: »Ich bin jedenfalls mehr als je der ›alte‹ – mehr insofern als ich leider viel von meiner Beweglichkeit eingebüßt habe und schwach und müde bin – aber auch insofern als mir die erlebte Vergangenheit nah und wichtig ist und bleibt und alle meine Interessen dieselben geblieben sind.« Es fehle ihm die Kraft, draußen zu arbeiten, Bücher und Korrespondenz spielten nach wie vor eine große Rolle und böten die beste Anregung. Er habe keine Hilfe im Heranschaffen von Lebensmitteln und merke deutlich, wie seine Kräfte schwänden.

Auch ein Brief vom 4. August an Alexander von Bernus klingt ähnlich: »Ein glutheißer Hochsommer-Sonntag, an dem man sich ans Neckartal zurückerinnert fühlt, an den Garten, das Schwimmbad und die in der Sonne schmorenden Aprikosen. Und die alten Verse klingen wieder im Ohr, und man merkt, dass man trotz Haarausfall und Angina pectoris noch ganz derselbe geblieben ist, denn es sind ganz dieselben Verse, die einem wieder am schönsten klingen und am liebsten sind: Der Garten der Liebe, der Fremde, La belle dame sans merci, Ode auf eine Nachtigall, und auf eine Urne, und der ganze himmlische Swinburne, den Sie mit Recht so hervorheben und der auch den allergrößten Einfluß auf Ihre eigenen Strophen gehabt hat. Es ist schön, wenn man ermattet vom See heimkommt, Verse vorzufinden, die dann tagelang und nächtelang in Greifnähe zur Hand sind und helfen, die triste Misere des Tages zu negieren. Ich lebe allerdings ein Leben ohne Alltag, und das ist der größte Erfolg meines Erdendaseins. Ich mache keinen Schritt, keinen Weg, keinen Strich mit Pinsel und Feder, den mir irgend jemand oder irgend eine Regung diktiert, ohne oder gegen meinen Willen. Glücklicherweise brauche ich mich um den Absatz meines Gezeichneten nicht bemühen. Die Bitten und Besuche der Schriftleitungen und Verleger sind die ständige Unterbrechung meiner Seelenruhe – aber treiben auch zu frischer Tätigkeit an, wenn die Faulheit überhand zu nehmen droht. (…) die Erinnerung an die Tage und Nächte reicher unvergesslicher Vergangenheit wird auf manche Weise gepflegt. Die Bücher spielen immer mehr die wichtigste Rolle im Leben des Eremiten, die Zusammentreffen mit mehr als drei Personen auf einmal werden vermieden – und somit werden die Fahrten in die Stadt aufs äußerste eingeschränkt. In der Gedonstraße herrschen Staub, fremde Menschen und Erinnerungen.«

Ende Oktober befällt ihn große »Herbstmelancholie und Trauer über den dieses Jahr viel zu früh abgebrochenen Sommer!! Nun schon wieder in den langen langen, mühseligen Winter hineinzusehen, ist schier unerträglich.«[364] Als er einmal von seiner Balkontür auf die Wiese und die alten Bäume an der Schlucht hinausgesehen habe, soll er ausgerufen haben: »Ihr Götter, noch einen Sommer!« Weiter heißt es in dem Bericht seiner Freundin Elisabeth Bachmair:

»Die ersten Wintermonate gingen hin in reger Tätigkeit, unverminderter Aktivität und Teilnahme an allen und jeden Ereignissen. Er war noch dreimal in München, der Weg vom Bahnhof in die Gedonstraße war ihm nicht zu weit; und wenn er auch öfter stehen bleiben und verschnaufen musste, so war das auf die arge Kälte zu schieben, er strebte tapfer und unermüdlich dem geliebten Fuchsbau zu.« An einem Dezemberabend singt er ihr »einige seiner Lieblingslieder vor, darunter ein Seeräuberlied, dessen Text er selbst gedichtet hatte; seine ganze Lebendigkeit und Begeisterungsfähigkeit schäumte auf, wie er so, in den zerbrechlichen Korbstuhl zurückgelehnt, den Blick zur Decke erhoben, seine abenteuerlichen Gesänge hinausschmetterte – von Zeit zu Zeit seine Töne mit enthusiastischen kleinen Kopfbewegungen begleitend –, und zwischendurch alte Erinnerungen ausgrub.«[365]

Trotz Herbstmelancholie und ängstlicher Gedanken vor dem Winter arbeitet er eifrig an der Herausgabe seiner gesammelten Aufsätze, wofür zwei Interessenten ungefähr zur gleichen Zeit bei ihm vorgesprochen hatten, der Schwabinger Verleger Ernst Heimeran und Wolfgang Goetz vom Berliner Wedding Verlag: »Lieber Hoersch! (Das Diminutiv hat mir schon beim Zeichner R.v.H. nicht gefallen. Da Sie sich nun als bedeutender Schriftsteller erwiesen haben, ist es schlechterdings nicht mehr angängig.) Ihre Manuskripte habe ich auf einen Satz verschlungen und bitte um sofortige Nachsendung der noch fehlenden Aufsätze. (...) Sehr gern hätte ich das Buch ja mit einigen Zeichnungen von Ihnen versehen herausgebracht. Wie denken Sie darüber?«[366] Anfang Dezember erhält RvH einen Vertragsentwurf des Wedding-Verlags und läßt Fritz Schmitt wissen: »(...) den ich noch nicht unterschrieb! Ich will sicher gehen, daß München ausreichend beliefert wird!«[367] Ende Dezember schließt er den Vertrag ab.

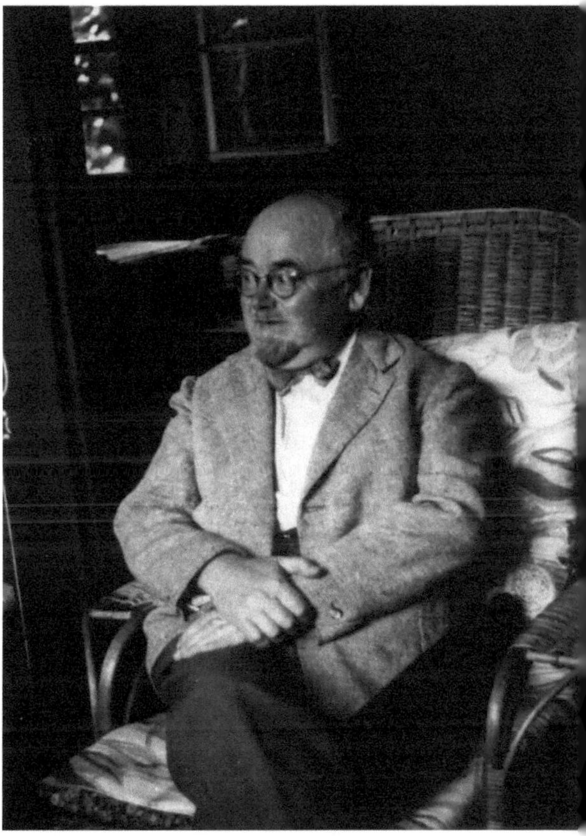

Rolf von Hoerschelmann (um 1945)

Am vorletzten Tag des Jahres 1946 verfaßt er ein deprimiertes Schreiben an Kubin wegen der nicht fertiggestellten »Phantasus«- und »Eichendorff«-Ausgaben und klagt über die schreckliche Kälte. Sie »brachte mich oft (scheinbar?) an den Rand des Todes«. Am 6. Januar 1947 hat er mit zittriger Schrift im Taschenkalender vermerkt: »Furchtbarer Anfall!« Aus einem Brief vom 19. Januar an Schmitt erfahren wir: »Zu 3 König brach ich mit einem Herzkrampf von 10 Stunden Dauer völlig zusammen. ›Ali‹ Struppler rettete mich mit intravenösen Spritzen. Diesmal war ich hart am Rande des Grabes!«

Späte Liebe: Elisabeth Bachmair

Die Nähe des Todes bekam Hoerschelmann zu spüren, als er etwas Wunderbares und gleichzeitig für ihn Unfaßbares erlebte. Die 35 Jahre jüngere Elisabeth Bachmair, Ehefrau des Verlegers Heinrich F.S. Bachmair, hatte sich in den 61jährigen hemmungslos verliebt. Wie man Kurt Ottes Schreiben vom 29. November 1946 entnehmen kann, war er als einer der ersten Freunde eingeweiht worden: »(...) dass ich mit größtem Jubel und herzlichster Anteilnahme bestrebt sein werde, Dein neues Dir so unvermutet zugefallenes Glücksstadium zu unterstützen. Ich weiß, es handelt sich da im Grunde doch mehr um eine psychische als um eine physische Leistungssteigerung, die Du erwartest, bei der ich Dir helfen darf! Trotzdem darf die Physik nicht unterschätzt werden. Ach, ich würde Dir ja lieber einen fetten holsteinischen Schinken schicken mögen, Hummer, Mayonnaise und Austern! Trotzdem darfst Du die Wirkung der Präparate, die ich gen Feldafing steuern werde, nicht unterschätzen. Nimm die Tabletten nur einmal am Tage – ein Stück, höchstens zwei – und setze das etwa eine Woche fort. Dann aber Stop (...) für eine Woche, dann wiederhole nochmals diese Kur. Glaube nur nicht, dass ein ›Mehr‹ etwa eine größere Leistungssteigerung auslöst. Wichtig ist allein die Regelmäßigkeit (... mäßigkeit auch in den Dosen!) Und aus dem menschlichen Glück wünsche ich Dir eine unbegrenzte Schaffenskraft des Künstlers Rolf! Möge das Erlebnis Deiner Kunst zugute kommen! Das wäre der weitere wichtige Gewinn Deines Erlebens!!!«

Keine Lebensphase Hoerschelmanns kann so detailliert und lückenlos nachgezeichnet werden wie seine letzten Wochen und Tage, was dem im Deutschen Literaturarchiv Marbach erhaltenen Briefwechsel zwischen Elisabeth Bachmair und Hoerschelmann und dem aus großer Liebe und Trauer von Elisabeth Bachmair verfaßten »Bericht vom Sterben des Malers Rolf von Hoerschelmann (28.2.1885–12.3.1947)« zu verdanken ist.

Als Lisel, wie sie genannt wurde, nach jenem Anfall am 8. Januar zu ihm in den Schluchtweg gekommen sei, habe er sie mit den Worten empfangen: »›Beinah hättest du mich nicht wiedergesehen!‹ Wie ein mattes Vögelchen kam er mir vor, wie er da im Korbstuhl lehnte, die Beine auf den andern Stuhl gebettet.« Da seit langem eine Reise nach Oberammergau für den

10. Januar beschlossen gewesen sei und Hoerschelmann nicht gerne etwas einmal Beschlossenes änderte, habe sie am nächsten Tag den Koffer gepackt. Bestätigt wird diese Planung durch eine Ankündigung Kurt Ottes Anfang Oktober, er wolle ein zwischen Hamburg und Feldafing hin und her wanderndes Fläschchen, erneut mit Likör gefüllt, gleich nach Oberammergau schicken. Vor der Abfahrt »sah er sich in seiner Stube um, jeden Gegenstand mit den Augen grüßend, und sagte, die Mundwinkel ein wenig herabziehend, mit bestätigendem Kopfnicken: ›Jetzt geht's dahin …‹« Unendlich dankbar sei er gewesen, daß sie ihn in »Schwung« gebracht habe, die Fahrt zu riskieren. Lisel begleitete ihn auf der Eisenbahnfahrt, allerdings nur bis Murnau, während Hoerschelmann weiter nach Oberammergau ins »Waldhaus« fuhr.

Die Eigentümerin des Waldhauses, Ellen Meyer, war eine alte Freundin. Ihr Name taucht des öfteren in Hoerschelmanns Kalender von 1945 auf, und in einem Brief vom 14. Juni 1946 schreibt er an Fritz Schmitt: »Einen schönen Gruß von Ellen Meyer, die vorigen Sonntag im Tutzinger Gelände anzutreffen war, mit Bad, Mittagessen und stundenlangen Rückblicken auf Erlebtes. Ihr Mann hat eine sehr schöne Stellung als Musikdirektor in der berühmten alten Erziehungsstätte Abbotsholme. Kommt wohl nur auf Besuch im August. Denn das aufzugeben, würde sich nur lohnen, wenn hier etwas sich böte, was ich nicht recht glaube (…) Da die Scheidung als null und nichtig gilt, heißt das Kind nun Vroni Meyer und wird ehelich! Ellen hat wieder großartige Erlebnisse gehabt, bis sie den ganzen Hauskram wieder von Tirol nach Bayern schaffen konnte!! Eine Energie sondergleichen.« Im Nachlaß fand sich in Hoerschelmanns Handschrift ein undatiertes Gedicht auf diese außergewöhnliche Frau: »Oration für Ellen, die die Männer blendete / Die so viel an Freude spendete / Und die ihr Talent verschwendete / Dass sich jede Trübsal wendete / Sie, die uns der Himmel sendete / Dass sich unser Glück vollendete / Jeder Kummer jäh verendete / Wenn sie ihre Kunst verwendete. / Sie die nie die Rasse schändete / Weil sie dafür nichts empfändete / Ach, es sind nur ganz Verblendete / Die nun ganz wünschen, dass ich endete!! / Denn wie lang noch sänge ich / Ellen, wir verehren Dich!«

Ihr Ehemann, der Komponist Max Peter Meyer, stammte aus einer wohlhabenden jüdischen Bankiersfamilie in München und kannte Oberammergau von mehreren Aufenthalten seit 1929. Da in dem Fremdenverkehrsort 1935 noch »ein einigermaßen tolerantes Klima« gegenüber jüdischen Familien herrschte, beschloß er, nicht mit seiner Frau zu emigrieren, sondern kaufte das »Waldhaus« im Ortsteil St. Gregor [heute Ludwig-Lang-Straße 60].

Aus innerer Überzeugung konvertierte er im selben Jahr zum Katholizismus. Im November 1938 drangen im Zuge des allgemeinen Judenpogroms

SA-Leute in ihr Haus ein; Max Peter Meyer wurde durch das Dorf getrieben, nach Dachau eingeliefert und nach zwei Monaten entlassen. Danach emigrierte er zunächst nach England, anschließend nach Australien. Seine Frau verließ Oberammergau und lebte während des Krieges in Ehrwald/Tirol, aber das »Waldhaus« blieb in ihrem Besitz, da das Ehepaar es vorsichtshalber auf den Namen der »arischen« Ehefrau hatte eintragen lassen.[368]

Vom 10. Januar bis 1. März bleibt Hoerschelmann in der Obhut der tüchtigen Ellen Meyer, die zum damaligen Zeitpunkt im »Waldhaus«, das laut einem früheren Hausprospekt »schon während des Passionsspiels 1910 hohen und höchsten Herrschaften zum Aufenthalt gedient« und schon damals mit Zentralheizung und Warmwasser hatte aufwarten können, ein Kinderheim für die Arbeiterwohlfahrt unterhielt. In einem Brief vom 22. Januar an eine Freundin berichtet Hoerschelmann ausführlicher von jenem schrecklichen Anfall: »Sie werden es vielleicht schon gehört haben, wie schlimm es mir zu Anfang dieses Jahres ergangen ist. Aber ganz genau weiß es glücklicherweise ja niemand wie ich selber. Die fürchterlich kalte Nacht vom 6. zum 7. Januar musste ich zehn Stunden lang auf einem schmalen Stück Leben zwischen (oder besser neben) meinem Bette und einem dunklen Abgrund verbringen. Auf beiden Seiten war die Verlokkung groß, aber ich musste noch mit furchtbarem Schnaufen weitermachen. Gern hätte ich in diesen endlosen eiskalten Stunden allen meinen lieben Freunden dankbar Lebewohl gesagt, aber Papier und Bleistift zu handhaben war ebenso unmöglich, wie etwa einen Paletot anzuziehen. Morgens um 9 Uhr wurde ich durch zwei intravenöse Spritzen von der um 11 Uhr abends einsetzenden Qual befreit. (…) ich bin nun so voller Dankbarkeit für die überwältigende Hilfe, die mir zuteil wird. Ich sitze in einer großen warmen Stube, die ich nicht zu heizen brauche, draußen tiefverschneite Berge, zarter Sonnenschein, den ich durchs Fenster genieße, denn Spazierengehen ist noch zu anstrengend.«[369]

Tagelang darf er das Haus nicht verlassen, denn Ellen »faucht«, wenn er nur den Versuch macht, vom Sofa aufzustehen. Allabendlich spiele sich dasselbe Ritual ab, berichtet er Lisel: Ellen gibt ihm seine Medizin, wickelt seinen Pyjama um eine Wärmflasche, »eine Schnapsflasche aus Ton«, und wärmt damit sein Bett vor, dann holt sie ihn und zieht ihm den Pullover aus. Danach geht er allein zu Bett und löscht nach einer halben Stunde das Licht, was von seiner Pflegerin streng kontrolliert wird. Zwei Wochen später fühlt er sich offensichtlich besser und mahnt bei Fritz Schmitt die immer noch nicht erfolgte Zusendung der »Phantasus«-Geschichten an: »Etwa 10 sind noch als Weihnachtsgeschenk fällig!« Mit Genugtuung stellt er fest,

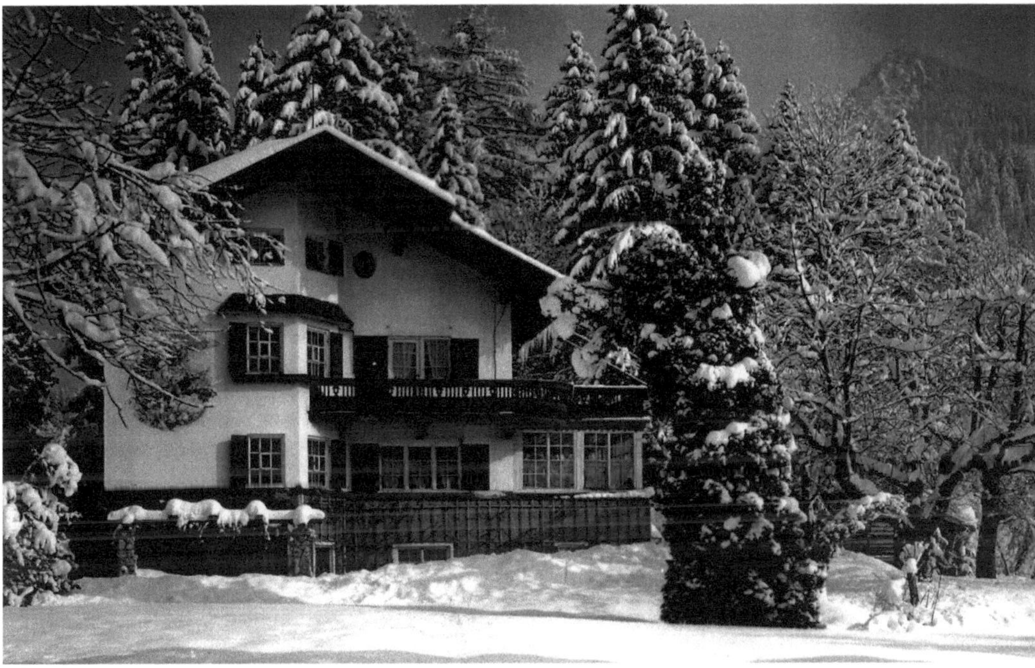

Das »Waldhaus« in Oberammergau (Foto im Privatbesitz der Familie Buchwieser in Oberammergau)

daß Honorare wie »die wohl verdienten 1200 M. für den weissen Büffel (Wiechert)« fließen, und es tue ihm wohl, sich als »ein Mann von Beruf« bezeichnen zu können. »Inzwischen bin ich ganz Autor geworden und sitze tief in Korrekturbogen vergraben, was mangels Manuskript recht aufregend ist.« Außerdem liest er viel, »nur Belehrendes über Schöpfungsgeschichte (Häckel) und Religionen. Dazwischen Briefe und Erinnerungen. Hätte gerne ein ausführliches aber verständliches Werk über die Hauptreligionen: Islam, Indien, Buddhismus, Christentum – ohne allzu große Propaganda für letzteres – wenn auch berechtigte Würdigung der abendländischen vorherrschenden Bedeutung.«[370] Sehr interessiert zeigt er sich an Schmitts verlegerischen Plänen mit Alexander von Bernus, und ganz der alte Hoerschel, fragt er nach, ob bei Schmitts Besuch in Donaumünster denn auch die Rede auf ihn gekommen sei. Er hat sich auch bereits einen Titel für die geplante Reihe von Bernus' Umdichtungen aus dem Englischen einfallen lassen: »so etwas wie ›Führende Geister‹. Das Wort ›Führer‹ darf doch nicht für alle

Zeit in Misskredit gekommen sein!« Nebenher zeichnet er fleißig für Bachmairs »Weihnachtskalender 47«.[371]

Allmählich werden ihm erste kleine Spaziergänge gestattet, gibt sein Taschenkalender Auskunft. Er verspüre keinerlei Langeweile, schreibt er am 19. Februar an Lisel, da er neue Illustrationsaufträge von Schmitt und für ein Vegesackbuch erhalten habe: »(...) das Jahr 47 scheint ein Jahr der Ernte werden zu wollen.«

Reinhard Pipers Brief vom 1. Februar 1947 wird ihn sicherlich sehr gefreut haben: »Lieber Herr von Hoerschelmann! Ich habe meinem Erinnerungsbuch noch fünfzig Seiten angehängt über die ersten Verlagsjahre, wie Sie und andere dies wünschten. Es wäre wirklich eine halbe Sache gewesen, wenn das Buch mit der Gründung des Verlags aufgehört hätte. Nun muß ich noch einiges über Mereschkowski sagen, und da fehlt mir sehr der von Ihrem Bruder übersetzte ›Anmarsch des Pöbels‹. Es ist kein Stück mehr im Archiv, und die Staatsbibliothek, die seinerzeit ihre Pflichtexemplare erhielt, ist noch lange unzugänglich. Es könnte nun möglich sein, dass das Buch noch bei Ihnen erhalten ist, eben weil es Ihr Bruder übersetzt hat. Für freundliche Übersendung wäre ich Ihnen außerordentlich dankbar. Gerne dediziere ich Ihnen dafür etwas Graphisches. Wenn Sie sich von dem Buch nicht trennen wollen, wäre ich Ihnen auch für leihweise Überlassung sehr verpflichtet.«

Seinen ausgedehnten Aufenthalt im Haus von Ellen Meyer mag er als einen wahren Segen empfunden haben, als er von Lisel erfährt, daß das WC im Schluchtweg »gänzlich hin« sei und man statt dessen in die Schlucht hinuntergehen und wegen der kaputten Wasseruhr im Keller Wasser bei der Nachbarin holen müsse. Noch mehr hätte er alles jedoch genossen, wenn sein »Lisei« bei ihm gewesen wäre, für die ihm immer wieder neue Kosenamen einfallen: »liebstes Menschenkind«, »liebstes gutes schönes Menschenweibchen«, »liebstes goldiges Tierlein«, »Stecken und Stab, geliebter Wuschelkopf«.

Sehr klein wie Hoerschelmann und zierlich sei sie gewesen, kann sich Mechtild Purrmann, Leo von Königs Tochter, erinnern, und einen rührend kindlichen Eindruck habe die 26jährige Lisel auf sie gemacht. Aus Elisabeths Aufzeichnungen wissen wir, daß sie Hoerschelmann erst im Frühjahr 1946 kennengelernt und während des Sommers selten gesehen hatte. Deshalb habe sie auch keine Vergleichsmöglichkeit mit seinem Gesundheitszustand früherer Jahre gehabt und »sein häufiges Stehenbleiben und Schnaufen beim Spaziergang« als ihm zugehörig betrachtet. »Auch an seine Gespräche über den Tod, bei denen ich anfangs geweint hatte,« habe sie sich allmählich gewöhnt.[372]

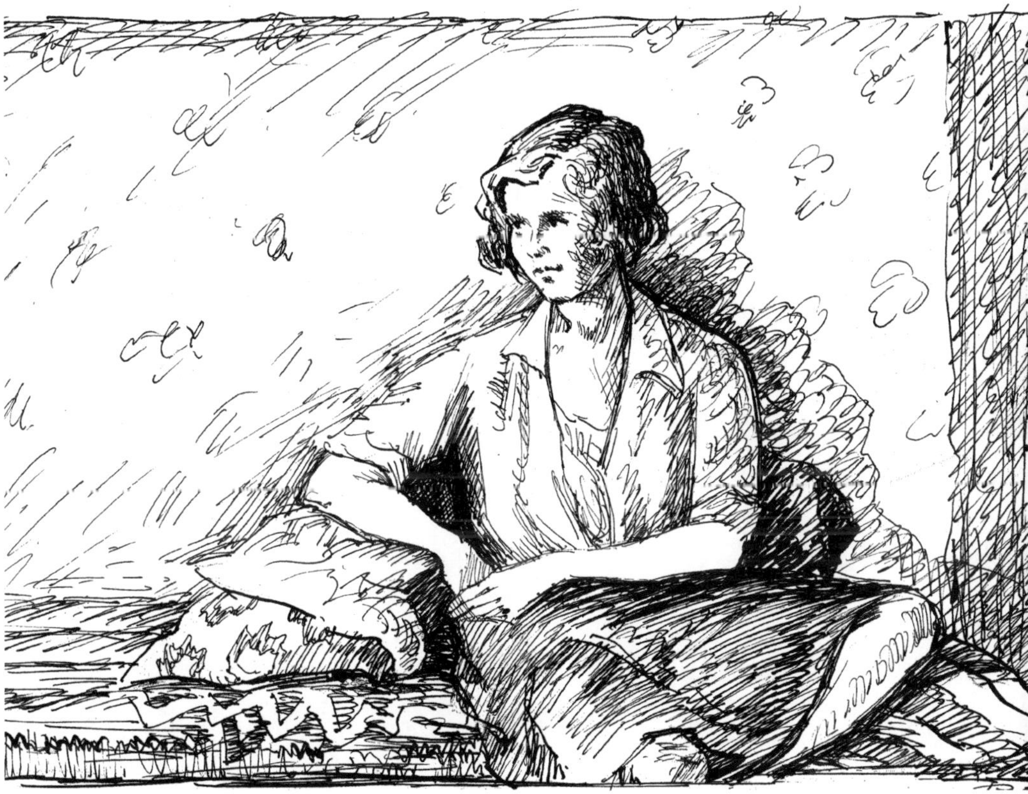

Rolf von Hoerschelmann: »Lisel« (Elisabeth Bachmair), undatierte Federzeichnung

Hoerschelmann wird entzückt haben, wie diese Kind-Frau sich auf seine Welt, in die er sich eingesponnen hatte, einließ und ansprach, zum Beispiel auf die Kobolde in der Schlucht, über die er einmal folgendes geschrieben hat: »Wenn freundliche Besucher, die meine Mappen durchblättern, mich darauf aufmerksam machen, dass beinahe auf allen meinen Zeichnungen Kobolde und Gespenster vorkommen, so kann ich beim besten Willen keine andere Erklärung dafür geben, als dass ich in der Nähe des Waldes am Rande einer Schlucht (einer Wolfsschlucht!) wohne, und dass solches Gesindel bei uns eben häufig sei. Jeder einsame Spaziergang bringt derartige Begegnungen, aber auch in die Wohnung dringt das Gelichter, ohne großen Schrecken zu verbreiten. Ich fürchte diese Wichte nicht, ich bin an sie gewöhnt. Manches Mal bin ich abends beim Lesen eines schönen Buches plötzlich aufgestanden

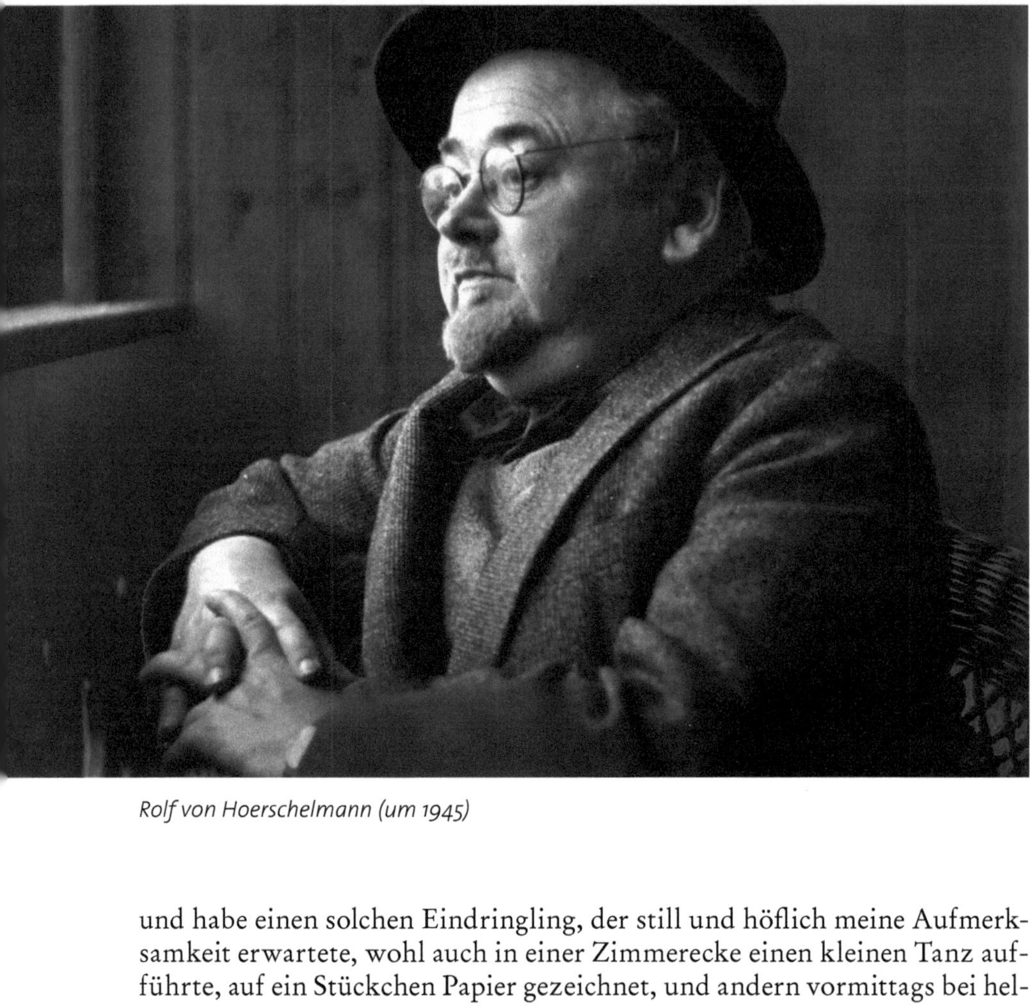

Rolf von Hoerschelmann (um 1945)

und habe einen solchen Eindringling, der still und höflich meine Aufmerksamkeit erwartete, wohl auch in einer Zimmerecke einen kleinen Tanz aufführte, auf ein Stückchen Papier gezeichnet, und andern vormittags bei hellem Tageslicht wurde die Skizze verwertet und ein präsentables Blatt daraus gemacht. Und so fällt es mir gar nicht mehr auf, dass diese Belebung der Naturausschnitte, diese ›Staffage‹ meine Zeichnung ständig bevölkert, sie ist nichts anderes, als die Verkörperung der Stimmung, die diese oder jene Landschaft in meiner Erinnerung hervorruft. Ich meine nichts Unheimliches damit. Auch die Mücken am Sommerabend, das Quaken der Frösche im Sumpf und das Schrecken des Rehbocks sind mir vertraut und gehören zum Ganzen. Sichtbar zu machen aber sind diese aus Zweigen und Wurzelwerk hervorwimmelnden Geschöpfe besser. Möge niemand sie fürchten, sie sind nicht bös, wenn man sie nicht ärgert. Und sie haben mehr Sinn für Humor als die meisten Menschen.«[373]

Ganz ernsthaft berichtet ihm Lisel nach Oberammergau, daß die Kobolde sich allmählich auch an sie gewöhnten, aber leider noch nicht sehen ließen: »Bis jetzt riecht und spürt man sie nur.«[374] Mehr noch als der 61jährige Hoerschelmann leidet die 26jährige unter der Trennung von ihrem »liebsten Pappilein«. Sie schreibt ihm fast täglich lange Briefe, verzehrt sich in Erwartung seiner Antworten, weint, wenn sie einmal länger warten muß, und wird dann von »Heini«, ihrem Ehemann, »wirklich furchtbar nett« getröstet. Hoerschel brauche nicht, versichert sie ihm, »gezähmt im Hinblick auf Heini [zu schreiben]. Des brauchst fei net!!! Heini liest meine Briefe nicht, und außerdem ist er sehr verständnisvoll, mehr denn je.«[375] Hoerschelmann wiederum zeigt sich »froh und dankbar, dass er [Heinrich F.S. Bachmair] nicht bös mit uns ist. Ich will auch wirklich ernstlich sein guter Freund sein. Aber ganz ohne Dich kann ich nicht mehr leben. Ich würde auch nicht leben, wenn Du mir nicht helfen würdest.«[376] Man vermag sich trotz einiger diesbezüglicher Aussagen Lisels und Hoerschelmanns in ihren Briefen kein rechtes Bild von dieser außergewöhnlichen Dreiecksgeschichte zu machen.

Der 57jährige Verleger Heinrich F.S. Bachmair scheint die Liaison seiner Frau toleriert zu haben, da er einige von Lisels Postkarten an RvH mit herzlichen Grüßen unterschrieben hat. Laut Lisel war er zu beschäftigt, um für die zaghaften künstlerischen Versuche seiner zweiten und sehr jungen Ehefrau, die sich im Malen und im Schreiben eines Kinderbuchs probierte, genügend Anteilnahme aufzubringen. Bei Hoerschelmann hingegen fand sie Verständnis. »Es interessiert mich begreiflicherweise sehr, was Du zu meinem Produkt sagst. Heini nahm es sehr freundlich auf und sagte, es könnte schon was werden. Aber Du weißt es ja aus eigener Erfahrung: wichtigen Trost, Ansporn, Bestätigung oder Ablehnung kann man von ihm nicht bekommen.«[377] Hoerschelmann ermutigte sie, wenn sie an ihrem Talent zweifelte und hin- und hergerissen war zwischen ihren Ambitionen und der Erfüllung ihrer hausfraulichen Pflichten. Er bestärkte sie, fragte nach Fortschritten ihrer Arbeit, interessierte sich für Einzelheiten und machte geduldig Verbesserungsvorschläge.

Es muß den schwerkranken Mann zutiefst angerührt haben, wenn ihm diese junge Frau in ihren Briefen wiederholt ihre vorbehaltlose Liebe und Sehnsucht beteuerte. Trotz alledem vermochte er nicht zu glauben, daß dieses unverhoffte Glück von Dauer sein könnte, zumal das Ehepaar Bachmair sich damals gerade ein Haus baute. Immer wieder beteuert ihm Lisel, daß sie ihn nie mehr allein lassen werde: »Und wenn ich auch nicht immer bei

Dir sein kann, so doch sehr oft. Hoffentlich wird es Dir nicht zu oft, dass Du mich eines Tages rauswirft. (…) Schau, Heini, hat nun mal die Schuld gehabt, mich zu heiraten – allerdings wurde er in dieser Schuld kräftig von mir unterstützt – und drum hat er halt den ersten Anspruch auf meine geringen hausfraulichen Künste. Aber Du auch – Du bist mein Pappi, und wenn Du mich auch durchaus nicht heiraten willst, muß ich halt ewig bleiben Deine getreue [unleserlich]tochter.«[378]

Lisel bezieht während seiner Abwesenheit einige Male die Schluchtwegzimmer, wo sie am ehesten ungestört an ihrem Buch schreiben kann. Dort fühlt sie sich Hoerschelmann auch besonders nahe und kann an ihn denken: »Und so hab ich mich auf das Sofa verzogen, wo wir an den schönen Weihnachtsfeiertagen zusammengelegen haben und ich Dir mein Leben gebeichtet habe (…)« Sie putzt gründlich seine Zimmer und Schuhe, befördert aus dem Innern seiner Galoschen »ein Pfund Staubwolken zum Fenster« hinaus, stopft seine Strümpfe, stellt auf seinen eindringlichen Wunsch die Fettöpfe ins kühle Kammerl, und sucht nach seinen genauen Anweisungen die Mappe »Getippte Vorträge« und anderes Material zusammen.[379]

Am 29. Januar darf sie nach fast dreiwöchiger Trennung ihn endlich besuchen kommen. In seinem Taschenkalender sind an diesem Mittwoch nur zwei Wörter eingetragen: »Lisel« und »Sonne«. Sie ist froh über sein Wohlbefinden, doch am Abend müssen sie bereits wieder Abschied nehmen. Die milderen Temperaturen lassen Lisel immer wieder auf seine baldige Heimkehr hoffen, während er durch Besuche von Lola Caballero und Fritz Schmitt vom Trennungsschmerz etwas abgelenkt wird. Er liest »Der unsterbliche Mensch« von Alfred Döblin. »Mehr noch als das ›Woher‹ des Menschen beschäftigte ihn in dieser Zeit das ›Wohin‹.«[380]

Plötzlich verschlechtert sich sein Zustand wieder, wie seinem Kalender stichwortartig zu entnehmen ist: »gänzlich schlaflos«, »Sonderbare Nacht«, »Schlechte Nacht. Sehr mies.« Am 24. Februar erneut »Anfall!« und »zu Bett!« Es bleibt dennoch bei der Abmachung, daß Lisel zu seinem Geburtstag am 28. Februar kommt und er danach mit ihr zurückfahren wird: »Du wirst ein schönes Stück Arbeit haben, mich heimzuschaffen!«[381] Er fühlt sich sehr schwach an diesem Tag, »und es war erschreckend zu sehen, wie er am Nachmittag völlig apathisch auf dem Diwan lag. Sein Gesicht begann in der hereinbrechenden Dämmerung zu leuchten. Als er schon längst wieder wach war, sah er plötzlich um sich und fragte: ›Wo sind wir denn?‹ Er litt schrecklichen Durst, sein Gaumen war ausgetrocknet. (…) Ellen sagte mir nichts von dem, was sie wusste, wofür ich ihr ewig dankbar bin. Da ich die letzte Flasche Sekt aus der Gedonstraße mitgebracht hatte, wurde der Abend, wie

Hoerschel gesagt hätte, ›zu einem vollen Erfolg‹. Er aß sehr wenig, doch schon beim Anblick des geliebten Champagners belebte er sich, und mit dem ersten Tropfen, den er genoß, erwachte seine alte Lebendigkeit. Er erhob sich, und hielt eine kleine Rede auf die anwesenden Freundinnen (...), ging mit seinem Glas um den Tisch, dreimal erklang das Glas, und jede bekam einen Kuß. Als wir dann untereinander anstießen, musste sich jede eine heimliche Träne abwischen, hinunterschlucken oder rollen lassen, je nach Temperament. (...) Wir waren auch fröhlich, echt und wahrhaftig, trotzdem wir anderen wussten oder ahnten, dass wir diesen lieben Menschen so, wie jeder ihn kannte, in Gesellschaft quicklebendig, liebenswürdig und witzig – so vielleicht nicht wieder erleben würden. – Freilich zitterte etwas innen drin. Es gibt auch eine Fröhlichkeit des Todes.« Am nächsten Vormittag fahren die beiden bei strahlendem Wetter mit einem Schlitten, wie er es Lisel versprochen hat, durch Oberammergau zum Bahnhof und treffen zufällig das Ehepaar Purrmann. Rührend verliebt habe dieses kleine Menschenpaar im Schlitten auf sie gewirkt, erinnert sich Mechtild Purrmann. Hoerschelmann habe ihnen bei dieser unverhofften Begegnung von seinem Traum der vergangenen Nacht erzählt, in dem sie vorgekommen seien. – »Die Träume spielten in der letzten Zeit eine große Rolle.«[382]

Die Fahrt in dem überfüllten und stickigen Zug am 1. März ist für beide anstrengend, denn Lisel fühlt sich bedrückt von »der heimlichen Last, die sich mir bei unserem Wiedersehen aufs Herz gelegt hatte. (...) Dicht neben Hoerschels Sitzplatz stand ein Kind, das einen Hund im Arm hielt, den es des Gedränges wegen nicht auf den Boden setzen konnte. Hoerschel wendete manchmal den Blick zu dem Tier, das sich in Höhe seines Kopfes befand – einen seltsamen Blick, aus welchem zugleich Mitleid und Sympathie, ja wahre Liebe zur Kreatur sprach, (als wollte er sagen: ›Du armes Vieh, Leidensgenosse, findest du's hier auch so grässlich?‹), aber auch krankhafter Ekel, Ängstlichkeit vor einer Berührung. Später äußerte er zu jemandem: ›Es ist merkwürdig, welch eine Ansammlung von ekelhaften Menschen sich in einem solchen Coupe befindet!‹«[383]

Im Schluchtweg empfangen sie eine geheizte Stube, ein frischer Tannenstrauß, Briefe und Geburtstagsgeschenke: »Während des Essens sah er die Post durch. Zuerst sagte er: ›Endlich!‹ und legte einen weißen Umschlag, mit dem Absender nach oben, zur Seite. Dann öffnete er einen anderen Brief, las, ließ ihn sinken und sagte dann: ›Das ist doch merkwürdig (...)‹ – Auf meine Frage: ›Da glaube ich nun endlich von Hulle einen Brief zu bekommen und öffne einen anderen, und darin steht, dass Hulle tot ist.‹ Er nahm das erste Kuvert und drehte es um – es war schwarz gerändert und enthielt die Todesanzeige, mit einigen Zeilen von Frau Huldschinsky. ›Wer hätte das gedacht, dass ich Hulle überleben würde‹, sprach er nach einiger Zeit. Diese Nachricht traf ihn sehr schwer, er sprach in den folgenden Tagen oft von seinem Freund Hulle.«[384]

Mit auffallend kräftiger Schrift hat Hoerschelmann am 2. März im Kalender die Namen der nachträglich gratulierenden Besucher, Dr. Hans Carl, Dr. Carl Hegener, Heinrich Bachmair, Schwester Josefa und Wolfgang Koeppen, notiert. Heinrich Bachmair schenkt ihm Melvilles Roman »Moby Dick«, wofür Hoerschelmann sich später schriftlich besonders bedankt, da eine frühere Übersetzung, die er kenne, dagegen banal und ohne diese »geniale Note« sei. Er fügt hinzu: »Lisel hats nicht leicht mit mir. (...) In immerwährender Dankbarkeit grüßt Dich freundschaftlichst Dein Hoerschel.«[385]

Am Abend des 5. März muß Lisel den Arzt holen. Den munter klingenden Brief am folgenden Tag hat Hoerschelmann zwar nur diktieren können, aber trotz Schwäche und einem Gefühl der Greisenhaftigkeit macht er Pläne: »Liebster Fritze, in umgekehrter Reihenfolge, als es üblich ist, beginne ich nun, nach erfolgtem Erholungsaufenthalt, mein Krankenlager. Die Rückreise von Oberammergau war notwendig, strapaziös, aber erfolgreich. Die Möglichkeiten, meinen Wohnraum hier nach Wunsch zu erwärmen und den abendlichen Übergang in die Eishöhlen des Schlafzimmers durch raffinierte technische Mittel zu einem Wunderwerk der Organisation zu gestalten, haben sich sehr vervollkommnet. Schwester Josefa und Lisei wetteifern in krankenpflegerischen Talenten. Das Ehepaar Ali Struppler ist täglich mit Strophantin-Spritzen um mich bemüht. Soviel zur Lage. Das Gemüt wurde vor allen Dingen beim Empfange im Schluchtweg durch die hier niedergelegten Liebesgaben delektiert. Weitaus an der Spitze stand in jeder Beziehung Deine Ingelheimer Flasche, deren segensreiche Wirkung sich über zwei Abende hinzog, und mir laute Lob- und Segensrufe entlockte. Möge es doch einmal möglich sein, von diesem ausgezeichneten Safte ein erhebliches Pöstchen sicherzustellen. Dein Vater brachte mir heute den ›Strich‹ zurück, den ich nun in Behaglichkeit durchlesen will. Die Pläne zur Weiterführung der illustrierten Erzähler interessieren mich natürlich im Gesamten und im Detail ganz besonders. (...) Auch denke ich daran, mit Dir die auf einmal ins Stocken geratene Angelegenheit des geplanten Kammerer-Bändchens durchzusprechen, zu dem ich nun innerlich entschlossen bin, und das bei den reichen Feldafinger Vorräten mit Vergnügen zusammenzustellen sein muss. Ich bin für längere Zeit ärztlicherseits zur Ruhe verurteilt und übe meine berufliche Tätigkeit liegend vom Sofa aus. Möge auch die in Oberammergau noch lebhaft quellende Produktionsfreude wiederkehren, von der im

Augenblick natürlich gar keine Rede sein kann. Auf dem Sofa liegt ein Greis, der sich nicht zu helfen weiß.«

Handschriftlich hat Lisel hinzugefügt: »Lieber Freund Fritz, Pappi meint, ich darf Sie so anreden. Ich will Ihnen bloß zur Beruhigung sagen, dass ich hier bleibe, nicht dass Sie glauben, er ist ganz allein. Es ist auch sehr notwendig, denn jede kleinste Bewegung ist furchtbar anstrengend für ihn. Ja, es geht dem Armen sehr miserabel, aber Spritzen und [unleserlich] werden hoffentlich bald Besserung bringen. Heute ist es zum ersten Mal warm, und in ein paar Tagen können wir wohl schon ein bisschen an die Sonne gehen. Wie Dr. Struppler sagt, es ist nicht beängstigend. Es wäre schön, wenn Sie bald einmal kämen.«

Max Drummer, alarmiert von den besorgniserregenden Nachrichten, besucht ihn am 8. März und berichtet in einem Brief vom 26. März Kurt Otte: »Er rang schwer nach Atem und fühlte sich sichtbar unbehaglich. Die Konversation war nichtsdestoweniger lebendig, angeregt und interessant wie immer. Selbst der Humor und der launische Einfall waren nicht zu vermissen. Hoerschel sprach von seinen literarischen und graphischen Arbeiten, die er sich in langen Stunden süßen Nichtstuns während seines Oberammergauer Aufenthaltes zu vollbringen vorgesetzt hat. Sein nie ruhender Geist hatte ihm Einfälle in seltener Güte und Schärfe vermittelt und nichts ersehnte er sich mehr, als das Geschaute noch zu vollbringen. Dabei setzte er aber selbst Zweifel in die Möglichkeit der Realisierung. Eigentlich hatte ich sehr das Gefühl, dass er sich der Bedenklichkeit seines Zustandes voll bewusst war. Ein kleiner Scherz zeigte mir das an. Er meinte, wenn er jetzt stürbe, bräuchte ich ihm keinen Nachruf weihen, denn meine Geburtstagsrede anno 1945 wäre bereits ein vollendeter Nekrolog gewesen.«

Am 14. April erfährt Kurt Otte von Fritz Schmitt: »Rolfs Tod kam ganz plötzlich und völlig schmerzlos, aber doch nicht unerwartet. Es war mittags um ½ 1 Uhr über dem Essen, ohne jeden Kampf, und insofern können wir zufrieden sein. Ich selbst kam erst eine Stunde später, und Frau Bachmair berichtete mir über die letzten Tage. Auch diese waren gnädig und Rolf wohl in steter Todesahnung, wie schon das ganze letzte Jahr über, aber geistig ganz frisch und völlig gelassen.«

Elisabeth Bachmair: »Bericht vom Sterben des Malers Rolf von Hoerschelmann (28.2.1885–12.3.1947)« in Auszügen

Es war wohl nicht nur der Umstand, daß ihm derzeit die Kräfte zu schöpferischer Tätigkeit fehlten, was ihn dazu drängte, sich mit seinem Werk nun sichtend und ordnend zu befassen. Manche Mappe wurde durchgeblättert, manche Zeichnung anderswo eingereiht. –

Die Abende waren immer sehr still und schön. Meist ging er bald zu Bett. Es war noch immer sehr kalt, und er freute sich über sein Wärmekissen, das er früher nie benutzt und erst in Oberammergau »als eine große Entdeckung gefeiert« hatte, und über die beiden Wärmflaschen, die uns Frau Baumann und Schwester Josefa gegeben hatten. Ein Plumeau, das er früher verschmäht hatte, war ihm nun willkommen, und er nannte das Bett mit seinen vielfachen Wärmevorrichtungen seine »Burg«, auch »Hörselberg« oder »Zauberberg«.

Am Montag, den 3. abends, regnete es – endlich, aber nur vorübergehend, war es etwas wärmer geworden – und der Föhnwind schlug die Tropfen gegen den Balkon. Das Licht der Stehlampe ergoß sich freundlich durch den verblichenen, immer leicht verstaubten rosa Seidenschirm über unsere Ecke, das übrige Zimmer war dunkel. Hoerschel »bevölkerte den Diwan«, ich saß ihm gegenüber im gebrechlichen Korbstuhl, und wir tranken Tee. »Die ersten Leberblümchen in der Schlucht (…) darauf freu ich mich«, sagte Hoerschel in die Stille hinein, »der erste warme Tag, das Frühstück auf dem sonnigen Balkon (…)«

Es war ein wunderbarer Frieden in dem kleinen Raum (…). Umsomehr erschrak ich, als von draußen ein Ruf ertönte. Zuerst glaubte ich an eine Sinnestäuschung, doch da ertönte es wieder; »Uuuh – hu hu hu hu — uuuh – hu hu hu hu!« Ich hielt den Blick auf mein Buch gesenkt und hob ihn erst wieder, als ich wußte, daß nichts mehr darin von meinen Gedanken zu lesen war. Ich dachte vielleicht hat er es nicht gehört, aber er lächelte mich freundlich an – und sagte ganz unbefangen: »Das sind die Käuzchen in der Schlucht. Ich höre sie oft.« »War es nicht ein Uhu?« fragte ich, als wäre damit etwas gewonnen. Denn den Käuzchenruf hatte ich einmal, im letzten Herbst, gehörte, er klang anders – und er hatte etwas bedeutet (…) »Nein, das sind die Käuzchen,«

beharrte Hoerschel, »ich kenne sie doch!« Dann sprachen wir über Bücher. Noch einmal erscholl der Ruf, doch unterbrach er nicht das Gespräch. (...)

Nach dem Essen sagte Hoerschel: »Ich habe mich so lange nicht mehr rasiert! Heute fühle ich mich frisch genug zu dieser Prozedur. Sei doch so lieb und bring mir die Sachen herüber!« Ich stellte das Rasierzeug auf den kleinen Tisch, dann ging ich zum Ofen und legte nach. Hoerschel betrachtete inzwischen aufmerksam sein Spiegelbild und sagte gelassen: »Ich habe nun seit ein paar Tagen nicht mehr richtig in den Spiegel gekuckt ...« Als ich mit der Wasserkanne an den Tisch kam, sah ich ihn an, doch seine Züge waren heiter und ruhig wie immer, und nur aus dieser wie beiläufig hingesprochenen Bemerkung war zu erraten, daß er sich an seinem Aussehen erschreckt hatte.

Ich setzte mich wieder in den Korbstuhl ihm gegenüber und nahm das Glasperlenspiel zur Hand, doch ab und zu schaute ich zu Hoerschel hinüber. »Ha, Alterchen!« sprach er, indem er das Messer über die blassen Bäckchen gleiten ließ, den Bart sorgfältig umgehend. »Schön schauen wir aus! Na, ich danke!« Er zog die Winkel des kindlich zart geschwungenen Mundes nach unten, und die schwarzen Brauen hoben sich gegen die Mitte der Stirn zu. In seinen glänzenden, weitoffenen Augen lag ein Ausdruck, der gleichermaßen von verliebtem Spott, sanfter Wehmut und inniger Freude bestimmt schien.

Als er sich auch das Bärtchen noch ein wenig gestutzt hatte, räumte ich die Sachen weg, Hoerschel streckte sich wieder auf dem Diwan aus und bat mich, während er zur Wand rückte, neben ihm zu sitzen. Wir betrachteten die Sammlung von Abbildungen, die er in vielen Jahren aus Zeitschriften ausgeschnitten hatte: Landschaften, Pferde, Hunde, Blumen, Menschen – Tänzer, Schauspieler. Ich sah kurz vorher den Film »Roman einer Tänzerin«, begann davon zu sprechen und fand mich bald mitten im Erzählen. Da es aber eine sehr lange Geschichte war und ich fürchtete, sie möchte ihn ermüden, wollte ich in großen Zügen zu Ende kommen oder einen vorzeitigen Schluß setzen. Doch er merkte es und sagte bittend, aber auch beinah empört, den Blick gespannt auf mich gerichtet; »Nein, weiter! Weiter! Ich will alles hören. Es ist eine schöne Geschichte!« (...)

Die Nächte waren immer schlecht, er konnte trotz des Schlafmittels wenig und nur ganz leicht schlafen. Der trockene Gaumen wurde wieder schlimmer. Oft stöhnte er im Halbschlaf vor Durst, und ich brachte ihm etwas zu trinken. Dann frug er meistens, ob es noch nicht bald Morgen sei. (...)

An diesem Donnerstag war es, daß er, nachdem er zum zweiten Mal die Spritze bekommen hatte, mit wehmütig-verschmitztem Lächeln sagte: »Es is nix mehr mit dem Oitn!«, und nachdem ich zu ihm hinging und bittend seine Hand nahm und Dr. Struppler ihm das auszureden versuchte: »Werft das Scheusal in die Wolfsschlucht!«

An diesem oder am Freitag Abend fröstelte es ihn sehr. Ich sagte, es sei doch ganz warm im Zimmer – es war in Wirklichkeit zum Verschmachten heiß; darauf antwortete er: »Man friert halt, wenn einem der Knochenmann im Nacken sitzt.« – Ich legte meinen Arm um seine Schulter, da sagte er: »Ja, halt mich, halt mich!« –

Es wurden immer noch Verlagsplanungen besprochen, und er äußerte die Hoffnung, bald wieder arbeiten zu können. Nur ganz selten verriet ein halb ausgesprochener oder verschieden deutbarer Satz, daß er auch die andere Seite sehr genau ins Auge faßte.

Am Sonntag schien die Sonne wieder, und da er sich durch den Tag im Bett gekräftigt fühlte, stand er auf. Schwester Josefa kam am Vormittag, und als ich ihren ruhig ausgesprochenen Rat hörte, am nächsten Tag wieder im Bett zu bleiben, wurde mir die Gefahr vielleicht zum ersten Mal ganz deutlich bewusst. Auf der Treppe fragte ich sie, und sie sagte mir, daß ihr sein Aussehen gar nicht gefiel.

Er war ganz gesprächig, und als ich mittags ein wunderbares Schnitzel briet, hatte er das größte Vergnügen. Ich legte ihm zwei kleine Kartoffeln dazu, weil er davon nicht viel bekommen sollte, und Weißbrot. Er wollte noch mehr Kartoffeln und, als ich sie ihm höflich, aber bestimmt versagte, hatte er, ehe ich es ahnen konnte, mit einem fixen Schwung der Gabel sich eine von meinem Teller gespießt. Das war wohl das letzte kleine Begebnis, was man von dem anmutig-fixen, eigensinnigen Hoerschel erzählen kann. Denn von nun an wird die Geschichte traurig.

Nach Tisch legte er sich auf den Diwan und verfiel in einen dämmernden Halbschlaf. Ich ging zuerst ein bißchen in den Garten, und als ich heraufkam, setzte ich mich nahe zu ihm. Er schlief noch und war recht blaß. Plötzlich beugte ich mich leise vor. In seinen Zügen schien eine Veränderung vorgegangen. Mir wurde ganz schwach. Ich glaubte meinen Augen nicht, dachte, ich sähe in meiner Angst und Übernächtigkeit Phantome. Wie ich dies' zu Ende gedacht hatte, war es aber immer noch so. Ein fahler, kraftloser Zug um Nase und Mund. War mir dies nicht schon einmal begegnet, im letzten Herbst? — Still wars im Haus. Sein Atem ging ruhig und gleichmäßig. Ach, es war ja nur einen Augenblick. Vielleicht, lieber Gott, vielleicht habe ich mich getäuscht! Nun lächelte er und erwachte! Und murmelte: »Merkwürdig! Wenn ich eine Treppe sehe, und die könnte in Italien oder Südfrankreich stehen, dann weiß ich immer gleich, wohin sie führt (...)« – Ich sagte nichts darauf. Nach einer Weile sprach er mit geschlossenen Augen: »Dies ist ein Abend mit meinem Bruder, wovon wir jetzt sprechen.« – »Wie meinst du?« – »Das kann ich jetzt nicht erklären.« Mühsam waren die Worte geformt, sie kamen wie von weit her.

Ich (...) klopfte an Frau Baumanns Tür und bat, man möchte Dr. Struppler rufen, der heute eigentlich mit den Spritzen aussetzen wollte, und Fritz Schmitt antelefonieren. (...) Hoerschel bekam eine Kampferspritze, das wußte er aber nicht. Ich erzählte dem Doktor alles, auch von einem kleinen Tropfen Blut, den er gespuckt hatte (was von nun an jeden Morgen geschah). Dr. Struppler sagte, wenn dem Kranken einmal übel würde, sollte ich seine Pulse mit Kampferspiritus reiben, und nun sollten wir ihn noch unter dem Einfluß der Spritze in einer Stunde zu Bett bringen, am besten tragen.

Ich wärmte das Bett, und nachdem wir zu Abend gegessen hatten, sagte ich beiläufig, es wäre vielleicht am besten, wir trügen ihn hinüber. Doch das wollte er nicht. Mit einer leichten, doch ungeheuer würdigen Geste der erhobenen Rechten lehnte er dies Ansinnen ab. Ich half ihm, sich zu erheben, und als er zur Tür hinaus ging, lag etwas tief Ergreifendes und Feierliches in seiner Haltung. Ich folgte ihm. Mein Mann kam später, um ihm Adieu zu sagen. Hoerschel wußte nicht, daß mein Mann bis zum nächsten Morgen blieb, wie ich ihn gebeten hatte und wie auch Dr. Struppler meine Bitte unterstützte. (...)

In der Frühe, als wir an seinem Nachttisch frühstückten – der Tee war immer ein wichtiges und freudig begrüßtes Ereignis – erzählte er mir einen Traum, den er gegen Morgen gehabt hatte. Er sei an sich grausig, bemerkte er zuvor, doch habe sich über dem Ganzen eine so heitere Grundstimmung ausgebreitet, daß das Grausige garnicht so wichtig sei. Es war nach einer furchtbaren Naturkatastrophe, und die Menschen lebten alle in Katakomben oder Erdhöhlen, die durch lange Gänge miteinander verbunden waren. Er habe sich in diesen Gängen bewegt, an deren Wänden Reste von verbrannten Menschenleibern hingen. Doch seien auch junge Menschen durch diese Gänge gewandert, die die Katastrophe überlebt hätten, und dies sei so tröstlich und heiter gewesen. – Sie hätten die verkohlten Reste entfernt. Und dann seien ungeheure Vorräte von Früchten da gewesen, die die Menschen vor der Katastrophe hier herunter gerettet hätten. So daß er ganz erstaunt und betrübt war, als er erwachte und sich umsah und keine Früchte zu finden waren. –

An diesem Tag schien es ihm schon besser zu gehen als am Sonntagnachmittag. Ich las ihm aus dem »Moby Dick« vor; er war so voller Rücksicht zu überlegen, ob es für mich nicht langweilig wäre, mitten in einem Buch anzu-

fangen, und als ich ihn darüber beruhigte, sagte er, na, der Zeitpunkt wäre ja ganz gut, denn jetzt gingen sie gerade aufs Schiff. Er erinnerte sich bei dieser Lektüre viel an seine Fahrt auf der »Padua«.

(...) Abends, als ich ihm gute Nacht gesagt hatte, trat ich im Wohnzimmer ans Bücherregal. Da fiel mir ein graues Bändchen in die Augen; ich zog es heraus, es war der Stammbaum der Hoerschelmanns. Dann sah ich die Blätter an, die auf dem Arbeitstisch lagen, er hatte sie in Oberammergau gezeichnet. Ich kannte sie schon, doch eines zog mich besonders an, und ich betrachtete es länger als die anderen: »Der Tod und das Mädchen« (aus dem Notizbuch ist zu ersehen, daß er es am Mittwoch den 12. Februar gezeichnet hat). Ich hatte einmal in den ersten Tagen gesagt, das Mädchen sei aber doch häßlich, worauf er erwiderte: »Das macht gar nichts!« »Der Tod ist aber wunderbar«, fuhr ich fort. Er sagte: »Nicht wahr, der ist mir gut gelungen!« (...)

Als er stöhnte, brachte ich ihm ein Glas mit Limonade. Ich machte kein Licht, um ihn nicht vollends zu wecken, das elektrische Öfchen gab einen dämmerigen Schein. Wie ich mich zum Gehen wandte, griff er noch einmal nach dem Glas und leerte es, doch verfehlte er beim Zurückstellen den Nachttisch, das Glas fiel zu Boden und zerbrach. Während ich die Scherben aufhob, sagte er: »Schade, es war mir ein so liebes Glas, es ging soviel hinein. Nun hab ich kein so großes mehr. – Na, wenn sonst nichts kaputt geht, dann wollen wir zufrieden sein (...)« – Ich konnte sein Gesicht dabei nicht sehen, aber ich hörte es am Ton, daß er nun wieder die melancholisch-zärtlichen Mundwinkel machte und die Augenbrauen nachdenklich hochzog. (...)

Einmal bat er, noch halb schlafend: »Meine Schuhe stehen nun schon so lange verstaubt dort in der Ecke. Man müßte sie einmal putzen.« Und im Hinblick auf das nasse Wetter draußen: »Aber nicht mit Schuhkrem, mit richtigem Lederfett.« (...)

Am Nachmittag schlief er ein wenig. Hernach las ich ihm vor. Manchmal dachte ich schon, er sei wieder eingeschlafen, da bewies er dann überraschend, durch die Erklärung eines Seemannsausdruckes etwa, den ich nur stockend hervorbrachte, daß er ganz bei der Sache war. – Er erkundigte sich, wie weit ich im Glasperlenspiel wäre. »Dann hast du den Tod des Musikmeisters schon gelesen! Ist das nicht wunderbar! Es ist vielleicht, die schönste Stelle im ganzen Buch.«

Abends war Schwester Josefa da, und ich hatte sie eben noch mit Frau Baumann sprechen hören. Da sagte er plötzlich zu mir: »Mir ist nicht sehr gut.« Ich ging hinunter und traf die Schwester noch an. Sie kam herauf und fragte Hoerschel, was es denn wäre, Übelkeit im Magen? »Ich weiß nicht ... Ich kann es nicht erklären,« war seine Antwort. Als sie gegangen war, bat er mich um ein Glas Wein. Ich versprach es gleich zu bringen, doch befielen mich Zweifel, ob ich wohl durfte, und ich rannte in Hausschuhen den Gartenweg hinunter, erreichte aber die Schwester nicht mehr. So gab ich ihm das Glas Wein, und er freute sich, denn er wußte nicht, daß es das letzte war.

Ich las noch aus »Moby Dick«. Das Kapitel endete, indem es auf ein künftiges Ereignis vorgriff, mit dem Tod eines Schiffsjungen. Obwohl Hoerschel schon sehr zum Schlafen Miene machte, konnte ich hier nicht aufhören und las noch ein halbes Kapitel dazu, bis sich ein besserer Schluß ergab.

Am Mittwoch früh kam Schwester Josefa und bettete mit geschickten Händen die Kissen frisch auf. Hoerschel streichelte sie und murmelte: »Schwesterchen, gute, liebe!« (...) Als die Schwester gegangen war, leerte ich die letzten Tropfen aus der Flasche Kölnisch Wasser auf einen Wattebausch und strich damit über Hoerschels Stirn. »Wie schön!« seufzte er. »Ich glaube, die Flasche stammt noch aus Dorpat. Jahrzehnte lang hab ich sie mit mir herumgeschleppt. Wie gut, daß wir sie jetzt haben!«

Ich legte meine kühle Hand auf seine Stirn. »Schön« sagte er. »Jetzt – möcht ich aufhören ...« Erst wollte ich ihn nicht verstehen, so betroffen war ich, doch als er den Satz beendetet »zu leben«, sagte ich: »Es geht dir doch schon viel besser! Der Doktor sagts auch.« Er blinzelte spitzbübisch aus den müden Lidern und bemerkte: »Die Ärzte wissen das nicht so!« Ich wollte es ihm ausreden. »Bitte nicht! Denk doch, was wir noch alles vorhaben. Zusammen malen und baden gehen. Du mußt mich doch zeichnen lehren, sonst lern ich es nie ...« »Zeichne mich doch jetzt«, sagte er, »wo ich so still liege.«

Ich holte meinen Block und begann. Er lag etwas auf der linken Seite, das Gesicht mir zugewandt. Erst ging es ganz gut, obgleich die liegende Stellung für mein geringes Können rechte Schwierigkeiten bot. »Ja, wenn du vor Schwierigkeiten zurückschreckst!« ... sagte er. Ich zeichnete also weiter. Als ich aber zu den Augen kam, diesen schönen, in früheren Tagen immer weitoffenen, bereiten Augen – da waren sie halbgeschlossen, nicht schlafend, nicht wachend. Seltsam war das. Ich beugte mich vor und holte mit meinem Blick den seinigen: da war er wieder. Ich schimpfte mich verrückt und überängstlich. Sein Blick war frisch und klar, besser als gestern. Es war nur das Morphium, das ihn so müde machte, denn schon schloß er die Augen wieder, wie man eben tut, wenn man ein bißchen dösen will. Doch als ich die Nase zeichnete und sie, wie mirs immer geht, zu lang geriet und so schmal und ... wie sie in Wirklichkeit doch gar nicht war – fast wie ein Christuskopf sah das aus – nun kam einer die Treppe herauf, das war gewiß der Doktor – ich nahm den Gummi und radierte. Hoerschel war wach. »Nicht auslöschen, nicht auslöschen!« rief er lebhaft. Er verlangte es aber Gott sei dank nicht zu sehen (...).

Er sprach von einigen Freunden, war lebhaft und frisch, hatte sogar leicht gerötete Bäckchen. Er bat um etwas zu trinken. Ich zögerte da er im ganzen Tag nicht mehr als einen Liter bekommen sollte. »Du sollst doch nicht soviel trinken! ich muß alles aufschreiben.« – »Dann gib mir halt heimlich!« bat er. »Es ist ja gar nicht trinken, es ist ja nur, daß der Mund innen feucht wird«. Er zeigte mir die Zunge, die trocken war wie Leder, und blickte mich mit komischer Verzweiflung an. Ich sah aber, daß es echte Verzweiflung war, und sagte zu seiner Beruhigung: »Also gut, ich gebe dir heimlich!« Und indem ich nahe zum Bett trat: »Aber versprich mir dafür, daß du dich nicht heimlich davonmachst!« Dann ging ich hinaus und füllte das Glas. Er trank. »Wenn das so einfach wäre«, sagte er dann nachdenklich. »Was denn?« fragte ich, »das Hierbleiben – oder das Fortgehen?« – »Es hängt nicht vom Willen ab«, sprach er leise. – »Aber noch ist der Tag des Abschieds nicht gekommen. – Nun lies mir von unserem Freund Quiqueg!« (...)

Er hatte am Tag vorher gesagt, er würde gern einmal den warmen Reis mit kalter Milch übergossen essen, deshalb holte ich sie vom Balkon und goß sie in ein Kännchen. Den Reis wärmte ich und gab einen kleinen Löffel voll auf eine Untertasse. Wie ich über den Flur ging, kam mir plötzlich ein Einfall, und ich formte daraus mit dem Löffel, ein Herz. Als ich eintrat, lag er, vom Zimmer etwas abgewandt, halb auf der rechten Seite. Ich gab ihm den Teller in die rechte Hand. »Ach, ein Herz!« murmelte er und begann zu essen. (...)

Sein Kopf sank aufs Kissen zurück, die Augen blickten nach oben und dann zur Seite, sein Gesicht schwoll bläulich an. (...) Fräulein Trudi kam, und wir rieben seine Arme mit Kampferspiritus. Ich bat sie, Schwester Josefa zu holen, sie lief fort, sandte einen Mann, den sie im Schluchtweg traf, und kehrte zurück. Ich massierte seine Pulse, es roch nach Kampferspiritus, der eine Zeitlang auf der Haut prickelte wie elektrische Wellen. Schwester Josefa kam und fragte nach der Spritze. Als ich sie ihr reichen wollte, war sie ans Bett getreten, sah ihn an und sagte leise: »Ach, es ist ja schon vorüber.« Sie fuhr mit behutsamer Hand über seine Augenlider und öffnete das Fenster. Dann saßen wir ein paar Minuten schweigend im anderen Zimmer. (...)

Später nahm ich den Block zur Hand, der noch dalag mit der Zeichnung vom Vormittag, und versuchte, dieses edle Profil zu zeichnen: die hohe, kahle Stirn, in die einzelne feine Falten gekerbt waren, die weichen Haare, die über dem großen gütigen Ohr ein krauses Büschelchen bildeten, die kleine Falte, welche – über der schwarzen Augenbraue gegen die Schläfe zu in einer sanften Rundung verlaufend – der Stirn einen leicht besorgten Ausdruck gab, die Wölbung des Augenlides – nun waren die kindlich aufgebogenen Wim-

pern ganz gerade geworden –, die zarte Nase, die geräumige Wangenfläche, darauf schon wieder Bartstoppeln gewachsen waren, das krause Bärtchen, – endlich den Mund, von aller lebensvollen Schwellung verlassen, von einer so unsäglichen Feinheit, daß es eines großen, tief ehrfürchtigen Künstlers und zugleich nahen Menschen bedurft hätte, um diesen von uns Hiesigen nicht mehr zu deutenden Ausdruck festzuhalten.

Elisabeth Bachmair hat den so viel älteren und kranken Rolf von Hoerschelmann zutiefst geliebt und verehrt: »Wie sehr hat Hoerschels berechtigtes Selbstbewusstsein (das bei manchen Leuten den Eindruck der Eitelkeit erweckte), sein weitblickendes sicheres Urteil, ihm in seinen Unternehmungen und ›Umgebungen‹ eine glückliche Hand verliehen, die geistige Freiheit sein Leben zur Harmonie geformt, – doch die feste Meinung, die er vor allem hatte, konnte wohl in kleinen Dingen manchmal dem kindlichen Eigensinn recht ähnlich sehen.«[386] Anfang Dezember desselben Jahres teilte Fritz Schmitt Kurt Otte mit, daß die junge Frau »unter sehr merkwürdigen Umständen spurlos verschwunden« sei. »Rolfs Tod hat ihr Gleichgewicht völlig gestört, vor allem durch nachfolgende Intrigen und Gehässigkeiten, wie sie leider unter Frauen nicht selten sind.«[387] Am 2. Januar 1948 berichtete ihm Schmitt, daß sich Elisabeths ungewisses Schicksal »noch gerade vor Jahresende so geklärt hat, wie wir es wohl vermuten mussten. Bachmair schrieb, dass sie am 26.12. aus dem Starnberger See geborgen worden ist.«

Am 15. März 1947 um 15.00 Uhr wurde Rolf Erik von Hoerschelmann auf dem Feldafinger Friedhof beerdigt. »Es war ein prachtvoller Wintertag. Von Weit und Breit waren die Trauernden herbeigeeilt; viele prominente Maler, Schriftsteller und sonstige Kunstbeflissene gesellten sich zu der großen Zahl der Freunde, die erschüttert die Trauerkunde vernommen hatten. Ein evangelischer Geistlicher nahm die Einsegnung vor und fand die richtigen Worte, um Hoerschels Persönlichkeitsbild zu würdigen. Für die Zwanglose Gesellschaft sprach der Universitätsprofessor Dr. Rehm, für die alten Genossen aus der Münchner Brennessel Kunstmaler Troendle. Aus dem Freundeskreis fand niemand das Herz und die Beherrschung, die Abschiedsworte zu sprechen. Jeder Freund wusste doch, dass es unmöglich war, mit Worten dem Wesen unseres Freundes gerecht zu werden. Diese stumme Trauer bedeutete mehr als die erlesensten Worte.«[388]

Fritz Knöller behauptete später: »Der kleine Mann schien im Tod mehr als im Leben zu wiegen: einer der Träger brach unter dem Sarg zusammen.«[389] Diese anekdotische Darstellung wurde von Dolores Caballero folgendermaßen korrigiert: Tatsächlich sei einer der Sargträger auf dem stellenweise vereisten Weg ins Rutschen gekommen, habe losgelassen, und der Sarg sei zu Boden gefallen. Elisabeth Bachmair habe mit einem Aufschrei die Hände gehoben, und Wilhelm Hausenstein habe ihr zugeraunt, man müßte doch den Sarg noch einmal öffnen, denn der arme Hoerschel läge ja nun ganz schief darin. Die alte Dame meinte abschließend: »Eigentlich paßte das zum Hoerschel irgendwie dazu, wie in einer Erzählung von E.T.A. Hoffmann.«

Abschied von Hoerschel

Stellvertretend für die zahlreichen Nachrufe sollen noch einmal langjährige Freunde Hoerschelmanns zu Wort kommen.

In »Schwabing als Passion« schreibt Günter Böhmer: »Wie in einer der Parabeln, die seine fabulierende Zeichenfeder erfand, ist der Tod mitten am Tage, vertraut und freundlich, in das Mansardenstübchen getreten, in welchem Rolf von Hoerschelmann, zweiundsechzig Jahre alt, von seinen Bildern, Mappen und Büchern umgeben, sein kunstvoll zelebriertes Leben beschloß. Er stand mit Himmel und Hölle im besten Einvernehmen. Auf verblassten Photographien, die, nach Jahr und Ort peinlich geordnet, seiner Hand stets greifbar gewesen sind, nahm er sich neben Ringelnatz, neben Falckenberg oder Reventlow, die ihn um mindestens zwei Kopflängen überragt haben, wie ein prächtig entwickeltes Kind aus. In der Art biblischer Einsiedler trug er eine silberne Haargloriole um die Stirn, trug Spitzbart und Brille und hatte einen kleinen Wanst, der seiner halbwüchsigen Statur Rundung und Achtbarkeit verschaffte. In seine Passionen verstrickt wie in ein hermetisches Gehäuse, war er ein Eigenbrötler von wunderbaren Gnaden, der den Wechsel der Zeitläufte ganz auf eigenen Wegen durchquert hat. Er gehörte zu den letzten Veteranen der alten Schwabinger Zeit. Sie spannte ihren wolkenlosen Himmel über seine jeunesse doree. In Schwabing, wo einstmals Witz und Übermut im Schwang gewesen sind, blieb sein Herz zu Hause (...). Im Sommer aber saß er mit einem Gläschen Korn am Feldafinger Schluchtweg, wie der heilige Hieronymus in golden verbrämte Stille eingesponnen, lebte und schaffte dort in der Landschaft, die das Element seiner Kunst geworden ist. Seine kleinen Blätter sind verschnörkelte, aus einem Band Jean Paul herausgerissene Prosastücke, die das Auge lange abtastet und durchforscht, ohne je ihren hintersinnigen Reichtum ganz erschöpfen und enträtseln zu können. (...) Er war ein bedeutender Illustrator – und, ob er plauderte oder schrieb, stets auch ein faszinierender Illustrator seines Lebens, das aus Erinnerungen wie Filigran gewoben war. (...) In der Vedute der Zerstörung der beglänzten alten Welt war er ein Überlebender fast verschollener Generationen. Er suchte immer das schon vergessene und längst Verlorene auf und hielt es in Händen wie Bündel zarter bunter Fäden, die verschossen alte, rührend zum Leben erwachte Marionetten zu bewegen schienen. Alles war bei ihm aufgehoben wie in Spiegelsälen. Er zeigte es wie ein Kastellan als einen Teil seines Lebens und wachte hartnäckig über seinen festen untrüglichen Bestand.«[390]

Siegfried von Vegesack leitet seinen Nachruf mit einem Zitat ein: » ›Unsere Welt ist schon zugrunde gegangen, – es ist nur Schlamperei, dass wir noch da sind!‹ Diese melancholisch-ironischen, für sein ganzes Wesen so charakteristischen Worte schrieb mir Rolf von Hoerschelmann im November 1944 – und nun ist er wirklich nicht mehr da, und es fällt schwer, sich mit dieser Tatsache abzufinden. Denn mit Hoerschelmann ist mehr als einer unserer originellsten Zeichner, mehr als ein ungewöhnlich fruchtbarer Illustrator und Maler: mit ihm ist einer der letzten Veteranen des alten Schwabing von uns gegangen, jener Münchner Glanzzeit, die uns heute fast schon sagenhaft anmutet. (…) Doch neben dem Zeichnen, Malen, Illustrieren und Sammeln verdient noch etwas anderes bei Hoerschelmann hervorgehoben zu werden: keine eigentliche Tätigkeit, sondern ein Bestandteil seines Wesens, der seiner Persönlichkeit die eigentümlich-faszinierende Wirkung verlieh, die er auf alle ausübte, die ihm näher standen. Ich meine seine ungewöhnliche Fähigkeit, Freundschaft zu wahren, zu pflegen und zu erhalten. (…) Für Hoerschelmann war Freundschaft (…) etwas Verpflichtendes und zugleich Forderndes. Immer hilfsbereit, war er stets darauf bedacht, dem Freunde in schwerer Lage beizustehen. Er besaß die große Kunst des Schenkens: grade das herzugeben, was dem Anderen eine besondere Freude machte. Bei einem eingefleischten Junggesellen und Sammler, der selten an Andere denkt, ist diese schöne Eigenschaft besonders hoch anzuerkennen. Doch wie in der Kunst und beim Sammeln war Hoerschelmann auch in der Freundschaft anspruchsvoll: er gab viel, verlangte aber auch viel. Anhänglichkeit aus Gewohnheit und Sentimentalität galt ihm wenig. Wer ihn einmal enttäuschte, den ließ er schweigend fallen. Klein von Wuchs, fast ein Zwerg, suchte er diesen physischen Mangel durch betonte robuste Männlichkeit und einen manchmal aggressiven Hang zum Bevormunden wett zu machen. Doch mit dem Alter wurde er sehr viel milder und umgänglicher: hinter dem rechthaberischen kleinen Kampfhahn kam immer mehr der warmherzige Freund, der gütige und weltweise Einsiedler zur Geltung.«

Und Wilhelm Hausenstein schreibt: »Als ›Malerzeichner‹ zählte er sich selbst in klarem Bewusstsein von seinen Grenzen, zu den Talenten, die man die ›kleinmeisterlichen‹ nennt. Begegnete man aber irgendwo einem seiner landschaftlichen Blätter vom Starnberger See, deren malerische Haltung den Anteil des Graphischen nicht verleugnete, oder einem seiner Blätter aus Paris, so mochte man freilich eben auch von der künstlerischen Redlichkeit betroffen sein, mit der diese begrenzten, doch nie kleinlichen Dinge gearbeitet waren. Die sehr sympathische gegenständliche Realistik gewann einen sehr poetischen Hauch in romantischem Sinne. (…) Er war ein unermüdlicher Leser, mit weiten kulturgeschichtlichen und dichterischen Horizonten, von umfassender und insbesondere humaniorer Bildung, ein begabter Schriftsteller und suggestiver Vortragender, im freundschaftlichen Gespräch ein durch Temperament, Klugheit und Sachkenntnis gleich anregender Partner. (…) Uns überlebenden Altersgenossen wird es bitter sein, den kleingewachsenen Mann mit dem großen künstlerischen und überhaupt geistigen Impetus nicht mehr wiederzusehen und tröstliche Rückblicke mit ihm zu tauschen, wo die Perspektiven in Künftiges dunkel sind. Von dem aber, was einmal ›München‹ hieß, geht mit ihm in der Tat einer der markantesten Aspekte zu Grabe.« Abschließend äußerte er den Wunsch, »dass die weitere Öffentlichkeit Gelegenheit bekäme, sich über das Werk, seinen Umfang, seine Bedeutung in einer Kollektiv-Ausstellung, die für München eine nobile officium sein müsste, Rechenschaft zu geben. (…) Möchten Hoerschelmanns niedergeschriebene Erinnerungen bald als Buch zu lesen sein!«[391]

Aus Neuseeland erkundigt sich am 12. Oktober 1947 Karl Wolfskehl bei Maria Laumen: »Man schrieb mir neulich, Hoerschelmanns Nachlass werde von Herrn Hausenstein gesichtet. Gern wüsste ich, ob die ganz einzigartigen Sammlungen, die der mehr finderische als erfinderische Zwerg in unermüdlicher Suchlust zusammengehamstert hatte, noch da sind. Sie gehörten als Ganzes unter die Obhut einer musealen Kunststätte. Solche gibt es doch noch?«[392]

Eine Ausstellung kam tatsächlich noch im selben Jahr zustande, die wohl hauptsächlich der Initiative Fritz Schmitts zu verdanken war, obwohl er als Testamentsvollstrecker mehr als genug zu tun hatte, wie er Kurt Otte schrieb: »(…) dass das Testament 42 Vermächtnisnehmer zählt und dass noch ca. 50 Wünsche besonderer Art zu erfüllen sind außer dem, was an täglichen Anfragen und kleinen Bitten einläuft. Ich habe bisher rund 300 Briefe in dieser Sache geschrieben und bin 18 mal von hier nach München gefahren, viel öfter noch zwischen München und Feldafing und anderen Orten gependelt. (…) Dazu Verhandlungen mit Ämtern, Aufstellungen, Schätzungen etc. etc.«[393]

Mit der angegebenen Zahl der »Vermächtnisnehmer« hat er keineswegs übertrieben, wie Hoerschelmanns Letzter Wille vom 13. April 1945 eindrucksvoll belegt. Jedem einzelnen seiner Freunde, Freundinnen und guten Bekannten hat er darin ein erwünschtes Erinnerungsstück oder etwas Passendes zugedacht und in einer detaillierten Inventarliste mit genauester

Angabe, in welchem Möbel er sie aufbewahrte, seine zahlreichen Sammlungen verschiedenen Museen zugeteilt. Was seinen künstlerischen Nachlaß betraf, bat er die Freunde Dr. Fritz Schmitt, Dr. Max Drummer und Prof. Max Unold, diesen zu sichten und »eventuell eine Nachlassausstellung in München [zu] veranstalten«.

Von der Ausstellung im Bayerischen Nationalmuseum in München im November 1947, die allerdings keine eigenen Arbeiten Hoerschelmanns zeigte, sondern unter dem Titel »Allerlei Papier« nur seine dem Museum vermachte Sammlung, berichtete Fritz Schmitt nach Hamburg: »Gerade zurück von der sehr eindrucksvollen Gedenkfeier im Nationalmuseum möchte ich Ihnen gleich kurz berichten. Es waren wohl an die 200 Gäste da, und ich glaube, der Geist des ganzen war so, wie sich Rolf es wohl vorgestellt hätte. Dr. Lenz hat die Anordnung sehr liebevoll und zweckmäßig getroffen. Als Beschriftung wählte er lauter Stellen aus dem ›Leben ohne Alltag‹, so dass also gewissermaßen Rolf selbst die Führung durch die Ausstellung übernahm. Unolds Rede in schönstem freundschaftlichen Sinn und sehr ernst, nicht ohne auch Kubins als des künstlerisch nächststehenden hochverehrten Freundes zu gedenken. Außerdem eine Ausführungsrede Prof. von Pechmanns und ein in die Art der Ausstellung Einblick gebendes Geleitwort v. Dr. Lenz. 6 Kubinblätter, 3 Lithos und 3 Zeichnungen zierten die Wand, nachdem Dr. Klöres Ihr Einverständnis gerade noch rechtzeitig brachte, um die Lücke zu schließen. Es war von jedem Sammelgebiet einiges da, und man bekam so einen recht schönen Überblick, wenn es auch im Grund nur Brösel eines köstlichen Kuchens waren. Auch ist es ein eigenes Gefühl, Dinge die man aus vertrautem häuslichen Umgang kennt, so repräsentierend an der Wand zu finden, etwa so, wie wenn man seine Kinder auf der Bühne eine Rolle agieren sähe.«[394] Im darauffolgenden Jahr wurde diese Ausstellung auch noch in der Neuen Residenz in Bamberg gezeigt.

Am 3. Oktober erfuhr Kurt Otte von Alfred Richard Meyer: »Nunmehr liegt das erste Exemplar vom ›Leben ohne Alltag‹ unseres guten alten Hoerschel vor mir. Einverstanden würde er nicht damit sein, denn das Papier ist sehr schlecht und der Einband ist recht wenig künstlerisch. (...) 12.000 Exemplare sollen untergebracht werden und zwar aus der russ. Zone heraus.« Die wenig ansehnliche Aufmachung seines Buchs hätte dem anspruchsvollen Bibliophilen wahrlich nicht gefallen, aber es hätte ihn mit Genugtuung und auch Stolz erfüllt, in Händen halten und Freunden überreichen zu können, woran er trotz Krankheit noch emsig mitgearbeitet und wofür er das folgende Vorwort verfaßt hatte: »Wenn es nun so aussieht, als sei hier ein Buch geschrieben worden, so ist ein Irrtum aufzuklären. Diese Kapitel wurden für einen Kreis von

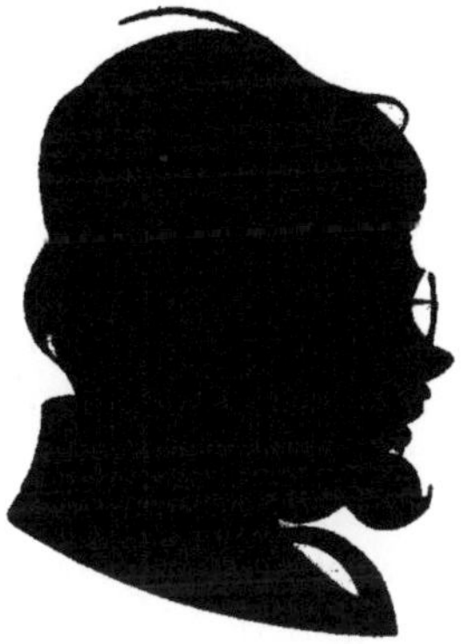

ROLF VON HOERSCHELMANN

geboren 28. Februar 1885 in Dorpat

gestorben 12. März 1947 in Feldafing

AUSSTELLUNG

»ALLERLEI PAPIER«

aus dem Nachlaß des Sammlers

veranstaltet von dem

Bayerischen Nationalmuseum und der Neuen Sammlung

München, Prinzregentenstraße 3

Geöffnet täglich 10 – 16 Uhr, ausgenommen Montag

Eintritt 50 Rpf. bzw. 10 Rpf.

Anzeigenblatt zur Ausstellung »Allerlei Papier« im Bayerischen Nationalmuseum, November 1947

Freunden als Vorträge verfasst und dann mehr als einmal vorgelesen. Es waren Bemühungen in schwerer, trauriger Zeit, Anregung und Erinnerung zu wekken an Tage voll froher und fruchtbarer Beschäftigungen, an Arbeit und Feste, an ein Leben ohne Alltag. Dieses leicht mißzuverstehende Wort meint also nicht ein Leben ohne Arbeit; ganz im Gegenteil! (...) Von mancherlei Weise das Leben so hinzubringen, erzählen diese Vorträge, deren hoffentlich nicht allzu sehr störende Mängel mir bewusst sind. Erstens fehlen jegliche Quellenangaben, worauf die Zuhörer, denen stets reichliches Anschauungsmaterial zur Verfügung stand, gerne verzichteten. Zweitens stehen manche Selbstverständlichkeiten hier, die in einem freien Lande nicht ausgesprochen zu werden brauchten. Wir lebten aber in einem Lande, wo schon die achtungsvolle Erwähnung gewisser Namen nicht ungefährlich und die Erinnerung daher um so notwendiger war. Daß manche Zeile heute schon von der Zeitgeschichte überholt ist *und dennoch so stehenblieb, wie sie anno dazumal niedergeschrieben wurde,* dürfte freundlichem Verständnis begegnen. Drittens aber sei mit Nachdruck betont, dass alle Aussagen nur solche eines Liebhabers und nicht eines Fachmannes sind, wobei nicht geleugnet werden soll, dass die Spezialkenntnisse eines Sammlers hin und wieder diejenigen eines Buchgelehrten übertreffen können. Mit größter Verehrung gedenke ich der wegweisenden Anregungen, die ich den Autoren meiner Bibliothek verdanke, und schätze mich glücklich, oft in persönlichem Umgang mit ihnen ihre Belehrung genossen zu haben. Viele von ihnen haben uns verlassen und sind unseren Augen entschwunden. Daß einigen von ihnen mit diesen bescheidenen Zeilen ein Gruß vor Augen kommen möge, ist mir der weitaus liebste Gedanke bei dieser Veröffentlichung, die den Freunden in Nah und Ferne gewidmet ist. – Feldafing 1946 – RvH«

Alfred Richard Meyer »Munkepunke« verfaßte seinem »Freund Rolf von Hoerschelmann zum Gedächtnis« ein »Venezianisches Capriccio«, worin er sich auf seine Weise von ihm verabschiedet: »Der kleine Hoerschel ist gestorben. / Die Kunde kam erst spät hier an. Die Saiten sprangen den Theorben. / Ich sage leise: Hoerschelmann! (...) Angeblich bist Du fortgerafft / zum ewigen Ursprung. Daß ich meinte: / der kleine ›Hoerschel‹ hat's geschafft! // Ein andrer ›Fuchsbau‹ harrt nun Deiner. / Alt-Münchens Auer Dult zerstob. / Zum Großen rangst Du Dich als Kleiner / und als subtilstes Zootrop. // Kubin und Ensor eng verschwistert, / des Knabens Wunderhorn am Mund, / vom Geist Toulouse-Lautrecs durchknistert, / gingst Du den ›Dingen‹ auf den Grund. // Psychisch trieb alles durch die Kelter / all seiner Sinne, ward Kristall / und ›Ding an sich‹ der abgemeld'ter / Rolf Hoerschel. Willkomm Dir im All!«[395]

Sehr zuversichtlich soll Rolf von Hoerschelmann kurz vor seinem Tod gemeint haben: »Die Palmströms in München werden mit mir noch lange nicht aussterben.«[396]

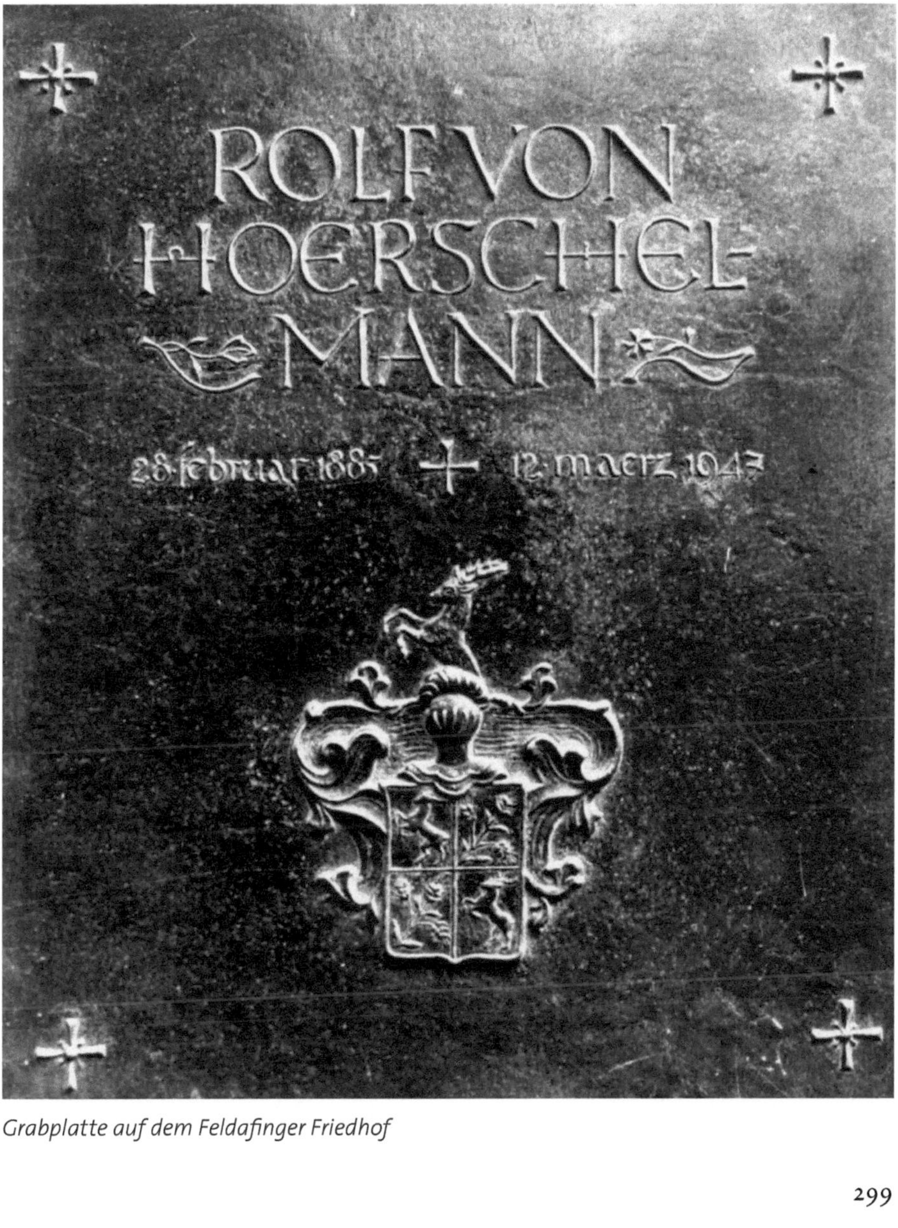

Grabplatte auf dem Feldafinger Friedhof

Fußnoten

1 Prévot, René: Kleiner Schwarm für Schwabylon. Verlag Braun & Schneider, München 1954, S. 136

2 Penzoldt, Ernst: »Das Porträt«. In: Der Tagesspiegel vom 24.7.1947

3 Böhmer, Günter: »Schwabing als Passion«. In: Münchner Merkur vom 15.3.1952

4 Prévot, René, ebd.

5 Unold, Max: »Rolf von Hoerschelmann«. In: Das Kunstwerk, 1 Jahr – 1946–1947 – Doppelheft 8/9, Verlag Woldemar Klein, Baden-Baden

6 Bäthe, Kristian: Wer wohnte wo in Schwabing? Wegweiser für Schwabinger Spaziergänger. Süddeutscher Verlag, München 1965

7 RvH: Leben ohne Alltag. Wedding Verlag, Berlin 1947, S.7

8 RvH: »Kleine Rechenschaft über mich selbst«. In: Prisma, Heft 6/1947

9 RvH an Alfred Kubin, 6.3.1943

10 Knöller, Fritz: »Das Schwabinger Dreigespann«. In: Neue Literarische Welt, Nr. 13, 10.7.1952

11 Piper, Reinhard: Nachmittag. Erinnerungen eines Verlegers. R.Piper & Co. Verlag, München 1950, S.272

12 Brandenburg, Hans: München leuchtete. Jugenderinnerungen. Verlag Herbert Neuner, München 1953, S. 175

13 Knöller, Fritz: »Das Schwabinger Dreigespann«

14 Leben ohne Alltag, S.189ff.

15 Hausenstein, Wilhelm: »Rolf von Hoerschelmann«. In: Süddeutsche Zeitung vom 15.3.1947

16 Leben ohne Alltag, S.140f.

17 Hollweck, Ludwig: »Rolf von Hoerschelmann – ein Leben ohne Alltag«. In: München Mosaik, Heft Jan./Febr. 1985, 11. Jahrgang, S.16f.

18 RvH: »Kleine Rechenschaft über mich selbst«

19 Mattiesen, Heinz: »Rolf von Hoerschelmann und das Münchener Kulturleben«. In: Baltische Briefe, Nr.11, Ende November 1952

20 RvH: »Als ich nach München kam«, als Manuskript im Nachlaß

21 Leben ohne Alltag, S.132

22 Herberger, Marie: »Für Hermann Obrist«. In: Thiersch, Heinz (Hg.): »Wir fingen einfach an«. Arbeiten und Aufsätze von Freunden und Schülern um Richard Riemerschmid. München 1953, S.41f.

23 Leben ohne Alltag, S.132f.

24 RvH: »Tagebuch einer Debschitzschülerin«, als Typoskript im Nachlaß

25 Klee, Felix (Hg.): Tagebücher von Paul Klee 1898–1918. Deutscher Bücherbund, Stuttgart/Hamburg, S.235f.
26 Leben ohne Alltag, S.146
27 ebd., S.264
28 Alfred Kubin an RvH, 18.8.1940
29 Leben ohne Alltag, S.143
30 Foitzick, Walter: »Rolf von Hoerschelmann«. Undatiertes Exemplar im Nachlaß, S.28f.
31 Zur Westen, W. von: »Allerlei Exlibris«. Undatiertes Exemplar im Nachlaß, S.101f.
32 Behrsing, Arthur: Baltische Künstler in München. I. Rolf von Hoerschelmann. Sonderdruck aus der Deutschen Monatsschrift für Russland, Dezember 1913, S.13
33 Guenther, Johannes von: Ein Leben im Ostwind. Zwischen Petersburg und München. Biederstein Verlag, München 1969
34 RvH: »Schattenspiele in Schwabing«. In: Die Propyläen, Beilage zur Münchener Zeitung, 39.Jahrgang, 12.9.1942, S.98f.
35 Schmitt, Franz Anselm: Alexander von Bernus. Dichter und Alchymist. Verlag Hans Carl, Nürnberg 1971, S.49f.
36 RvH, ebd.
37 In: Der Tag, Berlin, undatiert.
38 Bauer, Helmut (Hg.): Schwabing. Kunst und Leben um 1900. Katalog zur gleichnamigen Ausstellung im Münchner Stadtmuseum 1998, S.158
39 RvH an Bruder Werner, 1.3.1909
40 Jacob, Georg: »Die Schwabinger Schattenbühne«. In: Geschichte des Schattentheaters, Hannover 1925, S.199
41 RvH: »Schattenspiele in Schwabing«
42 RvH an die Mutter, undatiert
43 RvH an Karl Wolfskehl, 12.9.1910
44 RvH an die Mutter, undatiert
45 RvH an Bruder Werner, undatiert
46 RvH an Bruder Werner, März 1911
47 Hamburger Correspondent, undatiert
48 RvH an Alfred Kubin, 12.9.1939
49 Schmitt, Franz Anselm, S.103
50 RvH: »Hundert Jahre Stift Neuburg«, Verlag E.A.Seemann, Leipzig
51 RvH an Alexander von Bernus, 27.5.1937
52 Leben ohne Alltag, S.19ff.
53 ebd., S.21
54 ebd., S.144
55 Klee, Felix: Tagebücher von Paul Klee, S.224
56 Leben ohne Alltag, S.145
57 Mann, Klaus: Der Wendepunkt. Ein Lebensbericht. Rowohlt Verlag, Hamburg 1993, S.141f.
58 RvH an Alfred Kubin, 25.2.1915
59 RvH an Bruder Werner, 1908

60 RvH an Bruder Werner, wahrscheinlich 1911
61 RvH an die Mutter, 21.4.1911
62 Leben ohne Alltag, S.192
63 ebd., S.145
64 ebd., S.22f.
65 RvH an Bruder Werner, 4.11.1911
66 Leben ohne Alltag, S.192
67 ebd., S.141
68 RvH: »Münchener Sammler erzählen. Sammelsurium«. In: Münchener Mosaik. Kulturelle Monatsschrift der Hauptstadt der Bewegung, 5.Jahrgang, Dezember 1942
69 Leben ohne Alltag, S.148
70 ebd., S.52f.
71 RvH: »Münchener Sammler erzählen«
72 Breuer, Peter: »Von Münchener Künstlern und ihrem Schaffen. Bei Rolf von Hoerschelmann in seinem ›Fuchsbau‹«. In: Bayerische Staatszeitung Nr. 127, München, 5./6. 6. 1932
73 Piper, Reinhard, S.504 und 521
74 Leben ohne Alltag, S.128
75 Knöller, Fritz: »Das Schwabinger Dreigespann«
76 Stobbe, Horst: »Die Gesellschaft der Münchner Bibliophilen 1907–1913«. In: Imprimatur N.F. Bd. VI, 1969, S. 33ff.
77 ebd., S.58
78 Löffelmeier, Anton: »Der Kosmos der Rosenthals: Bücherkenner, Künstler und Wissenschaftler«. In: Die Rosenthals. Der Aufstieg einer jüdischen Antiquarsfamilie zu Weltruhm. Böhlau Verlag, Wien/Köln/Weimar, 2002 S.148
79 Leben ohne Alltag, S.156
80 Bielschowsky, Ludwig: »Der Künstler und Sammler RvH«. In: Börsenblatt für den Deutschen Buchhandel, Frankfurter Ausgabe, Nr.103, 29.12.1976, S. 429
81 Stobbe, Horst, S.40
82 Freeden, Eva von/Schmitz, Rainer (Hg): Sein Dämon war das Buch. Der Münchner Verleger Georg Müller. Allitera Verlag, München 2003, S. 185f.
83 Stobbe, Horst, S.41
84 »Irma. Ein Fragment«. Gedruckt für die Gesellschaft der Münchner Bibliophilen zum sechsten Jahrestage, S. 38
85 Stobbe, Horst, S. 44
86 Mühsam, Erich: Namen und Menschen. Unpolitische Erinnerungen. Volk und Buch Verlag, Leipzig 1949, S.199
87 Stobbe, Horst, S.45
88 Roda Roda: »Im Nachthemd durchs Leben«. In: Ostrauer Morgenzeitung vom 1.1.1929
89 Leben ohne Alltag, S.158ff.
90 Mühsam, Erich: Namen und Menschen
91 Leben ohne Alltag, S.128
92 RvH an Karl Wolfskehl, 21.11.1910
93 Löffelmeier, Anton, S.161ff.

94 RvH an Alfred Kubin, 3.12.1937

95 RvH: »Carl Georg von Maaßen zum Gedächtnis«. In: E.T.A. Hoffmann. Mitteilungen der E.T.A. Hoffmann-Gesellschaft im »Reichswerk Buch und Volk«, 2. Jahrg. 1941/43, S.44

96 Max Unold an RvH, undatiert

97 RvH: »Persönliche Erinnerungen an C.G. von Maassen«, als Typoskript im Nachlaß

98 ebd.

99 Erich Mühsam am 31. Oktober 1911, in: Tagebücher 1910–1924, hg. von Chris Hirte, Deutscher Taschenbuch Verlag, München 1994, S.60

100 Hedwig Kubin an RvH, 21.11.1911

101 Böhmer, Günter: »Besuch beim Hoerschelmann«. In: Die Dame, Heft 3, Deutscher Verlag, Berlin 1940.

102 Unold, Max: »Rolf von Hoerschelmann«

103 Breuer, Peter: »Von Münchner Künstlern und ihrem Schaffen«

104 Piper, Reinhard: Nachmittag. Erinnerungen eines Verlegers, S.272f.

105 Petzet, Wolfgang: Otto Falckenberg. Mein Leben. Mein Theater. Zinnen-Verlag, München 1944, S.59ff.

106 RvH: »Ein Münchner Jubiläum«. In: Münchner Neueste Nachrichten vom 13./14. April 1941

107 Unold, Max: »Rolf von Hoerschelmann«. In: Das Kunstwerk, 1 Jahr – 1946–1947, Doppelheft 8/9, Verlag Woldemar Klein, Baden-Baden

108 Leben ohne Alltag, S.7

109 Prévot, René: Kleiner Schwarm für Schwabylon, S.137

110 RvH an Bruder Werner, undatiert

111 Leben ohne Alltag, S.156

112 Leben ohne Alltag, S.234ff.

113 ebd., S.16f.

114 Löwis of Menar, August von (Hg.): »Märchen und Sagen«. In: Die Baltischen Provinzen, Bd.V, Felix Lehmann Verlag, Berlin-Charlottenburg, 1916

115 Semrau, Eberhard: »Der Illustrator Rolf von Hoerschelmann«. In: Illustration 63. 16. Jahrgang, Heft 1, April 1979, S.5

116 RvH an Alfred Kubin, 13.11.1917

117 Leben ohne Alltag, S.169ff.

118 ebd., S.171f.

119 Monaco, Marietta di: Ich kam – ich geh. Reisebilder – Erinnerungen – Porträts. Allitera Verlag, München 2002, S.103ff.

120 Stobbe, Horst: »Die Gesellschaft der Münchner Bücherfreunde 1919–1931«. In: Imprimatur, N.F. Bd. VII, Frankfurt am Main 1972, S.45ff.

121 Leben ohne Alltag, S.238

122 ebd., S.240

123 Bredt, E.W: »Rolf von Hoerschelmann«. In: Sonderdruck aus »Der Wächter«, Heft 4, Oktober 1918

124 Knöller, Fritz: »Das Schwabinger Dreigespann«

125 Leben ohne Alltag, S.147

126 Semrau, Eberhard: »Der Illustrator Rolf von Hoerschelmann«, S.3ff.
127 RvH: »Kleine Rechenschaft über mich selbst«
128 RvH: »Zum Werke Alfred Kubins«. In: Almanach der Bücherstube am Siegestor. Hg. von Horst Stobbe, München 1918, S.20f.
129 RvH an Alfred Kubin, 16.8.1920
130 Leben ohne Alltag, S.237f.
131 Leben ohne Alltag, S.11
132 ebd., S.229f.
133 ebd., S.240f.
134 ebd., S.64ff.
135 Castonier, Elisabeth: »Stürmisch bis heiter. Memoiren einer Außenseiterin«. Deutscher Taschenbuch Verlag, München 1964, S.135ff.
136 Leben ohne Alltag, S.242f.
137 ebd., S.229ff.
138 Hedwig Kubin an RvH, 24.5.1924
139 Prévot, René: Kleiner Schwarm für Schwabylon, S.138
140 Kistler, Ferdinand: Heimatbuch für Feldafing. Gemeinde Feldafing 1990, S.676
141 RvH an Alfred Kubin, 15.8.1925
142 RvH an Alfred Kubin, 10.4.1925
143 RvH an Alfred Kubin, 7.11.1925
144 RvH an Alfred Kubin, 16.11.1925
145 Alexander von Bernus an RvH, 26.8.1925
146 RvH an Alfred Kubin, 10.12.1926
147 Margherita Rosenthal an RvH, 30.11.1925
148 Nicoletta Rosenthal an RvH, 27.8.1933
149 RvH an die Mutter, 17.6.1927
150 RvH an die Mutter, undatiert
151 RvH an die Mutter, undatiert
152 Leben ohne Alltag, S.198
153 RvH: »Brief aus Elba« mit 13 Aquarellen. In: Schünemanns Monatshefte, Carl Schünemann Verlag, Bremen 1928, S.1142–1151
154 RvH, ebd.
155 RvH an die Mutter, undatiert
156 RvH an die Mutter, 5.9.1927
157 RvH an Alfred Kubin, 18.10.1927
158 Leben ohne Alltag, S.152
159 Leben ohne Alltag, S.206–221
160 RvH an Alfred Kubin, undatiert
161 RvH: »Kleine Rechenschaft über mich selbst«
162 In: Kunst-Umschau. Hörschelmann – »Reporter« – Schulte im Hofes Nachlaß (Berliner Zeitung, Verfasser und Datum unbekannt)
163 RvH an die Mutter, 16. März, wahrscheinlich 1931
164 Leben ohne Alltag, S.149f.
165 Dülberg, Franz: »Von Dürer zu Hoerschelmann«. In: Berliner Rundschau, undatiert

166 In der Galerie Wiltschek. Hoerschelmann, Stadelmann, Hilde Stinnes (Zeitung, Datum und Verfasser unbekannt)
167 Leben ohne Alltag, S.150f.
168 Paul Huldschinsky an RvH, Februar 1927
169 Paul Huldschinsky an RvH, 25.1.1926
170 RvH an Alfred Kubin, 19.3.1932
171 RvH an die Mutter, 16.3.1932
172 Leben ohne Alltag, S.15
173 RvH an Alfred Kubin, 21.11.1936
174 Thomas Mann an RvH, 15.12.1919
175 Mann, Golo: Erinnerungen und Gedanken. Eine Jugend in Deutschland. Fischer Taschenbuch Verlag, Frankfurt am Main 1994, S. 435f.
176 Mattiesen, Heinz »Rolf von Hoerschelmann und das Münchner Kulturleben«
177 Thomas Mann an RvH, 11.2.1933
178 RvH an die Mutter, 16.3.1932
179 RvH an Alfred Neumann, wahrscheinlich 1933
180 Leben ohne Alltag, S. 243f.
181 RvH an Hedwig Kubin, 12.6.1933
182 Leben ohne Alltag, S.242
183 Elvira Rosin an RvH, 7.5.1934
184 Paul Huldschinsky an RvH, 22.5.1935
185 Nini Huldschinsky an RvH, 24.9.1935
186 Paul Huldschinsky an RvH, 24.10.1938
187 RvH an Alfred Kubin, 27.8.1938
188 Breuer, Peter: »Von Münchner Künstlern und ihrem Schaffen«
189 RvH an Hedwig Kubin, 21.8.1935
190 Kurt Otte an RvH, 10.8.1941
191 RvH an Alfred Kubin, 25.12.1929
192 Kurt Otte an RvH, 28.7. 1935
193 RvH an Hedwig Kubin, 28.2.1934
194 Kurt Otte an RvH, 3.9.1939
195 Kurt Otte an RvH, 17. 9.1933
196 Leben ohne Alltag, S.169
197 Ottow, Fred: »München ehrt einen baltischen Landsmann. Rolf von Hoerschelmann 50 Jahre«. In: Rigasche Post Nr.13 (438), 24.3.1935
198 Kurt Otte an RvH, 17.5.1935
199 Hedwig Kubin an RvH, 13.5.1936
200 RvH an Alfred Kubin, undatiert
201 RvH an Hedwig Kubin, 8.4.1936
202 Kurt Otte an RvH, 10.5.1936
203 Kurt Otte an RvH, 3.5.1936
204 RvH: »Das Kubin-Archiv in Hamburg«. Sonderabzug aus »Imprimatur«, Band VII. Gesellschaft der Bibliophilen e.V., Weimar 1937
205 RvH an Alfred Kubin, 26.2.1937
206 Kurt Otte an RvH, 12.5.1937

207 RvH an Alfred Kubin, 8.4.1937
208 RvH an Alexander von Bernus, 27.5.1937
209 Leben ohne Alltag, S.160ff., und RvH an Alfred Kubin, 4.4.1937
210 RvH an Alfred Kubin, 7.11.1925
211 Hedwig Kubin an RvH, 18.5.1937
212 RvH: »Hedwig Kubin im Spiegel der Kunst Alfred K's – Ikonographisch psychologische Studie an Hand der Illustrationen in dem Werk ›Vom Schreibtisch eines Zeichners‹«, als Manuskript im Nachlaß
213 Alexander von Bernus an RvH, 5.6.1937
214 Alexander von Bernus an RvH, 22.8.1937
215 Leben ohne Alltag, S.153f.
216 RvH an Alfred Kubin, 10.8.1937
217 Max Unold an RvH, 14.6.1937
218 Kurt Otte an RvH, 14.9.1937
219 Kurt Otte an RvH, 20.9.1937
220 RvH an Alfred Kubin, 30.12.1937
221 Leben ohne Alltag, S. 247f.
222 vgl. Fröhlich, Elke: »Die drei Typen der nationalsozialistischen Ausleseschulen«. In: Leeb, Johannes: »Wir waren Hitlers Eliteschüler«. Rasch und Röhring Verlag, Hamburg 1998, S.260
223 RvH an Kurt Otte, 4.1.1938
224 Breuer: Peter: »Von Münchner Künstlern und ihrem Schaffen«
225 undatierter Artikel
226 undatierter Artikel, wahrscheinlich 1936
227 Brües, Otto: Kölnische Zeitung, 14.6.1934
228 In: »Der neue Tag« vom 6.6.1934
229 In: Hamburger Tageblatt vom 14.2.1934
230 Kurt Otte an RvH, 22.3.1938
231 Fritz Schmitt an RvH, 25.5.1938
232 RvH an Alfred Kubin, undatiert
233 RvH an Alfred Kubin, 7.12.1937
234 Kurt Otte an RvH, 25.6.1938
235 Kurt Otte an RvH, 16.10.1938
236 RvH an Alfred Kubin, 20.7.1939
237 Hedwig Kubin an RvH, 18.11.1939
238 Kurt Otte an RvH, 11.8.1939
239 Kurt Otte an RvH, 12.9.1939
240 RvH an Alfred Kubin, 20.7.1939
241 Thomas Mann an Emma Bonn, 16.12.1935
242 RvH an Alfred Kubin, 12.9.1939
243 Nini Huldschinsky an RvH, 8.8.1939
244 Alfred Kubin an RvH, 19.9.1939
245 Leben ohne Alltag, S.247
246 RvH an Alfred Kubin, undatiert
247 Kurt Otte an RvH, 8.2.1940

248 RvH an Kurt Otte, 1940
249 Alexander von Bernus an RvH, 2.5.1940
250 Alfred Kubin an RvH, 5.6.1940
251 Kurt Otte an RvH, 22.6.1940
252 Kurt Otte an RvH, 2.7.1940
253 Alfred Kubin an RvH, 5.7.1940
254 Erwin Rosenthal an RvH, undatiert
255 Hedwig Kubin an RvH, 11.4.1941
256 Hedwig Kubin an RvH, 14.5.1941
257 RvH an Alfred Kubin, 27.6.1941
258 Kurt Otte an RvH, 16.7.1941
259 Kurt Otte an RvH, 10.8.1941
260 Kurt Otte an RvH, 11.5.1941
261 Kurt Otte an RvH, 21.7.1941
262 Kurt Otte an RvH, 3.10.1941
263 Kurt Otte an RvH, 10.8.1941
264 Kurt Otte an RvH, 21.7.1941
265 Kurt Otte an RvH, 16.9.1941
266 Alfred Kubin an RvH, 18.9.1941
267 Leben ohne Alltag, S.111
268 ebd., S.221
269 Otto Falckenberg an RvH, 17.7.1941
270 RvH an Ina Seidel, 28.7.1941
271 RvH an Alfred Kubin, 30.7.1941
272 RvH an Ina Seidel, 28.7.1941
273 Kurt Otte an RvH, 17.8.1941
274 Leben ohne Alltag, S.130
275 RvH an Alfred Kubin, 7.4.1942
276 RvH an Alfred Kubin, 31.5.1942
277 RvH an Alfred Kubin, 6.6.1942
278 RvH an Hedwig Kubin, 1.12.1942
279 RvH an Hedwig Kubin, 19.12.1942
280 Kurt Otte an RvH, 4.4.1944
281 Werner Bergengruen an RvH, 13.8.1944
282 Kurt Otte an RvH, 26.9.1943
283 Kurt Otte an RvH, 20.9.1943
284 RvH an Alfred Kubin, 1943
285 Hedwig Kubin an RvH, 13.10.1943
286 Fritz Schmitt an RvH, 12.10.1943
287 RvH an Alfred Kubin, undatiert
288 Döring, Jörg: »... ich stellte mich unter, ich machte mich klein ...« Wolfgang Koeppen 1933–1948. Stroemfeld Verlag, Frankfurt 2001
289 Kurt Otte an RvH, 15.6.1944
290 Hans Carossa an RvH, 25.2.1943
291 Alfred Kubin an RvH, undatiert

292 Otto Falckenberg an RvH, 27.2.1944
293 Franziska Gräfin zu Reventlow an RvH, undatiert
294 Reventlow, Else (Hg.): Franziska Gräfin zu Reventlow. Briefe 1890–1917. Fischer Taschenbuch Verlag, Frankfurt am Main 1977, S.501ff.
295 Felix Schlagintweit an RvH, 22.2.1944
296 RvH an Hans Purrmann, 17.8.1944
297 Alexander von Bernus an RvH, 24.3.1944
298 RvH an Alexander von Bernus, 3.4.1944, in: Worte der Freundschaft für Alexander von Bernus. Zum siebzigsten Geburtstag am 6. Februar 1950. Verlag Hans Carl, Nürnberg 1950, S.129
299 Schmitt, Franz Anselm: Worte der Freundschaft für Alexander von Bernus, S.260
300 Piper, Reinhard: Nachmittag. Erinnerungen eines Verlegers, S.48f.
301 Otto Falckenberg an RvH, 17.10.1944
302 Kurt Otte an RvH, 31.5.1944
303 Fritz Schmitt an RvH, 17.10.1944
304 Kurt Otte an RvH, 28.12.1944
305 RvH an Fritz Schmitt, 28.12.1944
306 Leben ohne Alltag, S.222–227
307 RvH an Baron Simolin, 19.1.1945
308 Baron Simolin an RvH, 22.1.1945
309 Hedwig Kubin an RvH, 10.10.1944
310 Wilhelm Hausenstein an RvH, 22.2.1945
311 Manuskript im Nachlaß
312 Typoskript im Nachlaß
313 Werner Bergengruen an RvH, Aschermittwoch 1945
314 Reinhard Piper an RvH, 27.2.1945
315 Annemarie Suhrkamp an RvH, 27.2.1945
316 Günter Böhmer an RvH, 15.3.1945
317 RvH an Fritz Schmitt, 10.3.1945
318 Ina Seidel an RvH, 6.3.1945
319 RvH an Ina Seidel, 7.3.1945
320 RvH an Ina Seidel, 31.3.1945
321 RvH an Fritz Schmitt, 23.1.1945
322 Hedwig Kubin an RvH, 23.3.1945
323 Leben ohne Alltag, S.248
324 vgl. Heider, Angelika: Das Lager für jüdische »Displaced persons« Feldafing in der amerikanischen Besatzungszone 1945–1951. Hausarbeit im Rahmen der Magisterprüfung, Berlin 1994
vgl. Koch, Ruth: »Feldafinger Tagebuch vom Kriegsende«. In: Starnberger Merkur, Mai 1965
siehe auch Schochet, Simon: Feldafing. November House, Vancouver 1983
325 Leben ohne Alltag, S.248f.
326 Typoskript im Nachlaß
327 Typoskript im Nachlaß

328 Ria Drevermann an RvH, 24.9.1945
329 Wilhelm Emanuel Süskind an RvH, 24.12.1945
330 Penzoldt, Ernst: »Das Porträt«. In: Der Tagesspiegel vom 24.7.1947
331 Ina Seidel an RvH, 13.9.1945
332 Ina Seidel an RvH, 19.9.1945
333 Annemarie Suhrkamp an RvH, 26.11.1945
334 Olaf Gulbransson an RvH, undatiert
335 Olaf Gulbransson an RvH, undatiert
336 Leben ohne Alltag, S.116
337 Wohlfahrt, Frank: Text im Hochland-Boten, undatiert
338 Else Limmer-Leuchs an RvH, 5.9.1945
339 Werner Bergengruen an RvH, 8.9.1945
340 Max Unold an RvH, 14.11.1945
341 Dr. Kurt von Oerthel an RvH, 13.10.1945
342 Waldemar Klein an RvH, 30.11.1945
343 Fritz Schmitt an RvH, 4.11. und 4.12.1945
344 Max Unold an RvH, undatiert
345 Max Drummer an RvH, undatiert
346 RvH an den Landrat, 11.5.1946
347 RvH an Horst Lange, 30.1.1946
348 Kurt Otte an RvH, 31.1.1946
349 Kurt Otte an RvH, 26.3.1946
350 Kurt Otte an RvH, 20.9.1946
351 Kurt Otte an RvH, 7.2.1946
352 Kurt Otte an RvH, 13.6.1946
353 Kurt Otte an RvH, 17.6.1946
354 Typoskripte im Nachlaß
355 RvH an Fritz Schmitt, 1.2.1946
356 Alfred Kubin an RvH, mit 1946 datiert
357 RvH an Fritz Schmitt, 9.8.1946
358 RvH an Fritz Schmitt, 11.9.1946
359 RvH an Fritz Schmitt, 23.10.1946
360 RvH an Fritz Schmitt, 2.12.1946
361 Leben ohne Alltag, S.223
362 Korrekturabzug vom 13.6.46 im Nachlaß
363 Typoskript im Nachlaß
364 RvH an Fritz Schmitt, 23.10.1946
365 Bachmair, Elisabeth: »Bericht vom Sterben des Malers Rolf von Hoerschelmann (28.2.1885–12.3.1947)«, als Typoskript im Literaturarchiv Marbach, S.2
366 Wolfgang Goetz an RvH, 8.8.1946
367 RvH an Fritz Schmitt, 5.12.1946
368 Rädlinger, Christine: Zwischen Tradition und Fortschritt. Oberammergau 1869–2000. Eigenverlag der Gemeinde Oberammergau, 2002, S.181ff
369 Bachmair, Elisabeth, S.3
370 RvH an Fritz Schmitt, 25.1.1947
371 RvH an Fritz Schmitt, 25.1.1947

372 Bachmair, Elisabeth, S.1
373 undatiertes Typograph als 5. Blatt zu »Kleine Rechenschaft«
374 Elisabeth Bachmair an RvH, 13.1.1947
375 Elisabeth Bachmair an RvH, 14.2.1947
376 RvH an Elisabeth Bachmair, 3.2.1947
377 Elisabeth Bachmair an RvH, 20.1.1947
378 Elisabeth Bachmair an RvH, 6.2.1947
379 Elisabeth Bachmair an RvH, 10.2.1947
380 Bachmair, Elisabeth, S.4
381 RvH an Elisabeth Bachmair, 18.2.1947
382 Bachmair, Elisabeth, S.5
383 Bachmair, Elisabeth, S.5f.
384 Bachmair, Elisabeth, S.6
385 RvH an Heinrich F.S. Bachmair, undatiert
386 Elisabeth Bachmair an »Jordan«, 26.7.1947
387 Fritz Schmitt an Kurt Otte, 11.12.1947
388 Max Drummer an Kurt Otte, 26.3.1947
389 Knöller, Fritz: »Das Schwabinger Dreigespann«
390 Böhmer, Günter: »Besuch beim Hoerschelmann«. In: Die Dame, Heft 3, Deutscher Verlag, Berlin 1940
391 Hausenstein, Wilhelm: »Rolf von Hoerschelmann«. In: Süddeutsche Zeitung vom 15.3.1947
392 Ruben, Margot (Hg.): Zehn Jahre Exil. Briefe aus Neuseeland 1938–1948. Heidelberg und Darmstadt 1959, S.357
393 Fritz Schmitt an Kurt Otte, 23.11.1947
394 Fritz Schmitt an Kurt Otte, 23.11.1947
395 Meyer, Alfred Richard: »Venezianisches Capriccio«. Privatdruck für die Halkyonische Akademie und Alfred Richard Meyer, S.7 und S.27f.
396 Mattiesen, Heinz: »Rolf von Hoerschelmann und das Münchener Kulturleben«. In: Baltische Briefe, Nr.11, November 1952

Zeittafel

1885	RvH am 28.2. geboren in Dorpat (Tartu)/Livland als dritter Sohn des Universitätsprofessors Wilhelm von Hoerschelmann (1849–1895) und Alexandrine von Hoerschelmanns, geborene von Bosse (1853–1939).
1899	Verläßt aus Krankheitsgründen das Zeddelmannsche Privatgymnasium, beginnt zu zeichnen und erhält Unterricht.
1903	Nach dem Tod des jüngsten Bruders Detlef (1902) Übersiedelung mit der Mutter nach München.
1903–1906	Studium an den von dem Maler Wilhelm von Debschitz (1871–1948) und dem Bildhauer Hermann Obrist (1863–1927) geleiteten »Lehr- und Versuch-Ateliers für angewandte und freie Kunst« in München.
1904	Erste Aufträge für Anzeigen; beginnt Exlibris anzufertigen.
1905	Erste Begegnung mit Alfred und Hedwig Kubin; Beginn ihrer lebenslangen Freundschaft.
	Bezieht gemeinsam mit der Mutter die Wohnung in der Gedonstr. 8, seinen »Fuchsbau«; Beginn seiner intensiven Sammeltätigkeit.
1906	Viermonatige Reise in seine baltische Heimat.
1907	Gründung der »Schwabinger Schattenspiele« durch Alexander von Bernus; Mitarbeit bis zu ihrer Auflösung und Bernus' Umsiedlung auf Stift Neuburg im Neckartal im Jahre 1910; in den folgenden Jahren dort häufige Aufenthalte und Begegnung mit Stefan George und dessen Kreis.
	Gründung der »Gesellschaft der Münchner Bibliophilen«; Beginn der Freundschaft mit Carl Georg von Maassen und Karl Wolfskehl. Aus jenem Kreis gehen der »Süddeutsche Künstlerbund« und die »Hermetische Gesellschaft« hervor. Mitarbeit beim »Simplicissimus«.
1911	Aufenthalt in Paris für zweieinhalb Monate. »Das schwarze Bilderbuch« mit Versen von Alexander von Bernus und Silhouetten von RvH erscheint im Martin Mörike Verlag München.
1916	Versuch, in die Schweiz zu übersiedeln für die Zeit des Krieges; Aufenthalte in Bad Schachen am Bodensee und im Haus der Tante in München-Solln; Illustration von »Märchen und Sagen« von August von Löwis of Menar mit Leisten und Vignetten und »Martinian sucht den Teufel« von Johannes von Guenther.
1917	Erster Aufenthalt in Feldafing am Starnberger See.
1918	Erwirbt die deutsche Staatsangehörigkeit; illustriert das von Richard

Rieß herausgegebene »Humorbuch« und »Doppelkopf« von Wilhelm von Scholz; Ausstellung in der Galerie Caspari in München; Mitarbeit als Schriftführer des Vereins Münchener Graphiker »Die Mappe«.

1919–25 Von RvH illustrierte Bücher: »Ein deutsches Weihnachtsspiel« von Otto Falckenberg; »Eine Weltgeschichte« von Anatole France; »Das philosophische Ehzuchtbüchlein« von Johannes Fischart; »Drei Märchen« von Theodor Storm; »Das Leben des berühmten Kaisers Abraham Tonelli« von Ludwig Tieck; »Empfindsame Geschichten« von J. W. von Goethe; »Vergessene Schriften« von Jean Paul; »Die Schatzinsel« von Robert Louis Stevenson; »Der Flöterich« von Gustav Münzel; »Das Gesetz des Atum« von Werner Bergengruen; »Dichter und ihre Gesellen« von Joseph von Eichendorff; »Die Elixiere des Teufels« von E.T.A. Hoffmann; »Wiegenlieder für Liane Maja« von Axel Lübbe; »Das verschwundene Schreiben« von Nikolai Gogol; »Ausgewählte Erzählungen« Theodor Storms; »Das Irrlicht« von Hans Christian Andersen.

1924 Heirat mit Johanna Elisabeth (»Maiki«) Domann, geb. Schwarz; nehmen Wohnsitz in Feldafing.

1927 Aufenthalt Hoerschelmanns in Italien für ca. viereinhalb Monate; Scheidung von Maiki; findet ein neues »Buenretiro« in Feldafing.

1929 Erste Begegnung mit dem Hamburger Kubin-Archivar Dr. Kurt Otte.

1929–35 Reisen nach Paris, Südfrankreich, Italien und mit dem Segelschiff »Padua«; regelmäßige, längere Aufenthalte in Berlin mit Ausstellungen seiner Arbeiten.

1932 Zusammentreffen mit Thomas Mann in Weimar und 1934 in Zürich.

1934 Ausstellung in der Kunsthandlung Pauli/Wallraf in Hamburg.

1935 Ausstellung im Graphischen Kabinett von Günther Franke in München anläßlich seines 50. Geburtstags; Aufnahme in die »Gesellschaft der Zwanglosen«; Ehrengast bei der Hochzeit von Gabriella Rosenthal mit Schalom Ben Chorin.

1936 Aufenthalte in Berlin und anschließend in Hamburg wegen Ausstellung und Vorbereitung seines Aufsatzes zum Kubin-Archiv (erscheint 1937); Aufsatz »Der Stilwandel im Holzschnitt«.

1937 Reise nach Zwickledt anläßlich Kubins 60. Geburtstag und Besuch bei Alexander von Bernus auf Schloß Donauwörth.

Beginn der inneren Emigration in Feldafing; Aufsatz »Senefelder und Die Erfindung der Lithographie«.

1938 Aufsatz »Über Bilderbogen«.

1939 Tod von Alexandrine von Hoerschelmann; von RvH illustriert, erscheinen: »Der Tod von Reval« von Werner Bergengruen und »Die drei Musketiere« von Alexandre Dumas; Aufsatz »Die romantische Zeichenkunst Süddeutschlands.

1940 Aufenthalt in Hamburg; Kur in Bad Pyrmont; Aufsatz »Gedanken über die künstlerische Phantasie«; von RvH illustriert, erscheinen: »Die Heiraten von Parma« von Werner Bergengruen und »Der unverbrennliche Spanier« von Karl von Holtei; Ausstellung in der Galerie Heinemann am Lenbachplatz in München.

1941 Tod seines Bruders Harald; Aufsatz »Schwabing«.

1942 Aufsätze »Begegnungen«, »Vom Sammeln alten Papiers«.

1943 Aufsätze »Bücher und Dichter«, »Reisen«; teilweise Zerstörung der Wohnung in der Gedonstraße; endgültige Verlegung seines Wohnsitzes nach Feldafing.

1944 Aufsätze »Allotria«, »Vom Überdauern«; erster Herzanfall.

1945 Zweite Ausstellung im Graphischen Kabinett Günther Franke anläßlich seines 60. Geburtstags; Aufsatz »Weltgeschichte privat«; Besuch von Klaus Mann; »Ein Brief an Franz Werfel«; Vortrag »Schwabing« in Mittenwald.

1946 Ausstellung in Feldafing; Illustrationsaufträge für verschiedene Zeitschriften; Vorwort für ein Buch über Toulouse-Lautrec; zweiter Vortrag »Bücher und Dichter« in Mittenwald; Illustrationen zu »Erzählungen des Phantasus« von Ludwig Tieck; Illustrationen zu »Die Glücksritter und andere Novellen« von Joseph von Eichendorff; Einleitung zu »Brennessel-Porträtsilouetten von E. M. Engert«; Arbeit an der Herausgabe seiner gesammelten Aufsätze.

1947 Schwerer Herzanfall; mehrwöchiger Aufenthalt in Oberammergau; stirbt am 12. März und wird am 15. März in Feldafing begraben.

Familiengeschichte Rolf von Hoerschelmanns

Urgrossvater: Ernst August Wilhelm Hoerschelmann, geboren am 29. April 1743 in Großrudestedt/Thüringen, gestorben in Reval/Estland am 28. Oktober 1795, Dr. phil., Adjunkt der Phil. Fakultät Jena, 1768 als Professor für Weltweisheit und Geschichte an das Akademische Gymnasium zu Reval berufen, erwarb mit der Ernennung zum kaiserlichen Hofrat den Dienstadel; 16 Kinder, davon fünf Söhne mit Nachkommen, begründete die deutsch-baltische Großfamilie Hoerschelmann.

Urgrossvater: Friedrich August von Hoerschelmann, geboren am 13. Dezember 1774, gestorben am 29. Januar 1850, Pastor zu St. Jakobi und Propst von Wierland;

Grossvater: Emil Heinrich August von Hoerschelmann, geboren am 12. Juli 1810, gestorben am 22. Juni 1854, Pastor zu Oberpahlen in Livland, später Pastor an der St.-Annenkirche in St. Petersburg.

Vater: Wilhelm von Hoerschelmann, geboren am 13. März 1849 zu Oberpahlen, gestorben am 5. November 1895 in Dorpat. Er war das sechste Kind aus erster Ehe seines Vaters und fünf Jahre alt, als sein Vater Emil Heinrich August 1854 starb. Die Kinder wurden in der Verwandtschaft aufgeteilt, und Wilhelm wurde im Pastorat seines Onkels Karl Anton Ferdinand v. H., Pastor zu Kosch, aufgenommen, studierte unter anderem in Tübingen und Göttingen, 20. November 1878 Dr.phil., 1873 bis 1875 Assistent am russischen philologischen Seminar in Leipzig, zugleich Privatdozent an der Universität Leipzig, 1875 ordentlicher Professor der altklassischen Philologie an der Universität Dorpat, Wirklicher Staatsrat und Exzellenz, 1884 bis 1886 Dekan der Historisch-Philologischen Fakultät, heiratete am 31. Dezember 1877 Alexandrine von Bosse, geboren am 6. Februar 1853 in St. Petersburg, gestorben am 2. Januar 1939 in München.

Die Universität Dorpat geht auf die Gründung des Schwedenkönigs Gustav Adolf II. zurück (Unterzeichnung der Stiftungsurkunde 1632 im Feldlager vor Nürnberg), wurde 1656 nach einem Einfall der Russen geschlossen, 1690 wiedereröffnet, 1695 nach Pernau verlegt, 1710 vor den heranrückenden russischen Truppen aufgelöst und 1802 unter Kaiser Alexander I. in Dorpat wiedereröffnet.

Grosseltern mütterlicherseits: Harald Julius von Bosse, geboren in St. Petersburg am 17. September 1812, gestorben am 10. März 1894 in Dresden, Architekt des kaiserlichen Hofes in St. Petersburg und Professor der dortigen Akademie der Künste, Wirklicher Staatsrat; zu seinen Hauptwerken gehört die griechisch-orthodoxe Kirche in Dresden; verheiratet in zweiter Ehe mit Alexandrine Charlotte Gambs, geboren am 28. Mai 1831, gestorben am 3. Juli 1905 in Dresden. Die Familie Bosse in den baltischen Staaten und Rußland läßt sich zurückverfolgen auf den Stammvater Sebastian Bosse, zu Nelben bei Cönnern/Saale (Sachsen-Merseburg) geboren. Dieser besuchte seit 1712 die lateinische Schule des Waisenhauses in Halle, bezog 1717 die dortige Universität und widmete sich der Theologie; wurde im Jahre 1726 vom Kirchenpatron Viceadmiral von Cruys als Cantor, Schulmeister und Hilfsprediger der deutschen evangelisch-lutherischen St.-Petri-Gemeinde auf dem Admiralitäts-Eiland nach St. Petersburg aus Halle auf Empfehlung S. Hochwürden des Professors Franke und des Doctors Michaelis berufen,; ab 12. Juni 1726 stand er diesen Ämtern 49 Jahre lang vor. Er starb in St. Petersburg im Jahre 1775 im Alter von fast 78 Jahren und wurde am 31. Januar begraben. (Vgl. Baltische Ahnen- und Stammtafeln, Sonderheft Nr. 12, zusammengestellt von Werner Sticinsky, Hg. Alfred Schönfeldt, Köln 1976).

Herzlichen Dank an

Herrn Raimund Schmitt (Nürnberg), der mir Rolf von Hoerschelmanns umfangreichen, bisher ungesichteten Nachlaß anvertraut und damit dieses Buch überhaupt ermöglicht hat; Herrn Peter Hoffmann (Gräfelfing), Großneffe von Rolf von Hoerschelmann, der mir Familien- und Kinderfotos zur Verfügung stellte und wertvolle Informationen zu Hintergründen und verwandtschaftlichen Zusammenhängen der weitverzweigten Familie Hoerschelmann gab; Herrn Dr. Jörg Döring (Frankfurt) für das Lektorieren der ersten Manuskriptfassung und viele hilfreiche Hinweise; Barbara Frei (Feldafing) für die Transkription schwer leserlicher Korrespondenz, ebenso Ursula Ludz (München); Frau Dr. Annegret Hoberg für die Unterstützung meiner Arbeit im Kubin-Archiv im Lenbachhaus München; für die freundlich erteilte Genehmigung, Auszüge zu verwenden aus Briefen Alfred Kubins: Herrn Eberhard Spangenberg (München); aus Briefen Thomas Manns, Rilkes und von Franziska Gräfin zu Reventlow: Handschriftenabteilung der Monacensia München; aus Briefen Karl Wolfskehls, Ina Seidels, Reinhard Pipers, von Elisabeth Bachmair/Rolf von Hoerschelmann und aus Elisabeth Bachmairs »Sterbebericht« zum Tod von Rolf von Hoerschelmann: Handschriftenabteilung im Deutschen Literaturarchiv Marbach.

Aufschlußreiche Informationen verdanke ich den Gesprächen mit Dolores Caballero (verstorben am 4. Dezember 2002 im 95. Lebensjahr), Mechtild Purrmann-von König (Starnberg), Helga Biersack (Feldafing), Jubilate Sack (Feldafing) und Hedwig Schultheiß.

Literaturverzeichnis

Primärliteratur

Hoerschelmann, Rolf von: »Brief aus Elba« mit 13 Aquarellen. In: Schünemanns Monatshefte, Carl Schünemann Verlag, Bremen 1928

Hoerschelmann, Rolf von: »Das Kubin-Archiv in Hamburg«. Sonderabzug aus »Imprimatur«, Band VII. Gesellschaft der Bibliophilen e.V., Weimar 1937

Hoerschelmann, Rolf von: »Ein Münchner Jubiläum«. In: Münchner Neueste Nachrichten vom 13./14. April 1941

Hoerschelmann, Rolf von: »Münchener Sammler erzählen. Sammelsurium«. In: Münchener Mosaik. Kulturelle Monatsschrift der Hauptstadt der Bewegung, 5. Jahrgang, Dezember 1942

Hoerschelmann, Rolf von: »Schattenspiele in Schwabing«. In: Die Propyläen, Beilage zur Münchener Zeitung, 39. Jahrgang, 12.9.1942

Hoerschelmann, Rolf von: »Carl Georg von Maassen zum Gedächtnis«. In: E.T.A. Hoffmann. Mitteilungen der E.T.A. Hoffmann-Gesellschaft im »Reichswerk Buch und Volk«, 2. Jahrgang, 1941/43

Hoerschelmann, Rolf von: »Persönliche Erinnerungen an C.G. von Maassen«, als Typoskript im Nachlaß

Hoerschelmann, Rolf von: »Zum Werke Alfred Kubins«. In: Almanach der Bücherstube am Siegestor. Hg. von Horst Stobbe, München 1918

Hoerschelmann, Rolf von: »Hedwig Kubin im Spiegel der Kunst Alfred K's – Ikonographisch psychologische Studie an Hand der Illustrationen in dem Werk ›Vom Schreibtisch eines Zeichners‹«, als Manuskript im Nachlaß

Hoerschelmann, Rolf von: »Ein Brief an Franz Werfel« 1945, als Typoskript im Nachlaß

Hoerschelmann, Rolf von: »Toulouse-Lautrec«, als Korrekturabzug vom 13.6.1946 im Nachlaß

Hoerschelmann, Rolf von: »Brennessel-Porträtsilhouetten von E.M. Engert«, als Typoskript im Nachlaß

Hoerschelmann, Rolf von: »Hundert Jahre Stift Neuburg«, Verlag E.A. Seemann, Leipzig (undatiert)

Hoerschelmann, Rolf von: »Tagebuch einer Debschitzschülerin«, als Typoskript im Nachlaß

Hoerschelmann, Rolf von: »Als ich nach München kam«, als Manuskript im Nachlaß

Hoerschelmann, Rolf von: Leben ohne Alltag. Wedding Verlag, Berlin 1947

Hoerschelmann, Rolf von: »Kleine Rechenschaft über mich selbst«. In: Prisma, Heft 6/1947

Hoerschelmann, Rolf von: »Meine Kobolde« als undatiertes Typograph und fünftes Blatt zu »Kleine Rechenschaft über mich selbst«

Hoerschelmann, Carl Georg von Maassen, Reinhold Köster (als anonyme Autoren): »Irma. Ein Fragment«. Gedruckt für die Gesellschaft der Münchner Bibliophilen 1913

Sekundärliteratur

Bachmair, Elisabeth: »Bericht vom Sterben des Malers Rolf von Hoerschelmann (28.2.1885–12.3.1947)«, Typoskript, Schiller Nationalmuseum/Deutsches Literaturarchiv, Marbach am Neckar

Bäthe, Kristian: Wer wohnte wo in Schwabing? Wegweiser für Schwabinger Spaziergänger. Süddeutscher Verlag, München 1965

Bauer, Helmut (Hg.): Schwabing. Kunst und Leben um 1900. Münchner Stadtmuseum 1998 (Katalog zur gleichnamigen Ausstellung)

Bauer, Helmut/Tworek, Elisabeth (Hg.): Schwabing. Kunst und Leben um 1900. Essays. Münchner Stadtmuseum und Monacensia

Behrsing, Arthur: Baltische Künstler in München. Rolf von Hoerschelmann. Sonderdruck aus der Deutschen Monatsschrift für Russland, Dezember 1913

Bielschowsky, Ludwig: »Der Künstler und Sammler RvH«. In: Börsenblatt für den Deutschen Buchhandel, Frankfurter Ausgabe, Nr.103, 29.12.1976

Böhmer, Günter: »Besuch beim Hoerschelmann«. In: Die Dame, Heft 3, Deutscher Verlag, Berlin 1940

Böhmer, Günter: »Schwabing als Passion«. In: Münchner Merkur vom 15.3.1952

Brandenburg, Hans: München leuchtete. Jugenderinnerungen. Verlag Herbert Neuner, München 1953

Bredt, E.W.: »Rolf von Hoerschelmann«. In: Sonderdruck aus »Der Wächter«, Heft 4, Oktober 1918

Breuer, Peter: »Von Münchener Künstlern und ihrem Schaffen. Bei Rolf von Hoerschelmann in seinem ›Fuchsbau‹«. In: Bayerische Staatszeitung Nr. 127, München, 5./6. 6. 1932

Castonier, Elisabeth: Stürmisch bis heiter. Memoiren einer Außenseiterin. Deutscher Taschenbuch Verlag, München 1964

Döring, Jörg: »... ich stellte mich unter, ich machte mich klein ...« Wolfgang Koeppen 1933–1948. Stroemfeld Verlag, Frankfurt am Main 2001

Dülberg, Franz: »Von Dürer zu Hoerschelmann«. In: Berliner Rundschau, undatiert

Foitzick, Walter: Rolf von Hoerschelmann. Undatiertes Exemplar im Nachlaß

Freeden, Eva von/Schmitz, Rainer (Hg.): Sein Dämon war das Buch. Der Münchner Verleger Georg Müller. Allitera Verlag, München 2003

Fröhlich, Elke: »Die drei Typen der nationalsozialistischen Ausleseschulen«. In: Leeb, Johannes: Wir waren Hitlers Eliteschüler. Rasch und Röhring Verlag, Hamburg 1998

Guenther, Johannes von: Ein Leben im Ostwind. Zwischen Petersburg und München. Biederstein Verlag, München 1969

Hausenstein, Wilhelm: »Bücher – frei von Blut und Schande. Ein Wort an Thomas Mann«. Sonderdruck aus der Süddeutschen Zeitung Nr.24 vom 24.12.1945

Hausenstein, Wilhelm: »Rolf von Hoerschelmann«. In: Süddeutsche Zeitung vom 15.3.1947

Heider, Angelika: Das Lager für jüdische »Displaced persons« Feldafing in der amerikanischen Besatzungszone 1945–1951. Hausarbeit im Rahmen der Magisterprüfung, Berlin 1994

Hollweck, Ludwig: »Rolf von Hoerschelmann – ein Leben ohne Alltag«. In: München Mosaik, Heft Jan./Feb. 1985, 11. Jahrgang

Jacob, Georg: »Die Schwabinger Schattenbühne«. In: Geschichte des Schattentheaters. Hannover 1925

Kistler, Ferdinand: Heimatbuch für Feldafing. Hg. von der Gemeinde Feldafing 1990

Klee, Felix (Hg.): Tagebücher von Paul Klee 1898–1918. Deutscher Bücherbund Stuttgart, Hamburg 1957

Knöller, Fritz: »Das Schwabinger Dreigespann«. In: Neue Literarische Welt, Nr.13, 10.7.1952

Koch, Ruth: »Feldafinger Tagebuch vom Kriegsende«. In: Starnberger Merkur, Mai 1965

Löffelmeier, Anton: »Der Kosmos der Rosenthals: Bücherkenner, Künstler und Wissenschaftler«. In: Die Rosenthals. Der Aufstieg einer jüdischen Antiquarsfamilie zu Weltruhm. Böhlau Verlag, Wien/Köln/Weimar 2002

Löwis of Menar, August von (Hg.): »Märchen und Sagen«. In: Die Baltischen Provinzen, Bd.V, Felix Lehmann Verlag, Berlin-Charlottenburg 1916

Mann, Golo: Erinnerungen und Gedanken. Eine Jugend in Deutschland. Fischer Taschenbuch Verlag, Frankfurt am Main 1994

Mann, Klaus: Der Wendepunkt. Ein Lebensbericht. Rowohlt Verlag, Hamburg 1993

Mattiesen, Heinz: »Rolf von Hoerschelmann und das Münchner Kulturleben«. In: Baltische Briefe, Nr.11, November 1952

Meyer, Alfred Richard: »Venezianisches Capriccio«. Privatdruck für die Halkyonische Akademie und Alfred Richard Meyer (undatiert)

Monaco, Marietta di: Ich kam – ich geh. Reisebilder – Erinnerungen – Porträts. Allitera Verlag, München 2002

Mühsam, Erich: Namen und Menschen. Unpolitische Erinnerungen. Volk und Buch Verlag, Leipzig 1949

Mühsam Erich am 31. Oktober 1911, in: Tagebücher 1910–1924. Hg. von Chris Hirte, Deutscher Taschenbuch Verlag, München 1994

Penzoldt, Ernst: »Das Porträt«. In: Der Tagesspiegel vom 24.7.1947

Petzet, Wolfgang: Otto Falckenberg. Mein Leben. Mein Theater. Zinnen-Verlag, München 1944

Piper, Reinhard: Nachmittag. Erinnerungen eines Verlegers. R. Piper & Co. Verlag, München 1950

Prévot, René: Kleiner Schwarm für Schwabylon. Verlag Braun & Schneider, München 1954

Rädlinger, Christine: Zwischen Tradition und Fortschritt. Oberammergau 1869–2000. Eigenverlag der Gemeinde Oberammergau, 2002

Reventlow, Else (Hg.): Franziska Gräfin zu Reventlow. Briefe 1890–1917. Fischer Taschenbuch Verlag, Frankfurt am Main 1977

Roda Roda: »Im Nachthemd durchs Leben«. In: Ostrauer Morgenzeitung vom 1. 1. 1929

Ruben, Margot (Hg.): Zehn Jahre Exil. Briefe aus Neuseeland 1938–1948. Heidelberg und Darmstadt 1959

Schochet, Simon: Feldafing. November House, Vancouver 1983

Semrau, Eberhard: »Der Illustrator Rolf von Hoerschelmann«. In: Illustration 63. 16. Jahrgang, Heft 1, April 1979

Stobbe, Horst (Hg.): Almanach der Bücherstube. Bücherstube am Siegestor, München 1918

Stobbe, Horst: »Die Gesellschaft der Münchner Bibliophilen 1907–1913«. In: Imprimatur N.F. Bd.VI, 1969, und »Die Gesellschaft der Münchner Bibliophilen 1919–1931«. In: Imprimatur, N.F. Bd.VII, Frankfurt am Main 1972

Thiersch, Heinz (Hg.): Wir fingen einfach an. Arbeiten und Aufsätze von Freunden und Schülern um Richard Riemerschmid. München 1953

Unold, Max: »Rolf von Hoerschelmann«. In: Das Kunstwerk, 1 Jahr – 1946–1947 – Doppelheft 8/9, Verlag Woldemar Klein, Baden-Baden

Verlag Hans Carl (Hg.): »Worte der Freundschaft für Alexander von Bernus. Zum siebzigsten Geburtstag am 6. Februar 1950«. Nürnberg 1950

Werfel, Franz: »Franz Werfel richtet Botschaft an das Deutsche Volk. 16. Mai«, als Typoskript im Nachlaß

Zur Westen, W. von: » Allerlei Exlibris«, undatiertes Exemplar im Nachlaß

Personenverzeichnis